Ursula Hohler

Nachrichten von der Tag- und Nacht-Baustelle

Bibliografische Information der Deutschen Nationalbibliothek
Die Deutsche Nationalbibliothek verzeichnet diese Publikation in der Deutschen National-
bibliografie; detaillierte bibliografische Daten sind im Internet über http://dnb.d-nb.de
abrufbar.

© 2020 by opus magnum, Stuttgart (www.opus-magnum.de)
Alle Rechte vorbehalten.
Grafik und Layout: U. Hohler / L. Müller
Umschlagsgestaltung: Philipp Schubiger
Homepage der Autorin: ursulahohler.ch
Herstellung: Book on Demand GmbH. Norderstedt
ISBN 13: 978-3-95612-028-2

Ursula Hohler

Nachrichten von der Tag- und Nacht-Baustelle

opus magnum

Liebe Leserin, lieber Leser,

herzlich willkommen in diesem Buch.

Als Einleitung möchte ich kurz über seine Entstehungsgeschichte berichten.

Den Anstoß zu seiner Niederschrift gab mir ein Traum, den ich 2010 an einem Kongress in Montréal hatte und nicht verstand. Erst als ich ihn nach meiner Rückkehr mehrmals weitererzählte, wurde mir klar, dass er sich auf einen anderen Traum bezog, den ich mehr als 25 Jahre vorher geträumt hatte!

Diese unglaubliche Kontinuität innerhalb der Traumwelt erschütterte mich so, dass ich beschloss, die noch auffindbaren Traumbücher noch einmal durchzulesen und später auch, sie zu transkribieren.

Dafür brauchte ich neben den Anforderungen von Beruf und Alltag mehrere Jahre. Während dieser Arbeit spürte ich immer mehr, dass dieses Material eine Kraft und Intensität hatte, die mich geradezu zwang, etwas „damit zu machen".

Das Zusammenstellen und Kommentieren der vielfältigen Beziehungen und Entwicklungen zwischen Tag und Traum in meinem Leben war intensiv und anspruchsvoll, manchmal schockierend und belastend, oft überraschend und mit einer eindrücklichen, reichen Bilderfülle.

Am Schluss kann ich nur danken.

Danken dafür, dass ich da sein durfte, wo immer ich jeweils war, dass ich teilhaben und auch gestalten konnte, Erfahrungen machen, lernen, lieben, wüten, verzweifeln und wieder neuen Mut schöpfen.

Danken meinem Mann Franz und unseren Söhnen Lukas und Kaspar für ihre Liebe und Unterstützung in diesem schwierigen, aufwendigen Schreib-Prozess.

Danken allen meinen namentlich genannten Verwandten, FreundInnen und KollegInnen dafür, dass sie bereit waren, in diesem Manuskript namentlich erwähnt zu werden.

Danken meiner Freundin, „Testleserin" und unermüdlichen Ermutigerin Iris Zantop in Australien.

Und nie habe ich die Stimme vergessen, die mir in meiner frühen Kindheit sagte: „Vergiss nicht, dass es Glück gibt."

Vorspann

Ursula Marie-Louise Nagel wurde am 2. Januar 1943 im Krieg als erstes Kind von Veronika und Werner Nagel-Sidler in Zürich geboren. Die kleine Ursula war das erste Kind der beiden, ihre junge Mutter war zuvor beinahe an einer Eileiterschwangerschaft gestorben.

Der Vater des Kindes war während dieser Zeit als Arzt und Offizier im Aktivdienst an der Schweizer Grenze. Die Mutter der kleinen Ursula war 10 Jahre jünger als ihr Mann und lebte deshalb während des Krieges meistens wieder in ihrem Elternhaus. Es war eine traurige, angstvolle und schwere Zeit für die junge Frau. Ihre eigene geliebte Mutter Marie-Louise Sidler-Arnold starb noch vor der Geburt der ersten Enkelin, während ihr Mann, der Großvater des Kindes, einen militärischen Transport begleitete.

Als der Vater - der den Krieg als Arzt zu Pferd und mit Adjutant verbracht hatte - zurückkam, fand er eine Stelle als Oberarzt in einer psychiatrischen „Anstalt" (wie man diese Einrichtungen damals nannte) und die Familie zog in seine Dienstwohnung, die sich mitten in dieser Anstalt befand.

Das kleine Ursi wuchs in dieser Anstalts-Welt auf und erinnerte sich später daran, wie ihm die Patientinnen und Patienten aus den zum Teil vergitterten Fenstern zuwinkten. Es gab auch noch Erinnerungen an die damalige Familien-Wohnung, die einen Gang in der Mitte hatte und an eine Terrasse, auf der das Kind mit dem Dreirad am Morgen zu den Spinnennetzen am Geländer fahren konnte, um die Tautropfen zu bestaunen.

In einem abschüssigen Stück Garten mitten im Gelände der Anstalt konnte man spielen, und es hatte zwei Schildkröten.

Andere Kinder gab es keine, nur ein schon fast erwachsenes Geschwisterpaar in der oberen Wohnung im Haus, wo Ursi manchmal einen Besuch machte und helfen durfte.

1946 wurde in der Nachkriegszeit Ursis Brüderchen Ueli geboren.

Von damals gibt es zwei Anekdoten über das Kind Ursi, das immer hungrig und gierig war: dass es einmal ein Stück Zwetschgen-Kuchen gestohlen hatte und sich damit in einen Seidenvorhang wickelte, als jemand das Zimmer betrat, und dass es nach dem Krieg versuchte, eine geklaute Orange zu essen ohne zu wissen, dass man sie hätte schälen müssen und schrecklich brüllte, als es in die bittere Schale gebissen hatte.

Auch hatte Ursula in dieser Wohnung einen Traum, an den sie sich erst viele Jahre später wieder erinnerte:

Später, als Ursula ins zweite Kindergartenjahr kam, zog die Familie um.
Sie bewohnte jetzt in der Stadt S. ein großes Patrizierhaus, in dessen Hinterhaus der
Vater eine Privatpraxis als Psychiater hatte.

In diesem - für die Kinder riesigen - Haus gab es breite Marmortreppen und eine
schwarz-weiß gefliste Halle mit einer Galerie, in der fremde Ahnen aus schweren
Ölbildern blickten.

Leider gab es auch dort keine Nachbarskinder. Die Geschwister brachten zwar
später manchmal Schulkameradinnen und Schulkameraden heim, aber sie verbrachten auch viel Zeit mit Herumschleichen durch die Gänge und Treppen des Hauses
und beobachteten hinter den Pflanzenkübeln hervor das Treiben der Erwachsenen.

Außerdem war da ein riesiger Estrich, von dem aus man durch eine Lücke in der
Wand in ein uraltes, verstaubtes möbliertes Zimmer sah.

Vom untersten Gang des Hauses aus konnte man durch eine Türe einen Hof
betreten, wo wahrscheinlich früher die Stallungen gewesen waren. Dort unten be-
fanden sich auch eine Waschküche und zwei Keller. In einem davon bastelten die
Kinder eine Geisterbahn.

Das Haus mit seinen hohen Räumen war schlecht heizbar, und die an sich vor-
handenen Kamine waren mit Deckeln versehen, so dass man dort kein Feuer machen konnte.

Die Ahnenbilder an den Wänden der Galerie und hinter der großen Treppe, die
schweren Kästen und Truhen überall und eine Rüstung auf einem Treppenabsatz im
unteren Gang ängstigten das Kind Ursula.

Oft erwachte es mitten in der Nacht, wenn es im Dunkeln an eine Wand stieß und
nicht wusste, wo es sich befand, denn es war Schlafwandlerin.

Eine Weile hausten Schwester und Bruder noch zusammen, doch dann wurden
sie getrennt auf zwei verschiedenen Stockwerken untergebracht. Die Nächte wurden einsamer, nur hin und wieder durch das Geraschel einer Maus belebt.

Schon seit der Zeit in der „Irrenanstalt" hatte sich Ursula eine Phantasiewelt geschaffen, die sie jetzt durch alles erweiterte, was sie irgendwo aufschnappte und mit
den Gestalten aus den Märchen bevölkerte, welche ihr die Hausmädchen erzählten.
Später las sie alles, was sie erwischen konnte und dachte sich vor dem Einschlafen
schreckliche Fortsetzungs-Geschichten aus.

Im großen Haus hatte Ursula oft lebhafte Träume, von denen sich zum Teil später zeigte, dass es Wahrträume waren, die sich auf ein dunkles Geheimnis des Vaters bezogen und die Zukunft vorausnahmen.

Im Kindergarten schloss sich Ursula eng einer gleichaltrigen Freundin an. Die beiden Mädchen (beide hießen Ursula) unterstützten sich gegenseitig und führten, abwechselnd zuhause bei der einen oder der anderen, endlose Gespräche über alles, was ihnen in ihrem Alltag begegnete.

Eine neue Welt eröffnete sich später an den Samstagnachmittagen bei den Pfadfinderinnen mit den Ausflügen in die Wälder und Schluchten der Umgebung und mit der Teilnahme an den chronisch verregneten Zeltlagern an Pfingsten.

Texte der Pfadfinderin „Lézard" waren in dieser Zeit erstes Seelenfutter und Denkanstoß, mehrere Jahre wünschte sich Ursula als Schülerin zu Weihnachten einen „Lézard", den sie immer wieder las. Auch das Singen in der Pfadi und das Ablegen des „Versprechens" am Feuer waren prägende Erfahrungen.

Als die Jugendliche später begann, sich durch die psychiatrischen Bücher ihres Vaters zu lesen, wuchs in ihr die Furcht, sie könnte irgendwie nicht in Ordnung, vielleicht „psychotisch" sein.

Erst als sie zu Beginn der 60-er Jahre in Zürich die Vorabdrucke von C.G. Jungs Autobiografie „Erinnerungen, Träume, Gedanken" in der Zeitung las, fühlte sie sich auf eine neue Art verstanden und ahnte, dass sie im Denken dieses Mannes eine Heimat finden würde.

Vorerst waren andere Anforderungen wichtig. Die Primarschule war anregend und interessant, die Kantonsschule in S. vorwiegend langweilig. Die Lehrer, die man als „Herr Professor" anreden musste, waren selten vorbereitet.

Als der Vater nach einem Gerichtsprozess vorerst keine Praxisbewilligung mehr bekam, zog die Familie während der Gymnasialzeit der Kinder 1959 nach Küsnacht am Zürichsee, ohne dass etwas Genaueres erklärt wurde.

Dort fand Ursula in der Töchterschule Zürich neue Freundinnen, profitierte vom besseren Unterricht und konnte die Matura machen.

Anschließend arbeitete sie ein halbes Jahr im Ausland und begann dann ein Studium an der Universität Zürich, das sie 1967 in den Fächern Deutsch, mittelalterliche Geschichte und Mittellatein abschloss.

An der Universität Zürich lernte sie auch ihren späteren Mann Franz kennen, der zum Leidwesen seiner Professoren beschloss, das Studium abzubrechen und als Schriftsteller und Kabarettist zu leben.

Zum Studien-Abschluss bekam Ursula von ihrem Schatz als seine zukünftige Bühnen-Assistentin ein „Lehrbuch der Elektrotechnik".

Am Dreikönigstag 1968 heirateten Ursula Nagel und Franz Hohler.

Männedorf (1968-1969)

*„Prager Frühling" 1968 / Wir können die Eltern unserer Prager Freundin
eine Weile bei uns aufnehmen / Jugendunruhen, „Globuskrawalle" in Zürich /
Mondlandung (Apollo 11) 20.7.1969*

Es gab jetzt ein Zusammenleben und einen gemeinsamen Haushalt, unsere Familien
lernten sich näher kennen, alte und neue Freundschaften entwickelten sich.

Meine Tätigkeit als Hausfrau und als Deutschlehrerin in Winterthur und später am Unterseminar Küsnacht sowie das Sekretariat für die Tournéen des jungen Bühnenkünstlers und Schriftstellers im In-und Ausland (bei denen ich anfangs noch als Bühnenassistentin dabei war) forderten Koordination und Einsatz.

Ein Kaninchen, das uns eigentlich als zukünftiger Braten zur Hochzeit geschenkt worden war, wurde unser erstes Haustier und lebte noch viele Jahre.

Umzug nach Uetikon (1969-1975)

Geburt von Lukas 1971 / Die Frauen bekommen das Stimmrecht / Der Vietnamkrieg geht weiter / Mani Matter verunfallt tödlich (24. November 1972) / Ermordung von Salvador Allende 1973 / Geburt von Kaspar 1974 / Die Familie Schubiger zieht 1976 nach Romanshorn

Träume:
Die Burg des Grals

Nach der ersten Zeit zu zweit zogen wir samt dem Kaninchen aufs Land, um mit unseren Freunden Regula und Chlöis Schubiger und ihrem Töchterchen Regula zusammen in einem ehemaligen Restaurant in Uetikon am See im „Weinberg" zu leben.

Dort gab es viel Platz, eine große gedeckte Laube (wo sich das Kaninchen wohl fühlte), eine Terrasse und einen riesigen Garten. Wir vier Erwachsenen waren in verschiedenen Berufen tätig, die Tage, Wochen und Monate waren gefüllt mit Arbeiten auswärts, im Haus und im umgebenden Gelände.

Neben den Beziehungen im Dorf wurden zahlreiche Gäste, die in Haus und Garten immer willkommen waren, bewirtet und beherbergt, und es gab Musik, viele Diskussionen und Projekte und auch immer wieder Gründe für ein Fest.

„Erinnerungen, Träume, Gedanken" von Jung kam überallhin mit, aber dabei blieb es vorderhand. Erst als ich nach einer Weile das Buch wieder in die Hand nahm, begann ich sofort heftig zu träumen, der erste Traum war sehr „jungianisch":

> *Ich war mit Franz zusammen, anscheinend in Südfrankreich. Wir kamen auf einer Hochebene an einen markanten Punkt, wo eine Art Matterhorn bedrohlich schräg in die Landschaft ragte.*
>
> *Wir wollten eine Burg oder besser eine Art Ruinenkomplex besuchen.*
>
> *Der Anblick der Burg war begeisternd. Mächtig und trutzig stand sie über dem Tal. Sie hatte einen altfranzösischen Namen mit „ Mont" (statt Mont Salvat / Mont Salvaesche kamen mir Namen wie Mont Serrat oder Mont Juic in den Sinn) - es war die Burg des Grals.*
>
> *Es schien hinter, neben und über der Burg noch Reste antiker Tempel zu geben.*
>
> *In ihrem Inneren geriet ich geradezu in Raserei, so herrlich war alles erhalten.*
>
> *Ich betrat einen Teil, der mich besonders beeindruckte und begeisterte: riesige ungeheuer hohe Hallen, getragen von schönen Säulen - irgendwie an Pompeij erinnernd, wohl auch, weil alles noch bewohnt schien. Die Farben waren Gold und ein Orange - Mattrot, das ich von Pompeij zu kennen glaubte, gleichzeitig schien alles wie lackiert und erinnerte an japanische Kunstobjekte.*
>
> *Die Größe und Erhaltenheit dieser Hallen beeindruckte mich tief (eigenartig, dass sie ausgesprochen römisch schienen, obschon ich sonst das Römische nicht recht mag).*
>
> *Irgendeinmal erinnerte ich mich auch an die Halle, in der ich als Kind aufgewachsen war, und dachte bei mir, wir müssten bei der Wohnungssuche unbedingt darauf achten, eine solche Halle zu bekommen.*
>
> *Vom mittelalterlichen Teil der Burg weiß ich nicht mehr viel, ich glaube, es war ein bisschen Neuschwansteinartig (mit viel Galerien und Gold).*
>
> *Nachher gingen wir noch in die Pförtnerwohnung, wo man an einem Tisch etwas bezahlte (Eintritt oder Karten).*
>
> *Diese Wohnung war oben in der Burg in einer Ecke gelegen, und man hätte von einigen Fenstern einen wunderschönen Ausblick ins Tal gehabt, nach dem ich mich sehnte. Aber gerade diese Fenster und auch noch ein Teil der anderen waren mit Brettern zugenagelt, wie man uns sagte, weil sich die Burg auf diese Seite senke. Vielleicht komme einmal die Zeit, wo man überhaupt nicht mehr in dieser Wohnung sein könne. Ich fühlte aber kein Bedürfnis, gegen diesen Umstand zu rebellieren (z.B. die Läden wegzureißen) sondern es schien mir plötzlich wie selbstverständlich, und ich war traurig darüber.*
>
> *Mir kam auch der Thorenberg, in den Sinn, eine Burg, in der ich als Kind Ferien verbracht hatte.*

*Ich glaube, dass ich auch noch einmal realisierte, dass der überhängende Berg eine
Bedrohung sei und das Leben in diesem Tal ziemlich gefährde.*

Nach der Niederschrift dieses Traumes folgte damals noch ein P.S., das mich beim
Wiederlesen sehr amüsierte:

*P. S. andererseits schien es ein Gebiet mit Zukunft zu sein, ich erfuhr nämlich
am Anfang des Traumes, dass hier aller Boden von Spekulanten, die auf eine
Erschließung des Gebietes zählten, aufgekauft sei. Man erwartete also, aus dem
Gebiet werde einmal ein Touristenzentrum.*
(16.7.1969)

Heute denke ich: offenbar war die Zeit noch nicht reif für den ersehnten Ausblick ins
Tal, und die Beschäftigung mit diesem Traum und seiner Bedeutung musste noch
warten, die „Erschließung des Gebiets" war noch nicht angesagt.

Die Bemerkung „dass vielleicht einmal eine Zeit komme, wo man überhaupt
nicht mehr in dieser Wohnung sein könne" beeindruckt mich rückblickend auch
sehr, denn die Endlichkeit des Lebens und die Frage nach dem Verpassen der richtigen Zeit wurden auf eindrückliche Weise bald zu einem wichtigen Thema.

Im folgenden Jahr wurde ich zum ersten Mal schwanger.

1971 und 1974 kamen unsere beiden Söhne Lukas und Kaspar auf die Welt. Das
waren fordernde und anspruchsvolle neue Familienmitglieder, welche aber auch
viel Freude und Farbigkeit in unser Leben brachten.

Wir hatten zuerst drei Kinder im Haus, denn auch die kleine Regula hatte ein
knappes halbes Jahr nach der Geburt von Lukas einen Bruder Philipp bekommen,
und nach der Geburt von Kaspar waren die Kinder zu viert.

Die Älteren konnten bereits die Schönheit der Umgebung erforschen und mit
uns Beeren, Blumen und Gemüse ernten. Es gab genügend Platz zum Fußball spielen, Feuer machen und Baden. Der See war ebenso in der Nähe wie die Wälder am
Pfannenstil und ein poetisches Tobel mit einem Bach zum Stauen.

Für uns Erwachsene war das große, eher abgelegene und am Anfang nur mit einzelnen Ölöfen heizbare Haus, das schlecht isoliert war und immer wieder "geflickt"
werden musste, eine rechte Herausforderung. Auch waren die Fensterrahmen un-
dicht, so dass bei jedem heftigen Regen oder Gewitter Überschwemmungen droh-
ten.

Wir waren alle in Berufen tätig, die wir zwar gewählt hatten, die jedoch immer
wieder viel Einsatz und Idealismus forderten. Für mich wurde nach der Geburt von
Kaspar das Organisieren von Büro, Kinderbetreuung und Unterrichten am Seminar
Küsnacht immer schwieriger, so dass ich begann, mich nach anderen, flexibleren
Tätigkeiten umzusehen, was nicht ganz einfach war.

Seit 1971 durften wir Frauen in der Schweiz endlich stimmen und wählen und wollten dieses Recht auch ausüben. Es gab damals innenpolitisch und außenpolitisch heftige Spannungen und Auseinandersetzungen. Innenpolitisch war es die Zeit der großen Demonstrationen. Weil wir gegen die Atomkraft und das Bankgeheimnis waren und zudem auch noch armeekritisch, fanden wir uns oft in der Rolle der „Nestbeschmutzer" und bei den Abstimmungen auf der Verliererseite, auch im Dorf.

Außenpolitisch war es ebenfalls eine bewegte Zeit. Der Vietnamkrieg, die Ermordung von Salvador Allende, die RAF in Deutschland und die Teilung Europas in Ost und West durch den „eisernen Vorhang" beschäftigten damals die Menschen und auch uns.

1972 verunglückte unser Freund Mani Matter tödlich auf dem Weg zu einem Konzert, das unser Mitbewohner Chlöis in Rapperswil organisiert hatte.

Wir konnten es zuerst gar nicht glauben, als wir nach der Heimkehr von einem Theaterabend die schreckliche Nachricht hörten.

Es war ein Ereignis, das unser Leben entscheidend prägte.

1975, bald nach der Geburt Kaspars, zogen unsere Freunde, mit denen wir in den gemeinsamen Jahren eng zusammen gelebt hatten, in einen anderen Teil der Schweiz.

Das war vor allem für mich und die Kinder ein sehr schmerzhafter Verlust, der mir nochmals vor Augen führte, wie schnell sich alles ändern kann.

Vielleicht durfte ich nicht zuwarten, „bis die Kinder aus dem Haus sind" (wie es unsere beiden Mütter empfahlen), vielleicht war JETZT der richtige Moment für etwas Neues?

Veränderungen während der weiteren Jahre in Uetikon (1975-1978)

Zusammenleben mit der Familie meiner Freundin Judith im „Weinberg" / Meine Schwägerin erkrankt an Krebs / Durch Judith erfahre ich vom C. G. - Jung-Institut und von Carlos Castaneda / Begeisterung über diese neue Welt und Frustration über mein Englisch / Im Privatleben fühle ich mich oft isoliert und unglücklich / Der Briefwechsel von Freud und Jung / Das Land um unser Haus soll verkauft werden / Letzter Besuch bei meiner Schwägerin Karin im Spital

Träume
Von einem kalten Kinderzimmer / Ein Antiquar namens Matter aus Bern / Filmwelt-Mafia-Welt / Zeit zu arbeiten, nicht für Bankette! / Babyträume

---

Meine ehemalige Schulfreundin Judith mit ihrem Mann und ihren beiden Mädchen, welche ungefähr im Alter unserer Kinder waren, zogen bei uns in die leer gewordene Wohnung ein. Es war für uns alle eine Herausforderung, diese neue Situation auch neu zu gestalten.

Als ein Studienkollege im Alter von 32 Jahren starb und meine Schwägerin an einem tödlichen Krebs erkrankte, kamen zwei weitere Erschütterungen dazu: vielleicht wäre es wirklich einmal zu spät, sich auf den Weg zu machen?

Einige Zeit nach ihrem Einzug erfuhr ich von Judith, sie habe angefangen, am C. G. Jung - Institut in Zürich zu studieren und mache eine Analyse. Ich hatte gar nicht gewusst, dass es so etwas wie ein Jung - Institut und „Analysen" gab.

Als sie mich fragte, ob ich einmal mit ihr in eine Vorlesung kommen wolle, sagte ich ja, obwohl ich auch ängstlich war und große Zweifel hatte, ob ich in dieser Umgebung überhaupt bestehen könnte.

Ich war dort aber sofort fasziniert, eine neue Welt tat sich auf.

Meine Freundin machte mich auch auf die Bücher von Carlos Castaneda aufmerksam.

Ich war nicht die einzige, die damals diese Bücher regelrecht verschlang und von den Berichten der Erlebnisse von Carlos in seiner Ausbildung beim alten Indio-„Zauberer" Don Juan im Norden Mexicos elektrisiert wurde. Irgendetwas wurde in mir berührt, ich wollte mehr darüber wissen.

> *Im Traum besuchte ich eine Wohnung, in der ich als Kind gelebt hatte. Es gab*
> *ein Schlafzimmer, das halb im Souterrain lag, und ich legte mich dort auf die*

*Doppelbetten und schaute alles sehr lange und intensiv an und versuchte zu
merken, ob es mir etwas sage. (Beim Erwachen konnte ich mich auch noch erinnern,
dass ich „viel weinte bei allem").*
(16.2.1976)

*Kurz darauf träumte ich von einem Kinderzimmer, das eine sehr hohe weiße
Stuckdecke hatte und fragte mich im Traum, ob man das je so werde heizen können,
dass es warm wird.*
(8.3.1976)

Offensichtlich wurde etwas wach aus meiner Vergangenheit.

Der erste Traum machte mich nachdenklich und hinterließ bei mir ein vages Gefühl von Traurigkeit. Den zweiten Traum glaubte ich sofort zu verstehen: er gab mir ein Bild dafür, dass meine Kindheit in den hohen Räumen des alten Patrizierhauses „nicht heizbar" gewesen war.

Aber dabei blieb es, ich war in dieser Zeit ganz im Bann der Castaneda-Bücher und gleichzeitig fasziniert vom Jung - Institut, von der fremden und doch irgendwie vertrauten Welt in den Räumen dort, von den Dozierenden und von den Studierenden aus der ganzen Welt.

Ich war sehr beeindruckt von dem allem und ganz besonders von den englischsprachigen Studierenden, die mir in dieser neuen Welt begegneten, von dem, was ich als amerikanische Leichtigkeit und Brillanz erlebte und beneidete. Im Vergleich mit ihnen empfand ich mich und meine schweizerische Langsamkeit als schwerfällig, langweilig und ziemlich uninteressant.

Doch im folgenden Traum erscheint ein Mann, der sich für die Wertschätzung der traditionellen Werte meiner Kultur und Familie einsetzt:

*Ein Antiquitätenhändler namens Matter aus Bern kommt vorbei, weil er gehört hat,
ich hätte verschiedene Münzen verkauft und weil er die im Besitze unserer Familie
befindlichen Antiquitäten kennt und nicht will, dass ich damit Dummheiten mache.
Ich erzähle ihm lange Geschichten von meiner Urgroßmutter, die eine hochbegabte
Fälscherin war. Ich weiß schon während ich erzähle, dass das ein Mythos ist,
den ich mir aufgebaut habe - und als ich ihm ein Beispiel dieser Fälscherei zeigen
soll, finde ich nur Originalminiaturen vor, auf denen zudem in der Handschrift
meines Großvaters und meiner Mutter auf deren Wert, Herkommen und Echtheit
hingewiesen wird. Ich bin wütend über dieses Vorgehen: nie vom Geld reden, aber
dann doch alles hinten anschreiben!*
(3.6.1976)

Meine ehrfürchtige Bewunderung des Neuen und Fremden wurde vom „Antiquar aus Bern" (die Berner gelten als langsam) nicht geteilt!
Manchmal fühlte ich mich in dieser Zeit sehr allein und hatte zudem das Gefühl, dass mich niemand verstehen würde. In unserer Ehe waren wir beide dabei, den für uns je eigenen Weg zu suchen und zu gehen und es hätte mich wohl tatsächlich niemand aus der Familie oder vom Freundeskreis verstanden und unterstützen können.

Den folgenden Traum empfand ich als niederschmetterndes Abbild meiner damaligen Situation:

An einem Anlass der großen Filmwelt, die offenbar auch eine Mafia-Welt ist.
Es hat einen großen Parkplatz, aber die einfahrenden Riesen-Amerikaner-Wagen stehen alle ganz nah am Eingang auf dem Trottoir (verbotene Plätze und allen im Weg). Ich selbst werde von einem solchen Mafia-Boss am Fuß angefahren, als ich in den Parkplatz einbiege, aber der Polizist hilft mir nicht.
Empört gehe ich auf den Polizeiposten, um durch meine Anzeige zu erzwingen, dass man die falsch geparkten Wagen (und den fast leeren Parkplatz dahinter) zur Kenntnis nimmt.
Der Polizeiposten ist eine Art Cockpit, aus dem man den Parkplatz und den Film sieht. Es befinden sich darin nicht nur die Polizisten, sondern auch sämtliche Gangster-Bosse, die eklig aussehen wie auf alten Illustrierten-Bildern (in schwarzen Anzügen mit Hut und Handschellen etc). Da merke ich, dass es so nicht einmal möglich ist, eine Anzeige zu machen und bin sehr erschreckt und mutlos.
(5.6.1976)

Weil wir inzwischen auch erfahren hatten, dass das Land, auf dem „unser" Haus stand, verkauft werden sollte, mussten wir uns damit beschäftigen, eine neue Wohnmöglichkeit zu suchen, auch weil Lukas im Frühjahr 1978 in die erste Klasse kommen würde.

In der Folge hatte ich mehrere Träume über das Suchen und Besichtigen von Häusern, darüber, dass jeweils andere Bewerber diese Häuser am Schluss bekamen. Auch über Helikopterfliegenmüssen ohne Brille, über einen Versuch, an der Uni über Christa Wolf zu dissertieren ohne das Semestergeld zu bezahlen, vom Herumirren in Städten, von denen ich den Stadtplan verloren hatte - Träume, in denen ich mich abwechselnd überfordert, inkompetent oder ungerecht behandelt fühlte.

Im Oktober 1976 hielt ich die soeben erschienene Ausgabe des Briefwechsels von Sigmund Freud und Carl Gustav Jung in der Hand, was für mich ein gewaltiges Erlebnis war. Ich konnte fast nicht aufhören mit Lesen und nahm dabei mit Verwunderung zur Kenntnis, dass sich die beiden Psychiater mit einer unglaublichen Dichte geschrieben hatten, oft noch in der Nacht nach der Arbeit und teilweise lange und ausführliche Briefe - während ich damals mehrere Monate versuchte, vor dem Einschlafen Tschechows „Die Dame mit dem Hündchen" zu lesen und regelmäßig spätestens nach einer halben Seite einschlief!

Das Lesen der Briefe dieser beiden arbeits- und forschungsbesessenen Männer hat wohl auch nachgewirkt im folgenden Traum:

Eine Gesellschaft umwirbt mich offensichtlich, offeriert mir ein angenehmes Gefühl des „Dazugehörens". Es sind Leute in meinem Alter, aber eher Jet-Set-und Playboyhaft. Ich treffe sie und halte mich an einer Art Tagung auf, plötzlich wird mir aber eine ungeheure Leere bewusst, als man mir für mein weiteres Verbleiben einen Apéritif und ein Bankett in Aussicht stellt. Die Zeit beginnt mich zu reuen, und ich sage, ich müsse weg, um zu arbeiten, was sehr unangenehm auffällt.
(6.10.1976)

Auch die beiden Baby-Träume, die ich kurz darauf hatte, passen gut in diese Zeit, in der ich herauszufinden versuchte, wie es mit mir weitergehen sollte:

Ich habe noch einmal einen Knaben geboren. Er ist schon zwei Tage auf der Welt, und ich habe noch immer keinen Namen für ihn. Ambivalente Gefühle - alles, was ich in der letzten Zeit gedacht und gesagt habe, kommt mir in den Sinn.
(23.10.1976)

Ich habe Zwillinge, dunkelhäutige Mischlinge, Mädchen, Franz muss sie versorgen (weil ich krank bin?).
Als ich nach einem halben Jahr vorbeischaue, geht alles prima, Franz sagt, „Sie geben gar nicht zu tun" was ich fast nicht glauben kann. Sie sitzen schon in ihren Wiegen (oder Wägeli) und sind richtige Menschlein, ich denke „ja, in diesem Alter kann man schon etwas mit ihnen anfangen, sie sind ja schon recht groß".
(1.11.1976)

Peter, der Bruder von Franz lebte mit seiner Frau Karin und ihren beiden kleinen Töchtern in Olten. Karin erkrankte im Verlauf dieses Jahres schwer und musste kurz vor Weihnachten ins Spital eingewiesen werden. Dort besuchte ich sie, sobald ich einen freien Tag organisieren konnte und blieb bis am Abend bei ihr. Wir hatten viel Zeit. Sie war schon sehr schwach und konnte kaum noch sprechen.

Ich war manchmal am Pullover-Stricken, wenn sie ein wenig einschlummerte, aber immer da. Es tat weh, wenn sich die jungen Pflegerinnen in den Ausgang verabschiedeten: die Sterbende war auch jung, aber sie würde nie mehr in den Ausgang gehen. Wir sprachen wenig über die Zukunft, sie schien mit sich im Reinen zu sein, und ich wollte nichts versprechen, das ich nachher nicht würde halten können.

Als ich nach Hause ging, wusste ich, dass es unser letztes Mal gewesen war. Ich war tief erschüttert und spürte Trauer und Dankbarkeit gleichzeitig.

1977

Tod und Begräbnis meiner Schwägerin / Ungelebtes Leben („Mars") / Mindells
Don Juan-Vorlesungen und die Folgen / Stunde bei Arnold Mindell („die Reise nach
Bern") / Beschluss bei Mindell eine Analyse zu machen und wieder zu studieren
/ Abgrenzung und Beziehung / Aus Arnold Mindell wird Arny / Wir finden ein
Haus zum Wohnen und Arbeiten in Zürich-Oerlikon

Träume:
Schul-Erfolgs-Traum / Im Seminar bei C.G. Jung / Die Fähre / Der Wirbel / 2 Träume über
das Studieren / „Männer"-Linie, „Frauen"-Linie / New York als Mandala / „privat" / Feuer!

Am 6. Januar (dem Dreikönigstag und unserem Hochzeitstag) starb meine
Schwägerin Karin. Das war eine Tragödie für uns alle. An der Beerdigung weinten
fast alle Anwesenden.

Auch meine Augen füllten sich mit Tränen, als ich in der Kirche den Kranz mit
den Namen der Seminarkolleginnen sah, die alle noch lebten - nur sie hatte gehen
müssen, und die zwei kleinen Mädchen hatten jetzt keine Mutter mehr.

Dann war ich allerdings ziemlich baff, als ich kurz danach zwei Sex-Träume hatte:
offenbar wollte das Leben wieder sein Recht. (Mitte Januar 77)

Im April 1977 diskutierten Franz und ich über das Buch „Mars" unseres jung verstorbenen Kollegen Frederico, der sich als Autor Fritz Zorn nannte. Besonders interessierte uns dabei die Frage nach unserem eigenen „nicht gelebten Leben".
Wo war MEIN nicht gelebtes Leben? Dazu lese ich: „Verantwortung im Beruf tragen,
z.B. als Festangestellte im Konvent der Schule oder an TV-Tagungen" (ich arbeitete
damals schon eine Weile im Kinderfernsehen).
In der Nacht danach hatte ich einen berauschenden Schul-Erfolgs-Traum:

> *Ich bin wieder Lehrerin am Seminar. Meine Schüler machen die besten Prüfungen,*
> *ich helfe ihnen, sich in einer großartigen Schlussfeier selbst darzustellen.*
> *(April 77)*

Nach diesem Traum erwachte ich mit einem starken Glücksgefühl, voller Glauben
an mich und Begeisterung über diese herrlichen Schüler. Die „Hebammen-Tätigkeit"
zum Sich-Selbst-Darstellen und Äußern-Können der Schüler an der Schlussfeier
strahlte eine Intensität und Qualität aus, die mich noch lange erfüllte und stärkte.

Ungeduldig hatte ich auf eine Vortragsreihe am Jung-Institut über die Don Juan-Bücher von Carlos Castaneda im Mai gewartet. Diese Vorlesungen von Arnold Mindell waren für mein weiteres Leben so wichtig, dass ich hier meine Original-Notizen von damals einrücken will:

> *Der Vortragende ist ein amerikanisches Deutsch sprechender Amerikaner. Er ist eher klein und zierlich gebaut, dennoch hat man den Eindruck, er sei stark. Ich kann mir nicht recht merken, wie er aussieht, am ehesten erinnere ich mich noch an seine Jacke. Sie ist kurz und sportlich und irgendwie salopp, unernst.*
> *Er hat Mühe, ruhig zu sitzen und scheint sich beim Sprechen und überhaupt riesig zu amüsieren. Seine Wirkung auf mich ist sehr stark, es gelingt mir zwar nicht, sinnvolle Notizen herzustellen, aber am Schluss fühle ich mich, wie wenn ich einen roten Kopf oder zumindest rote Ohren hätte.*
> *(6.5.1977).*

Auf dem Heimweg war ich immer noch recht durcheinander.

Auf der Straße fiel mir ein überfahrener Igel auf: seine Stacheln hatten ihm offenbar nichts genützt.

Vor der Haustür fand ich eine schwarz-weiße Kugel, die mir vorkam wie ein Symbol für die Ganzheit, zu der Helles und Dunkles gehört. Diese beiden Vorfälle hatten für mich eine traumartige Qualität und bestärkten mich, meine Faszination ernst zu nehmen und auf diesem Weg weiter zu gehen.

Während Mindells Vorlesungs-Reihe gab es zudem noch weitere Vorgänge, die ich wie Spiegelungen der Erschütterung durch diese Vorträge erlebte: Am 16. 5. wurde die beste Kuh eines Nachbarn vom Blitz erschlagen, am 24. 5. mussten wir eines der Kinder wegen eines Unfalls zum Arzt zum Nähen bringen, am 25. 5. verlor ein Wagen mit Valserwasser einen Teil seiner Ladung vor unserem Haus, und die Straße war voller Scherben, zudem wurde ein Wohnhaus unter uns vom Blitz getroffen und brannte, am 26. 5. hatten wir einen Riesenkrach unter uns Hausbewohnern und am 27. 5. hatten zwei Wagen wegen ausgelaufenem Öl in der Kurve der Straße bei unserem Haus fast Totalschaden.

Mindells Vorlesungen am Jung-Institut, in denen er die Lehren Don Juans als psychologische Wahrheiten ins Hier und Jetzt des Zürcher Alltags übersetzte, hatten damals eine geradezu magnetische Wirkung, die immer mehr Menschen, vor allem junge Leute aus der Schweiz und den USA, in ihren Bann zog.

Ende Mai 1977 hatte ich folgenden Traum:

*Ein Seminar bei C. G. Jung: viele Leute fragen etwas, und ich möchte ihn auf mich
aufmerksam machen. Darum melde ich mich schließlich auch und frage nach einem
Buch über die Archetypen in der Geschichte, vor allem über Karl den Großen.
Eigentlich gegen meine Erwartung reagiert Jung sehr freundlich und sagt, ein
solches Buch wie ich es suche gebe es, es sei aber über zwei Themen. Es sei auch noch
über - da geht er zum Klavier und spielt mir eine bekannte, vermutlich romantische
Melodie vor. Ich habe das Gefühl, dass alle Anwesenden musikalisch so gebildet
sind, dass sie die Melodie kennen und damit auch die Anspielung verstehen und
schwanke zwischen Scham und Verzweiflung über meine musikalische Unbildung.
Jung fragt mich nach meiner Adresse, um mir das Buch zu schicken. Da sage ich
die Adresse: Seestr. 292, Küsnacht. Kaum ist es heraus, könnte ich wieder im Boden
versinken, denn die Adresse ist falsch. Ich überlege krampfhaft, wie ich das richtig
stellen könnte.
Beim Aufwachen glaube ich einen Kommentar Jungs im Ohr zu haben, das sei nicht
so tragisch, solche Sachen kämen öfters vor, und sein lautes Lachen.*

Zur falschen Adresse kam mir in den Sinn, dass unsere Adresse in Uetikon Bergstraße
292 und Jungs Adresse in Küsnacht Seestraße 228 war. Außerdem schrieb ich in meinem Traumbuch:

„Was mich an diesem Traum beeindruckt, ist die Ausstrahlung C.G. Jungs und die
liebenswürdige Ruhe, mit der er meine Aufgeregtheit und Verwirrung hinnimmt. Er
hat mich offenbar gern und ich habe dadurch, dass ich mich im richtigen Moment
zu einer Frage aufraffte (mit der ich mich übrigens tags zuvor tatsächlich beschäftigt
hatte) genug geleistet, um eine Antwort zu bekommen, auch wenn ich mich dabei
noch so dumm anstelle. Neben den Archetypen (vor allem dem Vaterarchetyp) behandelt das Buch, das ich bekomme, also noch ein zweites Thema: Musik, Gefühl.“

Zu Jungs Lachen las ich später, dass einmal ein Autofahrer in Ascona seinen Wagen
anhielt und in den Garten zur Eranos-Tagung hinunterstieg, um zu sehen, wer das
war, der ein solches Lachen hatte.

Es war einer der „großen“ Träume, auf die ich im Lauf der Jahre immer wieder
zurückkam. Er ermutigte mich zum ersten mal direkt, mich näher mit der Jungschen
Psychologie zu beschäftigen.

Einige Zeit danach wagte ich es mit viel Herzklopfen, in der Pause der letzten
Vorlesung zu Mindell hinzugehen und zu fragen, ob ich einmal zu ihm kommen
und über Träume diskutieren dürfe. Ich durfte, aber erst im August, und jetzt war
Mai.

*In diesem Sommer hatte ich wieder einige Träume über die Familie meiner Mutter
und ihre Geschichte und über „mein Erbe“, über dunkel gekleidete Gesellschaften,*

*die mich an ihren ernsthaften Sitzungen nicht teilnehmen ließen, von Häusern,
Küchen und Hallen, in denen Menschen aus früheren Zeiten saßen.
Auf einem Schloss begegnete ich sogar einem Gespenst, das mir sagte, es komme in
300 Jahren wieder.*

Mein Alltag war vor und nach den Sommerferien übervoll mit Arbeit und
Besprechungen, und ich war froh, als der August-Termin endlich da war.
In der Nacht vor der ersehnten Stunde bei Mindell hatte ich folgenden Traum:

*Aus einem Grund, den ich nicht mehr weiß, habe ich noch etwas Zeit übrig. Ich
beschließe, sie damit zu verbringen, dass ich einmal mit der Fähre über den See und
zurück fahre, das geht ja 2 x 1 / 4 Std, d.h. 30 Minuten.*
*Auf der Fahrt merke ich dann plötzlich, wie ich den vertrauten Boden unter den
Füßen verliere und mich nicht mehr orientieren kann. Ich merke jetzt, dass ich nicht
auf der Fähre bin, es wundert mich, dass ich den Unterschied nicht vorher bemerkt
habe.*
*Ich hoffe, es sei vielleicht eine kleine oder allenfalls eine große Rundfahrt, aber es
scheint überhaupt keine Rundfahrt zu sein. Plötzlich beginne ich mir Sorgen zu
machen, wer nun wohl zu den Kindern sehen wird, die allein daheim sind und
Abendessen bekommen und ins Bett gehen sollten. Ich werde sehr unruhig und
erwäge, auszusteigen und von irgendwo aus mit dem Zug zurückzufahren.*
*(Beim Aufwachen habe ich gefühlsmäßig das Bild des Bahnhofs Zürich Stadelhofen
vor mir.)*
(19.10.1977)

Aus meinen Notizen nach der ersten Stunde bei Arnold Mindell am 19.8.1977
„Am nächsten Tag bin ich, wie meistens, etwas zu früh am vereinbarten Ort, an der
Seestraße in Herrliberg. Alles ist offen, einen Raum erkenne ich als Wartezimmer
und setze mich hinein. Ich bin sehr aufgeregt. Ich fühle mich wie in der Hölle oder
jedenfalls in der Vorhölle.

In dem kleinen Raum betrachte ich die zwei Stühle (auf einem sitze ich), den
Spannteppich, einen Vorhang an Schiene vor einem Brünneli, zwei Jugendstilbilder,
einen Wandbehang. Nach einer Weile fange ich noch einmal von vorne an und überlege mir, wer wohl das Anbringen der Schiene vor dem Brünneli und das Nähen des
Vorhangs daran organisiert hat, ob es vielleicht die Frau des Analytikers war, und
wer hier putzt.

Da höre ich Stimmen. Der Analytiker naht, mit einer bezaubernden dunkelhaarigen
jungen Frau in ein scherzendes Gespräch vertieft.

Ich habe unterdessen tüchtig geschwitzt und möchte mich angesichts dieses prächtigen Geschöpfs verkriechen oder in Luft auflösen.
Natürlich erkennt mich der Analytiker nicht mehr und stellt anhand seiner Agenda zudem fest, dass ich zwei Stunden zu früh bin. Das sei ein häufiges Missverständnis, auch ein Sprachproblem, dass 14 Uhr und 4 Uhr verwechselt werde.

Ich gehe gern und sofort und beschließe spontan (ohne an den Traum zu denken), mit der Fähre von Meilen in den zwei Stunden bis 16h über den See zu meiner Freundin in Horgen zu fahren.

Als ich schließlich doch im Behandlungszimmer des Analytikers sitze, komme ich mir reichlich dumm vor, als nach Problemen gefragt wird. Wie die Ehe sei, was ich beruflich so mache. Was soll ich denn sagen, in was bin ich hineingeraten? Richtig in Panik gerate ich, als ich merke, dass ich zu jemand anderem abgeschoben werden könnte. Das ist doch nicht möglich! So habe ich mir das nicht vorgestellt - was habe ich mir überhaupt vorgestellt? Ich muss etwas tun, etwas sagen, sonst bin ich wieder draußen, mit einem Kärtchen in der Hand. Dass ich über Träume reden will, nur und genau über Träume, dass ich nicht behandelt werden wolle, dass ich keine Probleme gelöst bekommen wolle, dass es für mich lebenswichtig sei.

Ich darf meinen Traum erzählen. Ich werde zum Schiff, bin das Schiff, fahre immer weiter, in immer tiefere Gewässer. Nein, die Fähre ist das auf gar keinen Fall. Stationen ziehen vorbei mit Blumen und Schildern, fremder werdend und doch eigenartig bekannt. Bin ich in der Innerschweiz, auf dem Dampfer „Schiller", im Ferienland meiner Kindheit? Das Schiff schwankt, die Fahrt ist gefährlich, nichts Liebliches mehr, nur noch dunkler Wald und Felsen, der Seegrund liegt jetzt weit unten, im Bodenlosen. Das Schiff schwankt, aber es hält. Es ist kleiner, als ich zuerst geglaubt habe, etwas gedrungen und sehr solid.
Nein, Analyse wolle ich keine machen. Auf keinen Fall solange die Kinder noch klein seien. «Sie kommen mir vor», sagt der Analytiker, «wie jemand, der im Zug nach Bern sitzt und ständig versichert, er wolle auf keinen Fall nach Bern.»"

Traum vor der nächsten Stunde

> *Ich gehe durch einen Flur mit Türen. Da sehe ich hinter mir in einiger Entfernung eine sehr hohe, beige-weiße Gestalt (hat etwas Arabisches, eine Art spiraliger Wirbel). Ich denke: „das ist mein Schatten" und gehe schnell weiter und schließe alle Türen hinter mir, aber er folgt mir durch alle Türen - das erfüllt mich gleichzeitig mit Furcht und mit Befriedigung und Genugtuung (also doch! das gibt es!)*
> *(27.8.1977)*

Auch dieser Traum hatte eine starke Wirkung auf mich, die Begegnung mit diesem „göttlichen Wirbel" war unvergesslich und mächtig. Gleichzeitig schrieb ich damals auf, dass ich beim Erwachen dachte: „sagenhaft, ich träume ja genau nach Programm."
Als ich allerdings versuchte, den Schatten zum Sprechen zu bringen, bekam ich eine fürchterliche Migräne und musste mich anschließend während meiner Arbeit im Fernsehen dreimal erbrechen, das war offenbar zu respektlos!

Heute beim Wiederlesen dieses Traumes kommt mir mein „Kindheitstraum" in den Sinn: es gibt eine hohe Gestalt und einen Wirbel, der mir zwar nur folgt und mich nicht packt, aber mich ebenso mit Furcht und mit Genugtuung erfüllt wie damals der „schwarze Mann".

Noch im Jahr 1977 entschloss ich mich nach Gesprächen mit meinem Mann und den nötigen Abklärungen für die Betreuung der Kinder:
- Ich will mit Mindell arbeiten, d.h. eine Analyse machen
- Ich will wieder studieren
- Ich will 1977/78 an einer Traumgruppe bei Mindell teilnehmen, auch
  wenn wir im Frühling 1978 umziehen und es zeitlich fast nicht zu machen ist.

Zum Thema Studieren hatte ich im Oktober und November zwei sehr explizite Träume, die mich in meinem Entschluss bestärkten:

> *I*
> *Ich studiere wieder. Mit einem anderen zusammen habe ich eine Bude ganz oben unter dem Dach in den Balken, die sehr staubig sind. Um hineinzukommen, muss man sich zwischen den Balken hochziehen, einmal gelingt es mir nicht.*
> *Ich will einen besseren Eingang machen und reiße eine Wand nieder. Dadurch merkt man plötzlich sehr stark den Verkehr, von dem man vorher nichts gemerkt hat, auch wirkt das Zimmer irgendwie schutzlos und zu offen. Ich schließe die Wand wieder mit einem großen Baumast und einem lebenden Reh (ich wundere mich, dass es stillsteht, aber es ist lebendig).*
> *(19.10.1977)*

Könnte der Umstand, dass ich „mit einem anderen zusammen" bin, vielleicht darauf hinweisen, dass es neben meiner bewussten Persönlichkeit als Frau auch noch einen unbewussten männlichen Teil (Animus) gibt, der auch mitstudieren wird?
Wie auch immer, ich brauchte einen Ort zum Studieren, der einigermaßen praktisch und mit meiner Umgebung verbunden war. Gleichzeitig war genau diese Umgebung auch eine Bedrohung, wenn es mir nicht gelang, mich von ihr abzugrenzen.

Dass ich die niedergerissene Wand durch einen großen Ast und ein lebendes Reh wieder schloss, tönt inspirierend und hat sicher etwas mit der Kraft und Elastizität der Natur zu tun, lässt einen aber für das Reh fürchten.

II
*Ich studiere wieder, Mindell hat mir in einem Programm seine Seminare
angestrichen und dazu mit Bleistift die Namen der anderen Studierenden
geschrieben, einige kommen mir bekannt vor (Frauen?).*

*Einmal bin ich in einem Riesen-Sprechzimmer beim Analytiker W. und überlege
mir, dass ich doch nicht zu zwei Analytikern gleichzeitig gehen kann und will.*
(November 1977)

Dieser Traum zeigt, wie eng dieser Entschluss und alles, was darauf folgte, mit der Person Arnold Mindells verbunden war und bleiben würde. Der Hinweis auf die Namen der anderen Studierenden nahm auch voraus, wie wichtig meine zukünftigen Kolleginnen und Kollegen während meiner Ausbildung für mich sein würden.

„W.", einen großen und leidenschaftlichen Mann, hatte ich als ersten Dozenten am Jung-Institut kennengelernt. Seine Vorlesungen hatten mich ebenfalls begeistert, auch hatte ich ihn im Treppenhaus des alten Jung-Instituts in Zürich wunderschön pfeifen gehört.

Mit meiner Entscheidung für das Studium hatte dieses eigentlich schon angefangen, auch wenn ich offiziell erst später am Jung-Institut angenommen wurde.

Damals hatte ich auch die ersten Träume zu zwei Themen, die sich durch mein ganzes weiteres Leben und meine Träume zogen: innere und äußere Männer und innere und äußere Frauen.

Männer
*Ich treffe einen sehr sympathischen Mann, mit dem ich mich angeregt unterhalte.
Er sagt zuversichtlich: „mit meiner Ehe ist es ja sowieso bald fertig", worauf ich
resigniert antworte „mit meiner nicht, sie dauert ewig".*
(26.9.1977)

Das war allerdings eine happige Botschaft, über die ich einerseits laut herauslachen musste, bei der ich aber auch spürte, sie könnte wahr sein. Mindell meinte, es sei wohl eine gute Prognose für unsere Ehe.

Frauen
*Das Bild eines Mädchens (etwas indisch anmutend), das ein Blatt auf der Stirn
trägt, dort wo die Inderinnen sonst den Punkt tragen: es riecht sehr apart, erst*

meine ich, es sei Lorbeer, dann glaube ich, es sei eher ein Lindenblütenblatt.
(14.10.1977)

Diese unbekannte junge Frau kam mir sehr spirituell vor. Es beglückte mich, sie kennenzulernen, zu wissen, dass sie irgendwie zu mir gehört. Ich schrieb damals dazu: „Meine Verbündete, mein Guru".

Mir kam auch eine tiefe Erfahrung in den Sinn, die ich als 19jährige in einer Vollmondnacht in den Ruinen von Delphi hatte. In Delphi wurden in der klassischen Zeit auch Träume gedeutet, und ich lese, dass die Pythia, die Orakel-Priesterin, auf einem Lorbeerkissen schlief.

Als wir als Familie zunehmend verzweifelter nach einem neuen Ort für uns suchten, träumte ich:

> *Ich sehe New York von oben, gleichzeitig bummle ich darin herum, suche eventuell*
> *Arbeit. Sehe den Verkehr und eine sehr bunte Szenerie: mittendrin kurvt eine*
> *schwarze Limousine, an der immer wieder der Name Elvis Presley aufleuchtet (es*
> *kommt mir aber in den Sinn, dass er kürzlich gestorben ist).*
> *Irgendjemand sagt zu mir, New York sei entgegen aller Vorurteile doch einfach voll*
> *Leben und sei eigentlich ein Mandala, da es kreisförmig angelegt sei. Es sei eine gute*
> *Stadt. Ich schlendere herum und überlege, ob man am Morgen schon ins Kino kann.*
> *(8.11.1977)*

Ich erwachte mit dem festen Gefühl, ja der Gewissheit: New York ist mein Mandala! Ich muss mitten hinein, dorthin, wo die Menschen leben und leiden! Die Zeit „zwischen Kartoffeln und Blumenkohl" (Worte aus einem Lied unseres Freundes Hannes Wader) ist vorbei.

Kurz darauf fanden wir tatsächlich ein Haus zum Kaufen in der Stadt, nachdem alle Versuche gescheitert waren, eines zu einem zahlbaren Preis zu mieten, das groß genug war. Es stand in Zürich Oerlikon, Baujahr 1899 und war von einem ziemlich verwilderten Garten umgeben. Oerlikon war früher ein wichtiger Industriestandort und liegt in der Nähe des Flughafens, was unsere Söhne, die damals noch Buben waren, begeisterte. Wann immer ich Zeit dazu fand, fuhr ich in der Folge nach Oerlikon, um im Haus das Täfer abzulaugen und zu unserem neuen Ort eine Beziehung aufzubauen.

> *Es würde dort offenbar auch genügend Natur für uns geben: in einem Traum teilte*
> *mir jemand am Telefon mit, in Oerlikon sei schon ein halbes Pferd für mich bereit!*
> *(19.11.1977)*

Inzwischen hatte meine erste Traumgruppe bei Mindell angefangen, für die ich regelmäßig nach Zürich fuhr, auch wenn ich die Zeit dafür eigentlich fast nicht hatte. Anfangs war ich dort sehr scheu und gehemmt.

Wir waren ein bunter Haufen, einige von uns studierten am Jung-Institut, andere waren schon Profis und noch andere Laien oder Anfänger wie ich.

Es war mir etwas peinlich zu merken, dass ich glühend eifersüchtig war auf alle, die schon von ihrer Praxis berichten konnten, darüber, wie viele Patientinnen und Patienten sie täglich sahen und wie anstrengend es sei, soviel zu arbeiten.

In dieser Gruppe konnte ich üben, mich nicht von dem beeindrucken und beeinflussen zu lassen, wer die anderen waren und was sie für Meinungen hatten.

Wir duzten einander alle, aus Arnold Mindell wurde „Arny", was für die Amerikaner natürlich war, für mich als Schweizerin aber noch ungewohnt.

Abgrenzung und Einstehen für das Eigene waren wichtige Themen und blieben es auch.

Der Bühnen-Beruf meines Mannes verstärkte das noch: Immer mehr Menschen kannten ihn und wollten etwas von ihm, es war eine überlebenswichtige Herausforderung für mich, während der nächsten Jahre die richtige Einstellung dazu zu finden, sowohl zu den Menschen, die etwas von meinem Mann wollten und von denen ich mich oft bedrängt fühlte, als auch zu meinen eigenen Gefühlen und Reaktionen.

Die folgenden Träume aus den Monaten November und Dezember 1977 habe ich gewählt, weil sie zeigen, wie der Umgang mit dieser Thematik manchmal gelang und manchmal nicht.

> *Ein riesiges Haus, von dem wir Teile vermieten. Durch das Haus geht ein*
> *öffentlicher Fußweg. Tausende von Fußgängern benutzen ihn auf dem Rückweg vom*
> *See, obwohl es eine andere Möglichkeit gäbe, das enerviert mich sehr.*
> *Am Schluss hänge ich eine Kette „privat" auf, und das wird allgemein akzeptiert.*
> *(18.11.1977)*

> *Ein Mädchen aus Amerika. Sie fragt mich nach Mindell - ich finde den Namen*
> *nicht, komme zuerst auf Marschall, dann auf Mindek, dann erst auf Mindell. Sie*
> *fragt mich nach der Art meiner Beziehung zu ihm. Ich sage „er ist mein Analytiker"*
> *(dass ich das sage, beeindruckt mich selber).*
> *Das Mädchen sagt: "Das ist gut, er wird dir helfen, deine Menschenliebe besser*
> *zu gebrauchen" (das Wort Menschenliebe ist ohne jegliche Ironie verwendet). Wir*
> *steigen in einen Bus. Es gibt Platzprobleme. Alle müssen eine Reihe zurück. Ich*
> *setze mich nicht durch und verliere das Mädchen von meiner Seite.*
> *(21.11.1977)*

*Als ich auf einer Treppe nach unten gehe, kommt jemand und wuschelt in meinen
Fransen. Das ärgert mich und ich denke: warum tun sie das? Das ist doch sehr
frech. Kann ich etwas an mir ändern, dass sie es nicht mehr tun?*
(27.12.1977)

Als besonderes Übungsfeld bot sich der Körperkontakt an: im Bezug auf Händedruck,
Umarmen, Küsschen rechts und links etc. genau zu spüren und zu signalisieren, was
ich wollte und was nicht. Ich staunte, wie gut ich mit den meisten Menschen zu-
rechtkam, wenn ich klare Signale gab und auch diejenigen, die sie mir gaben, be-
achtete.

Wer kein Selbstvertrauen hat, kann sich auch weniger klar abgrenzen.

Mir fiel auf, dass ich manchmal unsicher und scheu war, wenn es darum ging,
mich zu wehren und Entscheidungen zu fällen. Ich hatte zwar schon immer eine re-
bellische und mutige Seite, aber es gab auch diesen mutlosen Teil, der sich am liebsten verkrochen hätte und ausweichen wollte. Wo kam der her? Ich dachte in diesem
Zusammenhang oft über die Frauen in der Familie meiner Mutter nach, über meine
Gotte / Patin (die Schwester meiner Mutter) und über meine Großmutter, die leider
vor meiner Geburt starb.

Ein Traumbild aus dieser Zeit unterstützte mich:

*Bild einer sitzenden meditierenden Frau in einem Mandala-Kreis und eine Schrift:
„die KANALISATION ist im BAU". (Nov. 1977)*

Ich bemühte mich, die Träume mindestens aufzuschreiben und festzuhalten, wie ich
mich beim Aufwachen fühlte und was mir spontan durch den Kopf ging. Wenn Zeit
und Energie dafür da war, ging ich mit ihnen spazieren oder joggen, malte, arbeitete
mit meinen Körpergefühlen, mit Klang und Stimme und mit Bewegungen. Ich achtete auf alles, was mir als Assoziation in den Sinn kam und wälzte Bücher über verschiedene Mythologien, Märchenmotive und Symbole.

In einigen Träumen gab es auch Bedrohliches und Katastrophen aller Art:

*Ich merke, dass das Licht nicht auf den Lichtschalter reagiert: ich muss die Birne
auswechseln, wenn es einen Überfall gibt, bin ich blöd dran ohne Licht.
Es ist aber schon der Überfall. Als ich im Dunkeln im Haus weitergehe, merke ich,
dass alle Schalter nichts nützen und werde überfallen.*
(5.12.1977)

Nicht nur der Ort, auch die Dynamik und die Gefühle dieses Traums erinnerten mich an meine Kindheit: Wahrnehmen und Warnen war damals gefährlich und für das Kind nicht möglich.

Arny versuchte mich darin zu bestärken, dass jetzt eine andere Zeit sei und ich mich in meinem wahren Wesen bemuttern müsse.

1978

Abschied von Uetikon / Umzug nach Zürich-Oerlikon / Offizieller Beginn des Studiums am Jung-Institut / Analysandin von Anold Mindell am Jung-Institut / Lernen für die propädeutischen Prüfungen / Familienschicksale jüdischer Freunde / Geschichte des zweiten Weltkriegs und die Welt heute

Träume:
Das doppelte Baby / C.G. Jung und Emma Jung / „Summum-Supernalisieren" / Kindheit, Mutter, Vater, Panik / Nilpferd und Elefant / „Grenzen" in der prozessorientierten Arbeit / Schrecken der Vergangenheit, Grauen der Gegenwart / Prüfungsträume / Die „Nachtbaustelle" / Mein junger Bauer / Zeit für eine Unterbindung? / Drei Verabredungen für den gleichen Abend / Keine leeren Blätter an der Prüfung / Unangenehmes über meinen Vater / Kein Lehrstuhl für Arnold Mindell in der Schweiz / „Schwäche für die Jesuiten" / Der Nasenbär vor der Stadtmauer / Ein Waschküchentraum / Agrippina und das Zuckerkombinat

---

35. Geburtstag am 2. 1. 1978

> *Träume, noch ein Kind zu bekommen.*
> *Ich probiere Babykleider (Schlüttli und Pulloverli - etwas verwaschen)*
> *(25.1.1978)*

Ich selbst bin mein nächstes Kind. Mein Prozess, meine Individuation.

Wohl ausgelöst durch meine Lektüre und den Plan eines Studiums am Jung-Institut hatte ich eindrückliche Träume über C. G. Jung, seine Familie und Emma Jung.

Sie bestärkten mich in meinem Vorsatz, Analytikerin zu werden, die Ideen der Jungschen Psychologie zu erforschen und später mit Menschen zu arbeiten.

> *Das Haus von C.G. Jung, es hat an einer Ecke eine riesige Topfpflanze.*
> *Sie wuchert und gedeiht wunderschön und gigantisch. Dahinter sieht man in der Stube einen nackten Enkel, dann sehe ich, dass es zwei sind, am Schluss sind es drei.*
> *Ich überlege, dass Fruchtbarkeit, Kinder und Kindeskindersegen unbedingt zu C.G. Jung gehören, dass ich ihn mir ohne Kinder gar nicht vorstellen kann.*
> *(25.1.1978)*

Die lebendige Topfpflanze als ein Teil von Jungs Haus gefällt mir sehr. Die Enkel, die man hinter dieser gigantisch wuchernden Pflanze sieht, sind auch ein Teil der Fruchtbarkeit und Fortpflanzung dieses ganzen Biotops.

Mit diesem Traum versuchte ich auch zu arbeiten und mit Jung zu reden.
Er sagte zu mir: „Gieße meinen Baum. Ich bin nicht tot. Mein Werk wächst weiter und entwickelt sich. Es ist vital, lebendig, schöpferisch, fruchtbar. Auch du kannst so sein".

Von Anfang an hatte ich mich für Jungs Frau Emma interessiert. Ich fragte mich , wie sie an der Seite dieses Mannes leben konnte. Ihre weibliche Energie interessierte mich und zog mich an.

Ihren Brief an Freud vom 24. 11. 1911 hatte ich mit Interesse gelesen.
Emma Jung schrieb dort als 29jährige junge Frau:

Für gewöhnlich bin ich auch ganz einig mit meinem Schicksal und sehe vollkommen ein, wie gut ich es habe, aber von Zeit zu Zeit plagt mich der Konflikt, wie ich mich neben Carl zur Geltung bringen könne; ich finde...
dass alle Menschen, die bei uns verkehren, eigentlich nur zu Carl wollen...
die Frauen sind natürlich alle verliebt in ihn...

Irgendwie kam da bei mir ein Stück Schwesterlichkeit auf, das ich gegenüber Emma bei allem großen Respekt, den ich vor ihr hatte, nie verloren habe.

Deshalb wunderte es mich nicht, dass ich auch von ihr träumte:

Besuch bei Frau Jung.
Sie ist 83 Jahre alt.
Ich helfe ihr im Migros-Supermarkt, als sie eine kleine emaillierte Pfanne sucht (zuerst befürchten wir, nach dem Umbau führe der Laden nur noch Lebensmittel, dann sehen wir aber die Thermoskrüge und dann die Pfannen).
Sie lädt mich zu sich nach Hause ein.
Das Haus ist ganz anders. Es wurde umgebaut, mit ziemlich viel Beton (weiß gestrichen beim Treppenaufgang), was mich stört, ja geradezu entsetzt (ich denke, der Beton wurde wohl gewählt, weil es billiger ist oder weil ihn Franz Jung empfahl). Es hat an der Wand eine Bleistiftlinie, wo der Neubau beginnt.
Sie sagt, man müsse die Vorhänge oft zuziehen oder den Leuten sagen, sie sollten jetzt gehen, weil es blendet (viel Weiß).
Der See vor dem Haus ist wunderschön, ich denke, das Arbeitszimmer im 1. Stock sei sicher sehr schön und freier.
Frau Jung sagt irgendwie, dass wir uns wiedersehen werden, ich überlege, dass sie wohl bald stirbt.
(1.2.1978)

Beim Erwachen weiß ich zwar, dass Emma nicht mehr lebt, aber im Traum war sie sehr lebendig.

Ich versuchte, ein Gespräch mit Emma Jung zu führen und fragte sie: „Hilfst du mir?"
Sie schwieg zuerst und sagt dann „Ich tue dir nichts, ich bin alt" und weiter: „Auch du musst mir helfen, warm machen, füllen, Wärme behalten, Milch kochen".

Sonst arbeitete ich nicht mit diesem Traum. Er gab mir einfach ein Stück Wärme und Ermächtigung als Frau, als Teil der „Frauengeschichte" in einer doch lange vorwiegend von Männern geprägten Disziplin.

In der folgenden Nacht träumte ich von Gartenzäunen, die gestrichen werden mussten.

Ein Traumteil handelte von meiner Gotte in Itschnach, der Schwester meiner Mutter:
Wir sind im Garten meiner Gotte in Itschnach und schauen den Hag an.
Ich witzle, zuerst sollte man eine Prämie für das Finden des Zauns aussetzen: er ist nämlich zum größten Teil im Boden versenkt. Der Zaun hat relativ breite Latten, ist sehr niedrig und z.T. wurmstichig.
(2.2.1978)

Dieser Traum schien mir gut zum Nachdenken über den weiblichen Teil der Familie meiner Mutter zu passen: ein Zaun zum Abgrenzen ist offenbar nur sehr rudimentär vorhanden und muss zuerst gefunden werden!

Ich bin daran, ein großes Fotoalbum zu ergänzen und es macht mir Spaß.
Etwa 5 Seiten lang erscheint immer die gleiche große Foto von einem Mann, den ich gar nicht kenne.
Die Foto scheint künstlerisch wertvoll zu sein, ein Arbeiter oder Bauer kauert auf einem steinigen Boden.
Er hat etwas Wettergegerbtes und ist einfach angezogen, eventuell mit einem geknöpften Tuch um den Hals, ein bisschen wie Gotthard-Minatori.
(6.2.1978)

Unerwartet taucht gleich mehrmals die gleiche große Foto eines Mannes auf, den ich gar nicht kenne. Es ist ein Arbeiter oder Bauer auf steinigem Boden.

Dass mir im Traum die Gotthard-Minatori in den Sinn kommen, lässt mich daran denken, dass der Gotthard-Eisenbahn-Tunnel, der bis 1882 unter großen Opfern erbaut wurde, eine wichtige Nord-Süd-Verbindung in Europa geschaffen hat. Die „Minatori", meist Arbeiter aus Italien, haben dabei für die Schweiz unverzichtbare Dienste geleistet.

Sie gehören vermutlich auch in mein „Familien-Foto-Album", weil mein Urgroßvater Emil Sidler-Brunner als Bankier an der Finanzierung dieses Tunnels beteiligt war.

Der Gotthard-Tunnel wird auch später noch einmal in meinen Träumen eine Rolle spielen. (Traum vom 6.9.1980)

Als Beispiel, wie wild und gar nicht linear es in und nach den Träumen manchmal zuging, hier ein „Schnappschuss" des täglichen Durcheinanders von Zeiten, Themen, Traumteilen und abruptem Aufwachen, der aber auch zeigt, dass es im Hintergrund ein tiefes Vertrauen auf Solidarität gibt:

> *Eine Frau wird in ein Verlies geworfen wegen irgendeines Vergehens. Es ist ein Steinkeller (mittelalterlich).*
> *Ihr Mann, der ein erfolgreicher Geschäftsmann (und zugleich Ritter) ist, kommt zu ihr und sagt, er habe seine Aktivitäten aufgegeben, um mit ihr zusammen hier zu leben, so lange es nötig sei (wirkt sehr souverän).*
> *Vor dem Aufwachen träume ich von einem herzigen blau-weiß-schwarz längs gestreiften Frotté-Bademänteli. Ich denke, dass die Buben ja schon passende Bademäntel haben und überlege, ob ich ihn auf Vorrat für ein Kleines kaufen soll. Es kommt mir aber niemand in den Sinn, der ein Kind erwartet.*
> *Beim Erwachen merke ich, dass ich die Pille vergessen habe und stürze nach unten, um sie noch zu nehmen.*
> *(12.2.1978)*

> *Eine Psychologieprüfung wird über die (See-)Straße hinweg abgenommen. Ständig donnern schwere Lastwagen vorbei. Ich bin noch nicht an der Reihe, aber ich frage mich, ob ich unter diesen Umständen werde arbeiten können.*
> *(26.2.1978)*

Etwa so sah mein Leben damals aus!

> *Ich unterrichte am Jung-Institut. Das beflügelt mich sehr und macht mich glücklich. Als ich es Arny erzähle, akzeptiert er es und ist nachdenklich über das Jung-Institut. Aber die anderen der (Traum-) Gruppe sind sehr aggressiv und wollen mir den Traum nicht durchlassen. Sie sagen, das seien nur Kompensationen und Allmachts-Fantasien. Ich bin ziemlich verzweifelt und frage Arny, ob man im Traum so glücklich sein könne und dann bedeute es etwas Negatives wie Kompensation und Allmachtfantasien? Ich verteidige mich gegen die anderen indem ich sage: „Ihr habt nur Angst vor den Büchern".*
> *(Ende Februar 1978)*

Und es gab sogar auch „Theorie-Träume":

*

Endlich war es soweit, eine Materialschlacht mit Hausrat, Requisiten, Nötigem und
Unnötigem war ausgetragen, ein großer Zügelwagen mit Anhänger bewegte sich in
die Stadt und ließ das Dorf zurück, dem wir nicht nachtrauerten.
(Wir hatten in dem sehr konservativ-bürgerlichen Uetikon sogar erleben müssen,
dass die von uns und anderen Eltern gegründeten Spielgruppe im Kampf um einen
Sitz in der Schulpflege durch anonyme Flugblätter als politisch motivierte marxisti-
sche Unterwanderung diffamiert wurde!)

*

Oerlikon, offizieller Beginn des Studiums (20.3.1978)
Bei unserer Ankunft in Oerlikon steckte im Briefkasten an der Haustür (der eigentlich gar nicht mehr im Betrieb war) ein Brief vom C. G. Jung-Institut, in dem mir
mitgeteilt wurde, ich sei für das Studium angenommen.

Der erste Traum im neuen Haus!
Als ich versuche, das Puppenhaus zu „bauen", zieht mich besonders der Herd
an, in dem es ein offenes Feuer gibt.
Dazu habe ich ein starkes Gefühl: die Flamme ist Natur, einfach da.
Der Mensch muss nur einen Kessel hineinhängen.

Studienzeit am Jung-Institut – Bausteine und Stolpersteine
So oft es mir möglich war, ging ich nun ans Jung-Institut zu Vorlesungen und
Seminarien und las mich mehr oder weniger begeistert durch die Lektürelisten für
die Prüfungen.
Ich liebte vor allem die Märchendeutungen von Marie-Louise von Franz und ihre
Bücher über Schöpfungs-Mythen und Alchemie.
Dank der Ethnologie-Prüfung entdeckte ich die Bibliothek des ethnologischen
Seminars in Zürich. Besonders die „Rites-de-Passage", die Übergangs-Rituale der
Völker, die das Leben von Frauen und Männern von der Geburt bis zum Tod in
allen Phasen begleiten (und die es im Zusammenleben der Menschen überall auf

der Welt gibt) inspirierten und faszinierten mich. Auch las und lernte ich vieles über Schamanismus, vor allem der Polarvölker, Afrikas und Nordamerikas - über Südamerika wusste ich ja von Castaneda schon einiges.

Natürlich musste ich mich auch mit der Theorie und Praxis der Jungschen Psychologie beschäftigen. Sie war mir zum Teil wie selbstverständlich vertraut, zum Teil musste ich mich mit ihr auseinandersetzen und sie „lernen" (zum Beispiel Jungs Typologie).

In der Analyse und in meinem Alltag war ich nach wie vor daran, mit meinen Träumen und Körpersymptomen zu arbeiten und das Gelernte so oft wie möglich zu üben und umzusetzen.

Meine Kinder waren - wie schon immer - auch während meines Studiums mit ihrer Neugier und Direktheit herausfordernde Begleiter und inspirierten mich. Sie wollten wissen, was ich da machte und wenn ich es ihnen zu erklären versuchte, ließen sie nicht locker, bis sie mich verstanden hatten.

Wir erzählten einander als Familie auch manchmal Träume am Frühstückstisch. Aber die Psychologie war natürlich nicht nur beliebt bei uns zuhause, weil sie ja daran schuld war, dass ich so oft weg war.

In Oerlikon träumte ich bald von meiner eigenen Kindheit:

> *Etwas in der Gegend von Kronenstutz und Klosterplatz, meinem ersten Schulweg als Kind. Ich kaufe in einem kleinen niedrigen Laden (eine Stufe unter dem Boden) etwas ein, ich sollte das ältliche Fräulein dort kennen, sie kennt mich. Mir kommt aber der Name nicht in den Sinn (sie hieß Frl. Judas), und ich weiß, dass sie von früher ist. Eine Schachtel mit verschiedenen farbigen Plastic-Klammern kostet 40 Fr. Ich denke plötzlich daran, dass ich noch Geschenke brauche und fast kein Geld habe.*
> *(4.4.1978)*

Dieser Rückgriff auf meine Primarschulzeit kam für mich überraschend. Warum hatte ich am Schluss des Traumes „fast kein Geld"? Vielleicht ging es darum, dass mich die Annäherung an meine Kindheit immer noch viel „kostet "?

In den nächsten 10 Tagen hatte ich tatsächlich zwei Träume über meine beiden Eltern, die schwierige Themen berührten.

> *Unangenehme Sachen über meinen Vater: Er ist alt, ich habe ihn nicht gern und muss mich zusammennehmen, um ihn überhaupt auszuhalten. Einmal sehe ich ihn von außen in einem Hörsaal dozieren, seine weißen Haare sind der Grund, dass ich ihn kenne. Er ist sehr alt und fast grau.*
> *(12.4.1978)*

Die Tätigkeit an der Volkshochschule war für meinen Vater sehr wichtig: er hatte keine akademische Karriere gemacht, aber wenigstens hatte er an der Volks-"Hochschule" Erfolg!

Meine Mutter zeigt mir ein loses rosa Jäckchen (Bettjacke) und fragt, ob sie dieses wegtun soll. Ich habe ungeheure Gefühle diesem Jäckchen gegenüber, mir kommen sogar die Tränen, und ich kann kaum sprechen, als ich sie bitte, das Jäckchen zu behalten, weil es mich daran erinnert, wie sie mich als Kind pflegte, wenn ich krank war und zum Beispiel erbrechen musste.
(14.4.1978)

Als Kind hatte ich oft Bauchweh, Ohrenweh, Halsweh und Zahnweh, auch wurde mir beim Autofahren schlecht. Meine Mutter wäre gern Krankenschwester geworden, wenn ihr das damals möglich gewesen wäre, sie interessierte sich immer sehr für die Behandlung von Krankheiten und Unfällen. Wenn ich krank war fühlte ich ihre Nähe und war froh, dass sie mich umsorgte.

Offenbar war dieser Kontakt mit meiner Kindheit tatsächlich erschütternd.

Einige Tage später hatte ich in der Nacht kurz nach dem Einschlafen einen schrecklichen Panikanfall, und mein Mann musste mich beruhigen, indem er die Tür öffnete und Licht einfallen ließ.

Ich war sehr desorientiert. Er sagte mir, als ich ihn fragte, er habe das Gefühl gehabt, ich wolle aus dem Fenster springen.

Im Traumbuch schrieb ich: „Sehr große Panik und Intensität. Bedrohung, fast der Tod".

Der folgende Traum fiel mir erst wieder ein, als beim Gespräch am Frühstückstisch das Wort „zaubern" vorkam:

Jemand zeichnet eine unförmige Zeichnung, dann wächst plötzlich ein funkelnder und schimmernder Penis (wie ein Diamant- oder Zauberstab) heraus.
Ich bin verblüfft. Ein Jogi sagt zu mir, dies könnte ein Wunder sein oder es könnte auch imaginiert sein. Bei mir vermutet er, es sei imaginiert.
(24.4.1978)

Gleichentags konnte ich den Traum in der Analyse bearbeiten, und mir wurde klar, wie sehr ich diesen „Diamanten-Zauberstab" in meinem Leben brauchen konnte, zum Beispiel im Zusammenhang mit einem lästigen Körpersymptom, das ich mit einer klaren und für meine Verhältnisse „diamantenharten" Haltung zum Verschwinden bringen konnte.

*Auseinanderbröckeln des Ich: wie ein Wasserstrudel oder -Wirbel (etwas anderes
taucht auf).*
(5.5.1978)

Dieser Auflösungs-Traum war intensiv und erschreckte mich.

Als mich Arny in der Stunde fragte „Warum wäre es schade um das Ich?" sagte
ich spontan: „Weil ich 35 Jahre daran gekrampft habe".

Im gleichen Monat begegnete ich im Traum noch einmal mächtigen Kräften:

*Plötzlich halte ich ein Nilpferd, von dem man sagt, es sehe aus wie ein Nashorn.
Es gerät irgendwie an einen Elefanten heran (ist dieser in einem Keller?) - die beiden
rasen mit Riesenkraft aufeinander zu, ich klammere mich an das Nilpferd und denke:
um Gotteswillen, das sind ja riesenstarke, lebensgefährliche Tiere und die hassen
sich ja von Natur aus.*
*Mit letzter Kraft schmettere ich die Türe des Kellerraumes zu, und
erstaunlicherweise nützt es etwas, der Elefant kann nicht durchbrechen. Das Hippo
rast mit mir mit großer Wucht durch die Gegend, ich halte mich irgendwie an ihm,
aber es geht nur knapp.*
(30.5.1978)

Die Wucht dieses Erlebnisses kann ich noch heute beim Wiederlesen spüren: das
Körpergefühl des ans Hippo geklammerten durch die Gegend Rasens und das
Ausgeliefertsein an eine ungeheure Energie und Kraft, die mit einem „durchbrennt",
den Moment, in dem ich erkenne: das geht ja von Natur aus nicht, diese Tiere sind ja
wahnsinnig stark und lebensgefährlich!

Eine solche Kraft erlebte ich als Kind mit dem Jähzorn meines Vaters, wenn er
außer sich geriet und seine Familie zusammenschrie und Gegenstände zertrümmerte.

Schon als Vorschulkind war ich die einzige, die über diese Zustände so empört
war, dass ich mich ihm entgegenstellen konnte und ebenfalls schrie, er solle sofort
aufhören.

Dadurch erlebte aber auch ich diesen selben Zustand, in dem man sich selbst
kaum mehr spürt und mit einer sonst unbekannten Leichtigkeit und „Raserei"
ohne jede Einfühlung und Wahrnehmung für Gegenüber, Umgebung und mögliche
Gefahren über Grenzen geht und Dinge tut, die man sonst nicht tun würde.
Wie gefährlich solche Jähzorn-Anfälle für mich sein konnten, wurde mir mit
Schrecken bewusst, als ich im Teenager-Alter einmal ein Messer nach meinem
Bruder warf und einmal einen Cellobogen auf seinem Kopf zerbrach - beide Male
zum Glück ohne schlimme Folgen!

Mein letzter derartiger - zum Glück nur noch verbaler - Ausbruch passierte etwa
zur Zeit dieses Traums in einem Streit mit meiner Kollegin und Hausnachbarin

Judith, mit der ich trotz vieler Versuche nicht aus einer gemeinsamen Verstrickung herauskam.

Vielleicht waren wir zwei damals wirklich „von Natur aus" unfähig, miteinander auszukommen.

Die mythologischen Aspekte der beiden Tiere haben mich damals ebenfalls beschäftigt. Schon im alten Ägypten gab es die Nilpferdgöttin, die den König säugte, das Hippo stand häufig für die weibliche Kraft und galt als Beschützerin des Weiblichen, während der Elefant als Repräsentant der schöpferischen Kraft, Kreativität und Weisheit eher mit dem Männlichen in Verbindung gebracht wurde.

Natürlich gab es in jener Zeit meines Lebens immer wieder Zusammenstöße zwischen meinen Aufgaben und Bedürfnissen als Mutter und den eher „männlichen" Anforderungen ans Lernen, Denken, Umsetzen und Üben im Studium. Auf die Dauer kann der Elefant jedoch nicht eingesperrt bleiben. Wenn die Kinder älter werden, wird die Sache einfacher!

Die prozessorientierte Psychologie Arnold Mindells, die er damals zu entwickeln und formulieren begann, beschäftigt sich intensiv mit den Grenzen, welche uns daran hindern, unserem Lebens-Prozess zu folgen und zu wachsen. Natürlich wollte auch ich meine Grenzen wahrnehmen, sie bearbeiten und so wachsen. Dazu waren auch die Träume hilfreich:

> *Wir haben ein Mädchen, das uns hilft. Ich erkläre ihr ziemlich deutlich, dass sie während der Zeiten, in denen sie bei uns ist, wirklich etwas machen muss.*
> *(1.6.1978)*

Andere für mich arbeiten zu lassen war für mich immer schwierig, eine Grenze. Es gehörte zu dem, was ich lernen musste: meine Ansprüche klar zu formulieren und dafür einzustehen, was ich brauchte und was ich dafür geben konnte. In diesem Traum gelang es mir, und ich freute mich darüber.

Das Gut-sein-wollen ist eine schwierige Sache, ein Ziel, das auch zur einschränkenden Grenze werden kann, wenn es zu einseitig wird. Mir kam manchmal Simone de Beauvoir in den Sinn, die einmal schrieb, sie habe ein schlechtes Gewissen gehabt, als sie sich ihr erstes wirklich teures Kleid kaufte, wenn es doch auf der Welt so viele bedürftige und rechtlose Menschen gebe.
Der folgende Traum tönt wie eine Art Witz zu diesem Thema und ich setzte ihn zur Freude meiner Familie übungshalber sofort in der Alltagsrealität um:

> *Ich kaufe ein unverantwortlich teures und gutes Stück Fleisch*
> *(10.6.1978)*

Der Juni 1978 war ein Monat mit bedrückenden und herausfordernden Träumen.
Die Auseinandersetzung mit den Themen Umweltzerstörung, Krieg, Ausbeutung,
Hunger und Massenmord hörte in meinen Träumen so wenig auf wie in der Welt.
Es war schwierig, solche Träume auszuhalten und damit umzugehen.

Ich will hier zwei Beispiele ohne weiteren Kommentar erwähnen :

I

*Ich bin an einem einsamen Ort am Schauplatz eines Massakers (ein Bauernhof? im
Krieg?)*

*Es hat auf einem Balkon einige verhungerte Tiere, die total vertrocknet sind, z.B.
eine Schildkröte. Ich sehe die Schildkröte von hinten mit den schlaffen Beinen und
weiß, dass sie tot sein muss, daran bin ich schuld oder mitschuldig. Einmal sagt
jemand zu mir, unten habe es im Waldboden eine Grube voll Leichen, ich solle diese
auch sehen, es sei furchtbar. Ich weigere mich aber und sage, ich würde das nicht
auch noch aushalten.*

Ich überlege, dass ich für die toten Tiere auch noch ein Loch graben muss.

Das Bild der vertrockneten, leblosen Schildkrötenpfoten.

(15.6.1978)

II

*In einem Lager, wo Gefangene sortiert werden. Die meisten werden in den sicheren
Tod geschickt, nur wer eine Doppelbürgerschaft hat, hat eine Chance oder dann
einfach sagenhaftes Glück.*

*Einmal geht es um zwei Mädchen (Zwillinge), sie geben zu, falsche Namen
verwendet zu haben und möchten verschont werden. Es wird aber nicht
durchgelassen. Da fliehen sie nackt. In einem Haus gerade da wohnt eine Dame,
die sie verstecken will (übers Meer schwimmen wäre unmöglich) - sie gibt ihnen
Pijamas und sagt, sie sollen sich verstecken und ruhig sein. Aber sie halten sich
nicht daran und verraten sich.*

*Einmal dringen Frauen aus Russland in eine Art Garten ein, in dem es lauter
gehängte Kriegsgefangene hat (auch Russen).*

(20.6.1978)

Anne Franks Tagebuch hatte ich schon als Jugendliche gelesen, und es erschütterte mich tief.

Weder zuhause noch in der Schule wurde bei uns damals der zweite Weltkrieg thematisiert. In der Geschichte beschäftigten wir uns im Gymnasium mit Römern und
Griechen und dem Mittelalter.

Nur im Deutschunterricht lasen wir einmal Heinrich Böll („Wanderer kommst
du nach Spa...“), das beeindruckte mich sehr.

Durch jüdische Freunde hörte ich vom Schicksal ihrer Familien, und nach und
nach las ich alles, was ich bekommen konnte, um mehr zu erfahren von den unfass-

lichen Grausamkeiten, dem Schrecken, dem furchtbaren Leid und der moralischen Tragödie Europas im zweiten Weltkrieg. Mir wurde bewusst, dass ich mitten in diesem Elend in einem verschonten Land geboren worden war.

Auch zum Thema Umwelt hatte ich einen aufrüttelnden Traum:

> *Irgendeinmal werde ich mir ganz beeindruckend der Umweltgefahren für die Luft bewusst, werde von der Vorstellung einer unentrinnbar neblig-glasigen Luft verfolgt: sie wird für unsere Nachkommen so sein, unregenerierbar, furchtbar. Es wird mir klar, dass jede Autofahrt eine unverantwortliche Katastrophe ist, es scheint mir auch sinnvoll, auf eine Abwaschmaschine zu verzichten.*
> *(23.6.1978)*

Nach 2 Jahren in der Stadt beschlossen wir, auf ein eigenes Auto zu verzichten - für eine Abwaschmaschine habe ich mich aber dann doch stark gemacht und später auch eine gekauft.

Schon im Februar vor unserem Umzug nach Oerlikon hatte ich ein erstes Mal von einer Psychologieprüfung geträumt (26.2.1978).

Im Juni folgte ein weiterer Prüfungstraum:

> *Eine Philosophieprüfung. Es hat 6 Fragen, die aber nicht gestellt werden: man muss sie selber wissen.*
> *Ich schreibe wie wild über 4 Fragen (alle sehr abstrakt-philosophisch). Dann weiß ich nichts mehr. Ich versuche in meiner Mappe zu „spicken", was der aufsichthabende Professor merkt. Ich versuche mich herauszureden, ich hätte nur ein bisschen Mickey Mouse lesen wollen.*
> *Dann gelingt es mir aber, von einem ehemaligen Uni-Kollegen, der im Hauptfach Philosophie studierte, einen geflüsterten Hinweis über ein weiteres Thema zu bekommen „Was machen die spanischen Kinder in der Pause" oder ähnlich. Jetzt weiß ich wieder viel und kann den 5. Aufsatz, den ich sehr vage und unsicher angefangen habe, zu einem guten Ende führen.*
> *Nach der Prüfung merke ich, dass die anderen viel praxisbezogenere und einfachere Themen gewählt haben als ich. Ich habe es mir unnötig kompliziert gemacht und frage mich, wie das jetzt herauskommt. Ich habe scheinbar eine viel hehrere Vorstellung von „Philosophie", auch habe ich das Examen an sich überschätzt!*
> *(22.6.1978)*

Diese Einsicht war sicher richtig. Sie konnte mich aber leider nur bedingt von meiner Neigung heilen, es mir immer wieder einmal „unnötig kompliziert zu machen".

Mein Alltag wurde nun, neben den üblichen Abläufen und Pflichten, ganz durch das Studium und die Vorbereitung auf die propädeutischen Prüfungen geprägt. Mein Zimmer sah etwa so aus, wie es mir ein Traum in dieser Zeit spiegelte:

Ich merke, dass es Zeit ist, die Wohnung aufzuräumen und zu putzen. Es ist überall staubig, es hat haufenweise Sachen hintereinander gestapelt und auch große Zeichnungs-Haufen. Artikel über die Kulturpolitik der Stadt kommen vor, es liegen auch Märchen-Illustrationen (Jungendstil) und Manuskripte herum. Eine Szene (Foto) zeigt eine feingliedrige alte Dame an einem Feuer (mit Fell bekleidet). Die Post ist noch nicht gekommen - ich erwarte irgend etwas Großes von ihr.
(8.7.1978)

Die Post war dann allerdings meistens eine Enttäuschung.

Auf dem Heimweg komme ich an einer großen Baustelle vorbei, in der nachts mit Scheinwerfern am Keller und Fundament gearbeitet wird.
(18.7.1978)

Offenbar geht es jetzt vor allem um „Nachtarbeit", das Fundament muss gelegt werden, auch in der Nacht!

In den Sommerferien meldete sich erstmals mein „junger Bauer":

Ein Militärjeep überholt mich. Ich gehe gegen oben auf die Seite, aber er nimmt auch den Weg gegen oben.
Dann schaut sich der Bursche darauf um. Es ist ein braungebrannter, schöner, lieber Bauernbursche. Plötzlich hat er eine Tracht an.
Er schaut mich voller Liebe an und sagt:" Ich bin jetzt 24 Jahre alt und habe noch nie etwas für mich getan. Diese Frau wäre etwas für mich".
Ich bin tief berührt und liebe ihn sehr und hoffe, er komme wieder und hole mich. Andererseits denke ich an meine 35 Jahre und meine 2 Kinder.
Ich höre Franz resigniert sagen: „Für mich wäre diese Frau auch etwas".

Interessanterweise geht der Traum aber noch weiter:

Ich lebe in einem Haus in der Stadt und halte mich nicht an meine Studien (schwänze Vorlesungen).
(19.7.1978)

„Der junge Bauer" und ich wohnen also nicht am gleichen Ort. Er ist ein Teil meiner Seele (mein „Animus"), ich werde ihm in meinen Träumen begegnen, bis wir beide unseren Ort gefunden haben. Der zweite Teil des Traums bringt mein Leben in der „Stadt" ins Spiel, wo es nicht nur den seriösen und pflichtbewussten Persönlichkeitsteil gibt.

Dass ich meinem Ehemann Franz gegenüber manchmal einen Teil meiner Gefühle zurückhalte, zeigt der folgende Traum:

> *Ich bin mit Franz zusammen in einer Wohnung.*
> *Plötzlich sagt er, er gehe dann am anderen Tag um halb sechs Uhr am Morgen*
> *nach Berlin (mit dem Auto). Ich fange an zu schreien und zu heulen und sage, ich*
> *halte es jetzt dann nicht mehr aus, immer diese Angst. Es artet fast zu einer Art*
> *Tobsuchtsanfall aus.*

In der gleichen Nacht gibt es noch einen zweiten Traumteil:

> *Etwas von einem verrückten Nachbar, der zugleich eine Art Clochard und ein*
> *Zauberer ist und mit seinem Hut auch irgendwelche Himmelserscheinungen*
> *hervorruft.*
> *(10.8.1978)*

> *I*
> *Etwas bewegt sich im Gebüsch. Es ist eine getigerte Katze, die 3-4 Junge hat (sie hat*
> *sie an einem anderen Ort geboren und jemand - der auch die anderen Jungen, weil*
> *sie zu viel waren, getötet hat - hat sie hergebracht).*
> *Ich habe große Freude daran, auch für die Kinder.*
> *II*
> *Eine vollkommen verdunstete, verwüstete Industrielandschaft, in der riesige*
> *Großraumhelikopter verkehren (viele Hügel und zerrissener Boden).*
> *(Gefühl dabei: Irgendwie fasziniert (hat etwas Urzeitliches, die Helikopter sind wie*
> *Rieseninsekten oder Dinosaurier - die Industrielandschaft wie vulkanisch). Aber*
> *auch ein beängstigendes Gefühl, das sei die Zukunft unserer Welt (Ersticken, Mond-*
> *oder Marslandschaft).*
> *(20.8.1978)*

Im ersten Teil hat die gleiche Person die Katzenmutter und 3-4 Junge zu unserer Freude zu uns gebracht und die übrigen Jungen getötet.
Im zweiten Teil geht es um eine endzeitlich zerstörte Industrielandschaft, die gleichzeitig eine Faszination ausübt und Angst macht.
  Gegensätze stehen in den Träumen ohne Probleme nebeneinander.
Bild beim Einschlafen:

Ein alter dunkelhäutiger Inder, ganz weiß angezogen. Er betätigt mit dem Fuß eine Art Spinnrad über seinem Kopf, aber er bedient damit die Sonne!
(31.8.1978)

Ein wunderbares, sehr eindrückliches Bild „von weit her" - ein Geschenk. (Mir kommt dazu Gandhi in den Sinn).

Am 3.9.1978 erwache ich um 6.15h daran, dass mein Bett geschüttelt wird: Ein Erdbeben!

Beim Erwachen erinnere ich mich noch an eine Stimme, die gerade vor meinem Erwachen laut und ultimativ verlangt hat: „Diese Frau muss weg!"

Ich weiß, dass mit „dieser Frau" auch ein Teil von mir selbst gemeint ist, dessen Emotionalität von mir wegführt, die zerstörerische „rote" Emotion, zu der auch der Jähzorn gehört.

Ich stehe vor der Niederkunft mit einem dritten Kind. Ich sage dem Arzt, dass ich mit einer relativ schweren und anstrengenden Geburt rechne: scherzhaft sage ich, es wechsle immer ab, die vierte werde wieder leicht sein. Es wundert mich gleichzeitig, dass ich diesen Spaß mache, weil ich doch ganz sicher zu wissen glaube, dass ich nie ein 4. Kind haben werde.
Dann kommt mir in den Sinn, dass ich mich ja beim 3. unterbinden lassen könnte.
(10.9.1978)

Eigentlich bin ich in einem ständigen Geburtprozess, es ist eine strenge „Arbeit" dranzubleiben. Kein Wunder, dass ich an die Möglichkeit denke, diesen Stress irgendeinmal zu „unterbinden"!

In der folgenden Nacht (11.9.) bin ich einmal furchtbar verängstigt, schreie laut, und Franz kann mich fast nicht mehr beruhigen. Ich zittere schrecklich und weiß, dass es sehr schlimm war, ohne genau zu wissen was.

Als wir am 14.9. nach Kopenhagen reisen, ist die Störung noch nicht vorbei: ich habe noch zwei Nächte lang ein Gefühl, bedroht zu sein und sehe auch bedrohliche Dinge ablaufen im Zimmer. Später beruhigt sich die Stimmung mit einem Bild vor dem Einschlafen:

Ein riesiger Acker wird umgepflügt, aber der Pflüger ist noch lange nicht fertig. Zuerst will mich Ungeduld und Verzweiflung packen, doch dann denke ich, dass ja alles in Ordnung ist und dass das der Beruf des Bauern ist und er das gut zu Ende bringen kann.
(15.9.1978)

Das erleichtert mich sehr: Offenbar ist ein Übergang mit guter Begleitung glimpflich abgelaufen. Sowohl der alte Mann mit dem Sonnenrad wie auch der pflügende Bauer (und vielleicht sogar der verrückte Zauberer) haben ihn beschützt. Der Moment, in dem ich beschließe, dem Bauern zu vertrauen, ist für mich besonders wichtig und erlöst mich von Ungeduld und Verzweiflung.

Es ist allerdings noch keine Zeit für Ferien:

> *An einem Abend habe ich viel zu viele Verabredungen aufs mal.*
> *Unter anderem sollte ich mit unserem Freund, dem Pantomimen René Quellet, an*
> *eine Veranstaltung bei der Galerie Koller, zu der man Zylinderhüte tragen muss.*
> *René und ich wissen nicht recht, ob wir uns einfach lustig machen sollen darüber*
> *oder ob wir ein einziges mal mitmachen sollen.*
> *Dann habe ich mich seit Wochen mit Freundin M. verabredet, kann sie aber nicht*
> *erreichen, weil ich ihre Telefonnummer verloren habe.*
> *Ich habe mich auch noch mit einer Schildkröte ohne Panzer verabredet.*
> *Als M. kommt, wage ich von meinem Schlamassel nichts zu sagen und gehe mit. Ich*
> *sage nur, dass ich die Telefon-Nummer verloren hätte.*
> *Unterwegs treffen wir verschiedene Schnecken, einmal kommen wir an einem*
> *Aquarium vorbei, in dem die Schildkröte ohne Panzer schwimmt. Mir scheint, sie*
> *schaue mich verzweifelt an, aber es kommt mir plötzlich blöd vor, so einem Tier*
> *zuzutrauen, dass es menschliche Reaktionen hat, doch die Schildkröte schwimmt im*
> *Aquarium herum wie die Wasserschildkröten im Zoo und ist enttäuscht.*
> *Sicher ist auch M. enttäuscht und auch René hat Grund zur Enttäuschung - ich bin*
> *habe wirklich versagt. Einige Schneckenschalen sind sehr schön und ich frage mich,*
> *ob ich sie für die Kinder heimnehmen soll.*
> *(17.9.1978)*

Beim Aufwachen fällt mir auf, dass die Wasserschildkröte der totale Gegensatz zu M. (einer klaren, gut organisierten Frau) ist. Weil sie so enttäuscht aussah, beschließe ich, mich mit ihr zu unterhalten oder ihr wenigstens zuzuhören.

Die Wasserschildkröte beschreibt sich als Wassertier, das im Lauwarmen, Dämmrigen zu Hause ist.
Sie sagt aber auch: „Ich will nach oben, ich will heraus, ich will Form". Und sie will vorsichtig sein: „Ich möchte fester werden und meine Weichheit doch nicht verlieren, ich will die Augen nicht zu schnell auftun".
Sie kommt mir vor wie eine Verkörperung der Zwischenwelt zwischen Tag- und Nacht-Bewusstsein und beim Kontakt mit ihr spüre ich, wie mich die Welt, in der

sie lebt, berührt. Dass sie fester werden möchte, ohne ihre Weichheit zu verlieren, ist kein einfaches Projekt, denke ich.

Über einen anderen Traum musste ich zuerst einfach einmal herzhaft lachen:

An einem Buffet habe ich eigentlich keinen Hunger, nehme aber ein bisschen Salat, den mir ein Mann anbietet, weil ich meine, er sei gratis. Es kostet aber zu meinem Entsetzen und Empörung 10.- Fr. Ich werde darauf aufmerksam gemacht, dass 200 gr. 10.- Fr. kosten. Als ich zur Waage gehe, merke ich, dass der Teller allein etwa 198 gr. wiegt und beschwere mich darüber. Es ärgert mich, ich komme mir geprellt vor.
(3.10.1978)

Zu wenig Achtsamkeit und unhinterfragte Anpassung können teuer werden!

Während einer unruhigen, stürmischen Nacht noch einmal ein Prüfungstraum:

Ich muss eine Prüfung machen (Doktorat?)
Es gibt drei Disziplinen (Geschichte, Linguistik, Aufsatz?)
Die Geschichte ist zum Glück schon vorbei, der Prüfende sagt zu mir, es sei bei mir immer gleich: die genauen Daten etc. stimmen nicht, aber dafür die Richtung, das Ganze.
Für den Aufsatz gehen wir zu dritt in eine Art Klausur. Ich habe keine leeren Blätter mitgenommen, nur solche, die hinten mit Amnesty oder den Programmen von Franz beschriftet sind, es gelingt mir auch nicht, noch leeres Papier zu bekommen (höchstens kleine Formate). Es ist eigentlich ein unbegreiflicher Leichtsinn, dass ich keine mitgenommen habe.
(16.10.1978)

Dass es mir nicht gelingt, leeres Papier zu bekommen, hat wohl nicht nur mit Leichtsinn zu tun, sondern auch mit dem Umstand, dass mein Leben übervoll war mit Verpflichtungen und verschiedenen Engagements, die mir eben alle wichtig waren. Ich werde mir genügend „leeres Papier" beschaffen, mehr Freiraum organisieren müssen, wenn ich vorwärts kommen will mit dem Studium.
Der Traum von den drei Verabredungen zur selben Zeit hat mir starke Bilder gegeben für das, was ich für die Weiterentwicklung meines Projektes brauchen werde: strukturierende Klugheit (Freundin M.) ebenso wie die alles nicht ganz so ernst nehmende, spielerische und künstlerische Freude am Gestalten (Freund René) und genügend Schutz für die Schildkröte, welche die Augen nicht zu schnell auftut, den langsamen, introvertierten Teil.

In den folgenden Tagen träume ich von der Kreativität von Kindern, von Spiel und Tanz und von der Kraft eines einfachen Mütterleins:

I
Ich sehe Kinder, die kneten und formen. Es ist mir ganz klar, dass dies ein Weg ist, den ich gehen muss, den wir gehen müssen.
II
Etwas vom Tanzen.
Eine Spanierin (geistig behindert?) tanzt voraus, sehr schön.
III
Mit Willy Obrist (einem der klarsten Denker am Institut) nach der Vorlesung: Ein Fraueli mit einem verschnürten Paket und einem Proviantkorb (mit Thermosflasche) kommt von der anderen Straßenseite und quetscht sich zwischen uns durch mit großem Tempo vorwärts und verschwindet (neben uns hätte es noch einen Haufen Platz gehabt).
(22.-24.10.1978)

Das Spielen und Tanzen ist wunderbar - irgendwie gefällt mir auch dieses Fraueli sehr, das sich da zwischen uns zwei Kopflastigen durchquetscht mit seinem währschaften Proviantkorb!

In den nächsten Tagen folgen Notizen über das Bedürfnis, auf dem Bett herumzurollen, zu trommeln, den Kopf unten zu haben und den Schulterstand zu machen.
Der Körper meldet sich mächtig.

Ein sehr unangenehmer Traum von meinem Vater im Thorenberg.
Der bereits erwähnte Thorenberg ist eine am Anfang des 20. Jahrhunderts von befreundeten Luzerner Familien gemeinsam wieder aufgebaute kleine Burg auf einem Hügel im Wald, wo früher alle beteiligten Familien und später nur noch die Familien meiner Mutter und ihrer Geschwister im Sommer Ferien machten. Schließlich übernahm die Familie Nagel das Haus.

Im Thorenberg
Vater hat sich das Zimmer meines Bruders Ueli im oberen Stock von außen angeschrieben und haust darin.
Ich bin über diesen Übergriff empört, obschon sein Argument, man solle nicht immer dasselbe machen, eigentlich stimmt. Das Zimmer ist jetzt zusätzlich außer seinem „Nagel-Zimmer" auch noch von Vater usurpiert, was mich ärgert.
Er hält seinen Arm über meine Schulter, und ich will mich ihm entziehen. Es geht nicht so ohne weiteres, ich muss kämpfen und ihn wegstoßen und es gibt Ärger.
Mit Vater zu sein gibt ein physisches Abscheu-Gefühl, das mich tief beeindruckt. Es

44

ist wie eine entsetzliche Strahlung, eine körperliche Sache, von der ich weiß, dass ich sie absolut nicht mehr aushalte.
(30.10.1978)

Die Art, wie mein Vater dieses Haus und seine Tradition vereinnahmte und zelebrierte war mir solange ich mich erinnern kann zuwider und diese Abscheu wurde immer schlimmer, obwohl auch ich natürlich den Thorenberg liebte.
Gleichzeitig schreibe ich im Traumbuch über meine Situation am Jung-Institut, wo ich von den anderen Studierenden oft über Arny Mindell und seine Arbeitsweise ausgefragt werde und nicht recht weiß, wie damit umgehen. Auch schäme ich mich dafür, dass ich mich im Institut manchmal langweile. „Soll ich über die Analyse reden, wenn die Leute so dringend fragen? Das Unbewusste? Habe ich Probleme? Eigentlich ist es mir im Leben sauwohl, die Zunahme der Lebensqualität, die ich durch den Kontakt mit dem Unbewussten erlebe, ist für mich lebenswichtig."
(31.10.1978)

Einige Tage später fragte mich ein Gast bei uns zuhause, ein Freund aus Deutschland, als ich von meinem Studium erzählte: „Dann bist du sicher auch in deinen Analytiker verliebt?" Ich sagte ihm, dass ich eher in die Arbeit mit meinem Analytiker verliebt sei als in ihn. Da antwortete er: „Was ich nicht mag ist, wenn deine Augen so strahlen, wenn du davon erzählst." Er formulierte sehr rational und war gleichzeitig emotional sehr berührbar. Ich spürte seine Trauer, wenn er von sich sagte: „Ich habe die Liebe verloren" (er hatte ein Bildchen vom heiligen Antonius dabei).
Er starb einige Jahre später. Ich habe sein Grab besucht, als ich in seiner Stadt war. Wenn ich an ihn denke, spüre ich seine Trauer heute noch, er kommt mir vor wie ein resignierter Bruder, ich kenne solche Stimmungen ja auch.

Ich träume von Vater, er sei sehr geistreich und mache dauernd Wortspiele. Das regt mich sehr auf und macht mich aggressiv.
(8.11.1978)

Mein Bruder und ich hatten 1959 vor unserem Umzug nach Zürich zuhause gehört, dass unser Vater „wegen einer Sache mit Kindern in der Praxis" verurteilt worden sei und wir wussten, dass er vom Gericht die Auflage bekam, eine Therapie bei einer älteren Psychoanalytikerin zu machen, die auch uns einmal kennenlernen wollte. Er ging aber nicht lange in diese Therapie und brach sie bald ab.
Wir beiden waren natürlich mitbetroffen und fühlten uns irgendwie „beschmutzt", ohne genauer zu wissen, um was es wirklich ging. Die ganze Stadt schien damals mehr zu wissen als wir. Unsere Mutter war auch keine Hilfe für uns, sie hatte beschlossen, „zu ihrem Mann zu stehen". Dabei blieb es, die Sache war „abgeschlossen", aber meine Gefühle und Träume ließen mir keine Ruhe.

*Beim Einschlafen bin ich plötzlich in einem anderen Raum und gerate darob in
Panik.*
(10.11.1978)

Franz versucht mich zu beruhigen: „Was isch? Du bisch d'Ursula Hohler a der
Gubelstr. 49." – Partner einer traumatisierten Frau zu sein ist manchmal ziemlich
anstrengend. Noch einmal eine Konfrontation mit etwas Schrecklichem:

*Ich muss alle Stunden immer wieder aufschrecken und mich mit etwas Vagem
konfrontieren, das langsam Gestalt annimmt (wie ein Nebel oder ein Gespenst), bis
ich begreife, was passiert (es ist eine Lichterscheinung).*
Ich muss aufrecht werden, den Rücken aufrichten.
(14.11.1978)

Nach der letzten Mindell-Vorlesung des Jahres träume ich:

*Arny geht nach Amerika. Eine Art Abschiedsfeier. Wir bieten ihm offenbar hier zu
wenig (akademische Möglichkeiten?) Er sagt, wenn er dageblieben wäre, hätte er
mich vielleicht als Assistentin genommen. Es ist schrecklich traurig.*
(17.11.1978)

Damals habe ich mit Arny daran gearbeitet, wo ich „meinem Arny" keinen Lehrstuhl
gebe? Ich verstehe es als Frage: Wo ist er anders? Er liest anders, glaubt mehr ans
Leben als an die „Wissenschaft" wie sie mir an der Uni vermittelt wurde, „wis-
senschaftlich" bedeutet für ihn vor allem eine von der modernen Physik geprägte
Einstellung. Wenn ich eine Idee habe und ihm begeistert darüber berichte, sagt er als
erstes: „Lass uns ausprobieren, ob es funktioniert". Er hat keine Freude und Energie
dafür, über Ideen zu spekulieren und zu diskutieren, ohne zu wissen, ob sie funkti-
onieren. Manchmal bin ich enttäuscht über so viel Pragmatismus.
Von heute aus gesehen denke ich auch, dass es vielleicht damals bei mir schon ein
intuitives Wissen gab, dass er die Schweiz in einigen Jahren verlassen würde.

Bald darauf meldete sich zum ersten Mal das Traummotiv der Begegnung mit einem
nicht ganz konformen Priester der (katholischen) Kirche:

*Wir betreten eine Art Grotte, wo wir irgendeine Vorführung sehen (es hat auch mit
der Stadt S. zu tun).*
*Der dort amtierende Priester (ein schwarz angezogener, mittelalterlicher Mann)
wird vom Bischof weggejagt, weil er an der Fasnacht irgendeinen Blödsinn gemacht
hat und dies von einer Frau Honold gemeldet wurde. Es waren noch zwei andere*

*dabei, aber denen passierte nichts. Ich überlege, dass das ja gerade der Sinn der
Fasnacht sei und dass man das auch einem Priester zubilligen müsse.*

*Ich werde von diesem Priester noch in hochinteressante Gespräche gezogen -
irgendwie lande ich dann auch plötzlich hinter der Türe des Dozentenzimmers und
muss dort wieder hinaus. Er schickt mir ein Paket, auf dem steht „Ursula Nagel"
und ich überlege mir, wie ich ihm mitteilen soll, dass ich nicht mehr so heiße, damit
er mich erreicht.*
*Jemand spricht mit mir über diese Sache und ich sage: eigentlich habe ich eine ganz
große Schwäche für Jesuiten, sie spielen in meinem Leben eine große Rolle. Ich
zähle ein paar auf: Obrist gehört dazu, im Traum offenbar auch mein ehemaliger
Lateinlehrer Koller (er ist überhaupt gerade sehr präsent).*
(21.11.1978)

Die „Schwäche für Jesuiten" meint hier wohl die Leidenschaft für die Welt des
Denkens, der ich damals bei Willy Obrist begegnete und die mich ebenfalls bei Ernst
Koller begeisterte, von dem ich später einen wichtigen Traum hatte (25.12.81). Auch
einige Jungianische Kollegen, mit denen ich später einen lebendigen Austausch und
eine gute Zusammenarbeit hatte, sind ehemalige Jesuiten.

(Zur „Frau Honold" kommt mir das Fräulein im brennenden Haus im Traum
Ende 1977 in den Sinn).

Sind Veränderungen angesagt?

*Ein Zimmer, von dem ich plötzlich auf die Idee komme, es anders einzurichten -
erlösend! Ich überlege, warum ich nicht schon früher darauf gekommen bin.*
(30.11.1978)

*Plötzlich sehe ich an der Stadtmauer ein riesiges Aquarium und frage danach. Man
sagt mir, es seien Nasenbären darin und tatsächlich sehe ich nach einer Weile einen
am Boden von links nach rechts schwimmen. Es sind riesige, wunderschöne Tiere.
Irgendjemand bringt ihm ein wunderbares indisches Alphorn (es ist vor allem
hellblau, weiß mit Intarsien eingelegt) andere finden das sei nicht nötig. Der Bär
bläst dann darauf sehr kurz einige Töne. Jemand sagt auf meine Bewunderung für
das Alphorn hin „ja ja, bei uns wäre das schon lange nicht mehr ganz" (Franz?).
Der Nasenbär scheint ziemlich talentlos und melancholisch zu sein. Er leidet
offenbar darunter, dass er keine Feinde hat, um mit ihnen zu kämpfen, ich glaube, er
hat auch kein Weibchen. Dennoch scheint er sein Leben richtig zu finden. Er sagt,
Marie-Louise v. Franz habe ihm gesagt, das Wichtigste sei, dass er da sei, wenn die
Kälte komme (um die Menschen zu trösten und zu halten?)*

Ich wundere mich ein bisschen, dass ein solcher Bär bei v. Franz war. Dann denke ich auch, wie wichtig Wärme und Kälte im Zusammenhang mit v. Franz sind. Irgendeinmal halte ich plötzlich ein sehr feines und weiches Pelzchen in der Hand (könnte sogar synthetisch sein) es ist beige (etwa wie der Ziegenpelz meiner Mutter) und ich bekomme eine riesige Lust, daraus ein Kissen zu machen. Ich bin richtig geil auf so ein Kissen.
(4.12.1978)

Wieder einmal sehe ich ein mythologisches Riesentier!

Hier kommen einige Themen vor, die mir vertraut sind: Musik und Talentlosigkeit, Melancholie und Einsamkeit, Kälte und Wärme, Marie-Louise v. Franz und meine latente Eifersucht auf Menschen (und Nasenbären), die mit ihr arbeiten dürfen. Zum Pelzchen und der Sehnsucht, daraus ein Kissen zu besitzen, kommt mir das Bettjäckchen meiner Mutter in den Sinn, das mich sogar in einem Traum zum Weinen brachte (14.4.1978).

Der erste Traumteil und der Umstand, dass der riesige Nasenbär in einem ebenfalls riesigen Aquarium an der Stadtmauer schwimmt, sowie die ganze Atmosphäre um den Nasenbär herum deuten für mich auch darauf hin, dass der Traum eine kollektive Komponente hat und dass vieles, was hier auftaucht, ziemlich weit weg vom Bewusstsein ist.

Unser Freund H. kommt. Ich sehe ihn unten an der Treppe. Er ist aber viel kleiner geworden und dafür dick. Ich denke: wenn man nicht weiß, dass es H. ist, hat er wirklich nicht viel Imponierendes. Dennoch freuen wir uns beide sehr. Er fragt mich, ob ich mich noch an die Allee erinnere, die er gepflanzt habe? Ich sage, er habe bei uns angerufen, als er sie gepflanzt habe. Leider würden jetzt daneben Einfamilienhäuser gebaut, das entsetzt mich sehr.
(5.12.1978)

Darunter habe ich geschrieben: „Ich tue zu wenig für „H", meinen inneren Künstler."

Es gibt keine Hinweise, dass der Trauminhalt objektstufig etwas mit H. zu tun hat: der künstlerische und überhaupt der ungebundene „freie" Teil kommt im Moment bei mir eindeutig zu kurz.

Ich komme in die Waschküche. Alles ist noch voll von Judith, obschon mein erster Waschmorgen wäre. Sowohl Tumbler wie Waschmaschine laufen noch. Ich denke an unser Gespräch über Waschküchen-Probleme und will nicht kleinlich sein, bin aber doch ein bisschen erschüttert.
(10.12.1978)

48

Judith und ich lebten mit unseren Familien jetzt auch im Haus in der Stadt noch eine Weile zusammen, die Auseinandersetzungen in der Waschküche wurden mit der Zeit so brisant, dass ich irgendeinmal auf die Idee kam, Waschküchenträume zum Thema meiner Diplomarbeit zu machen.

Weihnachten war für mich jeweils keine einfache Zeit. Die Familienbesuche waren nicht zu umgehen, die Kinder freuten sich darauf, doch bei meinen Eltern gab es immer Spannungen mit meinem Vater, und bei den Eltern von Franz in Olten gab es auch Dinge, die mich bedrückten.

Sogar bei unserer eigenen Feier in Oerlikon hatte ich manchmal Fluchtgedanken. Da träumte ich einen Tag vor Weihnachten zu meiner Verblüffung den folgenden Traum:

> *Ich lese ein Buch über eine Agrippina, die ihren Mann sehr nebensächlich behandelte und alles für sich selber tat. Zum Beispiel rannte sie mit anderen im Burggraben im Kreis, bis sie in Trance fiel.*
> *Das begeistert mich.*
> *Immer noch im Traum erzähle ich Arny von dieser Agrippina. Er greift die Anregung auf und ich sage, ich hätte ja meine Kartei, um genauer nachzusehen und hole sie. Es klappt aber nicht, unter den Stichworten ist nichts, keine Angaben.*
> *Dafür finde ich etwas unter „Zuckerkombinat".*
> *(23.12.1978)*

Es gibt 2 historische Agrippinas, welche beide in die vielfältigen Schicksale der Kaiserdynastien in Rom verwickelt waren. Ich tippe nach diesem Traum auf die Jüngere, die Mutter Neros, die vor nichts zurückschreckte, auch nicht davor zu morden.

Damals hatte ich zwei Karteien, eine über Farben und eine über Zahlen und dazu einige Listen von Symbolen - aber hier geht es eindeutig um eine Traum - „Kartei". Interessanterweise finde ich dort nichts über diese grausigen Geschichten aus dem alten Rom, sondern nur etwas unter „Zuckerkombinat". Offenbar war die Sehnsucht nach Ruchlosigkeit und Trance zwar groß, aber letztlich siegte doch das „Zuckerkombinat" und die verschiedenen Feiern liefen ab wie geplant.

Beim Wiederlesen fällt mir auch auf, dass der Traum in einen Zusammenhang mit meinem Kindheitstraum gebracht werden kann: die Bewegung im Kreis, die eine Art Trance auslösen kann, begeistert und lockt mich auch hier.

Noch zwei Familienträume vor Neujahr, die ich als Abbild dessen verstehe, was eben auch noch da ist und wohin ich nicht mehr zurück will:

*Von Luzern. Mein Onkel kommt zu mir, um den neuen „Lucerna"-Kurs zu
besprechen. Dabei erfahre ich, dass verschiedene Mitglieder des Kuratoriums
(eigentlich seine Kollegen am Seminar) an mir Kritik üben. Einer fand den Garten
vernachlässigt, einer fand die Idee mit den Eiern (auf die ich offenbar sehr stolz war)
idiotisch.*
(30.12.1978)

Mein Onkel war Präsident der Familienstiftung „Lucerna" in Luzern und hatte mich
ins Kuratorium dieser Stiftung geholt, wo ich damals bei weitem die Jüngste und
erst die zweite Frau war. „Die Idee mit den Eiern" gab es natürlich nicht, aber ich
brachte schon einige aufmüpfige Vorschläge ein. Die beiden Seminarkollegen meines Onkels waren zwei stramme Bürger, mit denen es, als ich am Seminar unterrich-
tete, im Lehrerzimmer immer wieder einmal Auseinandersetzungen gab.

*Ich bin auf einer Reise. Ich mache Autostopp und muss aber sehr aufpassen, da in
diesem Land die Männer mit Vorliebe autostoppende Mädchen vergewaltigen und
sogar umbringen. Ich kann also nur das Stoppzeichen machen, wenn eine Frau
allein kommt und habe Mühe, dies zu sehen und zu unterscheiden.*
*Da treffe ich die Eltern. Sie sind mit dem Rover unterwegs und fragen mich, ob ich
hinten einsteigen will. Irgendwie ist das für mich eine Niederlage und ich sträube
mich dagegen. Andererseits bin ich schon stundenlang dagestanden und nicht
weitergekommen. Ich denke aber auch daran, dass Vater sehr schlecht fährt (als
Risikofaktor). Das Auto ist hinten auch eng.*
(31.12.1978)

Ein übler Sylvestertraum! Da ist Aufwachen die beste Lösung!

1979

Mein erstes Mindell-Seminar in den Bergen / Im Schnee vor Jungs Haus in Küsnacht / Lupa und die Buben / Lupas Tod / Semesterbeginn im Jung-Institut / Das Durchbrechen der Wand in meinem Zimmer

Träume:
Der Saugoof / Franz und ich als Fürstenpaar / Der Lehnstuhl von Marie Louise v. Franz / Zutrauliches Eichhörnchen und Unterwasserspitzmaus / Explosion beim Spitzensportler / Verstrickungen lösen sich / Die Vertreibung des Diktators / Ins Wasser! / Mit dem jungen Bauer in den Bergen / Lupa reist ab in die andere Welt / Der freche junge „Marie-Louise v. Franz-Teil" / Riesenviecher im Vierwaldstättersee / „...aber Gedichte kann man immer machen" / Prüfung durch das Kartenspiel der Hexe / Das „Nacht-Amt" / Gefahr im Vatikan

---

In diesem Januar ging ich zum ersten Mal in ein Seminar von Arnold Mindell in den Bergen. Offenbar hatte es schon früher solche Seminarwochen gegeben, diesmal hatte er sich dafür entschieden, seine beiden Gruppen, die „amerikanische" (englischsprachige) und die „schweizerische" (deutschsprachige) zusammenzuführen. Ich musste all meinen Mut aufbieten, um hinzugehen. Neben meiner Unsicherheit und Ängstlichkeit in Gruppen waren jetzt also auch noch diese Amis dabei, die sicher sowieso alles besser wussten und mit Arny vertrauter waren! Dass Arny mit uns einzeln vor dem Rest der Gruppe arbeiten würde, war für mich neu und gewöhnungsbedürftig, dass wir zwischendurch immer wieder miteinander zu zweit und zu dritt üben sollten, machte die Sache überhaupt nicht einfacher.

Kaum waren wir dort, ging es los mit Träumen:

> *Etwas von einem Saugoof, der alle in ihn gesetzten Erwartungen enttäuscht und dessen Untaten ich immer wieder vertuschen muss. So muss er zum Beispiel immer noch in der Schule repetieren, obschon er längst heraus wäre. Es fällt mir aber auf, dass die Last der Schulbücher im Gegensatz zu meinen Erinnerungen zum Tragen absolut erträglich ist.*
> *Das Kind scheint zu stehlen oder sonst Schäden anzurichten - auch erfüllt es künstlerische Erwartungen nicht oder macht ein Plagiat (von Max Bill?).*
> *(3.1.1979)*

Offensichtlich ist der Saugoof ein Teil von mir - wie hätte ich sonst die Last der Schulbücher zum Tragen beurteilen sollen?

Jedenfalls verbringe ich die meiste freie Zeit in meinem Zimmer im Schlafsack, wo ich mir vorkomme wie ein Walfisch im Meer. So kann ich mich wohlfühlen und entspannen.

Zwischendurch gehe ich auf „Visionssuche" auf den Berg. Ich habe auch Heimweh nach der Familie. Am Schluss merke ich, dass ich mich nie gewaschen habe, offenbar brauche ich meinen eigenen Dreck.

Auch wenn ich manchmal eine große Distanz, ja fast einen Hass der Gruppe gegenüber spüre, fasziniert mich doch die Arbeit zunehmend und immer tiefer.

Was für eine großartige Gelegenheit, so zu lernen und zu experimentieren!

Hier kann ich immer wieder üben, bei mir zu bleiben und mich nicht einfach anzupassen.

Die Gruppe ist auch ein Übungsfeld, meine Wahrnehmung in Auseinandersetzungen mit anderen nicht zu verlieren und zu merken, ob ich mich wirklich mit einem Thema differenziert beschäftigen kann oder ob ich eher davon besessen werde.

Am letzten Tag, als Arny in unserer Mitte über seine Zukunft und seine Lebensaufgabe an sich selber arbeitet und am Schluss versucht, den Specksteinofen in die Höhe zu stemmen, bin ich tief berührt und fühle mich wieder mit allen verbunden.

Wir alle erleben es als Synchronizität, dass dann plötzlich Kinder mit einem Stern an der Türe stehen und von den drei Königen im Morgenland singen.

Es ist der 6. Januar, Dreikönigstag!

In der Woche nach dem Seminar fahre ich am 11.1. mit dem Zug nach Herrliberg und will in meine Analysestunde gehen. Es schneit, die Tür ist offen, aber als ich im Wartezimmer sitze, merke ich, dass etwas nicht ist wie sonst. Ich klopfe an die Sprechzimmertür und Arny öffnet. Da sehe ich, dass der Boden des Praxisraums mit Büchern und mit Notizen bedeckt ist: Er arbeitet in dieser Woche nicht mit KlientInnen, was mir irgendwie entgangen war.

Ich habe also freie Zeit und beschließe, zu Fuß bis an den Stadtrand zurück zu gehen.

Was ich gesehen habe, beschäftigt mich: Arny liest also auch Bücher und macht sich Notizen wie gewöhnliche Sterbliche! Irgendwie beruhigend - was hatte ich mir eigentlich vorgestellt?

Es schneit immer weiter.
Als ich in die Gemeinde Küsnacht komme, merke ich, dass ich Lust habe, Jungs Haus zu besuchen.

Der Eingang ist von der Straße aus tief verschneit, es kommt mir vor, wie wenn ich zu Jung selber gehen würde. Zwischen den Büschen vor der Haustür ist es ganz still, die Atmosphäre ungeheuer intensiv. „VOCATUS ATQUE NON VOCATUS DEUS ADERIT" (gerufen oder nicht gerufen wird Gott da sein) lese ich die vertraute Inschrift über dem Eingang.

Erst nach einer Weile verlasse ich durch den tiefen Schnee diese „Zeitkapsel" wieder.

Das Erleben von Stille und von einem ungeplanten Freiraum hat mich glücklich gemacht, es war ein unvergesslicher Moment. (11.1.1979).

4 Schildkröten, von denen ich eigentlich schon meinte, sie seien tot, sind noch
am Leben. Sie sind aber sehr schwach, und ich muss ihnen gutes Futter suchen,
überlege noch was: Bananen? Besonders eine ist sehr schwach.
(2.2.1979)

Zu den Bananen kamen mir die Zeiten meiner Kindheit in den Sinn, in denen ich krank war. Das Alleinsein für mich selbst im Bett mit Tee, Bananen, Dr. Dolittle und Mary Poppins - es waren neben den Unannehmlichkeiten des Krankseins auch köstliche Zeiten!

Kurz darauf träumte ich von dramatischen Ereignissen, die mich sehr aufwühlten:

Franz und ich sind eine Art Fürsten. Wir sind auf der Heimreise in unser bedrohtes
Land (es ist Krieg - ein Überfall droht?)
Wir sind in einem Sonderzug und erleben ein sehr intensives Liebesvorspiel - das
andere geht offenbar nicht, wir wollen daheim weitermachen.
Gleichzeitig weiß ich aber schon, dass feindliche Soldaten in unser Land
eingebrochen sind und wir ins Verderben reisen. Ich sage allen, sie sollen sich darauf
einstellen und suche selber Sachen hervor, die man in einer langen Gefangenschaft
vielleicht brauchen kann: Taschenmesser, ein Kartenspiel - ev. Papier und Bleistift?
(Ich denke an das Gedicht „Inventur" von Günther Eich). Ich weiß nicht, wohin
ich die Sachen tun soll. Die Tasche wird mir wohl weggenommen. Vielleicht in
die Hosen- oder Rocktasche? Aber die werden wohl auch durchsucht. Die anderen
ermahne ich, auch an Vorlesungen zu denken, so viel wie möglich voneinander zu
lernen.
Dann kommen wir auf dem Bahnhof an. Es hat nur einige pittoreske Soldaten, aber
dann marschieren die Soldaten heran (silberblitzend), die uns gefangen nehmen und
trennen werden.
Wir stehen herum, mir fällt auf, dass Victoria und Urs gleiche Schärpen tragen.
Sie sind sanft tomatenrot und durchbrochen gehäkelt. Victoria zeigt mir ihre, sehr
raffiniert wie eine Art Spitze. Auf ihrer Schärpe hat es auch noch etwas wie kleine
Diamanten, so dass es blitzt und funkelt.

*Wie ich so dastehe, werde ich von einem ganz tiefen, ganz unglaublichen Schmerz
ergriffen. Er ist intensiv und elementar und ist auch noch da, als ich aufwache.
(Es geht für uns alle darum, dass wir uns mit der Tatsache abfinden müssen, dass
wir getrennt werden).
(5.2.1979)*

Damals standen uns wirklich strenge und harte, manchmal schmerzliche und oft alles andere als „fürstliche" Zeiten bevor, und es war sicher eine sinnvolle Einstellung, diese Zeiten zu nutzen, um soviel wie möglich zu lernen.

Dass wir als Paar im Traum „eine Art Fürsten" waren, fühlte sich normal und richtig an: wir waren ja beide sehr engagiert und übernahmen Verantwortung für unsere Umgebung und Umwelt.

Mit den Geschwistern Urs und Victoria war ich schon seit der Kindheit verbunden. Wir wuchsen in der gleichen Stadt auf und besuchten alle dort das Gymnasium. Victoria war meine erste Pfadiführerin, ihr verdanke ich, dass ich damals anfing, an mich selber zu glauben.

Zur Zeit des Traums wusste ich noch nicht, dass die beiden mit mir zusammen zur Gruppe gehören würden, welche Arny Mindell als „Großeltern" zur Gründung seiner eigenen Schule auswählte. Diese „Großeltern"-Gruppe erlebte später eine schmerzhafte Trennung, als Arny und ein Teil der Gruppe die Schweiz verließen und nach Portland / USA zogen.

Am Jung Institut gab es die Regel, dass die Studierenden vor jedem wichtigen Schritt ihre „Aufnahmekommission" besuchen mussten. Diese bestand aus drei erfahrenen Analytikerinnen und Analytikern. Die KandidatInnen mussten sie jeweils einzeln aufsuchen, um ihnen in einem ausführlichen Gespräch zuerst Auskunft über ihre Motive und Visionen für ein Studium der Jungschen Psychologie und später über ihre Fortschritte im Studium und über ihre persönliche und fachliche Entwicklung zu geben.

Ich hatte das Gefühl, dieser Traum habe mit diesem Schritt im Studium zu tun, obwohl Marie-Louise v. Franz kein Mitglied meiner Studienkommission war:

*Ich bin mit Kolleginnen aus der Töchterschule in Zürich oder noch früherer
Schulzeit zusammen, wir sind zu viert. Es wird alles Mögliche geschwatzt. Eine
Person macht immer Bemerkungen über mich wie „typisch Ursle" „jaja das kennt
man ja bei dir" und ähnlich.
Ich werde rasend wütend und merke, dass ich mich kaum noch beherrschen kann.
Ich möchte sie am liebsten schlagen und sage schließlich: „Wenn das noch einmal
vorkommt und ihr euch weigert, meine Entwicklung zu anerkennen (einzusehen,
dass ich mich entwickelt habe), gehe ich".*

Sie tut es noch einmal und ich stehe sofort auf und gehe, obschon man noch Marie-Louise v. Franz erwartet.
Ich habe das Gefühl von großer Unbeherrschtheit und insofern einer Niederlage - andererseits muss ich einfach gehen und mich damit eigentlich ins Unrecht versetzen.
In einem späteren Traumteil bin ich dann bei Franz. Er ist erstaunt, dass ich schon da bin, hatte sich auf den Abend allein gefreut. Ich erzähle, ich sei halt heimgekommen.
Da klopft es plötzlich, und ein großer alter Leder-Sessel wird hereingetragen: das sei noch mein Sessel vom Gespräch vorhin (Farbe dunkelbraun). Der jüngere Mann, der mir den Sessel bringt, ist auch jemand, der allerhand weiß, aber er erzählt nichts von der Fortsetzung der Sitzung (ob v. Franz gekommen ist) und ich frage auch nicht.
(6.2.1979)

Beim Aufwachen bin ich sicher, dass der Sessel vorher Marie-Louise v. Franz gehört hat und sie ihn mir geschickt hat. Ist es eine Anerkennung für mein Einstehen dafür, dass ich mich geändert habe und entwickeln will? Ich empfinde diesen Traum als eine Ermächtigung für meinen Plan, Analytikerin zu werden, die ich genau so ernst nehme wie das Plazet der Aufnahmekommission.

Ich muss mich hin und wieder bewusst „in diesen Sessel setzen"!

Etwas von einem sehr zutraulichen Eichhörnchen, das nur ein Auge hat. Ich biete ihm zu Essen an, weil ich denke, es sei aus Hunger zutraulich, aber es nimmt fast nichts, weil es noch ein Wandgemälde malen muss (oder sonst etwas Wichtiges) und sich den Bauch nicht zu fest vollstopfen will.
Ich merke auch, dass ich eine Unterwassermaus sehr vernachlässigt habe. Sie braucht dringend neues Wasser, Futter und Pflege.
Beim Wasseraustausch bemerke ich ein winziges Körperchen einer toten zweiten Maus und wundere mich, dass die Leiche das Wasser nicht vergiftet hat. Das kleine tote Mäuschen hängt winzig am Rand des Aquariums.
(20.2.1979)

Die Tiere, für die ich verantwortlich bin, sind klein oder sogar winzig. Das Eichhörnchen muss mit einem Auge auskommen, hat aber anscheinend große Aufgaben.
Die Unterwassermaus ist eine Überlebende: ein zweites Mäuschen ist tot und schon fast nicht mehr da. Ich frage mich, ob die Tiere etwas mit meiner Kreativität zu tun haben könnten, die im Moment einfach kaum Platz hat.

In der Analysestunde arbeite ich zwei Tage später an den Erlebnissen der vorhergehenden Nacht, in der ich mit einer intensiven und schrecklichen Kraft / einem Geist konfrontiert war.

Im Verlauf der Arbeit sagt der Geist zu mir, er werde einfach warten, bis ich vom Kampf gegen ihn erschöpft sei und mich für ihn öffnen müsse, dann komme er wieder. Da sage ich ihm: "Ich bin der Mensch, du der Geist und nicht umgekehrt, du musst um mich kreisen und nicht ich um dich!" Worauf der Geist warnt: „Aber dann musst du zu mir schauen und mich pflegen wie ein Haustier. Sonst werde ich beim Kreisen zu heiß und verbrenne dich!"

Arny und ich unterhalten uns auch über eine mögliche Diplomarbeit und über meine Phantasie, jemand wolle mir das Thema wegschnappen. Auf die Frage „Wer?" kommt mir sofort in den Sinn „Jemand der weiter ist als ich!" Arny: „DU musst weiterkommen, heute anfangen!" (22.2.1979)

In einem Restaurant werden uns gebrauchte Teller und Löffel vorgesetzt. Die anderen wagen nichts zu sagen, aber ich sage, ich wolle einen sauberen Teller - als dies als übertrieben zurückgewiesen wird, weise ich darauf hin, dass es allgemein üblich ist und ein Anrecht des Gastes, sauberes Geschirr anzutreten.
Es entstehen dadurch Krisen mit dem Personal - ich muss mich irgendwie verstecken oder werde eingesperrt - Freunde müssen erst noch laufend alle bestechen, damit es gut geht.
(16.3.1979)

Der Traum könnte ganz praktisch entweder mit der damaligen Situation im Fernsehen oder mit gewissen Problemen am Jung-Institut zu tun gehabt haben, wo ich mich für meine Rechte wehren musste. Er zeigte mir aber auch, dass es bei mir einen recht großen eigenen Anteil gab, der nichts zu sagen wagte und denjenigen Teil, der sich exponierte, erst unterstützte, wenn dieser in Schwierigkeiten geriet.

In einem Haus.
Unten wohnt ein Spitzensportler, ein ganz kindlicher Mensch, der irgendwie völlig maßlos und unkontrolliert ist.
In der Nacht werde ich wach und merke, dass jemand bei diesem Menschen ist: es ist jemand, der eine Ladung von 79 Fässern Dynamit gelegt und die Zündschnur dazu schon angezündet hat.
Ich realisiere sofort, dass das auch für uns gefährlich ist und wecke die andern. Wir fangen an, starke Kleidungsstücke (z.B. Blue Jeans) aneinanderzubinden, um uns abzuseilen.

*Plötzlich hat es aber von außen eine Leiter aus Holzlatten und wir können gut alle
hinunterklettern.*
*Erst jetzt merkt man, wie groß das Haus ist, denn es stehen riesige
Bewohnermengen vor dem Haus. Ich sehe, dass einige ganz gut angezogen sind und
ärgere mich, dass ich so überstürzt geflohen bin und nicht einmal anständige Kleider
mitgenommen habe.*
*Jetzt findet die Explosion statt - aber fast unmerklich. Man sieht nur, wie das Haus
oben zusammensinkt.*
*Ich beginne zu überlegen, was ich in so einem Fall eigentlich hätte vernünftigerweise
retten sollen (Hängeregistratur, Seminararbeit, Notizen über das Traumseminar,
Seminare und Vorlesungen etc.). Ich erwache und bin lange hellwach. (25.3.1979)*

Maßloser und unkontrollierter „Spitzensport" (Ehrgeiz, Gut-Sein-Wollen, Leistung
etc.) kann zu Dynamit werden, wenn man ihn nicht selber immer wieder einmal in
die Luft jagt.

Für mich wichtig: Ehrgeiz ist in meiner Herkunftsfamilie ein heißes Thema, bei
dem ich wach sein und auf die Extreme aufpassen muss: nicht zu viel, aber auch
keine Verweigerung!

Es gefällt mir, dass ich im Traum Arbeitsgrundlagen mitnehmen möchte, die mit
meinem Studium zusammenhängen.

*Zu meinem Erstaunen höre ich, dass meine Nachbarin Judith unten anfängt,
die gemeinsame Treppe zu fegen und aufzunehmen (Geräusch des Lappens und
Wassers).*
*Ich fege bei mir mit dem Reisbesen und bin sehr erstaunt, dass die Treppe ganz
sauber wird.*
(1.4.1979)

Ein beglückender Traum!

*An einem bestimmten Punkt gehen wir über eine Hängebrücke nach Tansania.
Diese Brücke ist aus natürlichem Material gemacht, Latten, Leder, Lianen, Zweige,
Stöcke (man sieht dazwischen hinunter) und schwankt leicht. Ich wundere mich,
warum ich keine Angst habe. Ich merke, dass man barfuß gehen muss, dann fühlt
man die Brücke wie ein lebendiges Wesen und ist ganz sicher.*
*Irgendeinmal habe ich Bedenken, ob ich wohl meine Badehose noch finde (wir gehen
baden) - da merke ich, dass ich nackt bin und es niemanden stört - warum sollte es
also beim Baden stören?*
(26.4.1979)

Schon im Traum kommt mir in den Sinn, dass die Menschen in Tansania den Diktator Idi Amin bei seinem Versuch, Tansania zu erobern, besiegt und vertrieben haben. Mein Traum-„Tansania" hat offensichtlich mit Freiheit, Vertreibung eines Diktators und mit der Verbindung mit dem Lebendigen und der Natur zu tun. Die Hängebrücke ist aus natürlichem Material, eine besondere, schwankende und doch sichere Brücke, wenn man barfuß darüber geht - und man kann im Traum - „Tansania" auch nackt baden.

> *Ich werde aus vielen Bewerbern ausgewählt, zusammen mit einer Gruppe von 23 anderen eine Primarlehrerausbildung zu machen. Die Grenze der Zugelassenen ist gerade nach mir (ich bin die letzte), es erscheint mir eigentlich sehr ungerecht.*
> *Ich bin mit meiner Jugendfreundin Ursula zusammen, wir freuen uns sehr über unser Glück.*
> *Da beginne ich zu realisieren, was das wirklich bedeutet: ich höre auch, dass die Ausbildung am Oberseminar nicht nur, wie ich gedacht habe, ein Jahr geht, sondern zweieinhalb Jahre - natürlich full time.*
> *Ich merke, dass doch eigentlich die Analyse meine Hauptaufgabe ist.*
> *Mir wird plötzlich klar, dass ich im Begriff bin, einen schrecklichen Fehler zu machen und dass ich absagen muss (was bedeutet, dass der Mensch hinter mir eine Chance hat).*
> *Arny ist sehr froh, als ich es ihm sage, es ist, wie wenn ich eine Prüfung bestanden hätte: Ich musste einsehen, dass die Analyse und die Arbeit mit Arny das Allerwichtigste in meinem Leben ist: Ich habe meine Zeit ja gar nicht zur Verfügung, kann gar nicht anders, auch wenn das Angebot noch so ehrenvoll und glänzend wäre! Ich bin ja nicht frei - wie konnte ich nur so tun, wie wenn ich Zeit hätte? Wie leichtsinnig war ich doch, wie ahnungslos! (Mir kommt in den Sinn, was Goethe über den „Faust" gesagt hat: „Das Hauptgeschäft.")*
> *(28.5.1979)*

Später reagiert Arny in der Stunde wie der Traum-Arny: „Das ist der erste Traum, der sagt, dass du ein Analytiker sein darfst". „Der Kopf ist zwar in Ordnung, aber der Prozess, die Legitimation von Innen ist das Wichtigste!"

Analysestunde am See

Ich bin sehr traurig, habe das Gefühl, zu wenig normal, eine schlechte Mutter zu sein, es wird immer schlimmer.

Arny: „Das ist die Normalmachertante, die anklopft. Es geht um Leben und Tod! Also: Was ist im Körper?" - „Der Körper will ins Wasser!"

Wir gehen über die Straße an den See.

Arnie spielt den „Normalmacher" - dann ich - wieder er.

Plötzlich spüre ich eine Riesensehnsucht, ins Wasser zu gehen: dann würde ich das Richtige tun!
   Ich tue es, bin nachher sehr froh und glücklich und ziemlich nass.
(21.6.1979)

Ein befreundetes Paar ist bei uns. Die Frau jammert irgendetwas von einer Säge, mit der sie sich den Bauch aufschneiden möchte. Ich werde sehr wütend und schreie sie an, dass ich sie nicht mehr zu sehen wünsche, bis sie endlich mit diesem Getue aufhört, ich tobe richtig.
(22.6.1979)

Tatsächlich war diese Frau mit dem Wunsch an Franz herangetreten, ob er ihr ein Kind machen könnte. Von dieser Situation überrumpelt, war ich offenbar nicht sofort fähig, alle meine Gefühle dazu wahrzunehmen und auszudrücken, so dass ein Teil meiner Reaktionen erst im Traum auftauchte!

Im Sommer waren wir mit den Kindern wieder am gleichen Ort in den Bergen in den Ferien. Weil der Aufbruch dorthin wie immer aufregend und anstrengend war, machten wir alle zuerst einmal einen Mittagsschlaf. Und schon träumte ich:

Ich rede in einer Art Stall mit dem jungen Bauern, der einen einteiligen blauen Arbeitsanzug trägt. Er sagt, er sei nicht gern im Haus, weil sein Herz leer sei (er liebt / bräuchte mich).
Ich frage ihn, ob er denn kein passendes Mädchen kenne - er kannte einmal eines, aber das hat ihn nicht genommen (Bauerntochter).
Ich versuche zu mähen (hat es Kartoffelstauden?), er mäht auch.
Er sagt zu mir, er wisse schon, dass ich anders sei, aber er würde mich doch nehmen.
Die Atmosphäre zwischen mir und ihm ist sehr warm und emotional.
(14.7.1979)

Ich bin nach dem Traum ganz durcheinander und denke an den Traum vor einem Jahr, ich spüre auch sein Leiden sehr gut, er tut mir leid.

Die Aufnahmen der von mir geschriebenen Spots für das Kinder- und Jugendfernsehen gelingen offenbar - sie sind so lustig, dass die Zentrale daheim meldet, man werde sie wahrscheinlich fürs Abendprogramm brauchen.
Plötzlich komme ich auf die Idee, zum Abschluss zu tanzen, und beginne wie verrückt zu stampfenden Rhythmen auf Stöckelschuhen zu rocken und zu steppen.
Es ist herrlich, ich beteuere meine Bewunderung für Nina Hagen. Irgendeinmal frage ich mich noch, ob dieses Ende wirklich zu den Spots passt?
(18.7.1979)

Die Realisierung dieser TV-Spots im August, von der ich mir viel versprochen hatte, wurde dann ein Flop, weil sich der Regisseur der damit beauftragten Firma überhaupt nicht für diese Arbeit interessierte. Wenigstens hat mir dieser Ausbruch von tanzender Verrücktheit im Traum gut getan!

Wieder in Oerlikon

Mein Studienkollege Urs hatte damals eine wunderschöne Hündin, „Lupa". Da er immer wieder auch einmal ohne Lupa unterwegs war, um sein Geld zu verdienen, fragte er mich, ob wir vielleicht Interesse hätten, Lupa hin und wieder ein paar Tage zu hüten. Für mich war das eine große Freude. Die Buben hatten zuerst Angst vor dem „Wolfshund" und flüchteten auf den Küchentisch, als Lupa zum ersten mal zu uns kam.

Später wurde es eine große Liebe zwischen dem jungen Hund und den jungen Kindern und wenn sie zusammen spielten, ging es oft recht überbordend wild zu.

Deshalb musste ich einmal, als Urs fragte, ob Lupa noch länger bei uns bleiben könne, zu meinem Bedauern nein sagen.

Lupa kam daraufhin an einen anderen Ort, wo sie tödlich verunglückte.

Das war natürlich ein großer Schock und Schmerz, und ich wusste zuerst gar nicht, wie ich es den Kindern sagen sollte.

Da träumte ich:

> *Ich weiß nicht, wie ich den Kindern das von Lupa sagen soll.*
> *Da sehe ich Lupa weiter oben am Berg aus einem offenen Wagen (Bergbähnchen) gucken und will die Kinder darauf aufmerksam machen. (Ein bisschen sieht ihr Kopf aus wie von einem Löwen. Sie wird nach links fahren).*
> *Sie sieht aus wie immer - sehr schön - und ist bereit, abzureisen.*
> *(21.9.1979)*

Nach diesem Traum konnte ich den Kindern sagen, dass Lupa jetzt im Himmel sei, ihr „Hinübergehen" erschien in diesem Bild als etwas Natürliches und Schönes, sogar mit einem besonderen Glanz.

Mein „Fruchtbarkeitstraum" einige Tage später war wohl eher für mich wichtig:

> *Es werden ununterbrochen kleine Kätzchen geboren (von mehreren Tigerkatzen) - sie haben noch eine Alu - Folienhaut um sich bei der Geburt. Ich will die Kinder, speziell Kaspar, darauf aufmerksam machen, aber es interessiert sie nicht besonders.*
> *(30.9.1979)*

Wie jeden Herbst war ich auch in diesem Jahr eine Woche für die „Lucerna" in Luzern. Diese Zeit war für mich immer eine Chance, ganz weg zu sein von zu Hause und interessante Menschen zu treffen. Und ich genoss es, mit meiner Gotte und ihrem Mann Hannes zusammen zu sein, die ich beide sehr gern hatte.

Nach den Herbstferien begann ein intensives Semester am Jung-Institut.

Ich begegne M. L. v. Franz - aber sie ist viel jünger als ich gedacht habe und hübsch (etwas maskulin, mit kurzen schwarzen oder dunklen Haaren). Ich denke, dass ich mich wirklich getäuscht habe und dass es ein Witz ist, sie „alte Hexe" zu nennen. Ich habe das Gefühl, ich sollte sie unterstützen.
(20.10.1979)

Von v. Franz weiß ich, dass sie tatsächlich als junge Frau nicht überall beliebt war und zum Teil ein loses Maul hatte. Sie scheute sich nicht, sogar Professoren zu korrigieren, wenn sie etwas besser wusste oder eine andere Meinung hatte.

„Die junge Marie-Louise v. Franz" ist auch ein Teil von mir, den ich unterstützen sollte.

Die ungestüme und nicht immer populäre Leidenschaft für das Denken und Forschen (für die „Wahrheit" und Gerechtigkeit) spürte und spüre ich bei mir immer wieder, und es wäre offensichtlich nicht richtig, sie einfach nur zu unterdrücken. Für das einzustehen, was ich richtig finde und die Menschen dafür zu gewinnen wäre das Ziel!

Ich durchsuche resigniert die Erde in einer Schale, in der ich Zypressen und Pinien züchten wollte, welche die Kinder zerschmissen haben.
Da sehe ich mit freudigem Erstaunen, dass es sehr viele starke grüne Pflänzchen (Schösslinge) gegeben hat - etwa wie Nüsslisalat -, die gegen unten wuchsen.
(3.11.1979)

Es wächst etwas, aber nicht nach Plan, sondern so, wie es die Natur wählt.

Beim Lesen in meinem Arbeitszimmer geht mir der Traum vom Bauern aus den Sommerferien wieder durch den Kopf: wie könnte ich ihn „heiraten"= integrieren?

Er könnte in der Rumpelkammer nebenan leben.

Ich beschloss, mit der Hilfe meiner Familie die Zwischenwand durchzubrechen - so hatte ich auch ein größeres Zimmer für Beratungen. Ich konnte sogar einen einfachen Cheminéeofen einbauen. (Dazu kam mir mein Lieblings-Grimm-Märchen „der Eisenofen" in den Sinn.)
(7.11.1979)

Ich bin am Vierwaldstättersee und sehe vom Ufer aus hinein.
Plötzlich sehe ich unter einem Stein einen langen silbernen Schwanz herausschauen und will ihn den Kindern zeigen. Da verschwindet aber der Schwanz, und vorne

kommt der ganze Fisch heraus: ein riesiges silberglänzendes Vieh (etwa über 1 m), er
verschwindet aber wieder an der Uferböschung.
Ich bedaure, dass ihn die Kinder wieder nicht gesehen haben - da entdecke ich im
Uferwasser ein riesiges braun - grünes Krokodil. Aus seinem offenen Rachen windet
sich eine rostrot-glänzende Schlange.
Ich bin fasziniert, dass es das hier gibt, aber auch entsetzt und sage: „Um
Gotteswillen und hier in diesem See baden wir"! Darauf entgegnet meine Mutter:
„Wir baden nicht hier (die Badeanstalt ist auf der anderen Seite der Bucht),
und vielleicht verstehst du jetzt besser die Sage vom Wasserungeheuer von
Kastanienbaum / Kehrsiten?" Diese Sagen haben eben recht!
(8.12.1979)

Meine Mutter war als Luzernerin immer sehr stolz auf die Innerschweiz, hatte aber
zu Sagen kein besonderes Verhältnis und wäre bei diesem Anblick sicher zu Tode
erschrocken.

Sie kommt mir hier eher wie eine archetypische „Mutter" vor. Auch die riesigen Tiere haben etwas Archetypisches und gehören zu einer Reihe von ähnlichen Viechern, denen ich in meinen Träumen immer wieder mit Faszination und
Begeisterung begegne.

Eine Stimme sagt zu mir, warum ich nicht mehr künstlerisch mache?
Ich weise auf mein Programm hin (Prüfungen), da sagt die Stimme: „aber Gedichte
kann man immer machen!"
(15.12.1979)

Hoppla! Das stimmt natürlich!

Ich arbeite an einem großen Schal, der wie Patchwork aus verschiedenen kleinen
Stücken besteht. Am anderen Ende strickt Lotte, sie ist gerade mit ihrem Teil fertig,
es ist ein fein gestrickter Teil mit einem alten Muster.
Als ich den Schal probiere, merke ich, dass er noch zu sehr auseinanderklafft an
den Übergängen: ich muss dort noch nachnähen. Es ist offenbar volkskundlich:
auf den Stücken des Schals waren „Kindermund" und „Volksmund"-Sprüche u.ä.
gesammelt, was mich „volkskundlich qualifiziert" hat.
(16.12.1979)

Lotte war die Haushälterin meines Großvaters mütterlicherseits, meine Großmutter
war ja schon vor meiner Geburt gestorben. Da auch die Frau des anderen Großvaters
vor meiner Geburt starb, war Lotte diejenige Person, die am ehesten eine Art
„Großmutterstatus" hatte. Der Traum hatte etwas Berührendes und erinnerte mich
an denjenigen von den Sagentieren im Vierwaldstättersee eine Woche zuvor: geht es

da um eine Art weibliche Mythologie, um Frauengeschichte? Mir kommt auch die wichtige Rolle von Weben und Spinnen, Sticken und Stricken bei den Heldinnen vieler Märchen in den Sinn.

Eine Baustelle.
Unter anderen Arbeiten sind die Prüfungen ausgeschrieben - in der Art: das gehört
dazu, ist ok., das ist nur ein ganz kleiner Teil der Bauarbeiten.
(17.12.1979)

Dazu kommt mir mein Traum vor eineinhalb Jahren (18.7.78) in den Sinn: offenbar bin ich unterdessen einen Schritt weiter, das Fundament ist gelegt, jetzt geht es einfach mit einer gewissen Selbstverständlichkeit weiter mit den Bauarbeiten und es „ist ok".

Ein Spiel, bei dem ich nicht recht weiß, ob ich dafür sein soll (wird es von einer alten
Hexe ausgelegt?): Aus seinen Karten kann man sich einen Partner wünschen. Ich
hätte auf Grund meiner Karten die Möglichkeit, mir einen schwarzen oder einen
goldenen Mann zu wünschen. Der „Schwarze" ist auch da und gefällt mir (ich ihm
auch), aber ich habe plötzlich Hemmungen und wünsche mir eine schwarze Katze.
(23.12.1979)

Beim Erwachen habe ich das Gefühl, eine Prüfung bestanden zu haben: die schwarze Katze war die einzige richtige Wahlmöglichkeit für mich!

Dazu überlege ich mir, dass es wahrscheinlich im Moment nicht um Männer geht in meinem Leben, sondern um die Auseinandersetzung mit dem Weiblichen und mit Frauen.

Es hat sich in den folgenden Jahren auch bewährt, in Frauengruppen zu lernen und Unterstützung zu suchen - die selbstgewählten „Schwestern" sind mir ein Leben lang wichtig und lieb geblieben.

In Olten (auch in Olten geträumt)
Ich sollte in einem Restaurant für eine kalte Ovo und ein Gipfeli 10.-
Fr. bezahlen.
Da ich nur noch 10.- Fr. habe und es auch sonst nicht fassen kann, will ich diesen
Betrag nicht zahlen, bevor ich die Karte gesehen habe. Ich sage, das sei nicht
möglich. Man will mir aber die Karte nicht geben (es ist nur noch die Speisekarte
verfügbar im Moment) und ich werde schikaniert und blöd hingestellt wegen meiner
Forderung. Es braucht ziemlich viel Kraft und innere Stärke, darauf zu beharren,
ich wolle nicht zahlen.
Am Schluss weine ich fast, bis mir endlich eine so halb mütterliche Frau (die
Patronne des Restaurants) recht gibt und den Preis auf 8.-Fr. reduziert. Ich bin

darüber sehr erleichtert und wage nicht mehr zu reklamieren, obschon mir auch 8.-
noch als unwahrscheinlich viel erscheint.
Als ich das Portemonnaie öffne, sehe ich, dass es nicht, wie ich gemeint hatte, eine
10-er Note darin hat, sondern Münz, von dem ich plötzlich Angst habe, es sei nicht
8.-Fr., es ist aber mehr.
(28.12.1979)

Mir wird nach diesem Traum plötzlich klar, wie unwahrscheinlich viel ich im Moment im Leben „bezahle" (Familie, Prüfungen, ich selbst, alles.)

Mein Bruder Ueli wird aus unserem gemeinsamen Zimmer ausziehen: sein
Kinderbett soll aus meinem Zimmer entfernt werden. Ich bin unendlich traurig
darüber und weiß: das kommt nie wieder, so zusammen einschlafen und schwatzen
werden wir nie mehr, höchstens noch an Festtagen werden wir uns kurz sehen.
Ich möchte weinen, die Trauer ist ganz groß, ich denke auch: so geht es im Leben,
immer mehr Ablösung, immer mehr Verlust.
(29.12.1979)

Tatsächlich war für uns beide damals Uelis Auszug aus dem gemeinsamen Zimmer ein Moment großer Verzweiflung und Trauer, das wurde aber von unseren Eltern kaum wahrgenommen. („Es ist einfach so, ihr seid jetzt zu alt, um als Bub und Mädchen zusammen in einem Zimmer zu schlafen.")
Diese ersten gemeinsamen Jahre waren für uns zwei so wichtig.
Damals haben wir beide das einzige Stück Intimität in diesem riesigen Haus verloren.

Ich besichtige einen Nacht-Arbeitsplatz, wo offenbar Material des Nacht-Amtes,
etwas wie das Tiefbauamt, Gartenbauamt od.ä., gelagert wird.
Es hat unter anderem riesige Materialhaufen, die ein bisschen aussehen wie Gold
und Silber. Ich betrachte die „Gold"-Haufen näher: es scheint, als ob man aus diesem
Material tatsächlich Gold gewinnen könnte.
(29.12.1979)

Assoziation zu „Nachtamt": Kafka, ich möchte wieder schreiben!

In einer Stiftschule. Die Schüler deklamieren ihren Stoff laut im Chor in die Nacht
hinein, und zwar bei offenen Fenstern. Ich hatte vorher erwogen, hier in dieser
schönen Berglandschaft in die Ferien zu gehen, aber ich gebe diesen Plan jetzt
wieder auf, weil ich denke, da könne man ja nicht schlafen bei diesem Geschrei.

*Im Vatikan. Ich komme recht gut aus mit dem Papst und überlege mir, dass ich
jederzeit Briefe oder Päckli mit ihm wechseln könnte.*

*Diese hohen Herren sind alle so leutselig und galant, dass ich nicht recht ans Zölibat
und all die strengen Kasteiungs - und Disziplinierungs-Vorschriften glauben kann.*

*Es gibt einen herzigen jungen Priester, der dem Papst als persönlicher Diener
zugeteilt ist. Er hat offenbar den Kopf (oder das Herz?) woanders und macht immer
wieder das Falsche oder vergisst Sachen. Ich weiß, dass man ihn disziplinarisch in
die Zange nehmen wird. Das tut mir sehr leid, ich versuche ihn zu treffen, um ihm
zu sagen, dass der ganze Zauber doch unnötig sei und er lieber mit mir kommen
und diese grausame Konstruktion verlassen solle. Es gelingt mir aber, zumindest
anfänglich, nicht.*

*Ich habe auch Angst um ihn, ich traue den „anderen", vor allem einem sehr
dogmatischen, unangenehmen Mann aus der näheren Umgebung des Papstes, Böses
zu. Ich befürchte zum Beispiel, sie könnten ihn mit Hämmern totschlagen (halb
scheint es mir sogar, er sei schon totgeschlagen, aber noch warm).*

(30.12.1979)

Die Träume dieser Nacht vor dem Jahresende erschüttern mich. Ich spüre, dass sie
einen Bezug zu den bevorstehenden Prüfungen haben.

Der erste Traum zeigt einen Konflikt zwischen Lernen und Ferienmachen, den
ich genauer anschauen muss. Wie hindere ich mich selbst daran, mich zu entspannen und Schönes zu genießen und wo sind „Ferien" im Moment wirklich nicht
angebracht?

An den zweiten Traumteil im Vatikan kann ich mich noch nach mehr als 35
Jahren so genau erinnern, wie wenn ich ihn gestern geträumt hätte. Hier geht es
wirklich um Leben und Tod!

Eine unbarmherzige patriarchale Institution droht den herzigen jungen Priester
totzuschlagen! Dieser ist viel zu naiv und vertrauensvoll. Ich muss „ihn" warnen
und beschützen, genau hinsehen, wem wir beide vertrauen und die Zeichen erkennen, wenn Gefahr droht.

Ich liebe diesen „inneren Dummling mit dem reinen Herzen" sehr, aber wir müssen auf uns aufpassen. Besonders jetzt - im Feld der kommenden Prüfungen mit
ihrem unbarmherzigen inneren und äußeren Druck - werden wir auf uns aufpassen müssen.

1980

Prüfung in Religionsgeschichte, die Erschaffung der Welt / Märchenprüfung bei
v. Franz / Fund Raising für das Jung-Institut? / Praktikum in der psychiatrischen
Klinik Schlössli / Sartres Tod / Die ungewöhnliche Kontrollfallgruppe bei Arny
Mindell / Erste eigene KlientInnen / Eröffnung des Auto-Gotthardtunnels / Ursula
Baumgardt wird meine zweite Analytikerin

Träume:
Das ist eine Schöpfung! / Mein Bauer hat geheiratet und schenkt mir sein Schreibwerkzeug
/ Brandstiftung im Thorenberg / Die Flutwelle / Märchenprüfung bei v. Franz im Traum /
Meine Vorfahren? Joan Baez und Jane Fonda! / Ein Tal, das die Hand Gottes ist / Schwarze
aus Afrika an unserem Gartentor / Vom Zimmer 100 ins Zimmer 66 / „Das ist wie eine
Kläranlage / für den Scheiß unter Tage" / Der „falsche Arny" während den Sommerferien
/ Im Kontrollraum des Gotthardtunnels / Das starke Medikament / Mein wunderschöner
Tiger / Im Himalaya mit Frau Baumgardt / Eine Sternenkarte wird entfaltet

---

Geburtstags-Traum

> *Der Traum besteht aus vielen kleinen Einheiten, wie Perlen an einer Perlenkette.*
> *Von Zeit zu Zeit erwache ich in der Nacht mit dem Gefühl, wieder einen Teil der*
> *Arbeit geleistet zu haben.*
> *(4.1.1980)*

> *Eine Reise im Zug (in die Berge?), das Gepäck wird immer umfangreicher und*
> *mühsamer.*
> *(13.1.1980)*

In der nächsten Nacht noch eine Eisenbahnfahrt:

> *Ich gehe mit einer Frau auf den Bahnhof Oerlikon. Wir wollen in den Hauptbahnhof*
> *fahren.*
> *Auf dem Bahnhof sollte ich noch ein Billett herauslassen, finde aber den Automaten*
> *nicht - ich rase durch den Bahnhof hin und zurück, aber er ist einfach nicht da (ich*
> *habe die Münze schon in der Hand). Unterdessen ist schon ein Zug eingefahren,*
> *es sieht aber so aus, wie wenn es nicht meiner wäre. Jedenfalls sind dann meine*
> *Begleiterinnen (jetzt sind es zwei) weg.*

Ich beschließe, zum Schalter zu gehen und doch noch ein Billett zu bekommen, ich weiß ja, dass zwischen Oerlikon und Hauptbahnhof immer kontrolliert wird.
Der Mann am Schalter sagt: aha, die haben wir gar nicht gern, die in den Orientexpress steigen, obschon man das gar nicht dürfte! Offenbar ist jetzt die Zeit dieses Zuges. Er gibt mir auf meine Bezahlung einen Haufen fremdländisches Geld heraus, worüber ich mich wundere.
Dann bin ich auf dem Perron, ein Zug kommt, der von weitem wie ein „Goldküstenexpress" (roter Zug) aussieht. Er ist aber gewaltiger. Er fährt ein und hält. Ich denke „jetzt nichts wie los" und steige ein.
Ich bin in der Mitte zwischen der 1. und 2. Klasse im Gang, der Duft (Knoblauch und Hammelfett) und die verlebte, verbrauchte Ambiance sind unbeschreiblich! In was bin ich da hereingeraten - es ist ganz unverhältnismäßig zu meinem Vorhaben, in den HB zu fahren.
Ich konnte auch in die Lokomotive zum Lokführer steigen und höre, dass es eine Dummheit ist, hier in diesen Zug einzusteigen, denn er wird zu lang brauchen bis in den HB. Dennoch hat er dann am Schluss nicht so lang: als ich erwache, sind wir am Einfahren, und die Passagiere hinter mir richten sich zum Aussteigen.
(14.1.1980)

Hier verrutscht meine Alltags-Wirklichkeit, und ziemlich alles gerät aus den Fugen, was mit Vorsätzen und Planung zu tun hat. In dieser Beziehung erinnert mich der Traum an denjenigen von der Fährenfahrt vor meiner ersten Stunde bei Arnold Mindell.

Es ist auch interessant, dass der Zug von weitem aussieht wie die S-Bahn nach Küsnacht, wo sich das Jung-Institut befindet und sich dann als Orient-Express herausstellt, der eine ganz andere Atmosphäre und Reichweite hat (er ist „gewaltiger").

Von heute aus denke ich an die internationale Dimension, die für mein Leben und meine Tätigkeit wichtig werden wird.

Für die Prüfung in Religionsgeschichte hatte ich das Thema Schöpfungsmythen gewählt.

Der Prüfende war kein Analytiker, sondern ein externer Dozent, der erst kurz vor der Prüfung nach Zürich kam. Ich wusste aus seinen Vorlesungen, dass er ein unglaubliches Wissen hatte, das mich sehr faszinierte, und ich freute mich eigentlich auf die Prüfung.

Als er aber seine fünf Prüflinge traf, gab er nur die Titel von mehreren Spezialwerken bekannt, von denen er voraussetzte, dass man sie kenne. Von diesen Büchern gab es in der Bibliothek je ein Exemplar, und vier der Anwesenden rasten nach dem Ende der Besprechung sofort los und versuchten sich möglichst viele davon zu sichern, während ich wie gelähmt stehen blieb und merkte, dass es nicht mein Weg sein konnte, mich jetzt auch noch hinterher zu stürzen.

Ich war vollkommen überflutet von Panik und Angst und konnte mich erst am Abend wieder beruhigen. Ich schrieb im Traumbuch: „Ich muss halt Trickster sein! - nicht so gradlinig!"

Mein Lieblings-Schöpfungsmythos vom „Vater Raben" half mir auch weiter: Der Vater Rabe saß lange in der Dunkelheit, bis er merkte, dass es ihn gab und er auf die Idee kam, ein Steinchen fallen zu lassen und die Dunkelheit zu erforschen. Damit erschuf er die Welt. In Gedanken setzte ich mich neben ihn ins Dunkle, und so konnte ich schließlich einschlafen.

Zum Glück wurde am nächsten Abend am Fernsehen der Film „For whom the bell tolls" gezeigt und ich konnte weinen und meine Gefühle laufen lassen. Dazu schrieb ich: „Mein Problem mit den Prüfungen ist ein Gefühlsproblem, ein Liebesproblem! Fast hätte ich alles, was ich liebe, verraten und totschlagen lassen durch die Hämmer des Papstes!" (s. Traum Ende 1979).

In dieser Nacht träumte ich:

> *Große Feuergluten und Explosionen - etwas Wahnsinniges / Urweltliches.*
> *Es ist, wie wenn eine Stimme sagen würde: „Sieh hin! DAS ist eine Schöpfung!"*
> *Ich weiß, dass es mir für meine Arbeit viel bringen kann, wenn ich jetzt hinschaue.*
> *Ich muss mich in einer Emotion neu erschaffen, wenn sie zu stark ist, fliege ich weg.*
> *Irgendeinmal werde ich dann im Gang der Ereignisse mit den Kindern in ein*
> *Raumschiff eingeladen. Wir starten und fliegen davon - kommen nach einer Weile*
> *wieder zurück. (Der Gedanke, die Fahrt würde ein Bilderbuch ergeben?) Die*
> *Raumschiffleute sind sehr nett - vor allem haben sie offenbar Kinder sehr gern. Sie*
> *wollen den Buben etwas zu Weihnachten schenken.*
> *(16.1.1980)*

Das Thema „Schöpfung" hat eine Wucht und Gewalt, der man mit Respekt begegnen muss.

Das ist mir schließlich gelungen.

Im zweiten Teil des Traumes werde ich „mit den Kindern" in ein Raumschiff eingeladen und komme mit ihnen wohlbehalten wieder zurück. Es ist wichtig, dass auch die Kinder dabei sind, Kinder gehören unbedingt zum Thema „Schöpfung"! „Die Raumschiffleute" haben Kinder sehr gern, ich kann mir sogar noch überlegen, ob diese Fahrt nicht ein Bilderbuch für Kinder abgeben würde, d.h. über meine kreativen Potenziale nachdenken.

Bild vor dem Einschlafen:

Ein Mann, gefesselt an den Beinen, beginnt in einer größeren Menschenmenge
Feuer zu speien - es tauchen auch auf seiner Gestalt Fünklein auf - irgendwie weiß
ich, dass er ein großer Zauberer und Magier ist.
Er hat auch ein Häuschen weiter hinten - (wie eine Marronibude) - ich merke, da
könnte ich hingehen - das wartet auf mich - das ist echt! Aber ich gehe nicht - noch
nicht?
(17.1.1980)

Das Thema „Schöpfung" hat mich ergriffen und herumgewirbelt. Die Gefühle nach
der Examensbesprechung waren ein gewaltiges Feuer, das mich gepackt und „gekocht" hat.

Dieses Schlussbild zeigt mir die Feuer speienden Emotionen dessen, der an den
Füßen gefesselt ist. Ich darf mich nicht fesseln lassen von meiner Angst, auch nicht
von meinen Ängsten in Gruppen, sonst werden die Emotionen zu stark, wenn sie
kommen.

Zum Häuschen des großen Zauberers, der auf mich wartet, gehe ich nicht - noch
nicht?

Die Prüfung habe ich dann so gemacht, dass ich einen Vortrag mit Beispielen
zum Thema „Schöpfung und schöpferische Prozesse" vorbereitete, in dem ich
mit vielen Beispielen darzustellen versuchte, wie sich schöpferische Prozesse und
Schöpfungsmythen entsprechen (das hatte ich natürlich bei v. Franz gelernt). Die
Beispiele habe ich meinem Alltag und verschiedenen Träumen entnommen und mit
Schöpfungsgeschichten der Religionen verglichen.

Der Prüfer war etwas erstaunt, der Beisitzer sagte nicht viel, jedenfalls habe ich
bestanden.

Wir steigen auf eine Alp. Ich kenne den Hirten dort und habe ihn gern.
Als ich in seinen Gerätschaften ein Schreibwerkzeug suche, ruft er mir zu, ich könne
seinen Füller behalten, er brauche ihn nicht mehr, weil er heirate.
Ich schaue mich um und sehe, dass er etwas mehr Pfannen und Küchengeräte hat als
früher. Ich wundere mich über die Frau, die da hinaufkommen will und sein Leben
teilen (bin ich eifersüchtig?)
(18.1.1980)

Aus dem bedürftigen jungen Bauernburschen ist offenbar ein Mann geworden, der
eine Frau gefunden hat und mir etwas schenken kann, was er nicht mehr braucht.
Nicht nur ich, auch er hat einen Entwicklungsprozess gemacht und hat sich eman-
zipiert - interessanterweise braucht er kein Schreibwerkzeug mehr.

Am Abend nach der ersten Prüfung hatte ich eine Besprechung mit einem jungen Juristen, der mich dafür gewinnen wollte, ihm zu helfen, Spenden für das Jung-Institut zu sammeln. Weil ich vieles im Institut und vor allem den Umgang mit den Finanzen als undurchsichtig erlebe, bin ich skeptisch und sagte ihm das auch. Er meinte, ich solle mir Zeit lassen und ihm dann Bescheid geben.

In der Nacht darauf hatte ich folgenden Traum:

> *Ich bin im Jung-Institut. Alles ist aus Plastik. Ich versuche immer wieder positive Seiten zu finden, sage, es muss doch irgendwo positive Seiten haben - aber es ist nichts echt, alles aus Plastik!*
> *(23.1.1980)*

Für mich war die Frage damit gelöst, ich sagte ab.

> *Etwas von einem ganz kleinen neugeborenen Kind, das meiner Obhut anvertraut wird. Mitten in der Nacht das Gefühl, aufstehen zu müssen. Ich gehe in die Küche und will das Licht anzünden: es ist kaputt.*
> *(29.1.1980)*

Das kleine neugeborene Kind, das meiner Obhut anvertraut wird, erfüllt mich mit Zärtlichkeit und Dankbarkeit. Ich weiß und verstehe noch nicht alles, was „in der Nacht" abläuft, aber das Gefühl ist gut. Das Motiv der „Schöpfung aus der Dunkelheit", das hier wieder anklingt, wird mir noch einmal vor der ersten Sitzung von Arnys Kontrollfallgruppe im Juni begegnen.

> *Im Thorenberg. Er ist aber riesengroß, wie ein altes Kloster, sehr weitläufig. Ich kann nicht schlafen, weil ich vermute, der Hausabwart könnte den Thorenberg anzünden. Plötzlich sehe ich Rauchwolken aufsteigen: er hat es getan! Es gelingt mir, alle vier (!) Kinder zu retten, dann gehe ich daran, meine völlig kopflose Mutter zu betreuen und sie anzuhalten, noch einiges zu retten.*
> *(10.2.1980)*

Vom Hausabwart weiß ich, dass er dabei ist, sich zu Tode zu saufen. Er lebt seinen Frust und seine Wut nicht aus, sondern wird zum Brandstifter. Meine Mutter, die sehr am Thorenberg hängt, ist völlig hilflos - vielleicht, weil auch sie mit ihrem Frust und ihrer Wut nicht umgehen kann?

Interessanterweise ist es für mich selbstverständlich, vier Kinder zu retten: „vier" ist die Zahl der Ganzheit, es geht nicht nur um materielle Werte.

Pontresina (10.-20.2.1980)
(Ich freue mich vor allem auf die Märchenprüfung bei Marie Louise v. Franz und erzähle den Buben auf allen Spaziergängen Märchen!)

> *Weit am Horizont über die Berge kommt eine Riesenflut von glasklarem Wasser - sie*
> *bewegt sich vorne vorwärts wie ein Gletscher (abgebrochen wie eine Wand).*
> *Man sieht dieses Schauspiel von einem großen Panorama-Fenster unseres Hauses*
> *aus - es ist ungeheuerlich!*
> *Ich überlege, wem ich es zeigen soll und ob ich Franz sagen soll „die Springflut*
> *kommt" (als Anspielung auf sein Cabaret-Programm die „Nachtübung"), das ist*
> *aber irgendwie zu witzig und unangemessen.*
> *Ich überlege mir auch, dass sich wahrscheinlich die Erdachse um einige Grad*
> *gedreht hat und dass das die Ursache ist.*
> *Etwas in mir frohlockt: dagegen gibt es keine Versicherung! Das entzieht sich*
> *jedem Kalkül! Da werden jetzt auch Spekulanten - Hochhäuser - Banken und alles*
> *darunter begraben! Unterdessen ist das Wasser schon so nahe wie ein See. Unser*
> *Haus liegt am Ufer des Sees - wir haben plötzlich eine phantastische Lage, weil die*
> *anderen vor uns im Wasser ersoffen sind!*
> *Ich gehe auf einem schmalen geteerten Weg dem See entlang zu unserem Haus und*
> *sehe, dass das Wasser immer noch steigt. Schon ist der Weg nur noch etwa halb so*
> *breit. Beim Haus sehe ich auch, dass das Auto hinten im Wasser ist und überlege,*
> *dass wir es wohl nicht mehr anbringen würden, um davonzufahren.*
> *Ich gehe in unser Haus und nehme allerhand Badesachen aus den Schränken (ich*
> *kann mich erinnern, dass auch Badekappen dabei sind). Dann nehme ich auch noch*
> *einen Ball, weil ich denke, an dem könnte man sich halten - er schwimme ja, weil er*
> *voll Luft ist.*
> *Unten im Haus wird es etwas feucht, aber es ist nicht klar, ob das Wasser noch*
> *weiter steigen wird.*
> *Mir fällt auf, dass das Wasser kristallklar ist. Auch dass man keine Schreie hört: der*
> *tragische Aspekt einer Überschwemmung wird nicht konkret. Es treibt auch nichts*
> *auf dem Wasser herum. Was im Wasser verschwunden ist, ist dort vollumfänglich*
> *und intakt verschwunden wie z.B. in Pompeji.*
> *(16.2.1980)*

Das Ganze kommt mir vor wie ein gewaltiger „Wut-auf-die-Welt-Traum".

Ich versuche im Traum zwar Mitleid mit den Betroffenen zu haben und für uns
alle zu beten, aber irgendwie freut es mich auch zutiefst, dass die Kapitalisten und
Immobilienspekulanten alle verschwunden sind und dass wir jetzt eine wunderbare
Lage am See haben werden. Eigentlich weiß ich ziemlich sicher, dass das Wasser
nicht weiter steigen wird.

Die Prüfung bei v. Franz findet statt.
Sie sagt zu mir: „Sie müssen noch besser werden" und ich sage „O nein - davon
versuche ich mich ja gerade zu befreien!"
(20.2.1980)

Die Märchenprüfung bei v. Franz im Jung-Institut am Tag darauf war dann ziemlich ernüchternd: ich wurde nur abgefragt, es gab keinen echten Kontakt und keine Möglichkeit, etwas zu diskutieren oder zu hinterfragen, ich kam mir vor wie ein begossener Pudel.

Traum anlässlich der Taufe meines Göttibuben Benjamin:

Ich wandere einem Fluss entlang bis ich oben einen goldenen Vogel treffe und wieder
zurück.
Der goldene Vogel ist sehr beglückend und schön - im Traum denke ich sofort, dass
er das Selbst ist.
(Beim Aufwachen war ich leider nicht mehr verbunden mit dem berauschend -
numinosen Teil)
(23.2.1980)

Wiedergeburtträume.
Unter anderem bin ich in einem Ei.
(2.3.1980)

In der Analysestunde bin ich frustriert und wütend, weil mir Arny „meine" feste Stunde weggenommen hat, weil er zu wenig für mich da ist, weil er mich nicht so richtig in die Lehre nimmt. Und er hat natürlich nicht ganz unrecht, wenn er sagt, ich habe ja zu wenig Zeit, ich könne nicht in seine Seminarwochen kommen, ich müsse etwas ändern.
Traum nach dieser Stunde:

Ich will jemandem erklären, wo ich herkomme, wer meine Vorfahren sind: Joan Baez
und Jane Fonda - aber ich kann den Namen Joan Baez nicht so recht aussprechen,
stolpere darüber.
(21.3.1980)

Hat das Thema zwischen Arny und mir auch mit der Verschiedenheit von weiblichen und männlichen Lebenswegen zu tun?

Eine lange Nacht. Ich bin wach, versuche, mich gehen zu lassen:

*Unter anderem komme ich in ein Tal, das die Hand Gottes ist. (Schon im Traum die
Phantasie, sie würde mich emporheben, ich würde „sterben" - am Kopf würde etwas
auseinanderfallen).*
(24.3.1980)

Bild beim Einschlafen:

*Gartentor, ich bin bei den Malven.
Unsere Nachbarin, hinter ihr schwarze Menschen aus Afrika.*
(27.3.1980)

Gedanken dazu: ich muss etwas „Fremdes" hereinlassen.

In der Nacht vor meinem Praktikum in der psychiatrischen Klinik träume ich:

*Ein Saal mit "Verrückten", die herumtanzen, auch mein Bruder Ueli mit
langen Damenhandschuhen bis zu den Ellenbogen. Sal, der „wildeste" meiner
amerikanischen Kollegen, kommt herein und tanzt mit ihnen.*
(31.3.1980)

Ueli hat als mein Bruder auch eine Geschichte mit der Psychiatrie. Sal ist Musiker,
der Schlagzeuglehrer meiner Kinder und kennt Welten in New York, die ich nicht
kenne.

Praktikum in der psychiatrischen Klinik Schlössli in Oetwil a.S. (31.3.-25.4.1980)

1. Woche im „Schlössli" 31.3.-4.4.1980
Ich reagiere stark auf die Gerüche und die Atmosphäre hier. Offenbar werden
Erinnerungen an meine Kindheit in der „Anstalt" in S. wach. Auch wenn sich vieles verändert hat in diesen Institutionen fühle ich eine seltsame Vertrautheit, die mir
nicht nur gefällt.

Über Mittag „geflüchtet", über den Berg zu einer ehemaligen Nachbarin in Uetikon
a.S., am Abend heimgekommen in ein rechtes Chaos (Franz macht während meiner
Praktikumszeit den Haushalt).

Meine ersten Träume im Praktikum:

*Ich habe meine Sack - Uhr verloren und beschreibe sie: sie habe eine Inschrift eines
Luzerner Uhrenladens auf der Front. Diese Uhr ist weg - dafür bringe ich eine
Armbanduhr mit einem gelochten Band zurück, da sie ja nicht mir gehört. Man*

*übergibt mir eine andere große schöne Uhr (mit Rubinen?), die ich offenbar behalten
kann, bis sie jemand zurückverlangt.
Ich erfahre von Arny, dass jede Woche 1x ein Kurs ist während 4 Jahren. Ich bin
betroffen, weine, sage, das liege unmöglich drin, an so etwas dürfe ich nicht denken:
Der Beruf von Franz sei halt etwas wie ein Matrosenberuf.*

*Etwas von einem Schloss (ist der Schlossherr gestorben?)
Ein bisschen Gral-Atmosphäre, ein bisschen Gefängnis.*

*Von einem alten Bienenzüchter. Ihm soll die Verantwortung für alle Bienen („das
Bienenwesen" od.ä.) angehängt werden - er will aber nicht.
Dazu ein Bild einer Fels- oder Fensternische, über die von außen Efeu wächst, dort
hat es viele Bienen (Bienenstöcke)*

Von einem Ring aus verschiedenen Teilringen (Silber) die aber auseinanderfallen.

Der alte Bienenzüchter macht seine Sache gut, ist souverän und kann sich abgrenzen.

Die Atmosphäre im Schloss (ein bisschen Gral, ein bisschen Gefängnis) kommt
mir irgendwie bekannt vor - vielleicht sollte es Änderungen geben und es wäre gar
nicht schlecht, wenn der Schlossherr gestorben wäre? (Der Name „Klinik Schlössli"
schwingt auch mit).

Der „Matrosen-Beruf" meines Mannes fordert mich nach wie vor heraus.

Das Motiv der Uhren und dass der Ring auseinanderfällt hat wohl mit der „verrückten" Zeit und Welt hier in der Psychiatrie zu tun?

2. Woche im Schlössli 7.4.-11.4.1980

(Für diese Woche habe ich beschlossen, im Personalhaus der Außenstation
„Bergheim" zu übernachten, und ich habe dort jede Nacht durchgeschlafen (ab 19h
/ spätestens 20h!).

*Jemand beschließt, mit einem Verpflegungswägeli zu arbeiten (auf einer Fähre?)
- hat sogar Sonntagsdienst. Ich wundere mich - bin entsetzt - sage zu der Person:
„aber du hast das doch nicht nötig!" (Ist der Betreffende Millionär?) Er sagt aber:
„nur hier habe ich die Möglichkeit des Schaufensters zu den anderen Menschen"!)*

In meiner Funktion als Praktikantin kann ich wirklich tief in diese Welt hier eintauchen und lerne viel. Ich stoße zwar nicht gerade ein Wägeli, aber ich helfe überall,
wo ich kann und bin dankbar für jede Möglichkeit, etwas beizutragen.

Für eine Patientin bin ich zuständig, und mit ihr arbeite ich gut: Sie fühlt sich
viel zu wohl hier - da habe ich ihr einmal (z.T. abgedeckt) das letzte Blatt eines

Tages-Rapports über sie gezeigt, in dem steht „heute wieder jammerig und depressiv". Diese Bemerkung hat sie so erzürnt, dass sie den Mut gefunden hat, über ihre eigentlichen Themen zu sprechen und Lösungen für ihre Heimkehr zu suchen, was in der verbleibenden Zeit auch tatsächlich gelungen ist.

Mit anderen Patientinnen und Patienten habe ich Gespräche oder versuche Kontakt aufzunehmen, merke aber, dass ich vorsichtig sein muss (ich bin ja nur kurz da!) und auch, dass ich über die Medikamente zu wenig weiß.

Es erschüttert mich, dass ich den Eindruck habe, die Ärzte hier hätten nicht viel Ahnung von Psychologie.

3. Woche 14.4.-18.4.1980

Ich kann bei einem Eintrittsgespräch dabeisein und merke, was für ein Segen die Gesprächstherapie nach Rogers ist, die hier eingeführt wurde. Die Ärzte, die das Gespräch führen, müssen ernst nehmen, was die Menschen sagen, weil sie ihnen jeweils wiederholen, was sie gehört haben. So entsteht eine bessere partnerschaftlichere Situation.

In dieser Woche ist das Arny-Seminar in Diablerets, in das ich leider nicht gehen kann.

16.4.1980: In der Morgenzeitung lese ich: Sartres Tod.

Vor dem Einschlafen ein plötzliches Bedürfnis, mir alle Patienten einzeln vorzustellen, ob ich nicht irgendwo einen Fehler gemacht habe.

Warum haben mich die zwei ehrgeizigen Alten so aufgeregt? Mein eigener Ehrgeiz ?

Das alles gehört zur Psychiatrie. Auch die Angst um die Kinder.

Ob unser Vater je Angst um seine Kinder hatte? Oder sich je gefragt hat, ob er einen Fehler gemacht habe?

4. Woche 21.-25. 4.1980

> *Ein Hotelboy führt mich irrtümlich ins Zimmer 100, wo ich schließlich bleibe, nachdem ich mich gewehrt habe, das könne nicht stimmen: Riesig, ein Blumenmeer. Erst nach einer Weile kommt die Nachricht, es sei ein Fehler gewesen, ich müsse ins Zimmer 66 - eine Art Putzkämmerli.*
> *(Beim Aufwachen meine Wut, dass ich mich sofort entschuldigt und selbst angeklagt habe, als die „richtigen" Bewohner des Zimmers 100 kamen.)*

Assoziationen:
„66" Sex (das Zimmer 66 ist vielleicht natürlicher und lustiger!)
„100" Jubiläum, Genuss; „Hotelboy" Kafkas Boten

Zum Traum: Ich habe mich ja lange gegen das Zimmer 100 gewehrt: warum fühle ich mich dann doch verantwortlich? Auch der Traum von der kostbaren Uhr mit den Rubinen, die ich behalten kann, bis sie jemand zurückverlangt, passt hierher!

Ende des Praktikums

> *Erich Fromm ist da. Mein Vater jammert ihm irgendetwas vor über mich, und gleichzeitig macht er sich mit mir wichtig. Offenbar geht es nachher noch um Rebellion und darum, dass ich mich durchsetze und gegen Vater meinen Weg verteidige. Erich Fromm hat Freude an mir und bietet mir 2x sein Velo an! (Ich sage aber, leider müsse ich das Auto benutzen).*
> *(26.4.1980)*

Erich Fromm hätte mir wohl als Vater besser gepasst: Er war kein Arzt, sondern als Freudianer ein sogenannter „Laienanalytiker" und ein interessanter und engagierter Denker und Forscher.

Er wurde 1900 geboren, 44 Jahre nach Freud, 25 Jahre nach Jung und 9 Jahre vor meinem Vater. Dass er im Traum Freude an mir hat gefällt mir.

1. Mai 1980 (furchtbarer Heuschnupfen!)
Mitten in der Nacht erwacht und erst wieder eingeschlafen, nachdem ich mir eine Rede an die „Rapportgemeinde" im „Schlössli" ausgedacht hatte, in der ich über die Prozesspsychologie sprach, die dort nicht zur Kenntnis genommen wird und darüber, was sie zu bieten hätte.

Im Praktikum hatte ich absichtlich nicht viel von meiner Ausbildung gesprochen und gab nur Auskunft, wenn man mich fragte. Vielleicht hätte ich doch mehr tun sollen!

Als ich Arny später den Traum vom Zimmer 100 erzählte, lachte er herzlich, aber nicht nur.

Wir sprachen darüber, wie einen die Leute manchmal fatal „aufblasen", zu einem „Sehenden unter Blinden" machen, wenn man einfach normal ist. Man wird plötzlich bewundert und wird vielleicht sogar zum Vorbild. In einer solchen Situation braucht es oft eine Bereitschaft, wirklich zu wachsen und sich dafür Verbündete zu suchen - oder auch die Einsicht, es wie Charlie Chaplin zu machen und einen Schritt beiseite zu treten, wenn es noch nicht Zeit dafür ist.
Arny meinte auch, die Situation im „Schlössli" habe auf mich wohl ähnlich gewirkt wie früher die Situation mit meinem Vater: dadurch, dass sich niemand mit dem Unbewussten beschäftigte, musste ich umso mehr Druck aushalten und wurde gestoßen, zu viel auf mich zu nehmen.

Meine Stimmung am Sonntag: plötzlich sehr gereizt und wütend über die Sauordnung, die ewig streitenden Buben und dass ich daheimhocke und Franz an einem Theaterfestival Triumphe feiert. (9.6.1980)

1. Sitzung bei Arny in der Kontrollfall-Gruppe

Im WC lösche ich das Licht aus, statt zu spülen!

Diese Gruppe war für mich in den folgenden Jahren ein wichtiges Lernfeld.

Weil Arny damals noch nicht Lehranalytiker war, wurde der Kurs vom Jung-Institut nicht als Kontrollfall-Seminar akzeptiert. Das bedeutete, dass es dort eine ziemlich außergewöhnliche Mischung von Therapeuten verschiedenster Richtungen und von Menschen aus therapeutischen Berufen (z.B. auch Pfarrer, Ärztinnen, Körperarbeiter etc.) gab, also eine große Palette an Erfahrungen, von der alle Anwesenden profitierten.

Dass ich am Anfang im WC das Licht löschte, passte: ich musste meinen „klugen Kopf" abschalten und lernen, Menschen aus allen Bereichen zuzuhören, ohne sofort zu urteilen.
(20.6.1980)

In dieser Zeit fing ich auch an, selber mit Klientinnen und Klienten zu arbeiten, was mich einerseits sehr forderte, andererseits sehr glücklich machte.

Weil darunter auch Amerikanerinnen und Amerikaner waren und mein Englisch manchmal zu wünschen übrig ließ, verstand ich nicht alles und wollte auch nicht immer nachfragen. Das wurde zu einer guten Lehrzeit für mich, weil ich auf nonverbale Signale achten und die Arbeit von dort aus entwickeln musste.

Ich bin an der Seestraße. Dort, wo ich über die Straße will, gibt es keine Unterführung, weil nahe daneben eine ist. Ich denke: Aha, typisch, für die Fußgänger wird wieder einmal nichts getan! Da merke ich, dass es noch eine zweite Unterführung hat und denke zu meiner Verwunderung sofort: Typisch, diese reichen Küsnachter, die leisten sich alles - zwei Unterführungen so nahe beieinander!
(24.6.1980)

Oje - „diese reichen Küsnachter" haben bei mir im Moment keine Chance auf faire Behandlung!

Ein sehr eindrückliches Bild einer unterirdischen Anlage, in der alles genau nach einem kapitalistischen, ausnützerischen Plan verläuft: Rolltreppen, Untergeschosse,

Läden, alles ausgenutzt und übernutzt, Haltung wie unser Immobilienspekulant im Quartier.
(30.6.1980)

Ich wache auf unter dem Eindruck des Ganzen und habe noch ein Traummotto im Kopf: „das ist wie eine Kläranlage / für den Scheiß unter Tage".

Stromboli (19.7-9.8.1980)
Jeweils im Sommer war Arny in den USA und gab dort Seminare für seine amerikanischen Studierenden. Das war für mich einerseits gut, denn ich hatte mehr Zeit und war auf mich allein gestellt, andererseits fehlte er mir auch.

Meine Träume hörten nicht auf, sich mit Arny zu beschäftigen, zum Teil auf recht sonderliche Art:

> *Arny hat eine andere Brille (Hornbrille), die mir gar nicht gefällt. Ich sage ihm, die alte mit dem Goldrand sei viel schöner gewesen, aber davon will er nichts hören.*

Tatsächlich hatte Arny damals eine Brille mit Goldrand. Das Motiv, dass er sich während seiner Abwesenheit verändert, tauchte auch später öfter auf und ließ mich manchmal grübeln, ob es sich nicht um einen „falschen Arny" gehandelt habe.

In Stromboli hatte ich noch einen zweiten Arny-Traum:

> *Arny wird vom „Rat von Luzern" festgenommen oder bekommt eine Buße, weil er behauptet hat, es gebe Geister und Gespenster, (in einer Art Diskussion wie im Lucerna-Curatorium).*

Wer ist der „Rat von Luzern"? Ich nehme an, eine traditionell konservative, bürgerlich ordnungsliebende Instanz, die der Meinung ist, solche Ideen seien höchstens etwas für die Fasnacht. Offenbar gehört aber diese Instanz auch zur Schweiz, zum Jung-Institut und sogar zu mir?

Wieder in Oerlikon

> *Von einem Mädchen, einer jungen Schauspielerin. Sie singt sentimentale Schlager, ich mag sie. Ich betreue sie irgendwie.*
> *(19.8.1980)*

Diese Woche aufgeräumt und zu schreiben angefangen. Die Gefühle bekommen wieder mehr Platz, und damit kommt auch die Energie zurück, zu schreiben!

Freude, Arny zu sehen, der diesmal eine riesige Punching-Rolle aus USA mitbringt.
Wer war „Arny" im Traum mit der Hornbrille? Ein Betrüger?

Eröffnung des Gotthard-Autotunnels (5. September 1980)
In der Nacht nach der Fernseh-Übertragung der Eröffnung des Tunnels träume ich:

> *Ein großer tiefer Tunnel.*
> *Die Faszination, im Kontrollraum zu sitzen und durch die Schächte über die*
> *Monitore zu erfahren, was unten passiert.*
> *(6.9.1980)*

Ein Kontrollraum tauchte schon einmal im Zusammenhang mit der Mafia auf (5.6.1976), der Gotthard-Tunnel ebenfalls (6.2.1978).

Diesmal bin ich kein Opfer. Ich sitze im Kontrollraum und erlebe die Faszination, dort „zu erfahren, was unten passiert". Das Innere des Gotthardmassivs in diesem Traum ist etwas völlig anderes als damals. Es ist ein mächtiges Stück Natur, dessen Ganzes sich den Beobachtern im Kontrollraum entzieht. Durch die Schächte sieht man nur einen winzigen Teil des Berginneren, der durch den Tunnelbau erschlossen worden ist.

Was für ein gewaltiges Bild: die Menschen in diesem „Kontrollraum" als Repräsentanten des faszinierten Bewusstseins, welches mit dem Unbewussten konfrontiert ist und versucht „zu erfahren, was unten passiert".

Der Rollenwechsel, dass ich jetzt selbst eine Analytikerin, „eine Agentin des Unbewussten" wurde, hatte seine Tücken. Vor allem meine Begeisterung für Träume konnte mich anfangs manchmal dazu verführen, meinen KlientInnen die Träume geradezu „wegzureißen" und zu erklären, ohne ihnen eine Chance zu geben, sich auf ihre eigene Weise mit ihrem Traum und seinen Bildern auseinanderzusetzen.

> *Träume, wie ich mich in die Angelegenheiten meiner beiden Analysanden A und B*
> *verwickle.*
> *(18.9.1980)*

Solche Anfängerfehler bemerkte ich zum Glück meistens selbst, sonst wurden sie spätestens in der Supervision klar!

Natürlich dachte ich damals viel über meine berufliche Zukunft nach: Wo meine Praxis sein sollte, wie ich zu meinen KlientInnen kommen würde, was ich noch lernen müsste und wollte. Da träumte ich einen Traum, der mir half, das Ganze lockerer anzugehen:

Plötzlich die befreiende Gewissheit: Aha - natürlich - jetzt weiß ich, wie meine Praxis werden soll: wie eine Beiz in der Stadt.
(24.9.1980)

Irgendwo in der Uni. In einem Nebenzimmer höre ich, wie ein Freund (Vorname Urs) in der Apotheke eine ganz starke Medizin holt. Der Apotheker ist erstaunt und sagt: „Aber es wäre gut, wenn Ihr Therapeut wüsste, dass Sie ein so starkes Medikament nehmen."
(25.9.1980)

Franz schenkte mir damals, um mir eine Freude zu machen, ein Abo für die Fahrt nach Herrliberg. Aber ich war gar nicht sicher, ob ich es brauchen würde. Ich hatte auf einmal das Gefühl, vielleicht sei meine Analyse beendet, mir war plötzlich alles auf eine Art zuwider.

In der nächsten Analysestunde sagte Arny zu mir: „Heute müssen wir über deinen Animus reden."

Waaas? - über meinen Animus? - ausgerechnet mit Arny?

Die subtile und manchmal auch nicht sehr subtile Art, wie in der Jung'schen Psychologie das Denken bei den Frauen und auch kritische Bemerkungen von ihrer Seite manchmal als minderwertig, weil „animusbesessen" (also in einem Komplex befangen) abgewertet wurden, war für mich schon immer schwer erträglich gewesen.

Und jetzt das!

Ich kann mich an die Details unserer Auseinandersetzung nicht mehr erinnern, es ging aber ziemlich happig zu. Am Schluss standen wir uns wie zwei Kampfhähne gegenüber!

Schließlich fragte mich Arny, der auch nicht mehr weiterwusste, ob ich etwas geträumt habe.

Der Traum vom „starken Medikament" kam mir in den Sinn und erwies sich als Schlüssel zu dieser Situation: der Apotheker im Traum war ja der Meinung, es wäre gut, wenn der Therapeut von Urs (männliche Form von Ursula!) wüsste, dass Urs ein so starkes Medikament nimmt.

Durch diesen Traum konnte Arny meine Situation verstehen - und das erlöste mich augenblicklich aus meiner Blockierung. Denn das „starke Medikament" und die Empfehlung des Apothekers wiesen darauf hin, dass ich hier Hilfe brauchte und nicht Konfrontation.

Jetzt konnte ich loslassen und anfangen, auch selbst zu merken, was geschehen war und worum es sich beim „starken Medikament" handelte.

Dadurch, dass ich mit einem immer erregteren „Gegner" konfrontiert war, der mir am Schluss sogar Unmenschlichkeit vorwarf, wurde ich in ein altes, existenziell bedrohendes Muster zurückgeworfen, das mir nur die Wahl ließ, entweder zu erstarren oder zu kämpfen.

Dazu kam eine immer noch vorhandene alte Vaterwunde („ich werde dich nur unter gewissen Bedingungen lieben"), welche mich erst recht dazu zwang, mich radikal für mein Lebensrecht zu wehren als die, die ich eben bin.

Uff! - das war einer der schwierigsten Momente in unserer Beziehung.

Ich konnte das Abonnement nach Herrliberg jetzt doch wieder brauchen.

*Von einem großen Zwetschgenbaum mit überreifen Zwetschgen: es wäre höchste
Zeit, sie zu ernten, sie bekommen außen schon weiße Tüpfli vor Überreife.*
(17.10.1980)

Die Ernte ist reif. Das stimmt gefühlsmäßig, auch wenn ich nicht genau weiß, welche Ernte.

*In einem großen Hochhaus (eine Art Schulungszentrum): im Lift erkenne ich, dass
man zuerst mit einem beliebigen Ziel ein Stück hochkommen muss, um dann gezielt
oben dorthin zu gelangen, wo man will.*
(21.10.1980)

Dazu kommt mir mein Studium in den Sinn: zuerst einmal den Mut haben, einfach einzusteigen und dann das gewünschte Ziel anpeilen!

Es geht auch darum, wie ich das, was offenbar reif ist, am besten erreichen kann.

*Ich habe einen wunderschönen, schimmernden, riesigen Tiger. Er ist auch herrlich
zum Berühren und natürlich, das wird einem klar, wenn man ihn anschaut,
unglaublich stark.*
*Ich werde mir dessen so richtig bewusst, ich rufe ihm etwas zu, um abzuschätzen,
wie viel Kontakt ich mit ihm eigentlich aufnehmen kann. Und ich denke: Das ist ja
verrückt - dieser Tiger ist soo stark - wenn ich ihn jemandem anderem zum Hüten
gäbe (z.B. in den Ferien), müsste ich dieser Person eine Pistole dazu geben!*
(23.10.1980)

Offensichtlich habe ich im Moment eine ganz besondere Energie und innere Kraft. „Ferien" von diesem Tiger liegen nicht drin! Er ist ein herrliches, wunderbares Tier, aber auch unberechenbar und nicht ungefährlich. Ich muss ihn bei mir behalten und mit ihm leben, im Moment kann ich ihn niemand anderem zum Hüten übergeben!

*Irgendein Institut oder eine Schauspielschule. Man soll bewertet werden.
Die Leiterin sagt, eine Weile habe mein Betragen, meine Art, einen sehr
ungünstigen Eindruck auf sie gemacht, sie sei zutiefst besorgt gewesen wegen mir*

*(ob ich schizophren sei oder so). Da bin ich sehr betroffen, dass man mein Betragen
so ansieht? Immer noch so?*
*Ich sage zu ihr: „Meine Einstellung zum Psychischen ist nicht mehr so! Ich
beurteile nicht mehr nach Maßstäben wie gesund oder nicht gesund, sondern
für mich ist alles im Übergang begriffen. Natürlich gibt es bei mir „schizoide
Züge", aber das gehört zu mir und ist wichtig für meine Arbeit. Die wertende und
verdammende Art, das zu beurteilen, gehört nicht mehr zu mir."*
Damit habe ich mich in diesem Kreis durchsetzen können.
(9.11.1980)

„Schizoid" war ein Lieblingswort meines Vaters für Frauen, die ihm nicht passten.
Tatsächlich leitet dieser Traum eine Veränderung ein, für die es jetzt offenbar Zeit ist:

Ich träume, dass ich meinen Beruf als Krankenschwester aufgegeben habe.
(11.11.1980)

Eine Art Operation: Die Knochen werden mir herausgesägt und neue hineingetan.
(13.11.1980)

Am 20.11. nach einem spannenden I-Ging-Seminar im Jung-Institut spüre ich noch
einmal stark, wie wichtig und richtig der Weg ist, den ich eingeschlagen habe.

Nach einer Vorlesung und einem „offiziellen" Kontrollfallseminar am Jung-Institut
habe ich schreckliches Kopfweh, muss sogar erbrechen, mein Körper spielt verrückt. Ich muss mit mir selber arbeiten und entdecke eine Instanz, die ich „Frau
Dr. Psychiater" nenne. Sie ist ein Teil von mir und hat sehr wertende und katego-
risierende Vorstellungen. Ich muss sie ernst nehmen und mit ihr reden, sie gehört
auch dazu, ich brauche ihre Mitarbeit für meine beruflichen Ziele, aber nicht ihre
Sabotage. Wir müssen uns beide entwickeln und weiterbilden.

*Im Himalaya (Tibet oder Nepal). Herrliche eindrückliche Natur (ein Bergtal) - alles
rein und wunderbar.*
*Ich spüre: hier ist ein Zugang zum Numinosen. Von hier müsste man in die Berge
hinaufsteigen.*
*Ich bin hier aus Liebe zu Frau Baumgardt (einer Analytikerin am Institut). Ich weiß
im Traum von ihr, dass es ihr Mythos ist, diese Berge zu besteigen. Sie lebt so oft wie
möglich hier.*
*Ich gehe nach einigen Tagen wieder zurück: irgendwie scheue ich die Anstrengung,
mit der körperlich außerordentlich durchtrainierten Frau Baumgart die Berge zu
besteigen, komme ihr nicht nach. Ich überlege, dass das für mich sehr streng wäre.*
(20.12.1980)

Der Traum verblüfft mich. Was läuft da im Himalaya? Was bedeutet es für meine Beziehung zu Frau Baumgardt? Ich habe einige gestalterische Kurse bei ihr besucht, ihre Art und ihre Ideen haben mir gefallen. Ich sollte ja im Institut einen Teil meiner Lehranalyse bei einer Frau machen. Vielleicht sollte ich sie fragen?

> *Eine Reithalle.*
> *Ich bin gespannt, was ich wohl für ein Pferd bekomme: einerseits möchte ich ein gutes - anderseits habe ich Angst vor einem allzu wilden.*
> *(22.12.1980)*

Der Traum passt zum Himalaya-Traum, in dem ich mich ebenfalls mit der Begrenztheit meiner Kräfte auseinandersetzen musste.

Am folgenden Tag treffe ich im Institut Frau Baumgardt und erzähle ihr den Traum, frage sie, ob ich einmal eine Stunde bei ihr nehmen könnte, um zu merken, ob ich mit ihr arbeiten sollte?

Sie kann Tibetisch und hat ihre ethnologischen Forschungen im Himalaya gemacht!

Davon wusste ich nichts.

Ich habe mich dann dazu entschlossen, einen Teil der Analyse bei Ursula Baumgardt zu machen.

> *Unter anderem stehe ich mit jemandem vor dem riesigen unteren Eingangstor des Hauses meiner Kindheit.*
> *Ich sage: „Hier habe ich meine Kindheit verbracht."*
> *Ich sehe, dass das Tor einen Spalt breit offen ist, wir können aber nicht hinein.*
> *(26.12.1980)*

Diesen Traum habe ich in Olten geträumt. Die Zeit um Weihnachten bringt auch Familienthemen wieder hoch. Aber offenbar sind gewisse Teile meiner Geschichte immer noch nicht zugänglich.

> *Jemand entfaltet eine große Rolle: Darauf ist eine Sternenkarte und zugleich ein Bild eines großen Tieres aus Stein (Foto)*
> *(30.12.1980)*

Ich bin astrologisch ein Steinbock, mein Schicksal entfaltet sich hier auch in seinen astrologisch-archetypischen Dimensionen.

Dieser Traum hatte eine starke Ausstrahlung.

Ein schöner, bewegender Jahresabschluss.

1981

Arny-Seminar in Château-d'Oex / Fleck als neues Familienmitglied / Eine Stunde bei Marie-Louise von Franz

Träume:
Riesenkröte und Rieseneidechse im Mondschein über New York / Die elektrischen Sicherungen im Haus meines Großvaters / Decken-Einsturz im Jung-Institut / Geburtstagsgeschenk Schweinchen? / „Aus dem Körper gehen" / „Gumpesel" / Katja Mann über weibliche Pflichten / „Ferienkind"-Sehnsüchte / „Die Hexe" töten? / Der Hund Jango / Das winzige Mädchen im Hundekörbchen / Läuse / Die neue Nachbarin / Die schiessverrückte Gemeinde des Heiligen / Tanzen mit einem Schwarzen / „Das ist zwar historisch, aber das interessiert kein Schwein" / Jetzt habe ich auch eine Leidenschaft!

Der 2.1.1981 ist mein 38. Geburtstag.

Dieses Jahr im März werden wir drei Jahre in Oerlikon sein, unsere Söhne werden zehn und sieben Jahre alt und kommen im Frühling in die vierte und in die erste Klasse.

Im Mai / Juni werde ich die letzten propädeutischen Prüfungen am Jung-Institut machen.

Daneben arbeite ich in meinem Praxiszimmer zuhause mit einigen KlientInnen und schreibe Sendungen für das Kinderfernsehen („Schpilhuus").

Mein Mann ist unterwegs mit einem Kabarettprogramm, macht am TV die Sendung „Denkpause" und mit René Quellet die Kindersendungen „Franz und René", schreibt und experimentiert.

Es ist immer noch eine dichte und strenge Zeit. Leider will meine Mutter, der ich die Kinder vorher nach Zollikon bringen konnte, nicht nach Oerlikon kommen, wenn ich nicht zuhause bin. Wir mussten andere Lösungen suchen, die aber „genügend gut" funktionierten (ein Winnicott-Zitat, das hier besonders gut passt, weil es um Kinderbetreuung geht).

Ein Riesenauditorium (eine römische Stufenarena).
Eine bekannte Analytikerin, welche den gleichen Jahrgang hat wie ich, sollte einen Vortrag halten. Der Anfang wird diskutiert. Dann entsteht plötzlich eine Bewegung, alle strömen nach vorne zum Meeresufer.
Dort ist es dunkler, alle fangen an, Kleider auszuziehen - ich bin plötzlich neben der Referentin und geniere mich etwas, weil ich keinen BH und ein recht gewöhnliches

Das habe ich sofort als Eifersuchts- und Rivalitätstraum verstanden: eine ganze römische Stufenarena voller ZuhörerInnen - WOW!

Meine Jahrgangs-Schwester hat schon viel erreicht, was für mich noch in weiter Ferne liegt, und sie ist eine lebhafte, humorvolle, gewinnende Frau.

Die „Persona", das heißt die Bekanntheit durch die Bücher und die Titel der Referentin, hat sicher dazu beigetragen, dass die Arena sich gefüllt hat.

Doch dann kommt das Meer ins Spiel, die Kleider werden ausgezogen, und die Menschen beginnen Hand in Hand herumzuschweifen. Da fühle auch ich mich freier und lasse mich nicht mehr so beeindrucken von den „Autoritäten aus Amerika".

Ich habe mich damals sehr über diesen Traum amüsiert und fand ihn hilfreich: Eifersucht ist immer auch eine Hilfe, die eigenen geheimsten Hoffnungen und Wünsche zu erkennen!

Nach dem Fest am Samstagabend:

Tanz mit einem alten Freund - er ist ein „Gstabi" - das Gefühl, ihn zu lockern - dass man sich so lange kennt und nie berührt.

Das Bedürfnis, Menschen zu „berühren" - konkret und im übertragenen Sinn -, hat schon immer zu mir gehört, und ich bin froh, dass ich mit einem Lehrer lernen kann, der den Körper ernst nimmt und viel über diese Fragen nachdenkt und forscht.

*Doch etwas später kommt mir plötzlich in den Sinn, dass diese Riesentiere auch eine
Bedrohung sein könnten. Ich gehe nachsehen - offenbar ist es unterdessen wieder Tag
- und sehe gerade, wie die Echse hinten die Stufen heraufkommt.
In höchster Panik rase ich zurück, nehme alle an der Hand und zerre sie die Treppe
hinunter, um zu fliehen.
Während wir so in höchster Bedrohung die Treppe hinunterrasen, denke ich, dass
das Haus ja riesig ist und die Echse uns vermutlich nicht findet, eventuell nicht
einmal nachkommt.
(21.1.1981)*

Wo diese Riesenviecher wohl herkommen?

Der Traum fängt an mit unsorgfältig entsorgten Abfällen. Wenn ich meine Agenda
aus dieser Zeit anschaue, wird mir fast schwindlig, weil damals so viel los war.

Auf mich selbst und meine Umgebung bezogen gab es in jener Zeit im Alltag
und im weiteren Umfeld sicher viele Bereiche, wo wir Dinge nicht sorgsam „entsor-
gen" konnten: kleine Unstimmigkeiten, Gefühle, Überforderungen in der Familie,
im Beruf, im Leben.

Ist aus diesem nicht aufgegriffenen „Überforderungsmüll" plötzlich etwas entstanden und hat übermächtige Dimensionen angenommen?

Es gibt zum Traum aber noch eine andere Dimension: die beiden Silhouetten im
Mondschein schauen auf die Stadt New York - das weist auch auf einen kollektiven
Aspekt hin. Was könnte es bedeuten, dass diese überdimensionierten Kaltblüter aus
einer anderen Zeit im Mondschein auf die Menschenstadt New York blicken?

Welche Form von Bewusstsein sitzt in der Nacht da oben und schaut?

Beim Auftauchen solcher archetypischen Wesen aus einer anderen Welt in meinen Träumen herrscht immer eine besondere Stimmung: eine Art Realitätsschock,
ein Gepacktwerden von einer Intensität, von etwas, das zwischen Faszination, ja
Begeisterung, und dem erschreckten Wissen um eine Gefahr pendelt. Da ist es jeweils wichtig, dass ich mich verbinden kann mit den Kräften, die ich brauche, um
diesen Erschütterungen standzuhalten.
Dazu kommt mir der folgende Traum als Ermutigung in den Sinn:

*Ich sehe irgendwo Arny an einem Obst- und Gemüsestand und berühre ihn schnell
ein bisschen. (Sehr gutes und zuversichtliches Erwachen)
(28.1.1981)*

*Traumteil: Im Haus meines Großvaters väterlicherseits. Ich fühle mich recht hilflos,
vor allem auch wegen des veralteten elektrischen Systems. Um das Licht zu löschen,
muss man offenbar die Sicherung herausnehmen.
(30.1.1981)*

86

Im Haus des Großvaters, im Elternhaus meines Vaters, muss ich mich mit den Sicherungen beschäftigen, da scheint einiges „veraltet" und sogar gefährlich zu sein!

Als ich ein Kind war, kam mir die Welt dort so fremd vor, dass ich sogar zu den Hunden keine Beziehung aufnehmen konnte, obschon ich Hunde sonst liebe.

Heute gibt es dieses Haus längst nicht mehr, aber diese Welt beschäftigt mich immer noch mehr, als mir lieb ist, denn sie hat meinen Vater geprägt und vieles war dort nicht in Ordnung.

> *Offenbar ist die Decke des Jung-Instituts - des Festsaals oder des Kellersaals - eingestürzt.*
> *Unter den Trümmern versuche ich allfällige Überlebende zu retten. Besonders in Erinnerung bleibt mir ein großer Tisch, es ist der „Arbeitszimmertisch" aus dem Haushalt meiner Eltern, der jetzt bei Franz steht.*
> *Alles ist mit Gesteinsbrocken und Staub übersät, nur noch die nackten Strukturen sind übrig: Kronleuchter, Stuck, Reliefs und Verzierungen, alles ist abgefallen.*
> *(5.2.1981)*

Die „Persona" kracht zusammen, das Wesentliche bleibt: der Tisch, unter dem ich als Kind saß und mit meinem Bruder spielte.

Am Abend vor diesem Traum gab es eine Versammlung der Studentenschaft am Jung-Institut, weil wieder neue Geldforderungen vom Institut kamen, ohne dass wir Einblick in die Buchhaltung nehmen konnten. Ich gehörte zu denen, die wenigstens eine Aufstellung der Einnahmen und Ausgaben verlangten, doch die Mehrzahl unserer Mitstudierenden hatte keine Energie für dieses Anliegen und sah auch die symbolische Bedeutsamkeit des Umgangs mit dem Geld nicht ein.

> *Auf einem Markt besteht die Möglichkeit, junge Schweine zu kaufen.*
> *Eines wird mir besonders angepriesen: es hat krause beige-weiße Löckchen und sieht wie ein Lämmchen aus.*
> *Ich denke aber, dass ich ja für Lukas gerade ein Schweinchen brauchen würde, das wie ein Schwein aussieht.*
> *Es hat noch ein ganz liebenswürdiges und gewinnendes Schweinchen, weiß mit schwarzen Flecken. Es ist ganz warm und zart. Dieses wäre für Lukas ideal, und ich habe es auch sehr gern. Ich frage, wie groß dieses denn werden würde, und muss resignieren: etwa eineinhalb Meter, eine ganze Armspanne.*
> *Das geht jetzt leider wirklich nicht, so eine Riesensau können wir uns nicht halten. Wie lange ginge es denn, bis sie so groß wäre? Offenbar ein halbes Jahr. Ich überlege, dass man sie ja nachher einem Bauern geben könnte, aber das wäre auch hart. (Ich glaube, dass es ein männliches Schwein war!)*
> *(25.2.1981)*

Lukas wird in ein paar Tagen zehn Jahre alt und offenbar habe ich vor dem Einschlafen über ein Geschenk für ihn nachgedacht. Auch er wird wachsen und sich verändern, das Thema ist also auch bei unseren Buben aktuell. Wie werden wir mit ihrer Entwicklung, den Veränderungen in Pubertät und Adoleszenz umgehen können? Dort können wir nicht wählen, „einem Bauern" können wir sie auch nicht geben, wenn sie uns über den Kopf wachsen.

„Seit langem wieder einmal Panikgefühle: darf ich wirklich schlafen? Was, wenn ich nicht mehr erwache? Ich erwache mehrmals davon, dass ich aus dem Bett springe und Hände und Beine schüttle, um mich zu vergewissern, dass sie nicht gelähmt sind."
(28.2.1981)

Am Abend in meinem Zimmer: Langsam spüre ich immer mehr, was „der neue Raum des Bauern" für mich bedeutet! Ein spiritueller Ort - jeden Tag ein bisschen dort sein!

Ich gehe mit anderen (Kollegen? Franz?) langsam ins Meer hinaus, es ist dort seicht, draußen Pastellfarben, sehr fein und vermischt. Es ist jemand dabei, der aufpassen muss, aber ich bin ja jung und fit.
Plötzlich wird mir klar, dass das Hinausgehen auch für mich gefährlich ist: ich könnte sterben.
Durch dieses Gefühl dazu bewogen, beschließe ich, vorläufig auf das ganze Hinausgehen und Schwimmen zu verzichten. (Sicher ist es nicht, dass es gefährlich ist: wegen dem Herzen? Das Herz würde stillstehen - Herzprobleme in den letzten Tagen).
(10.3.1981)

Bedrohliches ereignet sich. Ich merke, dass ich nichts anderes tun kann, als diese eigenartigen „Streifungen" ernst nehmen und meinen Impulsen folgen - mit möglichst viel Achtsamkeit und Bewusstheit. Auf das vertrauen, was abläuft, aber auch auf mich aufpassen, mich schützen durch Begrenzung. Zum Beispiel, wenn ich mich in etwas vertiefe oder an mir selber arbeite, nicht vergessen, den Wecker zu stellen.

Eine Art Schwimmtest. Man sollte ins Wasser springen - mir ist es unangenehm. Als ich drankomme, gibt mir ein Kollege einen Schubs, und ich fliege weit ins Bassin, sogar noch unter einer Brücke hindurch. Ich überlege, ob ich den Kopf einziehen muss, es scheint aber gut zu gehen.
Plötzlich denke ich: „jetzt habe ich es ja gemacht, jetzt fliege ich und bin außerhalb des Körpers und sehe alles von oben".
(15.3.1981)

Dieses Erlebnis, außerhalb des Körpers zu sein, kenne ich seit meiner Kindheit, als mich jemand ins Wasser stieß und ich noch nicht schwimmen konnte. Später hatte ich es mindestens noch einmal als junges Mädchen bei einem Sturz am Gardasee. Beide Male war ich nicht mehr in meinem Körper und sah alles von oben. In den Träumen scheint es eine Sehnsucht nach diesem Zustand zu geben, die nicht ungefährlich ist.

Von einem Hund, den ich endlich einmal füttern muss: es wundert mich, dass er noch nicht eingegangen ist.
(8.3.1981)

Ja, mein Hund.

Ungefähr seit der Geburt der Kinder habe ich Heuschnupfen, was für mich immer wieder ein Anlass war, damit zu arbeiten. In diesem Jahr passte das Symptom prächtig zum Teil, der ausflippen will: ich genoss es, mich zu bewegen und den Handstand zu machen.

In der Analyse arbeitete ich in dieser Zeit mit Arny an meinem Kopfweh und an meiner Fantasie einer „Trepanation" (alte Heilmethode durch Öffnen des Schädels).
Beim Experiment, mir diese „Operation" ganz genau vorzustellen, entdeckte ich zu meinem Erstaunen und gegen meine Erwartung, dass nicht etwas Aggressives und Destruktives aus dem Schädel herausquoll, sondern ein „Gumpesel", etwas wie „Purzeln und Chabis-machen-Wollen."
Ähnliche Erfahrungen habe ich bei der Arbeit mit solchen Fantasien oft gemacht: wenn ich wirklich damit arbeitete, kam schließlich gar nicht das heraus, was ich erwartet hatte.

Ich bin mit Arny und anderen irgendwo unterwegs in Surinam, gleichzeitig ist es ein dunkler Garten eines großen Hauses, in dem eine Art Fest stattfindet.

Arny fragt mich, ob ich jetzt Marie-Louise von Franz geschrieben oder telefoniert habe, ich verneine. Mein Grund: ich habe Angst, sie merke nicht, wer ich bin. Da anerbietet er sich, mit ihr zu reden und sich für mich einzusetzen. Das erstaunt mich sehr. Er sagt mir, wie er mich schätze und liebe.
Später kommen wir dann aber auf die Bezahlung zu sprechen, und ich betone, wie prompt ich im Allgemeinen bezahle (ich glaube, ich erwähne sogar den Stundentarif), aber da ist Arny gar nicht einverstanden, dass ich mich als „gute Zahlerin" hinstelle: Er ist plötzlich recht grimmig und abweisend.
(21.3.1981)

Arny bietet mir an, sich bei von Franz für mich einsetzen, doch dann wird er grimmig und abweisend, als ich mich als „gute Zahlerin" bezeichne.

Später habe ich noch einmal über seine Reaktion im Bezug auf die „gute Zahlerin" nachgedacht: die eigentliche Bezahlung ist ja nicht das Geld (obschon es für mich manchmal schwierig war, es auszugeben), sondern die Bereitschaft, sich auf das einzulassen, was gerade zum Thema wird - da konnte ich schon manchmal blockiert und bockig sein.

> *Ich stehe auf der Waage und sehe, dass mein Gewicht genau richtig ist.*
> *Ich freue mich sehr, wie einfach es plötzlich ist, das Gewicht zu haben, das mir passt.*
> *(28.3.1981)*

(Ganz tief geschlafen, bis mir Lukas entsetzt mitteilt, es sei schon halb 9 Uhr!)
Nur noch Bruchstücke erinnert:

> *Katja Mann ermahnt mich und andere Frauen, wir sollten doch mehr Schmuck*
> *tragen (offensichtlich Gold und Edelsteine, zum Beispiel Ketten und Armbänder).*
> *Wir sind zuerst ganz verdattert - ich denke, dass sie irgendwie recht hat, aber*
> *irgendwie auch nicht.*
> *Ich sage: wenn es nicht zu spät ist, möchte ich noch etwas sagen aus meiner Sicht:*
> *für mich schränkt nämlich das Tragen von Schmuck die Freiheit ein - ich finde, es*
> *sind goldene Fesseln, die mich einschränken.*
> *Für mich völlig unerwartet werde ich von den Anwesenden sehr unterstützt,*
> *offenbar steht sogar zur Diskussion, einen Teil der Räumlichkeiten als Praxis zu*
> *behalten.*
> *(30.3.1981)*

Katja Mann war die Frau von Thomas Mann. Sie führte ein großes Haus, auch im Exil wahrte sie immer eine angemessene großbürgerliche Lebensführung und achtete auf einen geordneten Haushalt. Es kommt mir vor, wie wenn sie aus der Welt meiner Vorfahrinnen auftauchen würde, um mich „und andere Frauen" zu ermahnen, auf unseren Rang als Frauen bedeutender Männer zu achten und diesen auch genügend zu repräsentieren.

Sie verkörpert hier „die Gattin", welche Repräsentationspflichten hat und „die Jungen" daran erinnert. Dass diese Pflichten auch zu Fesseln werden können, konnte ich zum Glück sagen, und es wurde sogar diskutiert, ob man einen Teil der Wohnung als Praxis brauchen könnte.

Die Frauenrolle hat sich geändert. Frauen dürfen und sollen sich schmücken, aber Platz für eine „Praxis" braucht es auch!

Seminar in Château d'Oex (5.-9. April 1981)

Diesmal bin ich entspannter, kann mich auf mehr einlassen, aber immer noch geht mir in der ersten Nacht das Lied „Le Déserteur" von Boris Vian nicht aus dem Kopf!

In diesem Seminar lernen wir Studierenden einander noch besser kennen und werden so richtig zu einer Gruppe. Es werden Bande geknüpft, die für mich und uns alle wichtig sein werden. Natürlich sind wir uns nicht immer einig und diskutieren und streiten manchmal, aber wir haben es auch gut miteinander und wissen, dass wir zusammen mit Arny eine einmalige Chance haben, unsere Persönlichkeit und unsere beruflichen Perspektiven und Potenziale zu entwickeln.

Arnys Bruder Carl Mindell ist als Teilnehmer des Seminars aus New York in die Schweiz gekommen. Er gefällt mir, ich habe sofort Vertrauen in ihn.

Auf der Heimreise im Zug schließe ich ein „kreatives Bündnis" mit meiner Kollegin Elisabeth Schlumpf: Wir versprechen einander, nicht lockerzulassen, und uns gegenseitig immer wieder nach dem Stand unserer kreativen Projekte zu fragen.

April/Mai 1981

Ich muss noch einmal einen bewussten Anlauf nehmen zu meinem spirituellen Leben, um mit dem Druck von „dort" besser umgehen zu können:

Ich schlafe jetzt wenn immer möglich zwei- bis dreimal pro Woche in meinem Zimmer im oberen Stock. Das bewährt sich, ich bin ja immer noch im Haus „für alle Fälle" und doch bei mir.

Im Mai muss ich meine Studienkomitee-Mitglieder besuchen, im Juni/Juli werde ich die letzten Phase-I-Prüfungen machen. Es ist wieder einmal eine Zeit, in der ich sehr auf mich aufpassen und auch von meiner Umgebung manchmal „Bemutterung" einfordern muss.

> *Einmal bekomme ich einen Hund - es ist aber ein alter, zudem noch ungeimpfter Schäferrüde (sein Fell wird teilweise schon weißlich). Ich frage mich, ob ich mich darüber freuen soll.*
> *(16.5.1981)*

Für mehr reicht es offenbar im Moment nicht - aber die Sehnsucht nach einem Hund bleibt!

Etwas geradezu Satirisches zum Thema meiner Diplomarbeit „Symbolik der Waschküche":

> *Von einer Waschküche einer riesigen Blocksiedlung.*

*Es hat eine Tafel, in Bronze oder ähnlich, auf der steht: „Hier darf über Nacht
nicht gewaschen werden, nur tagsüber, wenn keine Musik ertönt, und es also die
Hauswartin nicht stört."
(Die Hauswartin macht offenbar in der mittleren Waschküche Heimarbeit und hört
Musik dazu. Dahinter scheint es noch endlos weitere Waschküchen zu geben).
(16.5.1981)*

Die Frage nach den Waschküchenordnungen und der Macht der HauswartInnen
und den Konflikten um die Waschküche gehört natürlich zu meinem Thema!

*Wir sind bei unseren Freunden in der Ostschweiz.
Wenn wir den letzten Zug noch erwischen wollen - und das sollten wir, denn wir
müssen morgen wieder arbeiten - müssen wir uns beeilen.
Ich komme aber mit den Schuhen nicht so recht vorwärts: einmal beschließe ich,
einige Paare übereinander anzuziehen und Franz' Sandalen zuoberst, aber dann
kommt mir in den Sinn, dass er sie ja selber braucht. Dann will ich meine beigen
Naturstiefel anziehen, aber es hat zwei linke, was mir vollkommen unmöglich
erscheint. Ich überprüfe es immer wieder, aber es ist so!
Die Lösung wäre wohl, die schwarzen Stiefel anzuziehen - aber wo sind sie?
(17.5.1981)*

Das war wohl ein Sehnsuchtstraum: Bei diesen Freunden fühlte ich mich immer
geborgen. Meine Freundin ist, obschon sie ebenfalls berufstätig ist, eine „richtige"
Hausfrau, mit aufgeräumten Schränken mit tipptopp geordneten und wohlriechen-
den Wäschestapeln, in deren Küche es immer köstlich duftet. Wie schön wäre es,
einfach als „Ferienkind" dort zu bleiben statt zurückzufahren zu den Prüfungen
und allem anderen.

*Wir gehen weg von einem italienischen Badeort am Meer, in dem wir rund
zwei Jahre gelebt haben. Wir sind zum letzten Mal am Strand und sehen unsere
Nachfolger. Es ist ein mittelmäßiger junger Schriftsteller mit Frau und Kind.
Ich möchte gern noch einmal alles aufsuchen und Abschied nehmen, aber ich bin
bereits tränenüberströmt, und Franz zieht mich weg: er ist sicher, dass es am besten
ist, sofort ganz wegzugehen und nicht noch lange Abschied zu nehmen. Auf dem
Weg nach oben in die Stadt bin ich immer noch fassungslos über die Gefühle, die
mich durchfluten. Ich denke: es hätte ja gar keinen Sinn, hierher zurückzukommen
- nur die paar Menschen, die ich hier kenne, bedeuten etwas: ich kann mir ja nicht
einmal den Namen der Stadt merken.
(21.5.1981)*

Ein sehr emotionaler Traum. Als ich aufwache, fühle ich ihn noch im Körper: Anscheinend muss ich wieder zu mir selber kommen, einen „Stau", lösen, der unter dem äußeren und inneren Druck entstanden ist.

Obschon der zweite Teil der Prüfungen noch nicht unmittelbar bevorsteht, erinnert mich der Traum an die Situation vor dem ersten Teil der Prüfungen. Diesmal ist es kein Film, aber die Erinnerung an eine Idylle in „Italien und am Meer", die es in Wirklichkeit gar nie gab.

Diese „Erinnerung" verbindet mich wieder mit meinem emotionalen Leben und die Tränen fließen. „Franz" (der Teil, der mit Gefühlen umgehen kann) zieht mich weg und hilft mir, mich wieder zu fassen und das Erlebte zu ordnen.

Heute denke ich bei diesem Traum auch daran, dass wir bald vierzig Jahre alt sein werden und beide Söhne jetzt Primarschüler sind: es geht tatsächlich ein Lebensabschnitt zu Ende!

Analysestunde vom 21.5.1981

Mir geht der Spiritual „Lay down your burden - down by the riverside, down by the riverside - for Jesus Christ is born" durch den Kopf: das Selbst ist wieder geboren - die Verbindung zum Selbst, zum Größeren, zum Spirituellen ist wieder da, und alles, was zu viel ist, kann „am Ufer des Flusses" zurückgelassen werden.

Arny und ich gehen (wie schon im Juni 1979) über die Straße an den See, und sehr schnell wird mir klar, dass ich ins Wasser gehen will und dort einige Züge schwimmen.

Arny gibt mir seine braune Jacke für den Heimweg, damit ich nicht zu sehr friere. Ob das wohl ein Selbstfindungsritual wird? Wäre ein bisschen anstrengend.

> *Irgendwo sind wir dabei, einen langen Saal zu putzen - auch werden Sachen für den Transport verpackt.*
> *Auf einmal sind in dem Saal recht viele Leute - unter anderem offenbar vom Jung-Institut oder von der Universität.*
> *Da sagt einer der Männer, die dort sitzen und trinken, zu mir: „Jetzt sitz einmal ab und komm endlich ein wenig zu mir!" und bietet mir etwas zu trinken an. Er ist eher unscheinbar, sein Name ist Georg. Als ich zu ihm komme, umarmt er mich, und ich bin berührt und erschüttert davon, wie er mich liebt: Er zittert am ganzen Körper vor Freude und Liebe - auch vor Aufregung, vor Glück, mich endlich in den Armen zu halten. Es ist für mich ein zutiefst körperlicher Vorgang (etwa wie ein plötzlicher Hautausschlag der letzten Tage).*
> *(22.5.1981)*

Als ich erwache, ist es immer noch in mir - fast wie ich mir einen Schlaganfall vorstelle - unglaublich stark. Ich schreibe dazu: „Er lebt nur, um mich zu lieben und das reicht! Dem ist es ganz ernst, der ist ganz eins mit seinem Körper, sein Lebensinhalt ist die Liebe zu mir."

Das ist „starker Tubak"! Bei diesem Traum verstehe ich, was gemeint ist mit „der Traum ist eine Kompensation": Offenbar muss meine Selbstliebe immer wieder lange warten, bis ich sie endlich einmal fühle und ernst nehme.

Warum diese innere Figur wohl Georg heißt? Vielleicht, weil es der Drachentöter Georg war, der das Königreich davon befreite, dass man dem Drachen jedes Jahr eine junge Frau opfern musste?

Im Morgengrauen höre ich einen wunderbaren Vogelgesang: ist es eine Nachtigall? Da sehe ich wie zwei Brüder vor einer Wand durchgehen. Einer davon ist eine Art Liliputaner und offenbar auch geistig behindert, der wunderschöne Vogelgesang kommt von ihm!
(30.5.1981)

Ein wunderbarer Traum, neben den ich ein Herz gezeichnet habe.

Er erinnert mich an das Traumbild von der geistig behinderten Spanierin, die wunderschön voraustanzt (24.10.1978).

23.6.1981
Prüfungstag (Assoziationsexperiment), der Kaminfeger kommt.

Ferien in Obergmeind (4.-23.7.1918)

An einem großen Hang, wo man noch in der Stadt Skifahren konnte, soll eine Autostraße gebaut werden.
Es wird spontan ein Menschenteppich gemacht, zu dem ich mich auch dazulege: der Straßenbau soll auf alle Fälle verhindert werden.
Einmal spreche ich oben mit einem Mädchen von den Organisatoren, sie sollte unbedingt noch Unterschriften sammeln, eventuell gebe ich ihr noch andere Tipps. Auf ihre Frage, woher ich das alles wisse, sage ich, ich hätte eben Erfahrung von Amnesty her.
Einmal öffne ich ein Fenster und sage, der Menschenteppich gebe ja genauso viel Abgase wie eine Straße (die Leute rauchen).
Offenbar ist das Wetter schlecht. Jemand sagt, das werde sich jetzt nie mehr ändern, das Klima sei jetzt endgültig durcheinander wegen unserer Lebensweise. Ich überlege, dass sich alle viel mehr einschränken müssten.
(14.7.1981)

Die Sorge um die Umwelt ist immer da.

94

Durch den Codex des Jung-Institutes bin ich gezwungen, meine Freundin Jo zu töten, weil sie eine Hexe ist.

Jo weiß es selber und ist einverstanden, sie meint, am einfachsten wäre Gift. Ich schicke eine andere Freundin aufs Sekretariat, um die Sekretärin um Gift und Verhaltensanweisungen zu bitten.

Sie kommt zurück mit der Auskunft, es gebe kein Gift: wir müssten mit Jo auf den See hinausfahren und sie ertränken oder sie auf einer Bergtour in die Tiefe stoßen. Ich merke, dass ich das alles nicht kann, und beschließe, Jo am Leben zu lassen, obschon ich damit gegen die Vorschrift des Institutes verstoße und meine Ausbildung gefährde. Sofort fühle ich mich unendlich viel wohler!
(16.7.1981)

Einerseits verstehe ich diese Traumgeschichte als Prüfung, ob ich in der Lage bin, mich für mein Gewissen zu entscheiden, auch wenn ich damit etwas gefährde, was ich von ganzem Herzen möchte. Andererseits nehme ich an, dass „die Hexe Jo", die umgebracht werden soll, ein Teil von mir sein könnte, den ich auch unter gesellschaftlichem Druck nicht umbringen sollte!

Am folgenden Tag kommt die Nachricht vom Jung-Institut, dass ich jetzt eine Diplom-Kandidatin bin.

Ich bekomme einen Hund - gleichzeitig bin ich in einer Gruppe, die am Abend ins Konzert geht.

Ich bin mit dem Hund im Hotelzimmer, wundere mich einmal, dass er stubenrein ist. Er ist offenbar ganz ruhig, kennt mich aber noch nicht, zuerst ist er beige, später schwarz. Als er schwarz ist, versuche ich ihn an einen Rufnamen zu gewöhnen. Mir fällt „Jango" ein. Ich rufe ihn „Jango", wenn er kommt, streichle ich ihn.

Ich sollte noch Fleisch für den Hund kaufen, aber alle Läden machen gerade zu.

Ich frage in einer Beiz: sie haben offenbar nur noch Euterspitzen. Als ich sie nehme, geben sie mir noch Hackfleisch dazu. Jetzt sollte ich eine Hundeschüssel haben: zum Glück ist gerade Markt. Ich bin an einem Stand und suche eine aus: soll ich eine aus (recht festem) Glas nehmen?
(22.7.1981)

Zu „Jango" kommt mir der großartige Zigeunermusiker Jango Reinhart in den Sinn. Interessanterweise geht ja auch am Anfang des Traumes meine Gruppe am Abend ins Konzert: „Mein Hund" hat offensichtlich viel mit Gefühl zu tun!

Das war der letzte Traum aus Obergmeind.

Der „junge Bauer" hat sich diesmal in den Bergen nicht gemeldet, wir haben ja eine Lösung gefunden, wie er in meinem Leben Platz hat, und sind beide dabei, uns zu entwickeln.

Im Wald über uns ist eine große finnische Kinder- und Jugendgruppe mit ihren
Betreuern.
Ich gehe dorthin und sehe, wie sie spielen und singen - offenbar dreht sich alles um
den Fluss, und ich denke: Aha, ein Fluss ist doch das Zentrum der Nation und ihrer
Kreativität - wer einen Fluss hat, kann sich entfalten.
(25.7.1981)

Was ist „finnisch" für mich? Ein kleines nordisches Land, das mir immer sympathisch war. „Tapferkeit" und „Unabhängigkeit" kommen mir in den Sinn, das Kalevala als finnisches Nationalepos.

Zum Fluss kommt mir das Buch „Der Lauf des Wassers" von Alan Watts über den Taoismus in den Sinn, das meiner Generation viel bedeutete.

Auch in Arnold Mindells Prozessarbeit, die er in diesen Jahren immer mehr entwickelte und formulierte, geht es immer wieder darum, dem Fluss des Lebensprozesses zu folgen.

Kampf mit einer Frau im Wartezimmer meines Vaters in S., es geht um Leben und
Tod. Ich besiege sie.
Etwas Schönes, Entspanntes von einem jungen Gärtner, der junge Pflanzen und
Samen bringt und Gurken oder Zucchetti züchtet.
(31.7.1981)

Ein Kampf mit dem Frauenbild meines Vaters ist gewonnen!

In derselben Nacht gibt es auch Geschenke von einem jungen Gärtner, der wohl irgendwie zur Sippe des jungen Bauern aus den früheren Träumen gehört.

Trotz dieser ermutigenden und unterstützenden Träume kommt leider wieder ein Absturz:

Ich merke, dass ich keinen Beruf habe und gerate in eine ziemliche Panik: offenbar
kann ich gar nichts?
Als letzte Lösung scheint noch das Schulegeben zu existieren.
Oder soll ich einfach den Haushalt ganz gut machen?
(1.8.1981)

O Schreck! Ausgerechnet der Haushalt als letzte Zuflucht!

Ich kotze und habe Kopfweh in den nächsten Tagen. Versuche zu meditieren.

Dabei habe ich nachts das Bild, in einer schwarzen Umgebung (Vater Rabe!) einen
weißen Boden aus Schnee und Tränen zu bekommen.

Am 15.8. ist Vollmond - eine wunderschöne Nacht.

96

Ein Traumstück:

> *Mein Vater will mich zwingen, dass ich ein Medikament ausprobiere (will er es mir*
> *spritzen?).*
> *Das Medikament soll bewirken, dass sich alle Gicht bewirkenden Stoffe (oder*
> *Fetttröpfchen) im Blut zusammenballen und ausfällen. Ich sehe überhaupt keine*
> *Veranlassung, das mit mir machen zu lassen, auch glaube ich, dass das Medikament*
> *ein starkes Gift und ein starker Eingriff ist. Schließlich kommt mir auch noch in den*
> *Sinn, dass diese Klümpchen im Blut ja dann irgendwo steckenbleiben und wie eine*
> *Thrombose wirken könnten (z.B. im Herz oder Gehirn).*
> *(16.8.1981)*

Als mein Bruder und ich Kinder waren, wurden wir von unserem Vater gedrillt, Medikamente ohne Wasser zu schlucken und mussten das immer wieder üben.

Manchmal rief er mich in die Praxis, wo ich vor den jeweiligen Patienten bittere Sanalepsi-Tropfen (Baldrian) schlucken musste, um zu zeigen, dass das sogar für ein Kind machbar sei.

In den ersten Gymnasialjahren machte er mit mir regelmäßig den Szondi-Test, was ich hasste. Höchste Zeit, auch im Traum zu solchen Übergriffen „nein" zu sagen!

> *Ich bekomme ein winziges Mädchen in meine Obhut: es ist noch ganz verklebt mit*
> *einer gelben Schmiere und ziemlich hässlich. Später merke ich aber, dass es ganz*
> *herzig und gewinnend ist, und schließe es sehr ins Herz.*
> *Es wird bei mir leben wie ein Patenkind, es schläft in einem Hundekörbchen.*
> *Ich habe es ganz gern und es wird mir warm vor Freude.*
> *(19.8.1981)*

> *Eine Katze kommt - ein Tiger wie der, der gestern im Garten war, aber es ist ein*
> *älteres hochschwangeres Weibchen. Ich locke es und mache in einer dunklen Ecke*
> *beim Nähtischchen ein altes Tuch zum Gebären bereit. Kaum ist die Katze dort, geht*
> *die Geburt los, aber neben dem Tuch auf ein paar kostbaren Kissen.*
> *Ich rufe die Kinder und es kommen eines nach dem anderen winzige verpackte*
> *Schweinchen auf die Welt.*
> *Dann macht sich die Katze den Milchtritt gegen ihre drei Zitzen (die scheinen mir*
> *wenig zu sein für diese vielen Schweinchen) und kümmert sich nicht um die Jungen.*
> *Offenbar muss man keine Angst haben um sie: sie befreien sich selber von der Haut*
> *und krabbeln lustig herum. Was sollen wir mit all diesen Schweinchen machen?*
> *(20.8.1981).*

Arny fällt die Zweiteiligkeit meines Körpers auf: oben offen und locker, unten zu.

Er fragt mich, ob bei unserer Beziehung vielleicht etwas nicht ganz offen und entspannt sei?

Ich weiß eigentlich nichts, als einziges kommt mir in den Sinn, dass ich nie körperlich in Arny verliebt war.

Arny erzählt, wie er von Franz einmal sagte, wie froh er sei, dass er nicht in sie verliebt sei - und sie stimmte sehr zu - und in der nächsten Nacht die wildesten Sachen träumte! (Analysestunde vom 27.8.1981)

> *Ich habe offenbar Läuse: als ich die Haare gegen unten bürste oder kämme, fallen sie massenhaft heraus.*
> *Ich denke, dass das eine Menge Unannehmlichkeiten geben wird (waschen mit Spezialshampoo usw.).*
> *(30.8.1981)*

Ein Bild für nicht unbedingt angenehme Gedanken und Gefühle im Zusammenhang mit dem autonomen Teil der Sexualität?

Im September 1981 bin ich mit einer Klasse der Schule für Soziale Arbeit auf dem Pfannestiel für eine Märchenwoche. Das Leben mit diesen jungen Menschen, das nahe Zusammensein von jungen Frauen und Männern, das ich so in der Mädchenklasse in der „Töchti" in Zürich nicht erlebte. Es „funkt" auch zwischen mir und den jungen Männern. Das Flirten in der Luft, das Herumalbern, „Hormone"! Eine gute, erfreuliche Erfahrung als Ganzes. Die Arbeit mit den Märchen ist lebhaft, kreativ, inspieriert und inspirierend.

In dieser Zeit las ich Marie-Louise von Franz über Alchemie. Sie spricht in ihrem Buch über den roten und den weißen Schwefel, welche von den Alchemisten durch zwei Vögel dargestellt wurden.

Der rote Vogel ohne Flügel liegt mit den Füßen nach oben in der Erde, der weiße mit den Flügeln sitzt auf ihm und versucht wegzufliegen. Die beiden sind so verbunden, dass der geflügelte Teil nicht wegfliegen kann. Dieses Symbolbild hat mich sehr beeindruckt. Es gibt in einem Prozess Teile, welche nicht sublimiert werden („wegfliegen") können, sondern in ihrer Substanz durchlebt und durchlitten werden müssen, sonst blockieren sie alles.

In der folgenden Septemberwoche ertappe ich mich beim Gedanken, „wenn Franz sterben würde, würde ich einen Hund holen." Das erschreckt mich zutiefst.
Ich weiß, dass er gegen einen Hund ist, weil dieser das bürgerliche Bild „Frau, Kinder, Haus und Hund" vervollständigen würde. Aber ich merke, dass es gefährlich werden könnte, noch zu warten.

Deshalb gehe ich sofort in sein Zimmer, um ihm zu sagen, dass ich nicht möchte, dass er sterben muss, nur damit ich zu meinem Hund komme!

Unter dem Eindruck dieser seelischen Dringlichkeit beschließen wir, einen Hund als weiteres Familienmitglied aufzunehmen.

Noch am gleichen Tag treffe ich im Fernsehen in der Kantine eine Kollegin, die mich fragt, ob ich einen jungen Hund brauchen könne. Ihre Schwester habe auf ihrem Bauernhof einen Wurf junger Hunde, von denen ich einen auslesen könnte.

Also fahre ich am nächsten Tag zu diesem Hof.

Die drei Welpen sind alle männlich (eigentlich hätte ich lieber etwas mehr weibliche Energie ins Haus geholt), ganz gewinnende, sehr verschiedene kleine Basterli.

Einer ist groß und schwer gebaut: von ihm glaube ich, dass er auf einen Bauernhof gehört. Einer ist zierlich und hat ein ganz feines Fell: er braucht wohl eine vornehmere Umgebung.

Der dritte ist mittelgroß, etwas tapsig und sehr neugierig - er passt am besten zu uns.

Und weil Nummer drei einen weißen Fleck auf der Nase hat, ist für mich klar, dass er „Fleck" heißt.

Er wird in einigen Wochen zu uns kommen, wenn meine Lucerna-Woche in Luzern vorbei ist.

Am 10.10.1981 holen wir Fleck. Er ist der letzte, der abgeholt wird. Offenbar war er so traurig über den Verlust seiner Brüder, dass seine Mutter wieder mit ihm zu spielen anfing, um ihn zu trösten.

Wir haben ein Halsband und eine Leine mitgenommen, aber Fleck erschrickt so über das Halsband, dass wir ihn in einer offenen Basttasche mittragen müssen.

Auch das Hundehaus, das wir im Garten für ihn aufgestellt haben, macht ihm Angst, und er weigert sich, dort hineinzugehen.

Wir machen mit ihm am Abend noch einen Spaziergang, er ist immer noch in der Tasche, und der Wald scheint ihm sehr zu gefallen. Dann ist er müde und schläft bald ein in einem notfallmäßigen „Nest", das wir für ihn gebastelt haben.

Am anderen Morgen fängt er schon früh an zu winseln, lange bevor wir aufstehen wollen!

Es gibt kein Ausweichen: ich muss aufstehen, mit ihm in den Garten gehen und ihm dann zu fressen und zu trinken geben.

Die Hundehütte werden wir zum Glück bald verschenken können.

Fleck gewöhnt sich an das Leben mit uns und stellt sich auch langsam auf unseren Rhythmus ein. Es ist, als wüsste er, dass es Franz ist, mit dem er sich am meisten gutstellen muss: von Anfang an respektiert er ihn als Familienoberhaupt und gibt sich große Mühe, ihm zu gefallen!

> *Ich wohne in einem Haus mit zwei Wohnungen.*
> *In die andere zieht eine Frau mit drei Kindern und drei Tieren ein. Zuerst meine ich, es gebe einen Wohnungstausch, aber dann bleibe ich in meiner Wohnung.*
> *Die neue Nachbarin heißt Jennifer, sie imponiert mir, ist mir aber auch ein wenig fremd. Sie scheint den Laden zu „schmeißen" mit all den Kindern und Tieren.*
> *Sie ist sehr freundlich zu mir, ich merke aber, dass die Tiere mich ablehnen oder einfach noch nicht kennen (ein Tier ist in einer Schachtel oder einem Schrank).*
> *Ich sehe auch ein Buch, das die neue Nachbarin geschrieben hat, etwa so, wie ich auch schreiben möchte: über die Entwicklung ihrer Persönlichkeit, eine Art „innere Biografie", und dazu mit originellen eigenen Zeichnungen, die sehr gut passen, auch auf dem Titelblatt. Am meisten beeindruckt mich aber, was vor dem Buch als Vorspruch steht: „Dieses Buch gab es, bevor es geschrieben wurde."*
> *Das imponiert mir sehr und scheint mir eine Menge Probleme zu lösen!*
> *(24.10.1981)*

Wer ist „Jennifer"? Ein Teil von mir? Eine Zukunftsvision?

Sie ist eigenartig gestaltlos, ich weiß nur, dass sie im selben Haus wohnt wie ich und dass sie größere Kinder und mehr Tiere hat als ich. Und dass sie ein Buch geschrieben hat zu einem Thema, an dem ich auch schon herumgedacht habe. Ihr Vorspruch „dieses Buch gab es, bevor es geschrieben wurde" beglückt mich, erfüllt mich mit der Zuversicht, dass auch mein Buch, das ich irgendwann schreiben möchte, schon irgendwo existiert!

Inzwischen habe ich Marie-Louise von Franz wieder geschrieben und sie hat mir, nachdem ich einige Monate hatte warten müssen, einen Termin gegeben.

Bevor ich ihr diesmal schrieb, hatte ich einen Traum über sie, von dem ich nur noch wusste, dass darin das Wort „Erbschleicherei" vorkam, was mich zutiefst schockierte und aufrüttelte. Wie, wenn ich tatsächlich eine Erbschleicherin wäre? Was würde das bedeuten? Ich entschied mich dafür, im Brief außer meinen übrigen auch diesen Traum zu erwähnen und etwas von dieser Erbschleicherrolle bewusst zu übernehmen: natürlich wollte ich so viel wie möglich von ihrem reichen Wissen und Können lernen, aber ich wollte dafür auch einen Preis zahlen und mit dem Gelernten integer umgehen.

Vor dieser lang ersehnten Stunde war ich sehr aufgeregt und überlegte, ob ich noch nach Küsnacht gehen und den Weg rekognoszieren müsste, um sicher pünktlich dort zu sein. Da träumte ich in der Nacht vor der Verabredung:

*Ich merke, dass die Lindenbergstraße ganz nah ist - gerade neben Arnys Haus,
überhaupt kein Problem.*
*Dann fahre ich dort am Haus von Marie-Louise von Franz vorbei und sehe, dass sie
und Arny herausschauen und schwatzen. Ich überlege mir nachher noch, wie das
überhaupt möglich ist. Wir haben ja kein Auto mehr. Mit dem Velo?*
(17.11.1981)

Die Stunde bei Marie-Louise von Franz

Schon bald nach der Begrüßung sagte sie mir: „Früher hätte ich jemanden mit diesen
Träumen genommen", was mich natürlich freute und ein wenig tröstete.

Aber es gab auch einen Teil von mir, der untröstlich war, ein inneres Kind, das
nie eine Großmutter hatte und jetzt auch noch von der „analytischen Großmutter"
(von Franz war ja Arnys Analytikerin) zurückgestoßen wurde.

Im Verlauf unseres Gesprächs betonte sie, wie wichtig es für mich sei, dass ich
den eigenen Weg gehe, statt um sie herum sein zu wollen, gerade auch wegen des
Traumes von der Erbschleicherei.

Sie erzählte mir sogar ein Beispiel aus ihrem Leben dafür, dass „die Arbeit" wichtiger sei als zu viele Gefühle: Jung habe ihr an seiner Beerdigung einen Tritt gegeben und gesagt, sie solle lieber ihre Sache machen statt zu trauern und verzweifelt
zu sein.

Diese Geschichte war beeindruckend, kam mir aber doch eher gefühlsfeind-
lich vor. Mir war jedoch sehr klar, was es für ein Privileg war, dass sie mir diese
Geschichte erzählte.

Sie wollte auch kein Geld von mir und schenkte mir dieses Gespräch.

In der nächsten Analysestunde sagt Arny: „Von von Franz habe ich die Einstellung
der Arbeit und der Wissenschaft gegenüber und sie hat es von Jung. Die Inhalte
muss man sich selber erwerben - auch an allem zweifeln."

Es tut mir gut, ihm von meinem Besuch bei Marie-Louise von Franz erzählen
zu können, und mir wird dabei auch immer klarer, dass ich ja gar keinen Platz gehabt hätte in meinem Leben für mehr als diese eine Stunde. Das, was von Franz mir
zu geben hat, habe ich in ihren Büchern und durch Arny bekommen (ich habe die
beiden ja auch im Traum zusammen gesehen, und ihre Häuser waren ganz nahe
beieinander).

*Etwa dreimal das Bild eines Vorplatzes, wo verschiedene Gänge zusammenkommen.
Es kommen Winde aus allen Richtungen, und die Aufgabe besteht offenbar darin,
herauszufinden, wohin die Kraft wirklich will.*
(22.11.1981)

Das tönt recht schamanistisch: Die Aufgabe, herauszufinden, wohin die Kraft wirklich will, stellt sich allen, die im Leben eine transzendente Dimension spüren und suchen. Die Atmosphäre im Traum hat mich an prähistorische Höhlen erinnert.

Ich rieche bei einer fremden Frau ein sehr feines Parfum - einen herrlichen Duft!
Da macht mich zu meinem Erstaunen jemand darauf aufmerksam, dass ich so rieche
- ich merke, dass es tatsächlich stimmt.
(29.11.1981) Hm!

Die Kapelle eines Heiligen irgendwo in den Bergen wie im Flüeli-Ranft bei Niklaus
von Flüe. Zu meinem großen Erstaunen hat es neben den Reliquien des Heiligen
auch ein Gewehr. Etwas verlegen sagt der Sigrist: „Ja, die ganze Gemeinde ist so
schiessverrückt, dass wir das Gewehr regelmäßig in den Service geben ...“
(am Vortag starkes Kopfweh).
(7.12.1981)

Dezember: Vorweihnachtszeit und Stress überall - nicht nur das Kopfweh, sondern auch die Kombination des Heiligen und der „schiesswütigen Gemeinde“ (im Konsumrausch?) passt nicht schlecht in diese Zeit!

Als eine Art Prüfung muss ich mit einem Schwarzen tanzen.
Er ist kleiner als ich - ich tanze einfach so, wie ich es gern mache, frage mich dann
aber, ob ich nicht zu stark führe und ob es nicht zu wenig Nuancen habe.
(8.12.1981)

Wieder taucht ein Schwarzer auf - diesmal tanzen wir, ich bin aber etwas unsicher.

Ich habe die Periode und muss jemandem gegenüber (Leiterin einer Expedition?)
davon sprechen und um Schonung bitten, was mir nicht leichtfällt, aber nötig ist.
(10.12.1981).

Um Schonung zu bitten, ist mir äußerst unangenehm. Höchste Zeit, es zu lernen!

Ich erwache, weil ich darüber lachen muss, dass ich im Traum zu jemandem sage:
„Das ist zwar historisch, aber das interessiert kein Schwein.“ (am Burghügel vom
Thorenberg?)
(13.12.1981)

Kommentar meines Mannes Franz: „Du bist ja im Traum wie im Leben“.

*Es erfolgt eine Nachricht, es sei etwas passiert und man solle sich in die Häuser
zurückziehen, Fenster und Türen schließen und Radio hören. Ich bin sehr
beeindruckt vom Gefühl: „Aha, jetzt ist etwas passiert."*
(24.12.1981)

*Ich suche meinen ehemaligen Lateinlehrer Ernst Koller an der Schartenstraße in
Baden auf. In der Schartenstraße wundere ich mich, dass ich ihn finden kann, da er
doch schon tot ist.*
*Ich treffe Ernst Koller und sage ihm: „Ich habe Sie geliebt, weil Sie eine Leidenschaft
hatten. Jetzt habe ich auch eine Leidenschaft, die Psychologie des Unbewussten!"*
Ich weiß zutiefst, dass das stimmt, und bin sehr begeistert darüber.
(25.12.1981)

Mein Lateinlehrer Ernst Koller im Gymnasium war der erste Erwachsene, den ich
kennenlernte, der eine echte Leidenschaft hatte. Ich war hingerissen von seinem
Lateinunterricht und wollte keine Silbe verpassen (er sprach oft ziemlich leise).

Unsere Klasse war geteilt: die einen liebten ihn, die anderen klinkten völlig aus
und fanden ihn das Letzte. Ich habe nie mehr vergessen, wie er sprach, sich bewegte
und deklamierte, man spürte seine Hingabe und Begeisterung - und ich hatte sogar
plötzlich gute Noten im Latein. Die Maturareise mit ihm nach Griechenland war
eindrücklich, vor allem Delphi und die Vollmondnacht, die wir dort erlebten.

Leider starb Ernst Koller 1973 46-jährig unerwartet an einem Herzinfarkt. Ich
konnte ihn auf dieser Welt nicht mehr treffen, um ihm zu sagen, wie wichtig er für
mich war, wohl aber in diesem Traum.

Silvester feierten wir bei unseren Freunden in der Ostschweiz.

1982

Besuch in Jungs Turm / Gründung der FG POP im April / Stromboli /
Diplomkandidatin am C. G. Jung-Institut / Vorbereitung der Diplom-Prüfungen

Träume:
Riesen-Igel im Garten / Ein wunderliches Jung-Institut / Kein Bischof ohne Kirche! /
Lunch - heute ohne Essen! / Banken und Geld / Hüterin der Quelle / Mein kleines rotes
Häuschen / Ich gebäre Zwillinge / Langes Gespräch mit einem Frosch / Die dicke Frau im
grünen Kleid / Im Kleintheater Luzern / Arny mit Gefolge aus USA zurück / Elena wird
erschossen / „Ich bin eine Indianerfrau." / Mein junger Tiger / Das Rad von Bruder Klaus
/ Alles von oben sehen!

Am Neujahrstag wache ich auf und weiß noch,

> *... dass ich im Traum gerade aus dem Fenster in einen Garten geschaut habe, in dem*
> *sich ein riesiger, länglicher, eher rundlicher, nicht so stacheliger Igel herumbewegt*
> *hat.*
> *(1.1.1982).*

Diesmal ist ein Riesen-Igel in einem Garten. Im Gegensatz zum überfahrenen Igel,
dem seine Stacheln nichts genützt haben (5.5.1977), ist dieser Igel groß genug, um
sich zu wehren, und hat einen eigenen Garten. Das Rundliche, nicht so Stachelige
macht mir Eindruck.

An meinem Geburtstag (2.1.1982):

> *Hoch oben unter dem Dach eines Schulgebäudes: offenbar das Jung-Institut.*
> *Ich bin in der Bibliothek und erfahre, dass ich nicht erwünscht bin, weil nächstens*
> *Diplomübergabe ist und auch eine Dr.-Analytiker-Versammlung erwartet wird.*
> *Schon kommt ein neu Diplomierter die Treppe herauf: es ist eine Art Knabe, eher*
> *kleingewachsen, er bewegt sich aber frisch und ungehemmt und duzt zu meinem*
> *Erstaunen die Bibliothekarin (die zugleich noch Flötistin ist).*
> *Später sind neben Fleck auch noch ein kleiner schwarzer Schnauzer und eine Katze*
> *da. Ich bücke mich und streichle den kleinen hässlichen Schnauzer, der mich zu*
> *meinem Erstaunen tatsächlich nicht beißt - auf die Länge wird es aber wohl mit*
> *Fleck nicht gehen.*

*Dann im Garten bei einem Baum. „Wir" richten eine Hütte ein für eine Seherin,
eine weise Frau: unten gibt es einen Schaukelstuhl, oben eine Art kreisrundes Nest
im Baum. Das Ganze wird auch mit Plastik gegen schlechtes Wetter abgedeckt.
Irgendeinmal bricht eine Schulreise ein, die Kinder sausen quer durch den Plastik
der Hütte, bevor wir sie davon zurückhalten können, der Schaden ist aber gering,
wiedergutzumachen. Die Kinder toben weiter auf dem Gelände herum.*

In diesem „Institut" werden zwar Unerwünschte wegen einer Dr.-Analytiker-
Versammlung zurückgewiesen, aber ein jugendlicher, frisch-fröhlicher neu
Diplomierter, eine musikalische Bibliothekarin, zwei Hunde und eine Katze sind
auch da.

Im Garten wird eine Hütte für eine Seherin gebaut mit einem kreisrunden Nest
im Baum.

Die Kinder dürfen vergnügt auf dem Gelände herumtoben - hier ist es mir wohl.

Nach dem Kontrollfallseminar am 23.1.1982 erinnere ich vom Traum nur noch an
den Spruch:

*dumm
dümmer
am besten*

*Ich werde Bischof. Da komme ich aber plötzlich in Schwierigkeiten mit meinem
Vorgesetzten: er sagt mir, er wisse zwar, dass es mir bestimmt sei, Bischof zu
werden, aber er habe doch Mühe mit mir, und seine kirchlichen Vorgesetzten würden
mein Benehmen gar nicht billigen.
Da merke ich voller Schreck, dass man ja auch eine Kirche braucht, um Bischof zu
werden.
(25.1.1982)*

Eine wichtige Wahrheit: ohne Kirche kein Bischof!

*In der Bibliothek.
Ich sehe ein kleines Reclam-Büchlein „Langlauf und Geist" und behaupte zu
meinem Gegenüber, das sei eine Seminararbeit von mir. Zugleich wundere ich mich,
warum ich denn drei Seminararbeiten mache? Später sehe ich, dass ein ganz anderer
Autorenname auf dem Titelblatt steht, und schäme mich furchtbar: Ich überlege mir
noch, wie ich das Büchlein halten könnte, dass man den Namen nicht sieht.
(28.1.1982)*

Beim Langlaufen in den Skiferien geht mir dieser Traumtitel nicht aus dem Kopf. Er trifft etwas: beim Langlaufen (noch mehr als beim Joggen) wird der Geist frei zum Denken, Assoziieren, Pröbeln. Auch wenn ich die Arbeit nicht geschrieben habe, kenne ich doch die Erfahrung!

> *„Lunch - heute ohne Essen!"*
> *(5.2.1982)*

Pontresina 14.-27.2.1982

> *Eine sehr schmerzliche Trennung von einer Frau (Kinderschwester?), fast wie ein Weltuntergang.*
> *(14.2.1982)*

Der Traum war intensiv und lässt mich nicht los.

Als ich einen Moment im Bett liegen bleibe, kommt mir in den Sinn, dass ich als 3-jähriges Kind eine solche Trennung erlebt habe, als die Kinderschwester Bethli wegging, die nach Uelis Geburt eine Weile bei uns lebte. Schwester Bethli und diesen Schmerz hatte ich vollkommen vergessen, jetzt spüre ich ihn wieder, er ist noch da und tief.

> *Ich muss abwaschen, ganze Berge, und niemand hilft mir. Das macht mich sauwütend, ich fange an auszurufen und auch Geschirr zu zerschmettern - dass man mir mein Taschgeld (10.- Fr. im Monat) vorenthält, macht mich noch wütender.*
> *...*
> *Später wasche ich Wäsche. Offenbar von Hand, um Energie zu sparen. Es macht mich ganz fertig, dass immer noch mehr Wäschestücke (Unterwäsche von den Buben) kommen - ein Teil davon ist gar nicht dreckig. Ich überlege mir, warum ich das tue, ob es wirklich in diesem Ausmaß nötig sei.*
> *...*
> *Irgendwie tue ich mir sehr leid und komme mir unverstanden vor, da fragt zu meinem Erstaunen jemand einfühlend, wie viele Stunden im Tag ich eigentlich arbeite. Ich merke, dass ich nicht weiß, was für ein Wochentag ist, die andere Person sagt mir, es sei Freitag. Das regt mich ziemlich auf, ich sollte dann ins Kontrollfallseminar! Die andere Person bietet mir an, mit ihr in die Stadt zu fahren.*
> *(16.2.1982)*

Interessanterweise hatte ich diesen Traum während der Ferien. Vielleicht hat gerade das Weggehen vom Alltag ermöglicht, dass diese „Hintergrund-Wut" sich manifestierte? Offenbar war mir wieder einmal alles zuviel, doch dann bekomme ich Hilfe und ich komme sogar rechtzeitig ins Kontrollfall-Seminar.

Wieder zuhause nach den Winterferien

> *Das Gefühl, „verschiedene Frauen" einzeln aus mir heraus einzusetzen - jetzt ist diese gefordert, jetzt jene.*
> *(28.2.1982)*

Dieser Traum hat wohl mit meiner Situation in der Ausbildung am Jung-Institut zu tun: Ich musste damals die vorgeschriebene Anzahl Supervisionsstunden und -Seminare bei anderen AnalytikerInnen besuchen und erlebte den Unterschied in Stil und Arbeitsweise sowohl der Dozierenden wie auch der Studierenden. Das war für mich einerseits oft anregend und bereichernd, andererseits manchmal auch irritierend, wenn ich mir wie ein fremder Vogel vorkam.

> *Ein Kollege stellt eine Arbeit vor, die er offenbar bei Banken gemacht hat (Psychologie der dort Beschäftigten?).*
> *Auf einem Zettel, der an einem Ständer unter den Thesen seiner Arbeit hängt, schreibt er, er habe beschlossen, nun dort in diesem Bankfoyer unentgeltlich weiterzuarbeiten.*
> *Das macht mich wütend und ich überlege, ob ich einen Zettel dazuhängen soll: „Die haben wir gern, die ausgerechnet für die Banken gratis arbeiten", und mit meinem Namen unterzeichnen. Das Ganze macht mich jedenfalls sehr wütend!*
> *(16.3.1982)*

Vor Ostern Anfang April 1982 hatte ich die ganz besondere Möglichkeit, zusammen mit einer Kollegin Jungs „Turm" in Bollingen zu besuchen.

Es war ein großes Erlebnis, Jung am Ufer des Obersees „besuchen" zu können, zu sehen und zu berühren, was er dort gebaut und gestaltet hat.

Alles war noch im damaligen Zustand belassen, eine ganze Welt tat sich auf.

Besonders die große runde Küche im alten ursprünglichen Turm versetzte mich in eine andere Zeit, hatte etwas Zeitloses. Dieses Erlebnis war ein großes Geschenk und brachte mir Jung noch einmal auf eine berührende Art nahe.

Interessanterweise fiel dieser Besuch bei Jung fast zeitgleich zusammen mit einem anderen Ereignis, das für mein Leben bestimmend wurde.

Nach langem Zögern und zahlreichen Versammlungen und Diskussionen gründete Arnold Mindell mit einer Gruppe von fortgeschrittenen Studierenden und KollegInnen die „Forschungsgesellschaft für prozessorientierte Psychologie" (FG POP, kurz POP) in Zürich.

Als erste LehrerInnen für die neue Schule wählte er zwölf „Grandparents", welche bereits berufliche Erfahrungen hatten und die Entwicklung dieser neuen Psychologierichtung miterlebt und für sich erarbeitet hatten. Diese Gruppe übernahm zusammen mit der ersten Studierendengeneration und in enger Zusammenarbeit mit Arnold Mindell die Aufgabe, die Strukturen des neuen Instituts aufzubauen und als TherapeutInnen und Unterrichtende Philosophie und Praxis dieser neuen Arbeitsweise zu lehren, weiterentwickeln zu helfen und in die Welt zu bringen.

Ich war eine unter diesen von Arny gewählten POP-Großeltern.

In diesem Zusammenhang träumte ich:

> *Offenbar übernehmen wir (die Gruppe um Arny) ein altes Hotel (Karlsbad).*
> *Arny muss zu diesem Zweck einen Hotelierkurs absolvieren. Er wohnt mit Frau und Kindern in einem bequemen Hotel, muss aber eine Weile für ein Praktikum in ein anderes Hotel gehen.*
> *Einmal bin ich im Hotel und stoße auf eine alte Brunnenstube mit einem Stein-Ziehbrunnen, wo man das alte Karlsbader Wasser aus tiefen Erdschichten herausholt. Ich überlege, ob das nicht unhygienisch sei, bin aber gleichzeitig tief beeindruckt.*
> *(6.5.1982)*

Dieser Traum war für mich etwas wie ein „Initialtraum" für diesen wichtigen Schritt und die Aufgabe als POP-Großmutter. Ich spürte, dass ich das „Wasser von Karlsbad" werde hüten müssen, die Quelle, die aus tiefen Erdschichten entspringt, auf der unser „Hotel" gebaut ist.

Als Assoziation zum Namen „Karlsbad" kam mir auch mein Traum von Jung in den Sinn, in dem ich nach einem Buch über Karl den Großen (den „Vater Europas") und den Vater-Archetyp fragte. Erst beim Wiederlesen merkte ich, dass Jung selber ja auch Carl hieß!

Ein weiterer Traum war wie eine „Bestätigung von innen":

> *Das Gefühl, alle wichtigen Träume noch einmal zu träumen: farbiger und klarer.*
> *Eine Stimme sagt: Es ist gut so, du bist auf dem rechten Weg.*
> *Ich bekomme ein kleines rotes Häuschen im Innenhof einer Wohnbaugenossenschaft (Skizze: in einem rechteckigen Hof).*
> *(10.5.1982)*

Dieses rote Häuschen im Innenhof schien mir genau der richtige Ort zu sein für mich. Früher befand sich in der Mitte einer Siedlung oft das Waschhäuschen, was mich sowohl an meine soziale Rolle in der neu gegründeten Ausbildungsgruppe als auch an meine Diplomarbeit über die Waschküche und das Waschen denken ließ.

*Ich stehe kurz vor der Entbindung, obschon ich es kaum glauben kann. Ich fühle
ganz gut zwei Embryos in meinen Leisten: es sind Zwillinge, zwei Mädchen.*
(20.5.1982)

Die Geburt meiner „zwei Identitäten" als Jung'sche Analytikerin und Prozessorientierte Psychologin?

*Ein langes Gespräch mit einem Frosch, der mir erklärt, er sei zwar ein
Persönlichkeitsteil von mir, aber nicht mit mir solidarisch, sondern mit den anderen
Fröschen.*
(20.6.1982)

Diesen Frosch heiße ich gern als Teil meiner „inneren Familie" willkommen!

Ferien in Stromboli (16.7.-13.8.1982)
Auf der Reise sehe ich im Halbschlaf ein Bild:

*Eine dicke Frau in einem grünen Kleid kassiert den ihr zustehenden Eintritt / Zoll-
im Halbschlaf denke ich, es sei Mutter Natur.*
(16.7.1982)

Sie und mein Frosch gehören vielleicht zusammen?

Im Kleintheater Luzern gibt es eine Art Jubiläum.
*Da sehe ich, dass im Souterrain die Toilettenwände gestohlen wurden, man sieht
noch, wo die Mauern waren. Ich beschließe, ohne Wände aufs WC zu gehen. Mein
Badetuch, das ich dabeihabe, halte ich so, dass mein Vater mich nicht sieht (obschon
es noch eine dritte Person im Raum hat). Erst nach einer Weile kommt mir in den
Sinn, zu überlegen, was mein Vater bei den „Damen" macht?*
*Offenbar hat es außen Störenfriede, die die Kleintheaterfeier stören wollen. Ich
sehe später, dass sie ganz kleine Heuballen zwischen Fenster und Fensterrahmen
geschoben haben, so dass man nicht mehr schließen kann. Ich nehme diese an einem
Fenster weg, aber ich bringe es auch so nicht zu.*
*Außen hat es einen Menschenhaufen. Zuvorderst ist ein freches Mädchen mit
dunklen Augen. Ich mache ihr Vorwürfe, warum sie sich hier missbrauchen lasse,
und sage ihr, sie solle sich doch einmal bei Emil Steinberger melden, er sei sehr
aufgeschlossen, sie würde das Theater sicher bekommen für ein Experiment.*
*Später komme ich in einen anderen Raum und sehe, dass all diese Leute jetzt schon
im Gebäude sind. Vor allem fällt mir eine Frau auf, die ihr Kind dort stillt. Ich bin
empört und will die Polizei rufen.*
(Ende Juli 1982)

Dieser Traum enthält brisantes Material und hat offensichtlich verschiedene Aspekte:

Was macht mein Vater bei den „Damen"? Die Vorgänge im WC sind eindeutig übergriffig und nicht in Ordnung! Müsste nicht hier die Polizei gerufen werden?

Wer ist das „freche Mädchen" zuvorderst im Menschenhaufen? Ist sie ein Teil von mir? Ist es richtig, sie mit der Aussicht auf eine künstlerische Chance „ruhigzustellen"? Jedenfalls interessiert sie mich, und ich möchte sie dabei unterstützen, sich zu entwickeln.

Am Schluss des Traumes bin ich empört, dass „all diese Leute jetzt schon im Gebäude sind" und will sogar die Polizei rufen. Aber die Welt von außen ist schon da, es lässt sich auch von der Polizei und mit dem Versuch, die Fenster zu schließen, nicht verhindern.

Mir kommt Worldwork in den Sinn: Bringt die Frau, die ihr Kind stillt, damit die Welt in die Kleintheaterfeier?

Und es geht gleich weiter:

> *Arny ist wieder aus Amerika zurück! Es bedeutet für mich eine Riesenfreude, die richtig den ganzen Brustkorb erfasst und mich fast erdrückt. Arny hat eine Menge „Gefolge" - aber es macht mir nichts aus, ich weiß, dass unser Verhältnis gut ist, und bin mir klar wie noch nie, wie sehr er mich braucht und liebt.*
> *Über Arnys „Bande" treffen telefonische Reklamationen ein: Arny verwarnt sie und verspricht, dass er die Schlimmsten wegjagen wird. Darüber bin ich sehr erleichtert! Ich merke, wie sehr mich das Dulden aller Extreme um ihn herum strapaziert.*
> *Ich weiß auch, dass Arny jetzt noch auf verschiedene „Tourneen" geht und für mich nicht greifbar sein wird, aber ich bin mit ihm und seinem Bruder Carl tief verbunden. (3.8.1982)*

Nach der Freude über Arnys Rückkehr aus Amerika kommt „das Gefolge" und das Teilen-Müssen (beim Wort „Tourneen" klingt eine gewisse Parallele zur gleichen Dynamik mit meinem Mann an).

Arnys unglaubliche Offenheit, sein Optimismus und seine Bereitschaft, an alle Menschen und ihre Entwicklungsmöglichkeiten zu glauben, waren für mich tatsächlich manchmal schwer auszuhalten. Gleichzeitig lernte ich dadurch immer wieder dazu, wurde offener und erkannte meine eigenen Grenzen.

> *Eine hellblonde junge Frau - Revolutionärin-Idealistin - singt in einem Lokal ihre aufrüttelnden Lieder (Freiheit! Revolution!) Beim letzten Ton ihres Liedes wird sie von schwarzgekleideten Faschisten erschossen. Sie heißt Elena. Ich bin sehr traurig, ich habe sie geliebt. Ich denke aber dann nach einer Weile: aha, ihr muss ich die Bücher widmen, die ich schreibe: ihr und all den tapferen mutigen Frauen wie z.B. Oriana Fallaci und Melina Mercuri. (3.9.1982)*

Diesen Traum habe ich nie vergessen. „Elena", meine Schwester, die über alle Grenzen geht und dabei ihr Leben aufs Spiel setzt und verliert. Sie ist wichtig für mich, ich habe ihr seither oft in Gedanken geschrieben, ich liebe sie immer noch, aber mein Weg ist ein anderer.

Ein Gewerkschaftsführer namens „Hans Wert" spricht zu einer Volksmenge darüber, dass jetzt endlich die Arbeitskräfte richtig eingesetzt werden müssen!
(5.9.1982)

Aha, hab's verstanden Hans Wert!

Ich gebe jemandem auf eine Frage an mich die Antwort: "Ich bin eine Indianerfrau - Sie müssen die Männer meines Stammes fragen!"
(27.9.1982)

Irgendwie begeistert mich dieser Traum - eine ganz andere Dimension!

Ich bin Arnys Sekretärin und muss für ihn Sachen schreiben, zusammenfassen usw. Die anderen feiern unterdessen ein Fest, doch ich merke, dass es ziemlich viel zu tun gibt und ich wohl die ganze Zeit beschäftigt sein werde. Doch dann kommt mir in den Sinn, dass der Job gut bezahlt ist.
(1.10.1982)

Träume wie diesen werde ich immer wieder haben: es war ein Teil meines Lebens, Bücher von Arny zu übersetzen, später seine Übersetzerin noch hin und wieder zu beraten, für die Prozessorientierte Psychologie zu arbeiten und zu reisen. „Bezahlung" war die Begeisterung und die Liebe für diese Art zu denken und zu leben, das Wissen, meinen Teil beizutragen, wie und wo es eben ging.

„Jeder ist auch ein Tier und hat dessen Rhythmus - die Gesellschaft wieder ein anderes. Es geht darum, damit wieder in Einklang zu kommen."
(11.10.1982)

Ich träume dies während der Lucerna: Hier treffe ich jedes Jahr viele verschiedene „Tierarten" und kann diese Einstellung üben, die ich auch im Wachzustand habe.

Ich habe Geburtstag, ohne dass es jemand weiß.
(17.10.1982)

Dazu kommt mir in den Sinn, wie ich damals manchmal auf dem Balkon saß und darüber nachdachte, was es heißen könnte, vierzig Jahre alt zu sein. - Bald ist es so weit!

*Ich habe eine Entzündungskrankheit, für die mir von drei Autoritäten drei
verschiedene Therapien angeboten werden:
I normale Penicillinbehandlung
II sehr hoher Penicillinstoß
III Konrad Mainberger meint, man müsse gar nichts dergleichen tun
(I + II meinen, sonst gehe es in die Gebärmutter)
Ich sage verzweifelt: „ja, aber wem soll ich jetzt glauben, welche von den völlig
verschiedenen Angaben im Bezug auf die Dosierung stimmt?"
Da murkst mir der mit der hohen Dosierung einfach eine Spritze hinein - da die
Spritze abgebrochen oder stumpf ist, tut es weh.
Ich erwache und denke, dass ich den Weg von Konrad Mainberger nehmen will.
(20.10.1982)*

Als ich den Traum Arny erzähle, kommt noch eine vierte Autorität hinzu: Arny
schlägt vor, der religiöse Weg könnte auch sein zu denken „Gott helfe mir, meine
Wut so herauszubringen, dass ich das Diplom doch bekomme"! Seine Antwort trifft
den Nagel auf den Kopf: die „Entzündung" hat mit der angesammelten Wut auf das
Jung Institut und den Abschlussprüfungen dort zu tun.

*Ich habe einen jungen Leu oder Tiger. Ich weiß, dass diese Tiere schon einige Zeit bei
den Menschen leben, aber doch scheint mir wichtig, dass sie noch einen Teil ihres
Futters selbst jagen können: sonst haben sie ja nichts zu tun und werden depressiv!
(25.11.1982)*

Die Agenda aus jener Zeit ist sehr voll: ich muss oft im Jung-Institut sein, es gibt
Arzt-Termine mit den Kindern, Krippenspiel-Termine, regelmäßige Treffen der
POP-Gruppe, weitere Termine. Ich habe mehr als genug zu tun, aber offensichtlich
nicht für den jungen Leu / Tiger, der ein anderes Futter jagen sollte: Zeit zum Spielen
und für Kreativität.

*Ein Rad mit Energien - offenbar ist das Problem wichtig, ob es im kollektiven oder
im individuellen Bereich ist.
Es befindet sich auch eindeutig auf einer Seite (ich meine links?). (Skizze: sechs-
speichiges Rad)
(15.12.1982)*

In dieser Zeit las ich das Buch von Marie-Louise von Franz über die Visionen des
Niklaus von Flüe, das mich sehr beeindruckte, auch wenn ich nicht alles verstand.
Meine Skizze gleicht dem sechs-speichigen Rad, über das Bruder Klaus auf
Grund einer Vision meditierte. Meine Energien könnten im kollektiven oder im in-

dividuellen Bereich sein. Aus dem Traum geht nur hervor, dass sie eindeutig auf einer Seite sind, aber nicht auf welcher.

Also muss ich wohl über dieses Problem meditieren.

Diese nicht ganz fassbaren Traum-Informationen haben einen eigenen Reiz, sie erinnern ein wenig an die Sprüche des Orakels von Delphi.

Die Geschichte von Bruder Klaus, der ein spiritueller und zurückgezogener Mensch und doch mit der Gemeinschaft verbunden war, ermutigt mich, in dieser Frage auch für mich den richtigen Weg zu suchen.

An Silvester:
Irgendein Legitimations-Diplom-Durcheinander.
Einmal oben auf dem Estrichvordächli im Haus zum Weinberg in Uetikon:
Die Aussicht hier oben ist fantastisch - es sieht auch gar nicht so schlimm aus in
Sachen Überbauung und Verschmutzung.
(31.12.1982)

Alles von oben zu sehen: welch eine Befreiung!

1983

40. Geburtstag: Anfang vom Ende? / Arnold Mindell wird Lehranalytiker / 40-Jahre Geburtstagsfest gemeinsam mit Franz / Öffentliche Vortragsreihe mit POP-KollegInnen / Abschlussprüfungen am Jung-Institut / Nichtwahl von Lilian Uchtenhagen zur ersten Bundesrätin der Schweiz

Träume:
Wut UND Nestbau / Meeres-Schildkröten auf dem Rigi / Eine Schlange, von der noch viel im Dunkeln ist / Ein Schreckensbrief - wie weiterleben? / Der schönste Wasserfall der Welt / Mein Schreibtisch mitten in der Natur / Im Patrizierhaus der Kindheit / Der Papst besucht einen alten Freund / Mit Arny in einer Synagoge / Unser Traum-Töchterchen / Das I Ging DER GROßMOGUL / Amerika und Europa

---

Am 2.1.1983 ist mein 40. Geburtstag

Zwei ältere Frauen aus der Nachbarschaft wollen mit mir ein Theater einüben. Ich muss aber weg und sage: „Wenn es euch nichts ausmacht." Sie sagen: „Es macht uns aber etwas aus" und lassen nicht nach, als ich zurückkomme, obwohl ich sehr müde bin. Weil ich ein schlechtes Gewissen habe, lasse ich mich hineinziehen und vernehme zu meinem Schrecken, dass das Theater mitten auf dem Meer gespielt werden soll - davon lassen sie sich trotz meinen Bedenken nicht abhalten (sie haben keine Angst vor Haifischen - die Angst vor dem Abdriften und Ertrinken wage ich nicht zu äußern!)
Das Meer ist dort sehr wild. Zu meinem Erstaunen schwimmt aber eine in Plastik verpackte Matratze, die ich habe, recht gut. Dennoch bin ich plötzlich auf der anderen Seite eines kleinen Meerarmes und sollte zurück. Das Meer hat jetzt riesige Wellen - ich wage nicht zu schwimmen.
Da springe ich auf ein ziemlich großes, altertümliches Schiff, das irgendwie meinem Bruder Ueli gehört und denke, wenn ich nicht die Tapfere spiele, komme ich vielleicht so hinüber.
Das Schiff wird von einer riesigen Welle in die Luft geschleudert und vom Wind herumgetrieben. Ich sehe von oben ein großes altes Ökonomiegebäude. Es weht uns über das Gebäude und wir sausen dort, wo wir eigentlich hinwollten, hinunter und bleiben mit einem Ruck stehen.
(2.1.1983)

Die Begegnung mit den beiden Frauen passt gut zu meinem damaligen Gefühl, jetzt fange ein neuer Lebensabschnitt an: Jahre, die zu den Wechseljahren und zum Älterwerden führen.

Die Aufforderung der beiden, denen ich nicht nein zu sagen wage, führt nicht eigentlich zum Theaterspielen, sondern zur Konfrontation mit dem Meer, bei der es trotz Angst am Anfang recht gut zu gehen scheint. Dann machen aber wilde Wellen und stürmische Winde die Situation völlig unkontrollierbar. Ich springe auf ein altes Schiff, das offenbar meinem Bruder Ueli gehört und erstaunlicherweise landen wir am Schluss genau dort, wo wir eigentlich hinwollten, ohne dass ganz klar wird, wer diese Pläne gemacht hat.

Das Umgehen mit dem Unkontrollierbaren ist eine große Kunst und etwas, was ich immer mehr und entspannter lernen und können möchte.

Auch hier verläuft alles schließlich gut für mich. Pfirsiche sind (z.B. in den Märchen) oft weibliche Früchte - leidet ein Teil meiner Weiblichkeit unter diese Rennerei?

unseren Freunden stehe schon früh um 6.30 Uhr an der unteren Gartenmauer und
mache einen Saulärm (dabei haben sie gar keinen Hund!).
Dann dringt eine besonders angriffige Person in den Garten ein, und sagt zu Chlöis,
das mit dem Achsenbruch sei ja auch nicht ganz sauber gewesen. Ich gerate fast
außer mir vor Wut, während unser Freund ruhig bleibt und mir zu verstehen gibt,
das sei eine notorische Querulantin und eigentlich krank.
Die ganz starke Einsicht, wie wenig Abweichungen ich im Moment ertragen kann,
wie schnell ich bereit bin, Gewalt anzuwenden. Ich finde mich selber plötzlich sehr
intolerant und unfrei - da sehe ich etwas Kleines, Graues auf einer Hecke: als ich
genauer hinsehe, ist es ein Singvögelein mit dem Schnabel voll Nestbaumaterial.
(in diesem Moment weckt mich Franz mit der Flöte).
(15.1.1983)

Was da im Alltag genau los war und mich so wütend machte, kann ich nicht mehr
rekonstruieren. Interessant finde ich, dass ich in diesem Traum für jemand anderen
kämpfe - das ist ja oft einfacher, als für sich selbst einzustehen!

Das Bild vom Singvögelein mit dem Nestbaumaterial gefällt mir: vielleicht ist
mein „Nestbau" irgendwie gefährdet und das bringt mich aus der Fassung?

Zwei Träume vom Aufräumen:

I
Ich bin dabei, im Ferienhaus meiner Eltern Vorräte zu kontrollieren und gieße
Sachen weg (Grieß, Mehl, Reis), in denen es schon kleine wandernde Pünktlein hat.
(25.1.1983)
II
Ich sehe ein Schmuckkästchen mit Schmuck darin und denke: da sollte ich einmal
aufräumen, damit ich wieder weiß, was ich eigentlich alles habe!
(29.1.1983)

Bei meinen Eltern muss ich durchgreifen und Verdorbenes wegschmeißen.
Wenn es um mich geht, sehe ich ein Schmuckkästchen voller Schmuck: höchste
Zeit, auch bei mir aufzuräumen und meine eigenen „Schätze" wieder einmal be-
wusst anzuschauen!

Ich komme von einem Waldspaziergang zurück.
Da sehe ich beim Herabkommen nahe beim Nachbarhaus einen Hirsch und ein Reh.
Ich bin ganz aufgeregt, freue mich und will es den Kindern sagen. Ich sehe
auch, dass es zutrauliche Tiere sind, die schon andere Menschen nahe an sich
herangelassen haben. Schnell will ich heim, um es zu sagen - da sehe ich auf den

kleinen Grasstücken ums Haus herum überall große, braune Tiere: Kängurus!
Ich kann es nicht glauben und gehe näher, aber es sind wirklich große Kängurus
(26.1.1983)

Meine Traum-Tiere - oft sind sie ja an einem Ort, wo sie für das Alltagsbewusstsein nicht hingehören - begeistern mich wieder einmal. Das Bedürfnis, sie im Traum den Kindern (oder auch Franz) zu zeigen, entspringt sicher dieser Begeisterung, wohl auch dem Bedürfnis, das Erstaunliche, nicht zu unserer Alltags-Welt Gehörende teilen zu können.

Zu den Kängurus kommt mir in den Sinn, dass die australischen Ureinwohner fest daran glauben, dass auf ihrem Kontinent keine Tierart endgültig ausstirbt. Sie lebt in der Traumzeit weiter, und ihr Geist inkarniert sich zum Beispiel in der Kunst wieder.

Einmal schaue ich in den Spiegel und sehe, dass ich Chruseli habe, die mir sehr gut stehen.
Einmal auf dem Rigi. Plötzlich sehe ich eine große Schildkröte herauskriechen - dann mit freudiger Aufregung und Staunen ganze Mengen: offenbar wohnen sie unter den Felsen in einer Höhle.
(31.1.1983)

Der „Chruseli"-Traumteil könnte mit dem „inneren" und äußeren Afrika zu tun haben.

Er erinnerte mich auch an mein erstes und einziges Erlebnis mit Dauerwellen: Als mich Arny mit solchen "Chruseli" sah, rief er ganz begeistert: „Ursula, you look like Einstein!" - was mir die Dauerwellen für immer verleidete!

Über den Rigi gibt es viele Sagen und Mythen, große Schildkröten kommen aber darin nicht vor. Es gibt jedoch Funde aus der letzten Eiszeit, die zeigen, dass dort einmal ein gewaltiges Meer war.

Arnold Mindell wird am Jung-Institut Lehranalytiker. Das bedeutet für mich, dass ich vor meinen Abschluss-Prüfungen keine weiteren Stunden bei einem anerkannten Lehranalytiker mehr nehmen muss, darüber bin ich sehr froh! (7.2.1983)

Von einem Zug nach Küsnacht. Mühe, ihn zu erreichen, die Barrieren sind schon zu, aber es geht doch noch.
Ich bin auf dem Bahnhof sehr nervös, es gibt große Menschenmengen und mein Vater will immer nach mir greifen, was ich nicht ausstehen kann!
(28.2.1983)

Vielleicht ein Hinweis, dass sich die ehrgeizige und wertende Haltung meines Vaters immer noch bemerkbar macht und versucht, die Einstellung zu den Abschlussprüfungen zu beeinflussen, das würde mich nicht wundern, aber behindern!

Von einem Umzug, in dem Träume mitgeführt werden.
(9.3.1983)

Am 12.3.1983 feierten Franz und ich unsere 40. Geburtstage gemeinsam mit einem Fest im „Weißen Wind". Es wurde ein ganz schönes, herzliches, lustiges Fest mit Musik und Tanz und einer tollen Stimmung.

Eine Freundin von uns ist Bundesrat geworden.
Ich überlege mir, ob ich das etwa auch hätte werden wollen und neidisch bin - denke
aber nein.
Wir sind in einem Hotel in den Bergen, wo die Amtseinsetzung für morgen
vorbereitet wird. Einmal denke ich auch: „Aha, jetzt ist es doch nicht Frau
Uchtenhagen."
(27.3.1983)

Eine Schlange, von der noch viel im Dunkeln ist. Es hängt mit meiner
Mutterproblematik zusammen.
Ich sehe mich im Spiegel, ich habe wunderschöne glatte, dunkle, lange Haare - es
reut mich, sie je wieder abzuschneiden!
(1.4.1983)

Die Schlange macht mich nachdenklich, hat etwas Bedrohliches, irgendwie kommt mir auch Medusa in den Sinn. Was ist da noch im Dunkeln? Kommt noch etwas auf mich zu, was bis jetzt nicht sichtbar war?

Die Schönheit meiner langen dunklen Haare, die ich im nächsten Traumteil im Spiegel sehe, beglückt und stärkt mich: sie gehören zu mir und nur zu mir. Sie zeigen mir ein anderes Symbol für einen Frauenweg, bei dem das Dunkle dazugehört, ohne Angst zu machen.

Ich musste wieder an diesen Traum denken, als ich bald darauf einen Brief bekam.

Im Brief teilte mir eine junge Frau mit, sie sei als Kind in den Ferien bei uns im Thorenberg von meinem Vater missbraucht worden. Diese Nachricht traf mich so, dass ich zuerst meinte, damit nicht weiterleben zu können.

Als Zweites dachte ich an meine Mutter und daran, dass diese Information auch für sie ein entsetzlicher Schock wäre, den sie vielleicht nicht überleben würde.

Nachdem mir meine Freundin Elisabeth ziemlich rabiat geholfen hatte, mich wieder zu fassen und abzugrenzen, nahm ich allen Mut zusammen und zeigte meiner Mutter den Brief.

Da erfuhr ich von ihr, dass sie schon seit vielen Jahren über die pädophilen Neigungen meines Vaters Bescheid gewusst hatte. Sie meinte, das sei früher eben so üblich gewesen, man habe das damals nicht so schlimm gefunden, die Männer hätten solche Sachen machen dürfen. Sie habe einen renommierten Kollegen meines Vaters in Zürich aufgesucht und ihn um Rat gefragt. Er habe ihr erklärt, sie solle sich keine Sorgen machen! Ihr Mann habe ihr auch versprochen, dass er diese Neigungen mit den eigenen Kindern und im Thorenberg nicht ausleben werde.

Ich war fassungslos und alarmiert und fragte sie, ob sie denn wirklich geglaubt habe, auf das Versprechen eines Süchtigen vertrauen zu können? Und was denn mit den anderen Kindern sei, die schließlich auch Schutz gebraucht hätten?

Der Vater stellte sich seinerseits auf den Standpunkt, er habe damals mit dem Gerichtsverfahren genug gebüßt und wolle nichts mehr von der ganzen Sache wissen. Das Thema war damit natürlich ganz und gar nicht abgeschlossen, und ich konnte es nicht einfach loslassen, zu groß war der Verrat und mein tiefes Erschrecken über die Unfähigkeit meiner Mutter, sich gefühlsmäßig auf dieses Thema einzulassen.

Doch vorerst ging es an einem anderen Ort weiter:

> *Ich habe ganz wichtige Ideen über meine zukünftige Praxis: dass ich eine Zeit*
> *planen muss, wo alle gratis kommen können - aus Dankbarkeit!*
> *(10.4.1983)*

Diese „Idee" war mir natürlich nicht fremd und ich habe mich immer wieder von ihr leiten lassen, wenn auch nicht in einer ritualisierten Struktur in der Praxis. Die Dankbarkeit und das Wissen um meine Privilegien war und ist eine starke Motivation, mich für Menschen einzusetzen - in meiner Praxis und anderswo!

Mai / Juni 1983: Öffentlicher Vortragszyklus in Zürich:
Arny Mindell hat alles organisiert und fordert einige seiner SchülerInnen (darunter auch mich) auf, einen Vortrag zu halten. Wir haben alle Respekt davor, er bietet uns an, wenn jemand zusammenklappe, würde er einspringen und selber einen Vortrag halten. Natürlich ist am Schluss niemand zusammengeklappt! Aber ich hatte so Angst, dass mich Franz praktisch zum Vortragssaal stoßen musste.

Die Vorträge waren alle spannend, wir lernten einander noch einmal neu kennen, und diese Erfahrung hat uns und auch POP „in die Öffentlichkeit katapultiert".

> *Ich bin glücklich. Eine Garten-Balkontür, draußen ein sonnendurchfluteter grüner*
> *Garten. Zmorgenstimmung: einfach glücklich.*
> *(18.6.1983)*

Es gibt dem Fluss entlang einen unterirdischen Stollen von Olten nach Gösgen. Dieser Tunnel ist fantastisch! Er ist teilweise in den Felsen gehauen, teilweise mit großen Klötzen gemauert. Ich sage: schade, dass wir das nicht schon früher gewusst haben, da könnte man doch mit den Besuchern hin! Eigenartig ist, dass der Tunnel offensichtlich aus der Ritterzeit stammt, aber zum Kernkraftwerk führt!
(26.6.1983)

Das Unbewusste mischt wieder einmal die Zeiten!

Sommerferien in Obergmeind (11.7.-6.8.1983)

Mein Vater gibt mir meine Abschluss-Arbeit zurück - zu meinem großen Ärger stelle ich aber fest, dass er Seiten ausgewechselt hat und Seiten von sich hat einbinden lassen. Die muss ich jetzt wieder herausnehmen.
(11.7.1983)

Es ist immer wieder dasselbe: mein Vater ist übergriffig, selbstbezogen und respektlos. Immerhin kann ich wieder herausnehmen, was er von sich hat einbinden lassen.

Ich telefoniere mit Arny, er nimmt ab mit einer fremden Stimme und murmelt etwas von „control seminar" oder ähnlich, sehr fremd. Er bleibt auch fremd, äußert sich sehr vage über meine Diplomarbeit und sagt, er gebe sich nicht gern mit Leuten ab, die nur 40% von dem zeigen, was sie können.
(25.7.1983)

Offenbar hat sich der negative Vater über „Arny" gestülpt ...

In Frankreich.
Ich stehe hinter dem schönsten Wasserfall der Welt - aber ich bringe meine Augen nicht auf, kann ihn nicht sehen.
(28.7.1983)

Dass ich die Augen nicht öffnen kann, ist eine ganz große Frustration, ich bin verzweifelt darüber: der schönste Wasserfall der Welt - und jetzt das!!

Ich stelle mir einen Schreibtisch mitten in der Natur auf, wir sind in den Bergen. Einmal denke ich über den Namen „Johann Martin" nach (so heißt unser Vermieter dort), ob dieser Name für die Stadt auch ginge?
Einmal kommen alle Leute in Schwarz aus den verschiedenen Hütten und Bauernhäusern. Für eine Beerdigung? Es ist jedenfalls richtig so.
(14.8.1983)

Haben die schwarzen Kleider vielleicht damit zu tun, dass es der letzte Sonntag in den Ferien ist? Nach den Ferien ist die Rückkehr nach Oerlikon immer ein Schock, der mich über Stadt und Land nachdenken lässt.

> *Ein Mann steht neben mir und sagt, das schätze er so an mir: dass ich so viel singe.*
> *(August 1983)*

Tatsächlich singe ich gern und viel - im Treppenhaus, wenn die Sonne scheint - ich kann gar nicht anders!

Einer unserer Söhne träumt, ich bekomme das Diplom nicht, weil sie meine Diplomarbeit nur etwa halb gelesen haben. Tatsächlich ist meine Diplomarbeit über Waschküchenträume eher ungewöhnlich, weil ich sie praktisch ohne Sekundärliteratur geschrieben habe. Sie wurde aber ohne besondere Probleme angenommen.

> *Es läutet, ich drücke den Türöffner.*
> *Offenbar ist es im Patrizierhaus, wo wir lange lebten. Der untere Gang ist dunkel,*
> *so dass ich nicht sehe, ob jemand kommt. Ich denke, das sei doch eigentlich recht*
> *unpraktisch und ein wenig bedrohlich.*
> *Nach einer Weile zeigt sich, dass meine Mutter gekommen ist, sehr munter und*
> *positiv. Ich wundere mich: WAS, DU bist gekommen?*
> *(Im Traum ist es gleichzeitig auch in der früheren Anstalts-Wohnung)*
> *(14.9.1983)*

Alte Schrecken, mittendrin positive Munterkeit, das passt zu meiner Mutter! Passt es auch ein bisschen zu mir?

> *Ein alter Priester wird vom Papst besucht (ist er ein alter Freund von ihm?).*
> *Der Papst ist dann da, aber der andere ist aus dem Mittagsschlaf gerissen worden,*
> *was er als unfair empfindet, weil er gar nicht richtig aufwachen kann. Der Moment,*
> *als der andere den Kopf des Papstes ergreift und ihn hält, ist intensiv. (Der Papst*
> *hat kurze weiße Haare)*
> *(15.9.1983)*

Es scheint, also ob der Papst-Teil ein wenig menschlicher würde durch die Beziehung zu seinem alten Priester-Freund, der seinen Kopf liebevoll hält.

Durch den Abschluss der schriftlichen Arbeiten, die vorbereitenden Gespräche und schließlich durch die Diplomprüfungen tauchte ich noch einmal tief in die Jungianische Welt ein.

Aber in der Nacht thematisierten meine Träume oft meinen Platz in der FG POP und die Beziehung zu Arny und seiner Umgebung:

- Ich treffe Arny in einer Kirche oder Kapelle. Es ist ein Stelldichein, wir umarmen einander und sind froh. Da applaudiert eine ganze Empore voller Leute: sie waren die ganze Zeit da gewesen und hatten uns zugeschaut. Ich bin schon ein wenig baff, habe aber ein starkes Gefühl, es müsse so sein.
- In einer jüdischen Synagoge. Ich habe Fleck bei mir, und erst noch nicht angebunden. Einmal sehe ich, wie ein jüdischer Bub seine Trommel abstellt. Er fühlt sich hier wohl, kennt alles. Ich denke: ja, man könnte sich hier auch wohl fühlen wie in irgendeiner Kirchgemeinde: die Synagoge kann vertraut sein, Heimat sein.
- Einmal bin ich kurz weg, dann komme ich wieder und gehe mit Fleck die Treppe hoch. Da sehe ich oben plötzlich alle Frauen der Gemeinde hinter Glas. Ich merke, dass ich da wohl fehl am Platz bin: sowohl als Frau als auch mit Fleck. Schnell kehren wir um und gehen.
- Dann sind wir wieder in einer größeren Menschengruppe (neue Anhänger von Arny?), es geht offenbar um eine Art Arbeitslager, um eine Wette zu erfüllen (ob Arny etwas schafft oder nicht).
- Arny und ich schlafen in einem Bett, aber nicht zusammen.
- Dann ist es Morgen - das Frühstück sollte gemacht werden - über Nacht sind noch neue Anhänger eingetroffen, z.B. eine ganz herzige Frau aus München. Ich will in der Küche helfen, das Zmorge (Kakao) zu machen, drehe aber einen falschen Schalter, und eine hohe Gasflamme schießt empor. Ich erschrecke und denke, dass ich da lieber die Finger davonlasse.
(16.9.1983)

Meine Verbindung mit Arnold Mindell war in diesen Jahren eine lebendige und herausfordernde Arbeitsbeziehung und Freundschaft mit einem charismatischen Lehrer, dessen tiefste Überzeugungen ich teilte, in der aber auch die Unterschiede unserer Herkunft, Lebens- und Denkweise eine Rolle spielten und manchmal zu Konflikten führten.

Zwei der Traumteile zeigen Gebiete, in denen ich mich nicht wohl und am richtigen Platz fühle: die jüdische Gemeinschaft und die Rolle der Frau in der Synagoge und das Bereiten des Frühstücks für die „neuen Anhänger".

Ich muss den richtigen Platz finden, wo ich mich in die Gruppe einbringen kann und will und merken, von was ich „lieber die Finger lassen sollte" (auch zu meinem eigenen Schutz).

Offenbar habe ich einen Traum gehabt, ich müsse für Arny „sehen", Visionen haben - etwas, was für ihn wichtig ist.
Später bin ich in einem Seminar, in dem ich versuche, wegen dieses Traumes in Trance zu kommen. Ich renne herum, versuche mit Atmen nachzuhelfen - es

*geht nicht - ziemlich blöd - ich bin verlegen, entschuldige mich bei den anderen,
jetzt hätte ich halt meine hysterische Seite einmal herausgelassen - es ist mir sehr
unangenehm, ich bin enttäuscht und deprimiert.*
*Da sehe ich vor dem Fenster im Nachthimmel eine riesige Rakete mit Feuer hinten
heraus.*
*Alles ist vergessen, ich renne nur noch zum Fenster und rufe den anderen zu, sie
sollen auch schauen. Aber diese schütteln nur den Kopf, sie sehen nichts! Da schaut
mich Arny so eigentümlich an, und ich weiß plötzlich, das ist ja die Gelegenheit, ich
muss mich nur der Rakete überlassen.*
*Ich mache es, und es klappt. Ich denke auch, ich könnte dann die
Erde von oben zeichnen, dann würde mir Franz sicher glauben, dass ich im
Weltraum war! Von da an kann ich, wann immer ich will, am Himmel suchen und
sehe nach einer Weile eine rosarote Stelle - Umrisse - und die Rakete ist da.*
(21.9.1983)

Eine ziemlich verrückte Angelegenheit! „Hysterisch" ist ein Lieblingswort meines
Vaters, wenn es um weibliche Emotionen geht - ich kann mich offenbar im Traum
selber nur knapp mit dem ganzen Geschehen identifizieren.

Im zweiten Teil des Traumes merke ich dann, dass es jetzt nicht um etwas geht,
was auch die anderen wahrnehmen können, sondern nur um meine Wahrnehmung.

Abschlussprüfungen am Jung-Institut
Am 7.10.1983 schreibe ich meine Klausurarbeit im Jung-Institut. Als Thema bekomme ich das Märchen „Frau Holle", das ich gut kenne und liebe. Ich hatte Taschen
voller Nachschlagewerke dabei - sogar eine Bibel-Konkordanz - und brauchte nichts
davon! Das war ein guter und erfreulicher Auftakt.

Lucerna (10.-14.10.1983)
Arny hält einen Vortrag dort und lernt dabei Mitglieder meiner Familie auch persönlich kennen.

Nachdem er meine Mutter getroffen hat, sagt er zu mir: „But she is a child"! Damit
kann ich etwas anfangen: ich glaube, dass sich meine Mutter nach der Verheiratung
mit Vater durch den Rückzug in eine Art Kinderwelt mit Lesen, Hund und Garten
und dank einem starken Rückhalt in ihrer eigenen Familie, bei ihren Schwestern,
„gerettet" hat. Für mich hat das bedeutet, dass ich kein direktes Vorbild hatte, wie
man eine erwachsene Frau wird.
Nach dieser angespannten und ereignisreichen Zeit (auch mein Mann kam in diesen
Tagen politisch mit seiner Fernsehsendung „Denkpause " unter Druck), verschwinden wir für ein paar Ferientage ins Tessin, was wir sehr genießen.
Am 24. und 27. Oktober standen wieder Prüfungen bevor. Vorher träume ich noch
im Tessin:

*Wir müssen unser Töchterchen im Spital abholen - ich bin völlig unvorbereitet,
nichts ist da: wo sollen wir es hintun? Wie kleiden und nähren? - Ich weiß auch
nicht mehr, wie man mit kleinen Kindern umgeht!*
*Ich beschließe, zu einer ehemaligen Studienkollegin zu gehen und sie um Rat zu
fragen. Sie kann mir auch zwei Gazewindeln und einen alten Nuggi geben fürs
erste. Irgendwie ist sie die Richtige dafür.*
*Jedenfalls bekomme ich das Kind dann, es ist winzig. Ich will es ansprechen, weiß
aber seinen Namen nicht mehr - will schon sagen „Bärbeli" da kommt mir in den
Sinn, dass es ja Katrin heißt. Zu meinem Erstaunen kann ich es gut stillen: es
nimmt die Brust und saugt, und ich sehe weiße Tropfen Milch heraussickern: es hat
sogar zu viel.*
*Auf irgendeine Art ist das Kind außergewöhnlich: Kann es schon sitzen? Oder lesen
und schreiben? Sprechen? Es ist winzig, eine Art Däumling, aber außergewöhnlich!*
(19.10.1983)

Was für ein schöner Traum - mit 40 könnte ich ja vielleicht tatsächlich noch ein
Töchterchen bekommen? Aber bei diesem ganz besonderen Kind geht es wohl eher
um eine Gabe, die mir geschenkt wird, vielleicht um eine Zuversicht für das, was
kommt.

Die Kollegin, die ich im Traum um Rat frage, ist eine ausgeglichene, kenntnisreiche
und musische Germanistin, eine beliebte Lehrerin an einem Gymnasium - vielleicht
kommt auch ein Stück „Germanistenseele" zurück?

*Meine Prüferin Frau Baumgardt kommt und holt meine Klausur-Arbeit ab.
Ich sage, dass wir ja beide zu unserem Ehrgeiz stehen müssen - dass ich mit der
Arbeit im Gefühlsbereich nicht ganz zufrieden sei!*
(25.10.1983)

Da bin ich doch vielleicht mit meinem frisch geborenen Töchterchen auf einem guten Weg?

Die Prüfung am Vortag bei einem netten, respektvollen Analytiker ist gut abgelaufen.

Am 27.10. findet die nächste Prüfung bei einer von mir hoch geschätzten, ziemlich
chaotischen Jungianerin statt, die zuerst einmal eine halbe Stunde zu spät kommt
und mir dann Bilder vorlegt, die ich aus einem ihrer Bücher bestens kenne.
Mit großer Mühe versuche ich Eigenes einzuflechten und nicht einfach nachzu-
beten, was im betreffenden Buch steht - am Schluss macht mir die Prüferin große
Komplimente, aber mir ist nicht ganz wohl in meiner Haut.

Vor einer POP-Sitzung:

> *Ich erkläre jemandem ganz einleuchtend und klar das I Ging „der Großmogul" (der
> Patriarch) und den dahinterliegenden Archetyp.*
> *(6.11.1983)*

Dieses I Ging gibt es natürlich nicht, aber der Traum hat mich sehr amüsiert.

Wir leben in der Schweiz in noch immer vorwiegend patriarchalen Strukturen
und diese spielen eben auch in unserer neugegründeten Gruppe und Schule eine größere Rolle, als ich gern hätte. Das ist auch einer der Gründe, warum ich mich manchmal schwer tue mit unseren Sitzungen - ich schätze meine männlichen Kollegen ja
und weiß, was sie für uns tun, aber ich muss dann halt doch hin und wieder etwas
sagen, was nicht allen passt.

Am 7.12.1983 wird Lilian Uchtenhagen, die erste gut qualifizierte Frau als Kandidatin
für den Bundesrat in der Geschichte der Schweizerischen Eidgenossenschaft, durch
die Bundesversammlung nicht gewählt. Auch ich bin wie viele andere Frauen (und
nicht wenige Männer) fassungslos und tief getroffen!

> *In unserem Estrich hat es zwei Zimmer. Zu meinem Erstaunen sehe ich, dass sie leer
> ausgeräumt und frisch gestrichen sind. Offenbar will sie der Spekulant N. instand
> stellen lassen und vermieten!*
> *Ich fühle mich sehr bedroht, wenn ich daran denke, dass diese Mieter dann durch
> unser Treppenhaus gehen und auf unseren Köpfen herumtrampeln!*
> *Doch wie will er das vermieten? Die Toilette auf dem Estrich gehört ja uns!*
> *Langsam wird mir klar, dass ich mich wirklich wehren kann: das ganze Haus gehört
> uns, und es ist völlig unmöglich, dass N. etwas davon für sich beanspruchen kann!*
> *(11.12.1983)*

Nicht alles, was mir im Traum und in der Alltagsrealität „zustößt" muss ich so ste-
henlassen und akzeptieren. Manchmal braucht es ein genaues Hinschauen und
Überdenken des ersten Schreckens und der Gesamtsituation, bis Übergriffiges klar
wird.

> *Von einer Weihnacht mit überseeischen Verwandten. Irgendwie ist es ganz lustig,
> mir fällt auf, dass ich mich als zu den Kindern gehörig betrachte.*
> *Es gibt in dieser Familie auch sehr unangenehme Männer, fette Businesstypen, die
> davon reden, wie sie Geld in der Türkei investieren und dort Häuser, Villen und
> Hotels bauen wollen. Ich überlege, was das wohl von außen für einen Eindruck
> macht, wenn wir mit diesen Typen im gleichen Haus sind!*
> *(17.12.1983)*

Der „überseeische Teil" der Familie, die da an Weihnachten zusammenkommt, ist mit Amerika-Klischees befrachtet, und ich betrachte mich als zu den Kindern gehörig - wohl weil ich keinen Weg finde, diesen Figuren als erwachsenes Gegenüber zu begegnen.

Nachdem die meisten Abschlussprüfungen am Jung-Institut vorbei sind, ist die Möglichkeit näher gerückt, für meine weitere Ausbildung im Sommer an Arnys Seminarien in Amerika teilzunehmen - etwas, was für meine amerikanischen „Geschwister" selbstverständlich ist und was viele meiner Schweizer Kollegen auch schon gemacht haben. Aber zuerst geht es offenbar darum, mit den Projektionen auf diesen Teil der Welt aufzuräumen, an meinen Ängsten und Informationsdefiziten zu arbeiten und dann - zu gehen!

> *Eine Art Schalter wie im alten Jung-Institut.*
> *Es haben Zulassungsprüfungen stattgefunden, viele Leute kommen, um sich zu erkundigen.*
> *Vor mir ist ein total unmögliches altes Ehepaar, sie bekommen eine Absage: ihre Leistungen waren alle unter vier. Ich bin erleichtert! Also nehmen sie doch nicht einfach alle!*
> *Auf meinem Zettel habe ich verschiedene Sachen notiert. Jetzt gebe ich den Zettel dem „Institutsleiter". Er lacht und meint, Punkt eins sei jetzt wohl klar. Da sehe ich, dass ich zuoberst geschrieben habe „Höllendrache" - mein Eindruck von den Alten?*
> *(22.12.1983)*

Dieser Traum hat wohl mit meinem Problem mit der „amerikanischen Offenheit" zu tun, mit der Arny alle Menschen in seine Seminare und sogar Ausbildungen aufnimmt, die es entweder brauchen oder die Ernsthaftigkeit ihrer Motivation beweisen können.

Das Jung-Institut ist viel „europäischer" und strenger, es wird zum Beispiel ein abgeschlossenes Universitätsstudium verlangt. Das kommt meinem europäischen Teil eben doch entgegen, obschon ich gleichzeitig auch dagegen rebelliere.

Auch der folgende Traum gehört zum Thema Europa:

> *„Mein Haus" auf dem Land.*
> *Darin hat es zu meiner Verblüffung ein altes Zimmer mit dunklem Täfer.*
> *Offenbar ist es das Zimmer, in dem Dostojewski die „Brüder Karamasow"*
> *geschrieben hat. Das beeindruckt mich tief. Ich überlege, dass man zuerst einmal das Täfer herunterwaschen müsste - dann wäre es etwas weniger düster. Das Zimmer hat einen rechteckigen Tisch in der Mitte.*
> *(24.12.1983)*

Das ist ja großartig! Dass ich das erleben darf!

In „meinem Haus" gibt es ein Zimmer, das mir wie eine Essenz meiner Herkunfts-Kultur vorkommt. Aber das alte Täfer müsste dringend heruntergewaschen werden!

> *Irgendetwas läuft mit mir, von dem ich nachher nicht mehr weiß, was. Es hat mit fünf Pfefferkörnern zu tun. Eine Schwängerung? Ich bin tief beunruhigt, weil ich den Überblick nicht habe.*
> *(31.12.1983)*

Was wird das neue Jahr bringen?

1984

Diplomübergabe / Thesis-Vorlesung am Jung-Institut / Unfall-Tod unseres Freundes Chlöis / Theaterpädagogik-Klasse an der Schauspielakademie / Internationaler Jung-Kongress in Wien Schönbrunn

Träume
Mein Gebiss kann nicht mehr korrigiert werden! / Jonny Cash in der Schweiz / Arbeit
an einem alten Codex / Etwas Gemeinsames für Debbie und mich / Seit drei Monaten
schwanger / Schnee heißt auf Chinesisch FU-ANG / Träume vor und nach dem Tod unseres
Freundes Chlöis / Im alten Prag / Atom-Explosion, Ziehen riesiger Vogelscharen

---

> *Ein Zahnarzt teilt mir sorgenvoll mit, er werde meinem Vater jetzt sagen müssen,*
> *dass die Zahnkorrektur bei mir nichts genützt hat!*
> *(4.1.1984)*

Beim Aufwachen weiß ich: Aha! jetzt habe ich mein Diplom von Innen bekommen, Hurra!

> *Einmal trage ich eine sehr schöne Pelzjacke und bin überhaupt sehr elegant und*
> *modisch. Die Jacke ist aber aus einem alten Fuchspelz gemacht! Ich gehe herum*
> *und genieße es. Da sehe ich von unten eine Gestalt in einem riesigen, langhaarigen*
> *weißen Eisbärenfell heraufkommen.*
> *Ich weiß, dass unter dem Fell eine Freundin ist. Als ich sehr nahe bin, sehe ich sie*
> *auch. Sie ist verblüfft und fragt, was diese Jacke gekostet habe? Ich sage, es sei eine*
> *alte, habe nicht viel gekostet. Warum rechtfertige ich mich?*
> *(10.1.1984)*

Es war immer eher fremd für mich „modisch-elegant" zu sein. Hier kann ich es aber genießen und fühle mich schön. Da begegnet mir die Freundin in einem Eisbärenfell: Es ist für mich klar, dass sie ein Teil von mir ist.

Das Bärenmotiv ist Jungianisch solid beforscht worden: in einem Bärenfell zu stecken, deutet oft auf eine gewisse Besessenheit („Berserkerwut") hin, was hier Sinn machen würde: ich begegne mit meiner „neuen" Eleganz und Schönheit meinem alten Berserker-Teil (der allerdings schon in einem EIS-Bärenfell steckt). Es ärgert mich, dass ich mich sofort rechtfertige für diese Jacke. Sie ist aus einem alten Fuchspelz gemacht, aber doch nicht billig, wenn man bedenkt, was mich meine Entwicklung gekostet hat.

12.1.84

Arny empfängt mich in der Analysestunde mit der Mitteilung: „Ich werde geschieden.".

Ich bin sehr betroffen, kann nicht viel dazu sagen. Mir kommt der Traum mit Arny im Bett, aber ohne Sex und Körperkontakt in den Sinn (16.9.1983). Genau so fühle ich mich: tief betroffen, aber „geistig".

> *Johnny Cash ist in der Schweiz. Er ist dicker und älter geworden: ich überlege mir,*
> *dass es schwierig ist, „Johnny Cash" bleiben zu müssen. Wichtig ist wohl, dass die*
> *Bauarbeiter ihn als Johnny Cash erkennen!*
> *Ich freue mich, dass er jetzt bei uns in der Schweiz lebt, aber da werde ich von Franz*
> *darauf aufmerksam gemacht, dass es nicht so ist: Er ist nur öfters hier auf Tournee.*
> *(13.1.1984)*

Ich liebe Johnny Cash, seine direkte, „unverbogene" Art. Zum Motiv des dicker und älter werdenden Sängers kommt mir der Traum über unseren Freund H. (5.12.78) in den Sinn: die beiden haben viel gemeinsam. Wenn ich meine Liebe zu ihnen auch auf mich selbst und meine Kreativität beziehe, kann ich mich freuen, dass „Johnny Cash" öfter in der Schweiz ist, wenn auch dicker und älter.

> *Ich bin an einer Arbeit. Es geht darum, eine Art Codex zu kommentieren, es hat*
> *immer Bild und Text und eine Nummer, wie ein altes Apothekerbuch.*
> *Zum Beispiel gibt es ein Bild Nr. 139. Ich fasse das Ganze zusammen und zeige*
> *den Prozess auf, der dahintersteht. Offenbar ist es ein Maya-oder Azteken-Codex.*
> *Es geht darin um einen Menschen, der im Gefängnis ist und dort leben muss. Er*
> *kann seine bisherigen Routinen nicht mehr brauchen, muss sich umstellen und neue*
> *Fähigkeiten entwickeln.*
> *(im Januar 1984)*

Mir kommt dazu in den Sinn, dass ich seit meiner Kindheit immer wieder überlegt habe, wie man im Gefängnis überleben kann. 139 ist eine Primzahl, was darauf hindeuten könnte, dass jeder Mensch ein individuelles Schicksal und sein eigenes „Gefängnis" hat. Ich denke auch daran, dass ich erst nach einer Weile merkte, dass mein Engagement für politische Gefangene bei „Amnesty International" auch eine meinen eigenen Prozess betreffende persönliche Dimension hat.

> *Meine amerikanische Kollegin Debbie und ich haben etwas Gemeinsames bekommen.*
> *Ein gemeinsames Zimmer?*
> *(24.1.1984)*

Tatsächlich wird Debbie in den nächsten Jahren meine beste Freundin werden, und wir werden viel zusammenarbeiten. Zur Zeit des Traums war ich damit beschäftigt, über die Unterschiede zwischen Gefühl und Sentimentalität und die Rolle der Gefühle in meinem Leben nachzudenken. Debbie, nach Jung'scher Typologie ein Gefühlstyp und gleichzeitig eine Karate-Schwarzgurt-Frau, hat mich bei der Auseinandersetzung mit meiner Gefühlsfunktion sehr gefordert und gefördert.

> *Einmal sagt ein bleicher, käsegesichtiger Mann, er arbeite 51 Stunden pro Woche mit Analysanden. Ich sage ihm ins Gesicht: „Sind Sie wahnsinnig? Spinnen Sie eigentlich?"*
> *Dabei merke ich aber, dass ich eifersüchtig und neidisch bin: wütend, dass so einer einen solchen Zulauf hat!*
> *Er sagt dann etwas wie: ja, man muss den Leuten doch helfen, es ist gibt eben viele Probleme und Not.*
> *(30.1.1984)*

Oje! Das weitere Aufbauen meiner Praxis ist meine nächste Herausforderung, ich bin mittendrin!

> *Bin ich beim Frauenarzt?*
> *Mit Befremden versuche ich mich mit der Tatsache auseinanderzusetzen, dass ich offenbar schon drei Monate schwanger bin, ich habe die Periode schon lange nicht mehr gehabt. Wie um Himmels Willen soll ich es Franz sagen? Es ist für mich ganz unbegreiflich und unklar!*
> *(7.2.1984)*

Das Baby wäre also vor drei Monaten gezeugt worden. Damals hatte ich gerade meine letzten Prüfungen am Jung-Institut hinter mir und den Aufbau meiner Praxis vor mir.

(Auch einer meiner Söhne träumte in dieser Zeit, ich erwarte noch einmal ein Kind. Er wehrte sich im Traum erbittert dagegen, verlangte, es müsse abgetrieben werden, weil sonst alles anders werde, und war sehr froh, als er aufwachte.)

> *Am Morgen sage ich Arny, ich habe geträumt, es habe viel Schnee gegeben in der Nacht. Schnee heiße auf Chinesisch FU-ANG.*
> *Arny kommt nach einer Weile ganz aufgeregt zurück und sagt, er habe nachgeschaut, FU-ANG heiße auf Chinesisch „neue Hoffnung".*
> *(29.2.1984)*

Dazu kommt mir mein „Schnee-Erlebnis" vor Jungs Haustür 1979 in den Sinn, wo ich auf dem Heimweg von Arnys Praxis einen intensiven Moment der Stille erlebte.

Mit der Beendigung des Studiums am Jung-Institut wird es hoffentlich mehr Platz für Stille geben in meinem Leben.

Ein Traum, nach dem ich mit gebrochenem Herzen, durch und durch aufgewühlt und voller Schmerz erwache - zum Glück „nur" ein Traum!

> *Ich bin mit Franz auf einer Reise - wir sind offenbar auf dem Rückweg.*
> *Da teilt er mir mit, dass er sich von mir trennen wolle, weil er mich nicht mehr liebe. Er will die Verbindung mit mir lösen, sobald wir daheim sind, es hat irgendwie mit dem Entfernen der Eheringe zu tun. Die Art, wie ich dem allem als Opfer einfach ausgeliefert bin, ist entsetzlich. Ich denke immer nur, vielleicht ist es doch nicht wahr. Zu Hause sagt Franz, er habe alle Zeitungen umbestellt, nur der „Tages-Anzeiger" werde noch an mich ausgeliefert. Als ich ihn frage, wo er denn wohne, sagt er, dass er bei einem Mann wohne, den er nur oberflächlich beruflich kennt.*
> *Ich bin ganz gebrochen und verzweifelt und denke: ich wollte immer allein schlafen, und jetzt sind wir nie mehr zusammen!*
> *(März 1984)*

Am Vortag hatte ich einer Kollegin, die von ihrem Mann verlassen worden war, am Telefon gesagt, dass ich nicht verstehen könne, wie sie reagiere, „ohne sich zu wehren, ohne Selbsterhaltungsreflex". Dieser Traum zeigt mir eindrücklich, wie schnell auch ich „ohne Selbsterhaltungsreflex" in einer Verzweiflung verschwinden und nur noch leiden könnte.

Reise nach Spanien (9.-19.4.1984)
Die Buben und ich reisen zu Franz, der seine Spanien-Tournee abgeschlossen hat, zuerst nach Barcelona, dann nach Sevilla. Während ich bei einem Kaffee an einem Tisch auf dem Trottoir sitze, wird mir in Sevilla die Handtasche vom Schoss weg gestohlen.

Meine tiefe Verstörung durch diesen Vorfall beeindruckt mich, ich erlebe ihn als Übergriff in meinen ureigensten intimen Raum.

Wieder in Oerlikon

> *Von einem kleinen Säugling, den ich auch noch habe (neben größeren Kindern).*
> *Er ist eine Quelle von großer Freude und Glück!*
> *Ich muss aber weg und sollte ihm vorher noch einmal die Brust geben. Ich habe nicht viel Milch und denke, ich gebe ihm zur Anregung der Milchproduktion beide.*
> *Er saugt und saugt.*

*Ich bin sehr zerstreut, als ich die Brust wechseln will, halte ich eine Bierflasche
daran statt des Säuglings!*
(23.4.1984)

Vielleicht ein Hinweis darauf, dass die biologische Mutterschaft langsam abgeschlossen ist?

Thesis-Vorlesung am Jung-Institut (24.4.1984)
Am Jung-Institut war es üblich, dass die frisch Diplomierten eine Vorlesung über
ihre Thesis gaben. Als ich vor meiner Vorlesung am Bahnhof auf den Zug wartete, ging mir durch den Kopf, dass ich das als Erste in der Linie der Frauen meiner
Familie erlebte.

Neben der Frustration, es ohne Vorbild machen zu müssen, fühlte ich mich auch
ein wenig als Pionierin und so auch privilegiert.

Mir kam zudem die biblische Einrichtung des Sabbats in den Sinn: „Wenn ihr in
das Land kommt, das ich euch geben werde, müsst ihr dafür sorgen, dass das Land
mir jedes siebte Jahr einen Sabbat feiert". (3. Mose / 25). In den letzten Jahren habe
ich „mein Land" bis zum Äußersten ausgebeutet - wie könnte ich ihm einen Sabbat
geben?

Das Diplom des C.G. Jung-Instituts gab mir in der Schweiz einen beruflichen Status,
welchen die meisten meiner amerikanischen Kollegen und Kolleginnen nicht hatten.

Das führte zu gewissen Spannungen, die mir erst langsam klar wurden.

Besonders schwierig erlebte ich die Beziehung mit Joe, ebenfalls POP-Lehrer,
Amerikaner und ein enger Freund von Arny, von dem ich mich oft nicht verstanden fühlte.

Darüber schrieb ich:
„Joe hat eine Art, meine Voten zu übersetzen mit der Einleitung «to make a long sto-
ry short», welche mich rasend macht! Da muss ich halt so gut Englisch lernen, dass
ich selber in dieser Sprache sagen kann, was ich meine!"

*Ich gehe durch eine schmale Gasse (wie vor dem Kindergarten in S.) hinunter und
tanze und singe ein Lied unseres Freundes H.
(Beim Aufwachen: Alle diese Beziehungsprobleme! Ich muss mehr tanzen!)
(19.5.1984)*

*Wir sollen nach Olten ziehen. Olten ist ein Riegelhausstädtchen aus dem
Mittelalter, sehr schmuck und bünzlig. Offenbar sind überall Leute, die wir kennen.
Mir graut!*

132

*Ich weiß gar nicht, wie ich das aushalten soll, ich bin ziemlich unsicher und
verzweifelt.*
*Da habe ich plötzlich eine rettende Idee: ich muss versuchen, in Zürich bis zum
Umzugstermin eine Praxis zu finden, dann kann ich pendeln und immer zwei bis
drei Tage pro Woche in Zürich verbringen!*
(21.5.1984)

Das würde dann eine Art „Gleichgewicht zwischen den Welten" geben, wie ich es
oft suche.

Im Folgenden mache ich mir Gedanken über meine Streitereien mit Joe. Sicher ist es
zum Teil eine Frau-Mann-Sache, auch eine Eifersucht, was Jung betrifft: wem gehört
Jung? Wer darf wie über Jung reden? Auf beiden Seiten spielen außerdem verschiedene Lebenswelten und Temperamente eine Rolle, vielleicht auch ein gegenseitiges:
„du darfst das nicht machen, weil ich es nicht kann."

Ich muss bei mir bleiben, mich nicht einengen lassen, das Tanzen und Singen
nicht vergessen!

*Meine Mutter hat zwei Hunde und geht mit ihnen zum Tierarzt. Ihr Hund Troll soll
offenbar eingeschläfert werden. Der zweite ist jung, zugelaufen.*
*Der Tierarzt ist alarmiert, als er Troll untersucht. Jemand plage ihn regelmäßig
(breche ihm den Rücken?) Ich habe einen Verdacht, wer es sein könnte. Mutter geht
nicht darauf ein, will sich nicht entwickeln, will keine „Unbequemlichkeiten" mehr.*
(29.5.1984)

Meine Mutter will ihren sehr geliebten Hund Troll einschläfern lassen und der Frage
nicht nachgehen, wer ihn allenfalls plagt und ob er weiterleben könnte. Sie hat jetzt
einen neuen, zugelaufenen jungen Hund, der Troll ersetzen wird.

Dieser Traum hat etwas sehr Beunruhigendes. Ich glaube, dass er wirklich meine
Mutter betrifft und nicht einen Teil von mir. Sie will sich, sogar wenn es um ihren geliebten Troll geht, nicht mit einem möglichen Misshandler konfrontieren.

Abendessen mit einem Jungianischen Kollegen.

Wie sehr „mein Buch" für uns alle eine Obsession ist: warum müssen wir alle ein
Buch schreiben, oder meinen es jedenfalls?
(20.6.1984)

Tiefe Trauer und Depression über einen Artikel im „Stern " über die Situation junger Frauen in Nairobi und im „Geo" über Uganda. Wie soll das je anders werden?

Unter anderem sehe ich eine sehr intensive strahlende Fantasie-Person, die mich anblickt. Es schockiert mich ziemlich, hat auch etwas Beglückendes.
(1./2.Juli 1984)

Diese Traum-Vision und die wiederkehrende Beschäftigung mit dem Tod in der letzten Zeit werden rückblickend eine besondere Bedeutsamkeit bekommen.

Auch der folgende Traum passt dazu:

Von einem Fluss, er ist führt offenbar viel Wasser, so dass der Weg zum Teil erschwert ist.
An einer Stelle konnte man früher hinüberspringen, jetzt ist es aber zu weit.
Ich sehe jemand hindurchwaten, wundere mich, dass er Boden hat, beschließe selber, lieber umzukehren und von der anderen Seite her die Strecke auf dem Land zu machen, was eigentlich für mich untypisch ist.
(8.7.1984)

Am 8. Juli war ich bei unseren Freunden in der Ostschweiz am Geburtstag meines Göttibubs Benjamin. Unser Freund Chlöis, der Vater der Familie, war sehr entspannt und freute sich auf die ersten Ferien ohne Windeln (der Jüngste brauchte keine Windeln mehr).

Am Nachmittag kam dann allerdings noch jemand wegen einer Stiftung für geistig Behinderte zu einer Besprechung.

Als ich zurückfuhr nach Zürich, hatte ich beinahe einen Unfall, wäre fast gestürzt, als mein Absatz am Trittbrett der Eisenbahn hängen blieb.

Am Abend des 9. Juli 1984 starb Chlöis als Schwimmer im Bodensee. Er wurde von einem Motorboot überfahren.

Am 10. Juli hörten wir die furchtbare Nachricht von seiner Frau Regula durch einen Telefonanruf im Thorenberg, wo wir als Familie in den Ferien waren.

Wir konnten es zuerst einfach nicht glauben und gingen dann alle vier in den Emmen-Schachen, saßen dort lange auf den Steinen am Ufer, waren immer noch fassungslos.

Es ist für uns alle, die Familie, die Freunde und die Menschen, die mit Chlöis zu tun hatten, eine große Erschütterung, er wird uns allen fehlen, die Trauer ist groß.

In der Nacht vor der Beerdigung:

Ich sehe rechts von mir ein grässliches, weiß-gräuliches, blutleeres Wesen hocken - es ist der Tod (eine Art altjüngferliche Heuschrecke).
(13.7.1984)

134

Eine Abendmahlszenerie.
Von links kommt Regula (die Frau von Chlöis) im Totenhemd von Chlöis, mit
Blutflecken darauf (wie bei seiner Leiche auf dem Totenkissen).
(18.7.1984)

Ich bin in diesen Tagen immer wieder in der Ostschweiz bei Regula, der es sehr schlecht geht. Sie hat seit dem schrecklichen Tod von Chlöis intensive und erschütternde Träume.

Zehn Tage nach der Beerdigung packt Franz Regula und die Kinder zusammen mit mir und unseren Kindern in einen gemieteten Kleinbus und fährt mit uns allen in den Jura zu Freunden, die dort ein Kurshaus führen, in die Ferien. (26. Juli bis 6. August)

Träume im Jura:

Es soll eine Abdankung für Chlöis geben in einer Kapelle.
Aber die Pfarrerin hat offenbar die Unterlagen verwechselt (ich glaube, sie predigt
über eine Hochzeit) und die Leute laufen scharenweise weg.
Irgendeinmal am Schluss sind wir vorn am Abendmahlstisch, und die Pfarrerin
nimmt aus einem Buch zwei ganz saubere Knöchlein von Chlöis und gibt sie Regula
und mir. Ich bin erleichtert und denke: aha, da wurde etwas darüber gegossen, damit
die Verwesung schnell geht und es keine Würmer gibt.
(2.8.1984)

Nach Erdbestattungen kann die Vorstellung der Verwesung etwas sehr Quälendes haben.
   Ein Traum plagt mich sehr, ich bringe ihn nicht mehr ganz zusammen:

Ein Igel wird von einem anderen Tier angegriffen, das ihn umbringen wird.
Ich möchte so gern dem Igel helfen, aber ich tue nichts, schaue vielleicht sogar weg
und denke: da kann man nichts machen, so ist halt die Natur! (Beim Aufwachen
denke ich, ich hätte ihn vielleicht retten können, ihm helfen sollen!)
(3.8.1984)

Regulas Elend. Sie hat viele und zum Teil schreckliche, sehr eindrückliche Träume. Ich bin froh, dass sie zu einer Kollegin geht, mit der sie diese Träume anschauen und zum Teil auch bearbeiten kann.
   Auch für mich ist diese Zeit nicht einfach, dieses NEIN, eine Art Lähmung von Innen heraus: Nichts-machen-Wollen / Nichts-sehen-Wollen / Nicht-herausgehen-Wollen.

„Halsweh in der Nacht. Was will mein Hals von mir? Mehr „useloh", schreien, etwas tun?" Dieses Halsweh hatte ich als junge Frau jeden Sommer und jetzt nicht mehr so oft.

Ich denke auch an den Selbstverteidigungskurs, der am 17. August anfängt und vor dem ich Angst habe. Dort werde ich reagieren müssen, dort überfallen uns „gepolsterte" Kampfsportler und es gibt nichts anderes als zurückzuschlagen!
Schon beim ersten Kursabend wurde mir dann klar, wie wichtig dieser Kurs für mich war. Ich entdeckte den Teil in mir, der sich lieber totschlagen ließe, als sich zu wehren. Da bin ich auf eine tiefe Sache gestoßen!

Ich erwache um ca. vier Uhr - ganz beglückt davon, dass mir ein großartiger weiblicher Wert übergeben worden ist, der mit Sophia zu tun hat.
(20.8.1984)

In den kommenden Tagen und Wochen werde ich Vorträge über meine Thesis und meine Gedanken zur Individuation als Frau halten und Märlikurse geben, um mich und meine Praxis bekannter zu machen: da kann ich diese „Gabe Sophias" gut brauchen.

Am 29.8.84 feiert Regula ihren 40. Geburtstag - ohne Chlöis

Ich entdecke irgendwo in der Höhe auf dem Dach oder auf einer Zinne eine große, üppige Gurkenstaude - über und über voll schöner, großer, reifer Gurken - und rufe der Familie zu, was wir da Tolles haben und nicht wussten!
(30.8.1984)

Eine Mondlandschaft in der Nacht.
Ich sehe einen wunderschönen Berg - unter mir das Tal - die Bergwelt. Wunderbar, ewig - Glück.
Da kommt mir in den Sinn, dass ja das ganze Tal verbaut werden soll, ich sollte mich wohl nicht zu sehr über alles freuen, es wird ja verschwinden!
(2.9.1984)

Internationaler Jung-Kongress in Wien-Schönbrunn (27.-30.9.1984)
Mein erster internationaler Kongress.
Das Zimmer muss ich mit einer Kollegin aus einem anderen Land teilen, die ich aber kaum je sehe und die sich offenbar in den Nächten glänzend amüsiert.
Ich selbst bin sehr scheu und fühle mich hier fremd und fehl am Platz.

Es scheinen sich alle zu kennen, ich kenne niemanden, verschiedene Ländergruppen und „Klüngel" sprechen z.T. über interne Themen, bei denen ich mich ausgeschlossen fühle. Am Schluss gehe ich vor allem im Park spazieren.

Lucerna (3.-12.10.1984)

Mir fällt auf, dass ich der anderen Frau im Curatorium gegenüber diesmal oft heftig reagiere. Ich weiß auch noch, dass ich mich im Traum gewehrt habe gegen irgendetwas.

In den Herbstferien im Tessin bin ich wieder einen Abhang hinuntergesaust - zum Glück ohne schlimme Folgen. Einer meiner Söhne meint, ich sei schon ein wenig wild im Moment: im Felli-Tal habe ich mich überschlagen und hier zweimal und nie habe es mir etwas gemacht!

Von einem Mann, dem ich mich sehr verbunden fühle.
Offenbar hat er Probleme? Er will zu einem Analytiker gehen, von dem er mir erzählt, dass dieser Bretonisch könne und noch andere Sachen (Assoziation geheimes Wissen, Mythen, Merlin), bei denen mir fast das Herz stillsteht vor Neid! Ich sage zu ihm: „Da könnt ihr euch ja ganz schön an der eigentlichen psychischen Problematik vorbeischwindeln." Aber ich weiß, dass ich das nur aus Eifersucht sage. (23.10.1984)

Die bretonische Mythologie mit ihren Schätzen und Geheimnissen ist etwas, das mich immer wieder einmal beschäftigt: schon im ersten Traum in diesem Manuskript habe ich mich ja in Munt Salvaesche aufgehalten, und die Artus-Sagen gehören irgendwie in der Jung'schen „Familiengeschichte" dazu.

Seit den Herbstferien unterrichte ich „Spielen und Gruppendynamik" in einem Kurs an der Theaterpädagogik-Klasse der Schauspielakademie Zürich. Ich bin überwältigt von der Art, wie die Studierenden auf mich zukommen und mir vertrauen, es ist ein spannendes Abenteuer für mich, das immer auch von der Angst begleitet wird, ob ich es kann.
Das Nachdenken über das Sterben, über Veränderungen, ist immer präsent.
Das passt zum „Sich-umstellen-Müssen", von dem zur Zeit viel geredet wird, zu den Veränderungen in Zürich, in der Umwelt, in der globalisierten Welt.
Und: es ist ein wunderschöner Herbst voller Farben und Gerüche.

In einer alten Bibliothek oder einem alten Buchladen im alten Prag. Jemand zeigt mir Bildbände - alte Fotos - ich bin begeistert, denke, das sollte man sammeln. (28.10.1984)

Das alte Europa greift nach mir! Bewusst würde ich so etwas niemals sammeln.
   Die Welt ist im Traum auch in unserer Familie angekommen:

> *Wir haben einen farbigen Adoptivsohn. Er nimmt das Telefon ab und schnauzt*
> *jemanden ziemlich an, der Franz für Biel an eine Schule engagieren will. Ich bin ein*
> *wenig betroffen, dass er zu uns gehört und „Hohler" sagen kann. Ich nehme ihm das*
> *Telefon ab und sage in freundlicherem Ton, es gehe vermutlich nicht, aber der Rektor*
> *könne für alle Fälle seine Telefonnummer hinterlassen.*
> *(5.11.1984)*

> *Ich spreche vor vielen Menschen an einem Kongress oder einer Schule über das*
> *therapeutische Arbeiten mit Menschen. Ich bin ganz begeistert, als mir klar wird,*
> *dass ich begriffen habe, dass man eigentlich alle psychologische Arbeit in direkte und*
> *indirekte Art einteilen kann, und ich rede darüber.*
> *Ich suche gerade nach einem Beispiel, da merke ich, dass einige nicht aufpassen oder*
> *weggehen wollen, und spreche sie gerade darauf an und sage, das ist jetzt die direkte*
> *Art, zu arbeiten.*
> *(Traumrest Mitte November 1984)*

Der Traum hat wohl mit meiner Bemühung zu tun, vom nur „erklärenden / wissenden" Dozieren wegzukommen und immer mehr darauf zu vertrauen, dass die Arbeit aus dem entwickelt werden kann, was jetzt gerade ist.

> *Ich soll zu einer weiten Reise (Weltreise) aufbrechen.*
> *Aber ich habe den Überblick über meine Habseligkeiten nicht. Ich weiß zum Beispiel*
> *nicht, was ich überhaupt im Gepäck habe, wo was ist (ist es auch noch zu schwer?),*
> *und vor allem weiß ich offenbar über mein Geld nicht Bescheid. Ein Gefühl großer*
> *Hilflosigkeit - ich bin sehr froh, aufzuwachen!*
> *(25.11.1984)*

Vielleicht werde ich es irgendwann schaffen, schon im Traum aufzuwachen?

> *In einem Auto: vier Personen, Franz ist am Steuer, ich und ein Paar.*
> *Der Mann vom Paar beginnt irgendwie zu kritteln, ich sage: „Vorsicht - sonst setze*
> *ich mich ans Steuer und lasse euch alle hier hocken und fahre weg."*
> *Da macht die dicke Frau das Maul auf und fängt an, etwas zu sagen.*
> *Ich packe sie mit viel Kraft und schmeiße sie aus dem Fenster „über Bord".*
> *(6.12.1984)*

Solange „Franz" am Steuer ist, ist die Stimmung ausgeglichener. „Ich" bin da weniger tolerant und impulsiver, muss Ballast abwerfen.

Irgendetwas von einer Fahrlehrergestalt.
Ich nehme Fahrstunden bei ihm, sage ihm aber nicht, dass ich einen Fahrausweis
habe. Dabei verursache ich einen leichten Blechschaden an einem anderen Auto beim
Parkieren.
(19.12.1984)

Fahrstunden wären für den heftigen Teil, der sich gerade gezeigt hat, sicher nicht unangebracht. Andererseits gibt es ja nur einen leichten Blechschaden.

Ich höre einen Knall und weiß: das war jetzt die Atom-Explosion.
Es ist sehr intensiv und schrecklich.
Vorerst passiert aber nichts, ich hatte eigentlich erwartet, es werde sofort dunkel.
Dann sehe ich riesige Vogelscharen über den Himmel ziehen, über mich hinweg, von
links nach rechts. Die Vögel sind zum größten Teil dunkel, aber ich kann mich an
ein paar ganz weiße, flaumige, zerzauste erinnern.
(30.12.1984)

Was für ein Jahresende: eine schreckliche Bedrohung, darauf folgt aber nicht das große Dunkel, sondern das Ziehen riesiger Vogelscharen am Himmel. Sie kommen mir vor wie eine Gegenkraft, ein Zeichen von Aufbruch.

1985

Unterwegs mit Kursen und Vorträgen / Die ersten POP-Prüfungen / Theaterschiff
„Herzbaracke" / Im Sozialdienst mit Arny / Dynamik um Arny / AIDS / Ein Kauf-
Interessent für den Thorenberg / Meine Stunden an der Schauspielakademie sind
weg! / Tod unseres Nachbarn Max Winystorf / Die schwierige Auszeit in Wartensee

Träume
Auseinandersetzung mit den „Riesen-Zwergen" / Das I Ging „Die Betrachtung" /
Begegnung mit dem jungen Hirten und Schaman / Gespräch mit Großvater Pa Sidler / 2
eigenständige Babies / Jung und Kollege Joe am Diskutieren / Albtraum zu Aids und den
Folgen / Ein Wette / Menschenmassen unterwegs

> *Ich habe irgendwo auf dem Land Schule gegeben und dort auch einen Märlikurs*
> *angeboten. Zu diesem gehe ich jetzt, nicht sehr gut vorbereitet, es wundert mich, wie*
> *viele Leute da sind und wie gern sie an dem Kurs teilnehmen wollen. Es kommt mir*
> *die erlösende Idee, „Das Waldhaus" vorzulesen.*
> *(6.1.1985)*

Im Märchen „Das Waldhaus" verirren sich drei Mädchen nacheinander in ein
Waldhaus, wo ein alter Mann mit drei Tieren lebt. Erst die dritte, die auch den Tieren
zu essen gibt und für sie sorgt, kann den Alten und die Tiere erlösen und wird
Königin.

Die Liebe und Fürsorge der Heldin für die Tiere ist ein schönes Motto für das
neue Jahr.

> *Ich soll nach New York fliegen.*
> *Auf eine Art habe ich Angst abzustürzen, dann beruhigt es mich aber auch, dass*
> *der Flug so lang ist und man unterwegs noch essen kann. Auch sind Leute da, die*
> *den Flug schon einmal gemacht und offenbar überstanden haben. Dann bin ich in*
> *irgendwelchen Glasgängen des Flughafens.*
> *Einmal gehen wir zur Maschine - ich habe allgemein das Gefühl, nicht sorgfältig*
> *genug gepackt zu haben, und jetzt fällt mir mit Schrecken auf, dass ich ja meine*
> *Bett-Pantoffeln trage! Ich überlege, ob nicht barfuß besser wäre - aber dann sollten*
> *wenigstens die Nägel frisch lackiert sein! Dann habe ich plötzlich rote Turnschuhe*
> *an den Füßen und bin sehr erleichtert darüber: sie sind zwar recht alt, besonders der*
> *eine, aber so geht es doch.*
> *(7.1.1985)*

Die Reise nach USA ist zwar erst für 1986 geplant, aber sie beschäftigt mich offensichtlich schon jetzt. Die Angst abzustürzen, das Gefühl, nicht sorgfältig genug gepackt zu haben, der Schrecken beim Entdecken der Bettpantoffeln - wie durch ein Wunder erscheinen dann die (zwar recht alten) roten Turnschuhe an den Füßen und geben dem Ganzen eine neue Wendung und Zuversicht.

Zum „Flug nach New York" kommt mir die Rückreise aus New York 1970 in den Sinn, als ich mit Lukas schwanger war, auch der Traum, in dem mir New York als Mandala gezeigt wurde (8.11.1977).

Am 18.1.85 finden die allerersten POP-Prüfungen statt und ich bin zum ersten Mal Prüferin.

In der Nacht davor träume ich:

> *Von einem Gefängnis. Ich besuche es, bin aber auch Insasse. Das Gefühl ist*
> *eigenartigerweise recht positiv.*
> *Einmal bin ich mit dem Verwalter unterwegs und denke darüber nach, was die*
> *Insassinnen brauchen.*
> *(18.1.1985)*

Der Traum gibt meine Gefühle in der Rolle der Prüfenden recht genau wieder: halb fühle ich mich als Prüferin, halb auch als Geprüfte. Zudem fühle ich mich verantwortlich für unsere Studierenden und bin immer wieder am Nachdenken, was wir alle in unseren verschiedenen Rollen in der FG POP brauchen.

> *Eine Sequenz über mich und Arny. Er fordert mich auf, alle meine Zeugnisse und*
> *Arbeiten mitzubringen, damit ich das „Institut" endlich abschließen kann.*
> *Auch fragt er mich, was ich eigentlich von seiner Absicht halte, sich*
> *zurückzuziehen?*
> *Ich bin sehr beeindruckt von dem, was er sagt, und versuche darüber nachzudenken,*
> *was es bedeutet, „to retire" - ich hätte das nie erwartet.*
> *(20.1.1985)*

Im Rückblick hat dieser Traum etwas Prophetisches: Arny wird sich immer mehr von der Schweiz zurückziehen und sie schließlich ganz verlassen, und ich werde zum kleinen Schweizer Lehrkörper gehören, der zurückbleibt und die Aufgabe übernehmen muss, die Ausbildung weiterzuführen. Auch wird es in den kommenden Jahren immer wichtiger werden, den Studierenden in der Schweiz einen Abschluss zu garantieren, mit dem sie auch im beruflichen Umfeld Chancen haben. Dazu braucht es wohl „meine Zeugnisse".

Offenbar kann ich Fleck nicht mitnehmen dorthin, wo ich gehe.
Da sehe ich, dass er zwei meiner Kollegen nachläuft, von denen der eine einen
Hund hatte, der überfahren wurde, und der andere früher Hunde hatte. Ich denke:
es wäre für die beiden doch schön, wieder einmal mit einem Hund unterwegs zu
sein und für Fleck wäre es natürlich auch lustiger als eingesperrt im Haus. Aber ich
entscheide mich dagegen: es ist für Fleck zu gefährlich, weil es zum Teil der Straße
entlanggeht und sie ihn nicht an die Leine nehmen würden.
Schweren Herzens bringe ich Fleck zurück in ein Zimmer und schließe ihn ein
- lasse aber den Schlüssel stecken, damit sie ihn herauslassen können, wenn sie
heimkommen.
(22.1.1985)

Ich muss für meinen Hund die Entscheidungen so treffen, wie sie für mich stimmen, und dazu stehen, dass ich ihn mehr bemuttere als meine männlichen Kollegen ihre Hunde.

Von einer Reise nach Amerika. Ich mache mir Sorgen um die Schuhe: dort ist es
offenbar warm, und ich habe nur Sandalen mit ruinierten Absätzen! Auch scheint
es ein Problem zu sein, dass mein Koffer zwar ein Schlösslein hat, ich aber den
Schlüssel verloren habe.
Jemand wird von zwei „Riesen-Zwergen" verfolgt. Ich helfe ihm, die Riesen-Zwerge
zu überwältigen und zu prügeln. Ich erinnere mich, wie ich einem Riesen-Zwerg auf
dem Rücken hocke und mit einer gewissen Ratlosigkeit auf ihn einschlage und dabei
denke, man könnte auch eine Lust daran bekommen und Sadist werden.
Irgendwie wird mir klar, dass das keine Lösung ist. Man muss sie wieder
loslassen - aber wie? Man muss ihnen etwas zu tun geben: einer könnte den
Kindern Kampfstunden geben. Als möglicher Schüler kommt mir ein schwieriger
Nachbarsbub in den Sinn, der seine Eltern zur Verzweiflung bringt.
(5.2.1985)

Ich zweifle an mir und meinem Gepäck für die Reise und blicke der Konfrontation mit Amerika mit Sorge entgegen. Wieder spielen meine Schuhe eine Rolle (wie im Traum vom 7.1.85). Mit den Schuhen steht man auf dem Boden, sie haben oft mit der Einstellung der Betreffenden zu tun, was hier passen könnte.

Auch die „Riesen-Zwerge" könnten meine Ängste vor diesem Amerika-Abenteuer verkörpern und den Kampf darum, mich nicht von ihnen überwältigen zu lassen.

Ich bin eigentlich stolz, dass es mir gelingt, die Riesen-Zwerge-Energie in eine sinnvollere Bahn zu lenken und nicht bei ihrer Bekämpfung stecken zu bleiben.

Wenn ich den Traum heute lese, fasziniert mich die „Riesen-Zwerge"-Idee auch als Bild der Diskrepanz zwischen den Riesenkräften, welche unser Überleben im Alltag und auf dem Planeten Erde je länger je mehr bedrohen und den Zwergen, welche an den Schalthebeln dieser Kräfte sitzen.

Mein Seminar am Jung-Institut findet statt.
Es kommen riesige Menschenmengen, aber es gelingt mir nicht, sie zu einem Kreis
zusammenzubringen. Immer wieder versuche ich zu sagen, wer nicht mitmachen
wolle, solle gehen, und wer mitmachen wolle, solle in den Kreis kommen, aber es
geht nicht. Es scheint so etwas wie Sabotage zu geben.
(16.2.1985)

Ich schrieb damals: „Wenn ich diesen Traum anschaue, komme ich mir darin genauso aufgeblasen vor, wie ich es dem Curatorium vorwerfe: identifiziert mit meiner Rolle als Seminarleiterin, unfähig, «gehen zu lassen», weil ich einen Erfolg will. Warum kann ich mich nicht einmal hinsetzen und beobachten, was für ein Prozess das ist, wenn die Leute nicht tun wollen, was ich möchte?"

Nach dem Ende der Winterferien, vor dem Wiedereinstieg in die Arbeit, träume ich:

Auf einer Ebene in einem Hochtal sitzt ein Mann. Ich weiß, dass er Schriftsteller ist.
Als ich an ihm vorbeigehe, spricht er mich an und sagt, ich solle stehenbleiben, er
wolle mich anschauen.
Ganz vertieft und ergriffen schaut er mich an. Ich bin in ein dunkelrotes
Nietenleibchen mit einem weiten Sommerjupe gekleidet, nichts Besonderes. Am
Schluss greift er nach meinem Arm, an dem ich eine Swatch mit leuchtend blauem
Band trage und berührt mich dort: intensiv, spürend, tastend, erforschend. Voll
Schreck kommt mir in den Sinn, dass mein Arm sicher nicht besonders schön ist,
weil ich dort einige weiße Flecken habe.
Ich gehe dann zum Fluss hinunter, werde ihn wohl später da treffen.
(Erwache noch ganz erfüllt von diesem intensiven Angeschaut-, Begehrt-,
Erforschtwerden.)
(24.2.1985)

Zu diesem Traum habe ich ein I Ging gemacht: Nr. 20 Guan "die Betrachtung / der Anblick" (ohne Wandlung). Der chinesische Name des Zeichens hat zwei Bedeutungen: einerseits das Betrachten, anderseits das Gesehenwerden, das Vorbild.

Dass mich „der Schriftsteller" beeindruckt, hat sicher mit meiner Lust am Schreiben zu tun.

Das Zeichen aus dem I Ging hat mein Nachdenken über den Traum erweitert: „Betrachten" und „Gesehenwerden" sind auch zwei Grundelemente meines Berufes:

dass ich die Menschen, die zu mir kommen, wahrnehme und in ihrem Wesen „betrachte", und dass ich für sie ein glaubwürdiges Gegenüber bin - beides ist grundlegend wichtig.

Intensive, kreative Zeit mit den Theaterpädagogen auf der „Herzbaracke", welche am Bellevue ankert. Dort können wir mit den Studierenden allerhand Experimentelles ausprobieren. Einer meiner Studenten sagt mir am Schluss, er habe mich „ein wenig manisch" gefunden, womit er wohl nicht unrecht hatte, jedenfalls war ich nachher sehr erschöpft.
(März 1985)

> *Von einer Person, die zwei Wochen in den Ferien war, aber eigentlich unbedingt drei gebraucht hätte, wie schade, dass das nicht möglich war!*
> *(4.3.1985)*

Ebenfalls im März nimmt mich Arny zusammen mit einer Kollegin und einem Kollegen als Assistentin in einen Kurs für einen Sozialdienst mit. Die „Einführung", die uns Arny gibt, ist nicht sehr hilfreich, ich habe den Eindruck, dass wir zwei Frauen eher als Dekoration vorgesehen sind. Am Abend des ersten Tages frage ich mich, ob ich so überhaupt weitermachen will. Aber dann kommen wir mit den Teilnehmenden zur Beziehungsarbeit, da bin ich begeistert und lerne viel.

> *Von einem Bergdorf. Es ist „früher", eine einfache Art zusammenzuleben,*
> *die ich nicht kenne und an der ich nicht teilhabe. Die Leute haben die Straße*
> *verbarrikadiert, aber wir werden im Dorf aufgenommen und untergebracht.*
> *Die Herden kommen herab.*
> *Mit ihnen auch ein junger Hirt und Schamane. Er fasziniert mich sehr. Er sagt mir,*
> *er werde jetzt zaubern, und ich verstehe es so, dass er mir einen Hinweis gibt, mich*
> *nicht erwischen zu lassen.*
> *Als er deshalb eine Gottesanbeterin auf den Händen hat, berühre ich sie und*
> *„entlarve" so, dass es etwas anderes ist: es sind Blätter. Darüber ist er sehr betroffen*
> *und verletzt und zieht sich zurück.*
> *Ich merke, dass ich einen Fehler gemacht habe, und das tut mir sehr leid! Ich*
> *versuche, noch einmal Kontakt zu bekommen und mich zu entschuldigen, dass ich es*
> *falsch verstanden habe.*
> *Ich glaube, ich sehe ihn noch einmal auf einem Strohlager liegen wie in einer Krippe,*
> *bin aber scheu und ratlos.*
> *(Eine Fantasie nach dem Aufwachen: mich danebenlegen und warten (hineinliegen*
> *geht nicht, das wäre zu respekt - und distanzlos)*
> *(24.3.1985)*

Kommentar heute: hm, vielleicht war ich damals zu „gespeedet", um einfach einmal hinzuschauen und mich einzulassen? Der junge Hirte und Schamane hätte mir vielleicht etwas vermitteln können, was meine Seele gebraucht hätte.

Auf dem Älpli (15.-19.4.1985)
Ich kann jemandem helfen, „seinen Enkidu" zu finden und zu gestalten.
An diesem Naturort im Tessin, wo wir am Bach Wasser holen und Holz hacken, auf dem kleinen Holzofen in der Hütte kochen und in den Nächten bei Kerzenlicht Geschichten erzählen, ist es nicht verwunderlich, dass Enkidu auftaucht. Die Geschichte, wie der Naturmensch Enkidu „zu den Menschen geht" und später mit Gilgamesch zusammentrifft, gehört zu den großen Erzählungen der Menschheit.

Das Epos hat mich immer fasziniert. Besonders beeindruckt mich die Stelle, wo die Bürger von Uruk sich über Gilgameschs ständige Geschäftigkeit beklagen. Dieser Teil der Geschichte passt recht gut zu meinem Leben gerade jetzt. Das Finden und Gestalten von „Enkidu", der von den Göttern als Naturmensch und Gefährte des tatendurstigen Gilgamesch erschaffen wurde, ist sicher im Moment auch ein Thema für mich.

> *Ich bespreche mit Pa Sidler Sachen, die er bis jetzt immer geheim gehalten hat: tiefe Enttäuschungen und Verzweiflung über seinen Sohn. Geldsachen. Unser Freund E. (Künstler) ist auch dabei und hilft mir.*
> *Es ist fast unglaublich, dass das einfach geht und wie wir an Pa herangekommen sind. Ich rate ihm, den ganzen Laden zu liquidieren, das Haus zu verkaufen und eventuell eine gewisse Summe an seine Kinder auszuzahlen. (Dabei erschrecke ich und betone, ich als Enkelin wolle gar nichts, damit er nicht meint, ich sage es deshalb.)*
> *Es hat unten im Haus einen „See", das ist der eigentliche Reichtum. Dieser müsste auch „versilbert" und ausgepumpt werden.*
> *(21.4.1985)*

Natürlich ist dieser Großvater längst tot, und sein Haus ist verkauft. Dennoch rührt mich der Traum, weil wir uns darin so nahekommen.

Warum ist es so wichtig, „den ganzen Laden zu liquidieren" und den „See unter dem Haus" zu versilbern und auszupumpen? Weil sich die Zeiten geändert haben? Weil der Sohn eine Enttäuschung war und andere Wege einschlug?

Mein Großvater und mein Urgroßvater mütterlicherseits waren Männer der Tat. Ihre Frauen leisteten die ganze „Hintergrundsarbeit" und starben beide früh. Ohne die unterstützende Kraft der Frauen wäre das alles nicht möglich gewesen.

Silber ist das klassische weibliche Metall, weil es im Gegensatz zu Gold wandelbar ist.

Das auffällige Wort „versilbern" könnte vielleicht darauf hindeuten, dass die neue Zeit auch den Frauen und ihrem Beitrag einen anderen Stellenwert zubilligen muss.

> *Ein Pferd schlägt aus und ist recht heftig, beißt auch.*
> *Ich lasse mich aber mit dem Ausschlagen einfach mitfliegen, es ist wie ein Tanz, und es passiert mir nichts.*
> *Ich mache mir allerdings Sorgen, wie ich dieses Pferd mitnehmen soll.*
> *(2.5.1985)*

Beim Arbeiten mit dem Traum spiele und erforsche ich das Pferd und seine Energie. Es ist wütend, möchte mehr Natur, mehr Weiden, galoppieren, sich wälzen, frei sein, die Sexualität genießen. Die Sorgen, wie ich dieses Pferd mitnehmen soll (damit es nicht mich mitnimmt!) sind verständlich, doch ich brauche es und unser Tanz ist nicht gefährlich, wenn ich ihm genügend Raum gebe.

> *Die Geburt von zwei winzigen Kindern (von zwei Vätern?)*
> *Sie saugen am Schoppen und nehmen Nahrung auf wie wild.*
> *Zu meiner Verwunderung klappt es aber nicht mit der Brust.*
> *Ich betreue diese Kinder nur teilweise - zum Teil gehen sie mich auch nichts an.*
> *(25.5.1985)*

Zwei Babies, die mich zum Teil auch nichts angehen und die ich nicht an die Brust nehmen kann oder muss. Welch eine Erleichterung!

In der folgenden Zeit beschäftige ich mich (auch in einem Kurs) intensiv mit Meditation und langsamem Bewegen und habe dabei tiefe und beglückende Erlebnisse.
Zu diesem Thema gehört wohl auch der folgende Traum:

> *Ein chinesischer Meister zeigt mir langsame Meditations-Selbstberührungs-Techniken. Ich wundere mich.*
> *(17.6.1985)*

An einem Wochenende auf dem Älpli träume ich:

> *Ich habe von Franz noch einmal ein Kind empfangen, das scheint mich im Traum nicht zu erschrecken.*
> *(23.6.1985)*

Im Moment würde ein weiteres Kind mein Leben ziemlich durcheinanderbringen, ich bin an vielen Fronten beruflich am Durchstarten und zudem mit den beiden 14- und 11-Jährigen ziemlich ausgelastet!

> *Ein Germanisten - und Schriftstellerkongress platzt fast aus den Nähten.*
> *Daneben ein Raum mit einem Psychologenkongress mit ganz wenig Leuten (ca. 10),*
> *stinklangweilig und uninspiriert, ich ärgere mich und frage mich, was ich da mache!*
> *(30.6.1985)*

Meine Lust am Schreiben und Formulieren kommt zu wenig zum Zug: hin und wieder schreibe ich einen Artikel oder einen Sketch und diskutiere Texte mit verschiedenen Leuten, aber es fehlt etwas. In den nächsten Jahren werde ich drei von Arnys Büchern aus dem Englischen übersetzen, das fordert mich heraus und tut mir gut.

Sommerferien in Tschamut mit unserer Freundin Regula und ihren Kindern (8.-27.7.1985)

> *Ich bin mit Leuten zusammen, wir sehen am Himmel eine ganz erstaunliche*
> *Erscheinung:*
> *Sterne in einem großen Kreis leuchtend. So ein Sternbild gibt es doch nicht?*
> *Nach einer Weile zieht sich der Kreis zusammen, und es gibt eine Explosion.*
> *Wir haben Angst und versuchen uns zu schützen. Es passiert aber nichts.*
> *(19.7.1985)*

Den Himmelserscheinungen, die in meinen Träumen recht oft vorkommen, begegne ich immer mit Respekt. Hier oben ist der Traum vermutlich auch vom klaren, weiten Himmel in den Bergen inspiriert, den wir in der Stadt so nicht sehen. Mir kommt zudem in den Sinn, dass Explosionen auch zur Schöpfung gehören können.

> *In einem großen alten Haus. Ich bin Gast auf der Durchreise. Dort finden Tagungen*
> *statt. Einmal ist auch Jung der Referent. Alles ist so plüschig und altmodisch, die*
> *„Jüngerinnen" strecken die Hand auf und geben Antworten wie in der Schule. Das*
> *Ganze macht mich nachdenklich, ich will es gar nicht wahrhaben.*
> *Dann sehe ich Jung in einer Nische auf einem Polster sitzen - daneben meinen*
> *Kollegen Joe, die beiden sind in ein angeregtes Gespräch vertieft.*
> *(20. 7. 85)*

Dieser Traum war sehr eindrücklich und hat sich mir tief eingeprägt.

Es gibt zwei Teile im großen alten Haus (das offensichtlich von „früher" ist): den altmodisch-plüschigen Teil mit den „Jüngerinnen" und den angeregten Diskurs zwischen Jung und dem Amerikaner Joe, von dem ich weiß, dass es um Forschung geht. Ich spüre sofort die Energie und Lebendigkeit, die von Jung und Joe ausgeht und die mit der Gegenwart und der Zukunft zu tun hat: hier geht es weiter, hier ist das Wichtige!

Auf dem Lukmanier-Pass geht mir durch den Kopf, wie symbolisch es ist, Pass-Ferien zu machen: ich spreche auch mit Franz darüber, wie sich unsere Familie verändert, vor allem auch die Söhne und unsere Beziehung zu ihnen.

> *Arny kommt zurück mit Menschenscharen, aber wir umarmen uns ganz fest. Ich spüre seinen „jungen" Körper und merke, dass ich (zum ersten mal) auch von seinem Körper fasziniert bin.*
> *Ich habe ein neues Manuskript von Arny und muss leider feststellen, dass er es zu schnell geschrieben hat und nochmals überarbeiten sollte. Ich sage es ihm und erwähne, dass es genauso ist, wie wenn Franz mir sagt, ich müsse einen Text noch einmal überarbeiten, ich wisse schon, wie es sei! Arny ist sehr erfreut und sagt, er brauche jemanden, der ihm mit seinem neuen Buch helfe. Wir sind einander sehr nahe.*
> *Da kommen die anderen. Ich erinnere mich, wie eine der jungen Amerikanerinnen sagt: „What are we going to do Saturday?" Es schockiert mich, wie die Gruppe ihn beansprucht und selbstverständlich per „we" miteinander lebt.*
> *Irgendeinmal geht Arny dann weg, nachdem er mich noch nach der Zeit gefragt hat (es ist erst 20h oder 20.40h). Offenbar muss er auf die Gruppe aufpassen. (9.8.1985)*

Der Traum bildet die Situation um Arny herum recht realistisch ab.

Das Interesse an Arny Mindells Ideen und die Erfolgsgeschichten über seine Arbeitsweise brachten immer mehr Menschen nach Zürich. Das hatte zur Folge, dass eine Gruppe von Studierenden und KollegInnen, welche wegen ihm in der Schweiz waren, zum Teil wie eine Familie zusammenlebten. Zu dieser Gruppe gehörte ich als Schweizerin mit Mann und Kindern nicht, was ich manchmal als Ausgeschlossensein erlebte.

Nach der Vorbesprechung eines Kurses über Träume in der Bibel gegen Ende August stehe ich plötzlich im WC vor dem Spiegel und sage zu meinem Spiegelbild: „Ihr könnt mich nicht umbringen!" Dieses spontan auftauchende Gefühl einer latenten Bedrohtheit hat mich nie ganz losgelassen und verlor seinen Schrecken nie ganz.

In der ersten Septemberwoche 1985 hatte ich einen Alptraum zum Thema AIDS aus dem ich schweißgebadet aufwachte. Er zwang mich dazu, das Thema Sexualität in einem Gespräch mit meinem Mann mit einer neuen Direktheit anzusprechen, was für uns beide wichtig und richtig war.

148

Die seit 1981 unter diesem Namen auftretende, sexuell übertragbare Krankheit AIDS
als weltweite Bedrohung erschütterte damals sowohl private Beziehungen wie auch
ganze Gesellschaften nachhaltig und ist eine Bedrohung und Herausforderung geblieben.

> *Ich träume einen Roman. Bin ganz begeistert und denke: ja so geht es, so muss ich*
> *schreiben, obschon das auch nicht ganz neu ist. Anfang: „Eine junge Frau geht ins*
> *Büro und kehrt wieder um."*
> *(7.9.1985)*

Das ist allerdings sehr weit weg. Dass mich das Schreiben begeistern kann, weiß ich,
aber Romane würde ich mir nie zutrauen!

> *Große Menschenmengen. Irgendwie gibt es auch Spannungen, aber viel Liebe und*
> *Kraft. Arny hat sich verändert: es hat eine enorme praktische Bedeutung, wenn man*
> *mit ihm zusammenarbeitet.*
> *(12.9.1985)*

Damals konnte ich diesen Traum noch nicht ganz verstehen. Das wird eigentlich
erst rückblickend möglich sein. Arny wird in die USA auswandern, er ist dort wohl
bereits damals durch die Konfrontation mit afro-amerikanischen Klienten und
Kursteilnehmerinnen sehr direkt und drastisch mit dem Thema Rassismus konfrontiert worden. Dieses Erlebnis hat später zu einer ganz neuen Dimension seiner
Arbeit und schließlich zu den großen Worldwork-Seminarien geführt.

> *Einmal stehe ich im Lehrerzimmer der Schauspielakademie und schaue die*
> *Stundenpläne an. Ich versuche mir immer wieder herauszuschreiben, wann ich wo*
> *sein muss, aber es gelingt mir nicht.*
> *(29.9.1985)*

Es wäre eindeutig besser gewesen, ich hätte diesen Traumteil objektstufig verstanden und im Sekretariat nachgefragt. Dann hätte sich gezeigt, dass meine Stunden
im Stundenplan gar nicht vorhanden waren! Der zuständige Abteilungsleiter, der
sie mit mir vereinbart hatte, hatte die Schule inzwischen verlassen.

> *Ein Teil des Thorenbergs ist zusammengefallen.*
> *(3.10.1985)*

Es ist uns in der Zwischenzeit nach längerer Suche gelungen, jemanden zu finden,
der die Burg unserer Kindheit übernehmen wird, was für meinen Bruder und mich
(vor allem für mich) eine große Erleichterung ist.

Immer wieder einmal reagierte ich allergisch auf eine gewisse Neigung zur
Nabelschau in meiner Schwiegerfamilie, auch auf die endlosen Gespräche über
Oltner Interna, bei denen ich jeweils besser spazieren gegangen wäre.

Mein radikaler, ungeduldiger Teil bricht im Traum vermutlich so durch, weil
ich ihn im Alltag nicht ernst genug nehme und meinen eigenen Leidenschaften zu
wenig folge. Immer wieder einmal sitze ich da und höre „brav" zu, weil ich zu erschöpft bin, um auszubrechen.

Es ist wieder Lucerna-Zeit, Anfang November sind Prüfungen abzunehmen, die
Praxis ist ziemlich dicht, mit der Leitung des Jung-Instituts muss ich Gespräche über
Loyalität führen. Ich gebe im Institut auch Kurse und halte Vorlesungen - immerhin
über den Trickster, den Schelm, den Zotenreißer und Welterschaffer!

Am 11.11.1985 stirbt unser Nachbar und Freund Max Winystorf, der Vater von Max,
einem Freund von Kaspar. Er war ein begeisterter Musiker und Fasnächtler, der am
letzten Tag seines Lebens mit einem als Krankenschwester verkleideten Kollegen als
„Pfarrer" herumzog und die Menschen in den Beizen segnete.

Immer wieder einmal kommen in den Träumen Menschenmassen vor, nicht nur im
Zusammenhang mit Arny, sondern wie hier auch mit Jung.
Vielleicht ist das doch noch eine Hoffnung für die Welt?

Von 9. bis 15. Dezember organisierte ich mir eine Auszeit, um mich so auf Amerika vorzubereiten. Ich reservierte mir ein Zimmer für eine Woche allein in Wartensee, einem Schloss am Bodensee, das sich für solche Zwecke anbot.

Das wurde allerdings zu einer unerwarteten Prüfung.

Ahnungslos hatte ich das Angebot einer Freundin angenommen, mich mit dem Auto nach Wartensee zu bringen. Als sie mich vor der Pforte absetzte und mit dem Auto wieder wegfuhr, stand ich plötzlich da wie in meiner Kindheit als siebenjähriges Mädchen, das von seiner Mutter für mehrere Wochen in einem Kinderheim abgegeben wurde, und fühlte mich nur noch verlassen, verloren und sterbenstraurig.

Zum Glück hatte ich meinen Hund Fleck mitgenommen, sonst wäre ich wohl sofort wieder umgekehrt.

Ich brauchte eine Weile, bis ich mich wieder fassen und anfangen konnte, daran zu arbeiten, was da passiert war. Es war gut, Zeit zu haben und zu nutzen. Ich beschäftigte mich mit den unerwartet aufgetauchten Erinnerungen und Gefühlen, malte und schrieb, machte Yoga, arbeitete mit meinem Körper und ging auf lange Spaziergänge mit Fleck. Langsam kam ich wieder zu meiner Mitte zurück.

Schließlich bekam ich auch Lust, mich mit dem eigentlichen Zweck dieses Aufenthalts zu beschäftigen: „Mein inneres Gewicht verlagert sich auf Amerika zu, es gefällt mir, Artikel von Kollegen und Kolleginnen dort und über sie zu lesen. Die Festschrift für Joe Henderson gelesen. Berührt davon, dass ihm jemand dazu einen ‚Navaho Blessing Song' schenkt. Vielleicht möchte ich Franz zum Pullover, den ich für ihn zu Weihnachten stricke, auch ein Lied schenken".
(12.12.1985)

Wieder daheim
31. Dezember 1985
Am Jahresübergang reißen Lukas und Kaspar mit ihren Freunden die Baumhütte auf dem Kastanienbaum im Garten ab und machen damit ein Silvesterfeuer.

Ein schönes Bild dafür, dass am Jahresende etwas zu Ende geht: für die Kinder, für mich, für uns.

1986

Trickster-Kurs am Jung Institut / Arny-Seminar in Tschierv / Tod von Simone de Beauvoir / Reaktorunfall in Tschernobyl / Erster POP-Intensive-Course in Zürich / „Dünki-Schott-Demo" / Amerika! / Traumkurs in Kappel / Deutscher Intensiv-Kurs / Unterbindung im Spital

Träume:
Geschätzt, unterstützt, beschenkt! / Schutz und Intimität / Eine geballte Ladung Fruchtbarkeit / Wie man zu einer vollen Praxis kommt / Den eigenen Wert kennen / Das kompetente Kind auf dem Berg und im Tal / Trickster-Traum / Die Heil-Schlange / Ich werde mich an die Frösche und Kröten halten! / Der schönste Wasserfall der Welt in den USA / Ein Stausee wird abgelassen / Die Guru-Frau macht Purzelbäume und Überschläge / Eine Regenbogenschlange wölbt sich durch den Himmel

---

Schöne, ruhige Tage am Jahresübergang.

Geburtstagsrisotto auf dem Älpli. Kaspar ist auch dabei und hat Bauchweh, ich merke wieder einmal, wie jung er noch ist!

Am Morgen sehr gut nach einem angenehmen Traum aufgewacht:

> *Etwas von einer Gruppe. Man schätzt mich, hilft mir. Ich bekomme viele*
> *Naturalien-Geschenke (etwas für die Kinder? Occasions-Skischuhe?).*
> *(3.1.1986)*

Ein schöner, unterstützender Traum, den ich einfach genieße („Subjekt- oder Objektstufe" und "was sind Occasions-Skischuhe" usw. sind mir egal!)

„Plötzlich explodiere ich beim Gedanken, Lukas und Franz morgen krank im Bett zu haben, und mache die größte Szene. Der Haushalt drückt und drückt schon wieder, die Art des einen Sohns, mit mir umzugehen, lädt mich auf.

Ich gehe nach diesem Ausbruch in mein Zimmer und arbeite an meiner Stimmung, merke, dass es auch noch um andere Dinge geht, zum Beispiel um eine Kollegin, die in einer Klinik angestellt ist und jetzt mit Monatslohn und Sozialleistungen eine meiner Klientinnen betreut: Wut auf die, die angestellt sind und nicht auf freier Wildbahn um Klienten kämpfen müssen!"

Nach einem Gespräch mit einer Freundin über das Buch „Katholische Pfarrfrauen":

*Ich und andere Leute singen wonniglich falsch „Stille Nacht". Ein altertümlich
gekleideter Page bringt uns die Nachricht, es sei störend, wir sollen aufhören, aber es
gefällt uns so. Ich denke plötzlich: die katholische Kirche heuchelt und nützt Frauen
aus, gibt ihnen zu wenig Raum, ich denke auch an meine männlichen Kollegen.*
(6.1.1986)

Im Gegensatz zu den „katholischen Pfarrfrauen" kann ich in meinem Leben und in
„meiner Kirche" hier und jetzt versuchen, etwas zu ändern.

*Von einer Frau, die einer sehr eleganten und eindrücklichen Freundin gleicht. Sie
ist selbstbewusst, nimmt nicht immer alles gleich zurück. Sie bekommt ein Geschenk
von Franz (eine goldene Uhr?), gibt auch den Buben ein Geschenk (einen Ring mit
einer Goldmünze). Ich bin eifersüchtig!*
(10.1.1986)

Eine Idealfrau, unwandelbar perfekt wie das Gold, das sie von meinem Liebsten bekommt und meinen Söhnen schenkt. Gold - nicht Silber, das immer wieder schwarz
wird und geputzt werden muss. Ja, da bin ich eifersüchtig, das schaffe ich nie!

Am 14. Januar fängt mein Trickster-Kurs im Jung-Institut an. Er wird sehr lebendig, die Studierenden sind gut vorbereitet und interessiert und machen mit. Sie haben mehr Zeit zum Lesen als ich, was mich herausfordert. Auch ist mein Englisch
noch nicht gut genug für den kommenden Intensive Course und mein Gedächtnis
ist nach wie vor ein Problem: ich muss mein Wissen genauer und geordneter zur
Verfügung haben!

*Gruppenarbeit. Eine Studentin von mir war offenbar in einer der Gruppen, und ich
höre, sie habe sich dort geweigert, über ihre Arbeit mit mir zu sprechen.*
*Ich weiß nicht, ob sie das getan hat, um mich zu schützen: vielleicht war diese
Arbeit nicht besonders gut? Oder - das wohl eher - weil es wirklich wichtig ist,
einen Raum zu halten, der intim und geschützt sein muss?*
(15.1.1986)

Nach der Beschäftigung mit dem Traum glaube ich, dass es mir und meiner Klientin
(ebenfalls Schweizerin und außerdem Künstlerin) um Intimität und Schutz geht, um
die Scheu, Intimes aus einer Arbeit mit einer Gruppe zu teilen. Die amerikanischen
KollegInnen gehen damit lockerer um. Durch unsere kulturellen und charakterli-
chen Verschiedenheiten gab es in der POP immer wieder Diskussionen über diese

Frage: Was ist jeweils wichtiger, Diskretion oder Offenheit, wenn man gemeinsam lernt und das „Feld" erforscht, in dem alles mit allem verbunden ist?

> *Etwas von einem großen Haus - es waren auch andere Mitbewohner darin und verschiedene Materiallager, zum Beispiel an einem Ort alles farbige Fadenknäueli, aufgereiht wie auf einer Nähmaschine.*
> *Die Fadenknäueli sind hinten in einem Kellerraum: alle in verschiedenen Farben. Der Mann, dem sie gehören, ist sehr ängstlich, ob sie mir gefallen.*
> *Ich habe einen Impuls, auf den Tisch zu hauen und mit einer starken Emotion zu schreien „das ist mein Haus" und dass ich es allein will. Aber dann merke ich, dass wir ja ein schönes, großes Schlafzimmer haben, und das gehört uns ganz allein. Ich denke, dass das genügt und bin eigentlich zufrieden.*
> *(19.1.1986)*

Bei diesem Traum geht es wieder einmal um das Teilenmüssen im Zusammenhang mit meinem Mann. Mir gefällt beides gut: der Impuls, auf den Tisch zu hauen und alles zu wollen und die Zufriedenheit über das schöne, große Schlafzimmer, das uns beiden allein gehört.

Ein amerikanischer Kollege und Freund sagt in einem Seminar, dass er zwei Stunden pro Tag für „Exercises" einsetzt. Wir berufstätigen Hausfrauen sind fassungslos! Dazu schreibe ich ins Traumbuch: „Offenbar wichtig: dadurch, dass es andere machen, spüre ich meine eigenen Bedürfnisse erst richtig und komme damit heraus. Zum Teil hasse ich diese anderen dafür!"

> *I*
> *Intensiv: eine Geburt - ein wichtiges Ereignis: wir alle (vier Personen) sind beteiligt. Alle Hände sind da, um zu helfen. Ich verkrampfe mich ein wenig, um zu verstehen, es gelingt mir zum Teil - zum Teil auch nicht.*
> *II*
> *Ich bin wieder schwanger, werde noch ein Kind zur Welt bringen. Es wundert mich, wie wenig Angst und Ablehnung ich darüber spüre.*
> *(21.1.1986)*

Das ist eine geballte Ladung Fruchtbarkeit: offenbar ist die ganze Persönlichkeit betroffen (vier als Zahl der Ganzheit). Dann geht es weiter mit noch einer Schwangerschaft. Begreiflich, dass ich schon im Traum verstehen möchte, was das genau bedeutet.

Aber offenbar ist alles in Ordnung, ich kann damit leben.

Ich träume, R.S. sei gestorben. Ich erschrecke sehr und denke: jetzt kann sie nicht einmal mehr das Gasthaus „Sonne" übernehmen wie geplant!
(22.1.1986)

Meine Assoziation zu R.S.: „Mütterlich, hat Kinder von zwei Männern aufgezogen und wird jetzt als Wirtin wieder Gäste bemuttern und strahlen."

Als ich den Traum Arny erzähle, meint er: „Man muss diese R.S.-Seite haben, sonst hat man keine Praxis, aber nicht nur." Ich verstehe sehr gut, was er meint: Mir kommen sofort Beispiele in den Sinn, wie zu viel Mütterlichkeit und Wärme gewisse Prozesse hemmen können. Insofern macht es für mich auch Sinn, wenn ein Teil meiner R.S.-Seite stirbt.

Zwei Nächte später habe ich schreckliche Bauchkrämpfe. Als ich damit arbeite, habe ich Fantasien von „verklebten Eierstöcken", merke, dass ich noch klarer und direkter sein muss, auch mit den Kollegen, mit denen ich im ersten englischen Intensivkurs unterrichten werde, der dieses Jahr in Zürich durchgeführt wird.

Wir studieren in dieser Zeit mit Arny ein Video über Arbeit mit Migräne. Wie oft es bei den Frauen um nicht gelebte Stärke geht! Es ist offenbar ein kollektives Symptom - diese Einsicht hat mich so getroffen, dass ich gerade einen Hustenanfall bekam. Ich denke auch über meine Mutter nach und über mein Gefühl, ich werde manchmal nicht ernst genommen: ich nehme mich nicht ernst!

Vorstandssitzung von POP im Februar: Von Zeit zu Zeit wird mir wieder klar, wie außergewöhnlich POP ist! Ich habe auch das Gefühl, wir hätten so etwas wie eine Kurve erwischt. Meine Kollegin Madeleine, die das Sekretariat führt, sagte gestern zu mir „Jetzt könnten wir wohl ohne Arny bestehen." Ja, wir haben mehr Boden unter den Füßen, haben die erste Erfolgswelle verkraftet - jetzt kann es weitergehen! Ich bin überzeugt, dass der erste englische Intensivkurs wieder ein Markstein werden wird wie die ersten Prüfungen. Ein neues Stadium der Geburt unserer Schule!

In einem Traum vor den Ferien in Pontresina merke ich, dass ich ganz vergessen habe, dass man auch „sünnelen" (Sonnenbaden) kann, und wie gut das tut.
(8.2.1986)

Pontresina (9.2.-22.2.1986)

Mit meiner Jungianischen Jahrgangskollegin.
Ich erzähle von einem Buch, das ich geschrieben habe. Dabei beginnt mich die Frage zu beschäftigen, ob sie nicht eifersüchtig und betroffen sein wird?
(13.2.1986)

Natürlich hat das wieder mit der alten Rivalität zu tun. Offenbar habe ich ein Gespür für meine eigenen Qualitäten entwickelt, das mich überlegen lässt, dass auch sie auf mich eifersüchtig sein könnte.

> *Im Jung-Institut findet eine Versammlung statt, in der eine Frau, die ich nicht kenne, die große Röhre schwingt. Ich denke: aha - jetzt begreife ich, warum ich am Jung-Institut einigen Leuten unsympathisch war. Wenn man so fanatisch eifrig ist und auf sich aufmerksam macht, kann das sehr abstoßend wirken.*
> *(18.2.1986)*

Beim Aufwachen nehme ich mir vor, mich in der Versammlung der Schweizerischen Gesellschaft für Analytische Psychologie (SGfAP) bei meinem Beitrittsgesuch nur kurz vorzustellen.

> *Viele neue Analysanden, ich freue mich.*
> *Dann eine große amerikanische Gruppe. Sie sind ganz angeregt: Wir haben offenbar Märchen gelesen (etwas Fantastisches , von Spuk u.ä.), sie wollen gar nicht aufhören, sind ganz „angezündet" und interessiert. Zu meinem großen Erstaunen sehe ich dabei sogar Joe und seine Freundin!*
> *Wir kommen einmal an einem Lotterhaus vorbei, ich sage, dass man darin wohnen kann, aber nur von Woche zu Woche, weil es ein Abbruchhaus ist - alle sind begeistert!*
> *(23.2.1986)*

Der bevorstehende Intensivkurs ist eine große Herausforderung. Wir LehrerInnen haben alle Angst, es nicht gut genug machen zu können. Arny arbeitet mit uns daran und macht uns Mut. Er hat uns einfach ins Wasser geworfen und findet, wir könnten das jetzt, er habe lange genug mit uns gearbeitet und wir miteinander auch.

1. März / Geburtstag von Franz

Wir haben viel Stress - viele Pläne - zu viel?

Schließlich male ich einen Jahresplan und fälle so meine Entscheidungen. Das ist hilfreich!

> *Ein Kind kommt ganz allein vom Weißenstein herunter, geht zum Coiffeur und weiß, was es für eine Frisur will. Das erleichtert mich sehr!*
> *Ich will dann doch noch Bescheid haben, falls das Kind direkt wieder auf den Berg geht, dass es gut angekommen ist - aber das geht natürlich nicht, dort oben gibt es kein Telefon!*
> *(4.3.1986)*

Erste Reaktion: Was für eine Erleichterung, dass ich nicht mehr alles bemuttern muss: Vieles geht auch ohne mich, ich muss nur loslassen.

Zweite Reaktion: Vielleicht bin auch ich das Kind? Es kann beides: auf dem Berg wohnen und in der Welt zurechtkommen, weiß genau, was es dort braucht und wie es die Haare geschnitten haben will!

> *Indianer haben einen Trickster bei sich.*
> *Er ist eine Art Däumling. Er ist sehr klein und hat etwas wie eine Harfe aus einem Schildkrötenpanzer, auf dem Saiten aufgespannt sind. Die Indianer fahren flussabwärts und haben den Trickster bei sich: sie wollen ihn zwingen, bei ihnen zu bleiben.*
> *Da spannt der Trickster seine Saiten wie einen Pfeilbogen und spickt sich damit weg in den Urwald, wo sie ihn nicht finden werden.*
> *Zurück bleibt ein treibendes kleines Boot (wie eine Nussschale) und die „Harfe".*
> *(12.3.1986)*

Nach meinem Trickster-Kurs am Jung-Institut erscheint dieser noch einmal in meinem Traum. Der Trickster ist ein indigener Schöpfergott, aber auch ein unberechenbarer irrationaler Geist, der keine Moral kennt und seinen Impulsen folgt, ohne darüber nachzudenken. Manchmal ist er auch ein Schelm, der die Menschen an der Nase herumführt und sich in keine Strukturen sperren lässt.

Bei meinen Trickster-Seminarien ging immer etwas schief: zum Beispiel fielen Apparate aus, Ausschreibungen gingen verloren, die Heizung ging nicht, es gab Missverständnisse usw.

So wurde für die Studierenden und mich auch durch Synchronizitäten erlebbar, auf was wir uns da eingelassen hatten.

Der Traum kam für mich nicht unerwartet: ein wenig fühlte ich mich wie die Indianer, die den Trickster packen und für ihre Interessen einsetzen wollten, manchmal war ich aber auch selbst in einer „tricksterhaften" Stimmung, weil ich es immer wieder brauche, auszubrechen aus allzu festen Strukturen und Erwartungen.

Für meine Rolle im Intensivkurs warf ich das I Ging „Der Brunnen". Das beglückte mich und passte zu dem, was ich unterrichten wollte: wo immer der Mensch einen Brunnen bohrt, er wird seelisch immer auf dasselbe Grundwasser stoßen.

> *Eine kleine Person sitzt oder steht bei einem gefällten und umgelegten Baumstamm.*
> *Ich bin völlig fasziniert von der inneren Freiheit dieses Wesens: ich denke, so müsste man Therapie machen, das wäre ja verrückt!*
> *(Ich fühle mich sehr frei beim Erwachen).*
> *(23.3.1986)*

Seminar in Tschierv (31.3.-5.4.1986)

In der ersten Nacht träume ich davon, mit zwei Kolleginnen zwischen den Welten hin- und herzuspringen.

In der zweiten Nacht träume ich, mein Vater sage zu mir, er habe Wolf Biermann auf die Seite genommen und ihm erklärt, wie unanständig und asozial es sei, so bei den Leuten herumzuhocken und sie und ihre Zeit in Anspruch zu nehmen. Das macht mich sehr wütend, und ich sage zu ihm: „Was du sagst, ist ein kalter Scheißdreck, eine Unverschämtheit, eine Anmaßung!"

Mein Vater maßt sich an, einen Künstler zu belehren, was Anstand sei.
Diese Respektlosigkeit macht mich sehr wütend und ich muss mich kräftig dagegen wehren.

Von der dritten Nacht erinnere ich noch zwei kurze Traumteile, die mich an die Bedrohung durch den „Vater-Geist" erinnern:
„She is nuts and is put in the nut house."
Zwei kleine Vögelchen geben einander warm - Gefahr, dass sie als Mahlzeit gegessen werden.

In dieser Nacht „weiß" ich plötzlich, dass mein Vater einen ganz dunklen Fleck in seiner Geschichte haben muss. Ich weiß, dass er eine Frau, die er liebte, verraten hat, statt sich mit ihr auseinanderzusetzen. Erst Ende 1994 habe ich die Geschichte erfahren, die zum „plötzlichen Wissen" in dieser Nacht gehört, und sie hat mich sehr betroffen gemacht.

Nach der Rückkehr aus Tschierv:

Von einem Ort, wo es eigenartige Tiere hat (eine Art Zoo).
Wir bekommen eine Giftschlange mit nach Hause: es ist eine Heilschlange, sie soll bei uns aufwachsen, es ist eine große Ehre, dass wir sie bekommen haben. Sie hat ein Zeichen „im Ohr", einen weißen Kreis oder ein Oval mit einem schwarzen Kreuz.
Sie ist in einer Art Schachtel, man muss sie mit Maden füttern.
Am Schluss des Traums lasse ich die Maden fallen, das ist ein Missgeschick.
Ich will sie schnell wieder einsammeln, mich bücken - wache aber auf.
(6.4.1986)

Dieser Traum gehört zu denen, die ich nicht verstehe und doch wichtig finde.
In derselben Nacht fühle ich eine plötzliche Erschütterung. Wie schon früher manchmal geht etwas durch mich hindurch, was mich sehr bedroht. Es ist, wie wenn „ich"

158

aus dem Körper herausgespickt würde. Ich nehme die Hand von Franz, das ist gut. Es scheint, wie wenn ich jetzt die Energien, denen ich im Seminar ausgesetzt war, wieder an den richtigen Ort gebracht hätte.

> *Franz ist mein Guru, er tanzt.*
> *Ich „sehe" auch, dass mich mein Jucken und Beißen dazu bringen will,*
> *herumzuwirbeln wie ein Kreisel.*
> *(13.4.1986)*

Warum wurde Franz für mich nach Tschierv so wichtig? Ich habe ihn so fest gebraucht, wäre ihm manchmal am liebsten nachgelaufen und wartete sehnlichst, bis er wieder da war.

Er ruht in sich und liebt mich.

Am Tag, an dem ich höre, dass Simone de Beauvoir gestorben ist, bekomme ich auch die Geburtsanzeige eines kleinen Elias. Simones Tod hat mich getroffen wie der Tod einer Mutter.

> *Ich bin in einer Gruppe von Leuten, von denen ich merke, dass sie alle in irgendeiner*
> *Weise vorbereitet sind, die mir völlig abgeht: ich habe überhaupt keine Ahnung von*
> *diesem „etwas", das man hätte vorbereiten sollen.*
> *Es kommt der Moment, in dem ich beschließe, einfach loszulassen, zu beobachten, zu*
> *schauen, was passiert und mich im Weiteren an die Frösche und Kröten zu halten!*
> *(21.4.1986)*

Frösche und Kröten habe ich schon immer geliebt. In meinem Lieblingsmärchen „Der Eisenofen" helfen die Kröten der Heldin weiter, in „Dornröschen" bringt ein Frosch der Königin die Nachricht, dass sie ein Kind bekommen wird.

> *Joe ist bei mir. Es liegen zwei Luftpostbriefe aus dem Ausland herum: einer aus*
> *Botswana, den anderen weiß ich nicht mehr. Ich weiß, dass Joe sehr neugierig ist auf*
> *diese Briefe, und tatsächlich nimmt er sie und will sie sogar aufmachen und lesen.*
> *Ich greife ein und sage ihm, das seien Briefe an mich, gebe ihm aber zu verstehen,*
> *dass sie von Klienten sind.*
> *(22.4.1986)*

Natürlich hatte ich keine Klienten aus Botswana!

Der Traum hatte wohl mit den Aussichten und Rivalitäten zu tun, die sich durch den Intensive Course ergaben: die Teilnehmenden aus aller Welt nahmen an von uns geleiteten Kleingruppen teil und buchten private Analysestunden bei den

Mitgliedern des Lehrkörpers. Wer Glück hatte, wurde sogar eingeladen, einen Kurs in den USA, Kanada oder irgendwo auf der Welt zu geben.

Am 26.4.1986 explodiert Reaktor 4 des Atomkraftwerks von Tschernobyl - eine nukleare Wolke über Europa.

POP-Intensive-Course (28.4.-30.5.1986)

Nach einem spannenden Gespräch mit einem afroamerikanischen Teilnehmer habe ich beschlossen, auch den afrikanischen Zugang zu den Mythen und Märchen einzubeziehen und dem Kollegen Raum zu geben, im Kurs ein afrikanisches Märchen zu präsentieren. Wir beide werden von Märchen zu Märchen - „von Brunnen zu Brunnen" - gehen: eine gute Möglichkeit, mein vor dem Intensivkurs geworfenes I Ging einzubeziehen! Was mich an der SGaP-Tagung Anfang Mai am meisten gefreut hat: die Einladung der Kinder- und Jugend-Therapeutinnen, für sie einen „Kanalschwimmkurs" über Signalarbeit in den verschiedenen Sinneskanälen anzubieten.

Nach der POP-Sitzung bin ich noch lange wach. Ich fühle manchmal die Ungeduld meiner Kollegen, kann aber doch nicht einfach sein wie sie und fühle mich bedroht. Ich muss in der Nacht aufstehen und ein I Ging machen - auch dort sehe ich meine Schwierigkeiten, irgendwo "hockt" etwas - doch ich freue mich auch und glaube an das Wandlungszeichen: "Der Regen wird kommen, wenn es Zeit ist." (Aus dem Traumbuch 11.5.1986)

> *Auf einer Reise in die Berge geht mir Fleck verloren.*
> *Ich muss dortbleiben und Fleck suchen und die Nacht dort verbringen.*
> *Er sieht aus wie ein Wolfshund, er kommt einfach irgendeinmal wieder zurück.*
> *Die Pläne sind durcheinander gebracht wegen „Fleck".*
> *(15.5.1986)*

Für was steht Fleck hier? Für die Natur? Für das Unvernünftige? Für den Wolf?
Er bringt jedenfalls meine Pläne durcheinander!

An der „Dünki-Schott-Demo" (31.5.1986)

Für den Don-Quichote-Film „Dünki Schott" mit Franz in der Hauptrolle wurde eine Demonstration veranstaltet und gefilmt. Auch ich nahm daran teil.

Dabei gab es einen Zwischenfall: Ein großer, weißer Hund erwischte einen kleinen Sennenhundbastard seitlich am Hals und wollte ihn umbringen (der Kleine hing schon schlaff in der Schnauze des Großen).
Ich konnte nicht anders, ich musste dem Großen an die Kehle und ihm die Luft abschneiden, damit er den Kleinen losließ. Folge für mich: kleine Bisse im Finger,

160

Starrkrampfspritze. Nichts Schlimmes und ich fühlte mich gut. Es standen etwa 100 Leute herum, die nichts machten, der Kleine wäre sonst tot.

Ich erwache mitten in der Nacht mit der Gewissheit,
dass ein großer Druck - eine große Gefahr - weg ist!
(ein sehr starkes „wahres", auch körperliches Gefühl)
(29.6.1986)

Ferien in Binn (ab 5.7-19.7.1986)
Nachdenken über die Reise nach Seattle.

Ich bin schwanger, bekomme nochmal ein Baby, bin überglücklich! Begreife gar
nicht, warum ich vorher solche Probleme sah: das ist ja das Allerschönste und das
Allersinnvollste!
Denke leichten Herzens daran, alles andere aufzugeben!
(3.8.1986)

Ein interessanter letzter Traum vor der Abreise!

Amerika! (11.8.-8.9.1986)
Zum ersten Mal seit der Geburt der Kinder wechselte ich allein den Kontinent und wagte mich in eine mir völlig unbekannte Umgebung.

Schon auf dem Flughafen in Seattle musste ich mich zurechtfinden, um in die Stadt zu kommen und dort auch die Fähre nach Bainbridg-Island suchen und so auch das Meer!

In Bainbridge Island konnte ich, bevor die Mindell-Seminare anfingen, bei meinem Kollegen Grady, den ich schon aus der Schweiz kannte und schätzte, und bei seiner Familie wohnen. Das war für mich ein großes Geschenk. Ich genoss es sehr, dort zu sein, merkte aber auch, dass ich später, am Ende meines Aufenthaltes, noch eine Weile allein sein wollte.

Dieser ganze Monat war für mich eine einmalige Gelegenheit, den „North West" kennenzulernen und weit weg von meiner Familie neue Erfahrungen zu machen.

Seattle gefiel mir gut, ich fühlte mich bald wohl und sicher dort, besonders als ich das Burke Museum und seine Cafeteria entdeckt hatte, wo ich mich gerne aufhielt. In den Seminarien hatte ich keinerlei Verantwortung für Struktur und Inhalt oder die Gruppe und hatte deshalb viel Zeit, Menschen kennen zu lernen, Übungen auszuprobieren und mit mir selber zu arbeiten.

Am wichtigsten wurde interessanterweise ein Traum, den ich schon vor einiger Zeit gehabt hatte (28.7.1983): „Ich stehe hinter dem schönsten Wasserfall der Welt und kann meine Augen nicht öffnen."

Erst durch die erneute Arbeit an diesem Traum in einem der Seminare dort merkte ich, dass ich ja auch einen Schritt machen und mich in den Wasserfall hineinbegeben könnte, um ihn so zu erleben. Das war ein Augenöffner, den ich nie mehr vergessen werde: dass man „den schönsten Wasserfall" nicht nur anschauen, sondern auch mit dem ganzen Körper erleben und spüren kann!

Wie von selbst ergab sich auch eine ernsthafte Beziehung und Affäre mit D., einem Kollegen, der ebenfalls verheiratet ist und die Sache auch vorsichtig anging. Wir hatten beide viel Gemeinsames (zum Beispiel die Liebe zur Jung'schen Psychologie) und diese Beziehung hatte für uns beide etwas Schicksalhaftes, dem wir auch nach meiner Abreise zurück nach Zürich nachgingen.

Meine letzten Tage in Seattle verbrachte ich allein im „Meany Tower Hotel" und arbeitete an meiner Übersetzung von Arnold Mindells Buch „Die Schatten der Stadt" - hoch über der Stadt Seattle, wo ich nachts die roten Rücklichter der Autos als rollende Perlenketten über die breiten Autostraßen fahren sah.

Rückflug nach Zürich (8.9.1986)
Nach meiner Heimkehr war ich zuerst einmal einfach glücklich, wieder unversehrt zuhause bei meiner Familie zu sein.

Natürlich mussten Franz und ich uns dann auch mit allem auseinandersetzen, was in der Zwischenzeit geschehen war und unsere Beziehung betraf. Offensichtlich ging es nach dieser Reise nicht nur um „Die Schatten der Stadt", sondern auch um die „Schatten unserer Beziehung".

Darüber schrieb ich im Traumbuch: „Ich bin froh über unsere Gespräche, es ist eine Erlösung von der bedrohlichen Wolke des Geahnten, des ungreifbar Bedrohlichen. Ich glaube, das Aufschießen und die Panik in der Nacht sind jetzt fertig."

Wir sprachen viel, hörten einander zu und beschlossen schließlich, unsere Beziehung noch einmal neu zu begründen und zu „heiraten". Dafür kauften wir neue Ringe und übergaben die alten an einem für uns passenden Ort dem Fluss.

> *Ein Stausee wird abgelassen.*
> *Ich habe Angst für die Leute im Tal, sehe aber, dass es vermutlich gut geht, es sind*
> *sogar Familien im Fluss, die darin noch ganz gut stehen und sich bewegen können.*
> *(1.10.1986)*

Im Traumbuch überlege ich, welcher „Stausee" gemeint sei.

Es gibt verschiedene Möglichkeiten, die ich alle erwäge und interessant finde. Ich schreibe : „Was ich jetzt gerade merke: ich will mich sein, nur mich, auf meinem Weg zu meinem Ziel - eine starke Gegenbewegung zu all dieser Bezogenheit!"
Aus diesem Grund will ich mich auch unterbinden lassen, was mich sicher nicht daran hindern wird, mich an weiteren Babies im Traum zu freuen!

Auf dem Älpli (13.-18.10.1986)

Eine ältere Frau sagt zu mir: „Das muss jetzt aufhören, das ist eine Katastrophe“:
dass ich immer noch meine, ich sei minderwertig, und immer noch vergleiche!
Später macht diese Frau, eine Art Guru, Purzelbäume und Überschläge haarscharf
an allen möglichen Möbeln vorbei. Ich will sie warnen, es ist aber unnötig, es
passiert ihr nichts.
(17.10.1986)

Wunderbar, diese innere Guru-Figur, die ihre Kraft herrlich manifestieren kann mit ihren Purzelbäumen und Überschlägen und mir wohlgesinnt ist und wohl gerade deshalb auch streng!

Wieder zurück in Zürich

Viele schöne Kurse kommen zustande. Ich schreibe ins Traumbuch: „Alles kommt ins Fließen, so viel Positives, so viel Unterstützung und Gutes.“

Es ist nicht immer einfach mit unserem Neuanfang als Paar. Wir bleiben beide dran.

Manchmal fühle ich eine Riesensehnsucht, einfach wegzugehen und etwas Schönes zu erleben, zum Beispiel in Kanada, die Wälder, die Welt.

Wahrscheinlich passt es auch zum November, dass mir eine Zeile aus einem alten Kirchenlied, das ich kürzlich gehört habe, nicht aus dem Kopf geht: „Verzage nicht, du Häuflein klein.“

Dicker Nebel. Dieser Zustand ist in der Stadt auch schön: Natur, unbeeinflussbares Wildes.

Eine riesige Schlange wölbt sich wie ein Regenbogen durch den Himmel.
Rötlich gemusterter Leib, ihr Kopf taucht hinter einer Brücke auf, ein wenig wie ein
Dinosaurier.
Gutes Gefühl, keine Angst, eher Erstaunen.
(13.11.1986)

Endlich wieder einmal Kontakt mit einem meiner Riesentiere aus einer anderen Zeit! Anfang Dezember kann ich für meine Unterbindung ins Spital gehen, meine Mutter und meine Schwiegermutter verstehen nicht, warum ich das „in meinem Alter“ noch mache.

Silvester / Neujahr verbringen wir wieder bei unseren Freunden in der Ostschweiz.

1987

Der „Schlangen-Tag" und ein Lehrer aus dem 12. Jahrhundert / Ferien in La Gomera / Lukas fängt eine Lehre an, Kaspar kommt ins Gymnasium / Die Erleichterung, Carol Gilligan zu lesen / Meine erste Vorlesung am Jung-Institut englisch und deutsch / USA: Seattle und Portland / „Abschlussprüfung" der Großeltern-Diplomiertengruppe in Avers

Träume:
Explosion im Brunnen / In den Wellen des vulkanischen Meeres / Die weiße Schlange / Musizieren mit der Klarinette / Schmerz der Kreuzigung / Wir haben genug Brot! / Der Ton „Peperoni" / Traum vor der Großeltern-Abschlussprüfung / Treffen der POP-Frauengruppe / Wer sitzt am Steuer?

---

2. Januar 1987
Ich hätte gern einen Geburtstagstraum gehabt, um 6 Uhr war es schrecklich früh zum Aufstehen - ich erwache dennoch frisch und zufrieden. Wenn ich so weitermachen kann, ist es gut!

Franz, Kaspar und ich steigen zusammen mit meinem Bruder Ueli wieder zum Älpli hinauf, um meinen 44. Geburtstag mit einem Risotto auf dem Ofen zu feiern.

5.1.1987
Vorbereitung für den Kurs „Tiere im Märchen" in Bern.

Schöner Schlaf, am Morgen eine vage Gefühlserinnerung: einmal werden die Buben nicht mehr da sein - Trauer.

6.1.1987
Dreikönigstag
Hochzeitstag
Todestag meiner Schwägerin

> *Jemand will meine Yuccas beseitigen. Ich weise darauf hin, dass wir ja bald ein neues Haus beziehen werden. Vielleicht könnten wir die Yuccas dort brauchen? (9.1.1987)*

Nachdem ich jahrelang aus Überforderung keine Topfpflanzen zum Pflegen im Haus wollte, verliebte ich mich einmal auf dem Markt in eine junge Yucca-Pflanze und kaufte sie. Seither haben wir Yuccas im Treppenhaus. Diese Pflanzen sind ein Teil meiner Geschichte, und ich will offenbar nicht, dass sie „beseitigt" werden.

„Nacht: nur sechs Stunden Schlaf, es plagt mich einiges, was bevorsteht. Angst, Zweifel, Trauer, Verzweiflung - „der alte Megascheiß", würde Lukas sagen!
Das neue Andere: Kompetenz einfach haben, **sein** - *ob ich das je schaffe? JA."*
(12.1.1987)

Der neue Intensive Course fängt an. (18.1.1987)
Es gibt einige schöne Kontakte mit den Teilnehmenden.
Mit einer Kollegin aus Seattle verstehe ich mich besonders gut, sie hat mir schon in den Seminarien in den USA gefallen.

Der 26.1.1987 war ein spezieller Tag, der damit anfing, dass ein ehemaliger Analysand in meiner Praxis vorbeikam, um von seinem jetzigen Leben zu erzählen.
Er ist gut unterwegs. Für seine spirituelle Entwicklung hat er einen Lehrer aus dem 12. Jahrhundert (!) gefunden, mit dem er arbeitet.
Irgendeinmal packte er mich und schleuderte mich an den Händen im Kreis herum, wie damals der schwarze Mann in meinem Kindheitstraum. Ich war sofort aus dem Körper und schaute von der Decke herab auf uns zwei herunter.
Dieses Erlebnis war für mich so mächtig, dass sich mein Zeitgefühl verschob und ich am Abend den Zug nach Bern für die Sitzung über das Schlangensymbol im Märlikurs erst bestieg, als dieser eigentlich hätte anfangen sollen.
In Bern angekommen, ging ich dennoch ins Kurslokal (ich hatte versucht, eine Nachricht zu hinterlassen, wusste aber nicht, ob sie angekommen war). Die Stühle waren im Kreis aufgestellt, aber die Teilnehmenden waren nicht mehr da. Ich setzte mich in den Kreis, um über diesen verrückten Tag zu meditieren.
Da hörte ich zischende Geräusche. Langsam bewegte sich etwas in den Vorhängen, schließlich wälzte sich eine riesige Schlange in die Mitte des Raumes: es waren die KursteilnehmerInnen, welche sich in Tücher gehüllt hatten und mir einen „Schlangen-Empfang" bereiteten! Das war so schön und passte so gut zu diesem Tag, dass ich mich nur noch bei der Schlange bedankte und ein kurzes Schlangenmärchen erzählte.
Wir waren alle glücklich und gerührt über diesen einmaligen Abend.

Ich erwache mitten in der Nacht an einem Traum:

Ein Brunnen wird von innen heraus erschüttert und auseinandergerissen.
Es ist jetzt ein Feld mit Steinbrocken bedeckt.
Dann noch mal das Gleiche, aber diesmal in einer Gruppe, die wie in einem Seminar
im Kreis um den Brunnen sitzt. Ich merke, dass ich die Verantwortung trage, mit

der Gruppe darüber zu arbeiten, besonders was man jetzt mit den Steinen machen soll.
(2.2.1987)

Dazu kommt mir das Schweizer Märchen „Das schneeweiße Steinchen" in den Sinn, das ich im Intensive Course einbringen will, und auch das I Ging „The Well" (der Brunnen).

Was machen wir mit den „Brocken" aus dem Unbewussten?

Pontresina (9.-21.2.1987)

In einem vulkanischen Teil des Meeres. Es hat Dampfwolken, und von Zeit zu Zeit steigen Fontänen auf.
Irgendeinmal bin ich mit Franz oben auf einer 30 Meter hohen Welle - ein komisches Gefühl, aber es geht gut: wir sind einfach oben drauf und lassen uns mitspülen. Zwischendurch sind wir als ganze Familie in diesen Wellen, und es funktioniert auch.
(16.2.1987)

Diese ungeheuerlichen Kräfte faszinieren mich wie immer - und ich bin froh, dass sie für uns alle im Traum nicht gefährlich sind.

Von einer jungen Kollegin. Ich sehe, dass sie auf mich zukommt, will sie begrüßen - da wendet sie sich ab und begrüßt ostentativ jemand anderen. Ich bin betroffen, will es ihr zeigen, indem ich sie ein wenig schubse, damit sie mich spürt. Das misslingt aber, ich habe so viel Schwung, dass ich sie umreiße und auf sie hinauffalle. Natürlich ist jetzt alles noch blöder!
Später kommt sie zu mir, und es stellt sich heraus, dass sie mit mir über Ehe und Treue und langjährige Beziehungen reden möchte und auch über ihr Bedürfnis, eine eigene berufliche Identität aufzubauen. Ich bin sofort dabei und versuche ihr zu helfen. Erst dann denke ich: was mache ich da? Warum bin ich jetzt schon wieder voll dabei und nicht mehr wütend?
(24.2.1987)

Ja warum? Vielleicht aus Solidarität, weil diese Kollegin ebenfalls einen bekannten Mann hat und ich sie irgendwie als „Schicksals-Schwester" empfinde?

Von einer weißen Schlange, die ich immer bei mir habe. Es wundert mich: sogar im Mantel, im Bett - einmal haut sie ab und verschwindet unter einem Kissen.
(27.2.1987)

Es geht mir gut, ich kann auch Jüngeren helfen und bei mir und meiner „weißen Schlange" bleiben. In der Welt habe ich im Moment Erfolg, auch das tut mir gut.

Von einer jungen Frau in der Türkei. Die Frau wird abgeschoben, irgendeinmal wird ihr gesagt, dass sie im sechsten Monat schwanger sei (Geburtstermin 11.6.1987). Sie hatte keine Ahnung davon. Das wundert mich.
Ich sehe auch zwei Nonnen, sage ihnen, sie sollen doch dem Papst melden, was da läuft - ob er es wisse?
(11.3.1987)

Frauenschicksale dem Papst melden - jawohl!

Wie immer, wenn Daten vorkommen, schaute ich in meiner Agenda die Zeit der Zeugung und den Termin für die Geburt nach: die Zeit der Zeugung war in den Wochen, als ich von USA zurückkam und mich zur Unterbindung entschloss. Am 11.6.1986 gab ich drei Kurse an einem Tag. Möglicherweise gibt das einen Bezug zu meinem Entschluss gegen die biologische Fruchtbarkeit und für mein berufliches Engagement - etwas, was „der Papst" wohl gar nicht billigen würde!

Im Traum sagt ein Mann, der ein Gesicht hat wie ein Vogel, zu mir: „Sie haben ein Gesicht wie ein Vogel."
(15.3.1987)

28.3.1987
70. Geburtstag meiner Mutter: das Alter! In 26 Jahren wäre ich auch 70!

Ein großer Theater- oder Konzertsaal. Franz und ich sind dabei, zusammen zu musizieren, ich mit der Klarinette. Ich erschrecke - das kann ich ja gar nicht!
(30.3.1987)

Immer wieder die Herausforderung „Musik": ich bleibe dran!

Ich gehe mit Franz einen Berg hinauf. Im Hinaufsteigen sieht man das Meer, hört sogar die Brandung, da merke ich, dass ich nur den unteren Teil des Bikinis anhabe und frage Franz, ob das nicht unvorsichtig sei wegen der Einheimischen?
Da sagt Franz, bei einem kleinen Pavillon angekommen: „Wir sind die Einheimischen", und wir gehen in den Pavillon und lieben uns ungeheuer, während man die Brandung immer stärker hört.
(2.4.1987)

La Gomera (5.4.-16.4.1987)
Wunderschöne Ferien auf einer Insel mit viel archaisch-unberührter Natur: Wind-Meer-Wind-Wolken-Wind-Sonne, Wein, gute Fische, frisches Brot!

Ich stehe über dem Meer in einer Höhle. Intensives Erlebnis, was es heißt, gekreuzigt zu werden: der Schmerz! (es ist Samstag vor dem Palmsonntag)
(11.4.1987)

Wieder einmal der Beschluss, mehr aufzuschreiben (Erfahrungen, Kurse), mehr zu ordnen. Das ist wichtig, weil ich sonst so viel vergesse und in der Folge dazu neige, mich zu unterschätzen und leer zu fühlen (Horror vacui).

Mit einem meiner Kollegen: Ich schaue Material mit ihm an, das ich von einem Seminar habe. Dabei habe ich ganz faszinierende Sachen herausgefunden (etwas über den auditiven Kanal). Zu meinem Erstaunen begreift sie der Kollege nicht. Irgendeinmal sage ich: „Aber ich habe es herausgefunden, es ist faszinierend, und ich muss es auf meine Art machen!" (15.4.1987)

Der Traum greift ein Phänomen auf, dem ich in dieser Zeit öfter begegne: Meine männlichen Kollegen verstehen nicht wirklich, was ich vorhabe, werden ungeduldig und lassen mir beim gemeinsamen Unterrichten keine Zeit, etwas auf meine Art zu entwickeln. Sie übernehmen dann einfach mit ihrem eigenen Stil die Führung. Manchmal kommen Studierende, welche das bemerkt haben, nach der Stunde zu mir und sprechen es an, weil es sie gestört hat.

Am Ostersamstag wieder in Oerlikon

Wir haben genug Brot! Ein sehr schöner und warmer Traum!
(18.4.1987)

Gespräch mit einer amerikanischen Kollegin über das Seminar, das sie in der Schweiz erlebt hat. Sie meint, es gäbe ein starkes soziales Bedürfnis nach POP-Seminaren wegen dem Gefühl „Dort kann ich Mensch unter Menschen sein - endlich!".

Dieses Gefühl hatte ich nie, da ich immer auch unter Künstlern verkehrte. (Franz meint dazu: „Eigentlich unterscheidet sich das, was ich mache, gar nicht so von dem, was du machst!")

21.4.1987
Morgen ist der erste Tag von Lukas in der Lehre und von Kaspar im Gymnasium!

Vielleicht brauchen wir keinen gemeinsamen Bus mehr für unseren je eigenen Weg.
Im Traumbuch schreibe ich über diese Zeit: „Ich fühle mich gut, frei, offen - und doch
manchmal auch plötzlich traurig, bedroht, einsam. Auch in Bezug auf die kollektive
Situation in der Schweiz: zum Beispiel beim Tränengaseinsatz an den Tschernobyl-
Demonstrationen!

Hin und wieder befällt mich in letzter Zeit ein Gefühl, ich strample an Ort, der
Tag vergeht, ich weiß nicht, wie. Vielleicht kommt es auch daher, dass ich durch die
neue Situation der Söhne wieder mehr in die Mutterrolle gerutscht bin."
Was mich auch beschäftigt: die Vorstellung von einem Meister, den man suchen
muss. Das Langsame, Introvertierte, Nichtberühmte - wie wichtig es für mich ist!

Ich würde mich gerne noch viel mehr in diese Richtung entwickeln, habe aber
das Gefühl, der Zustand der Welt lasse es nicht zu.

Wie gut es mir tut, Freundinnen zu haben! Zum Beispiel auch Nancy Zenoff, die aus
Amerika gekommen ist, um hier zu studieren.

Die Geschichte vom Frosch, der in den Krug mit Rahm gefallen ist und so lange
strampelt, bis er auf der Butter sitzt, ist eine meiner Lieblingsgeschichten!

Die Erleichterung, Carol Gilligan zu lesen: weibliche Vorstellungen von Wachstum
und Wertmaßstäben!

Im Mai kommt mein Vater an einen Vortrag von Arny. Er geht in der Pause.
„Propädeutische Sachen", das müsse er sich nicht anhören. Schade!

Nach dem Aufwachen verstehe ich den Traum sofort so: es geht um das Leben meines Prozesses, meiner Vision - dazu braucht es Dranbleiben, Wachheit und „Pflege"
jeden Tag - und es macht auch Spaß!

Als ich einen meiner Söhne frage, wo der Knopf sei, an dem man sein Problem abstellen kann, zeigt er auf mich. Der Knopf ist bei mir.

Am 1. Juni 1987 halte ich meine Vorlesung am Jung-Institut einmal Englisch und einmal Deutsch - der Unterschied ist frappant: Wärme und Begeisterung bei den Amerikanern, säuerliche Zurückhaltung bei den Schweizern!

Vor der Vorlesung hatte ich folgenden Traum:

Ich habe das Manuskript nicht mehr, suche es überall, denke: wenn ich es mir zutrauen würde, würde ich direkt mit den Träumen der Leute arbeiten.

Das habe ich später auch manchmal getan, es wurde immer einfacher für mich, die Studierenden auch mit ihrem Material einzubeziehen.

„Über die Zeit gerade jetzt: so reich, so vieles kommt zurück, setzt sich zusammen, hat sich bewährt."

Wieder einmal beschäftigt mich mein Verhältnis zur POP: Ich möchte auch Jungianerin bleiben dürfen, möchte die Sachen machen, die mir guttun und mich nähren. Weder in mein Märli-Seminar noch in die Vorlesung am Jung-Institut kam jemand von POP.

Was ich merke: Eine gewisse Lebensangst im Zusammenhang mit dem bevorstehenden „freien Jahr" von Franz, auch wenn ich zu ihm sage, das Geld werde schon reichen.

Ich arbeite viel, gebe Kurse, Vorträge, Weiterbildungen.

Am Semesterende gibt es eine harte Auseinandersetzung mit der zweiten Theaterpädagogik-Klasse. Ich habe eigentlich aus Trotz und wegen dem Geld darauf bestanden, noch einmal als Co-Leiterin eine Klasse zu unterrichten und konnte den Studierenden (im Gegensatz zu denen der ersten Klasse) nur zum Teil bieten, was sie brauchten. Es war ein Fehler, etwas aus diesen Motiven (Rechthaben und Geld) zu machen, und ich hoffe, ich mache ihn nie wieder!

Sommerferien im Juli 1987
Vor dem Abflug nach Seattle erlebe ich noch eine sehr gute Zeit mit Franz und den Söhnen. Das Ausschreiben des Workshops für die Psychotherapietage in Bad Wildungen im nächsten Jahr tut mir gut und lenkt mich etwas ab.

Dennoch: so weit weg zu fliegen fällt mir eben doch schwer („um die halbe Erdkugel").

Seattle und Portland (23.7.-7.8.1987)
Das Edgewater Hotel in Seattle direkt am Meer ist wunderschön!

Gleichzeitig die Verzweiflung darüber, da zu sein und meine Liebsten nicht da.

D. hat kurz vor meinem Eintreffen im Hotel angerufen und kann erst später kommen.

Diese Zeit ist für mich ein Geschenk! Ich schlafe gut, spaziere zum Pike Street Market und kaufe Geschenke ein.

Ich spüre stark, wenn ich auf dem Balkon sitze und über die Bucht schaue: ich musste hierherkommen, noch muss ich den Kontinent wechseln, um einen Teil von mir selbst finden und weiterentwickeln zu können. Gleichzeitig habe ich das Gefühl, dass „Seattle" irgendwann auch in der Schweiz (oder in Europa) möglich sein sollte. Ich muss vorsichtig sein, genau merken, was für mich gut ist.

Als D. schließlich kommt, ist er nervös und besorgt wegen einer seiner Töchter und muss bald wieder gehen. Für mich stimmt die Art dieser Trennung nur halb. Wir sind beide traurig, beide in unserer eigenen Welt.

Die restliche Zeit in Seattle verbringe ich allein.

Am Montag fahre ich dann mit D. zusammen zum Seminar nach Portland.

Dort gibt es ein paar Leute vom Vorjahr, die sich über uns zwei wundern. Doch dies ist ein neues Seminar und ich kann die Kontakte mit alten und neuen Kollegen und Kolleginnen genießen.

Auf dem Rückweg fahre ich zu meinen Freunden nach Bainbridge Island und fliege am 6. August wieder ab nach Zürich.

Wieder in Zürich (nach dem 7.8.1987)
Bei Bächli-Sport sind zwei Angestellte ums Leben gekommen.

Der Autor Alexander Ziegler hat sich das Leben genommen.

Müdigkeit in den Schultern, in den Beinen - das Alter - Wichtigkeit der Körpererfahrungen (Polarity-Therapie, Bewegungsklassen bei Kolleginnen).

Greina-Wanderung mit Franz und Fleck. Die Freude und Bereitschaft „aus der Zeit" zu fallen, Flecks Freude!

Nach einer längeren Beziehungspause treffe ich meine Kollegin Judit wieder. Sie schreibt sich jetzt ohne th am Schluss. Zum ersten Mal können wir anschauen, wie sehr wir polarisiert waren, und fangen an, zu verstehen, warum: ich war ein „Child of a Family", sie ein „Child of the City". Jede beneidete die andere: Judit war begeistert von meiner Mutter und ihren Stofftischtüchern, und ich war begeistert von der „Freiheit" und Lockerheit in ihrer Familie. (13.9. 1987)

Von einer Gitarre, auf der ich wunderbar spielen kann:

Der Ton „Peperoni" hat mich sehr amüsiert und erfreut. Mit der Musik habe ich es ja
nicht einfach gehabt: eigentlich habe ich es nie geschafft, ein Musikinstrument flüssig
zu beherrschen. Und bei einer E-Gitarre kann man den Stecker ziehen.

„Meine" Adlerfeder bekomme ich im Traum nicht.

Ich habe später zweimal eine geschenkt bekommen.

Ich glaube, ich sollte mich an den Ton „Peperoni" halten und mich weniger plagen
mit dem, was gerade nicht klappt!

Beim Erwachen habe ich ein befriedigendes Gefühl: das war etwas ganz Anderes.

Der Umgang mit der immer schneller ablaufenden Entwicklung der Technik ist
gerade für meine Generation eine große Herausforderung. Als ich an die Möglichkeit
denke, diese Technologie könnte auch für Waffen missbraucht werden, erschrecke
ich, aber der Traum und meine Reaktion beim Aufwachen setzen den Akzent auf die
Freude an der Herausforderung und bei der Neugier auf das Neue.

Im Traumbuch schreibe ich: „Schön, dass die Natur-Pflegende so geehrt wird!"
Außer der innigen Verbindung mit ihrem Sohn ist das die große Liebe meiner
Mutter: Blumen, ihr Hund, ihre Schildkröten und die Vögel, Blindschleichen und
Frösche. Es tut mir gut, dies anerkennen zu können.

Durch ihre Freude und Unterstützung bei meinen Schwangerschaften und ihre Liebe zu den Enkeln haben wir zwei eine neue Beziehung gefunden und ich kann loslassen, was nicht möglich war, und schätzen, was ist.

An einem Fluss spielen Kinder, darunter ein Baby, nackt und nur mit einem dreckigen Hemdchen bekleidet.
Ich denke sofort, dass das gefährlich ist - und schon fällt es in den Fluss, ohne dass es jemand merkt. Ich schreie: „Achtung! Hilfe! Das Baby ist in den Fluss gefallen! Man muss es retten!"- und bin schon in der Luft mit einem riesigen Hechtsprung, staune über mich selber! Aber es ist ganz klar, dass es gar nicht anders geht, ich muss. Ich springe, falle und tauche dann ins Wasser ein. Es ist ziemlich tief und ich überlege, ob es mir eventuell das Leben kosten könnte, aber ich glaube nicht, bin zuversichtlich und froh, dass ich gemacht habe, was ich musste.
(23.10.1987)

Diesen Traum hatte ich am Vorabend unserer „POP-Abschlussprüfung".

Fünf Jahre nach der Gründung von POP fand dieses Treffen an einem Wochenende mit uns Diplomierten („Großeltern") und Arny in seinem neu erbauten Haus in Avers statt.

Um unseren Status als POP-LehrerInnen zu behalten, mussten wir alle vor der Gruppe mit einem Kollegen oder einer Kollegin in der Mitte prozessorientiert arbeiten.

Ich hatte eine Riesenangst davor und musste wirklich mit letzter Kraft „ins Wasser springen" und mit einem Kollegen arbeiten, um in dieser Runde zu bestehen und zu zeigen, dass ich meinen Status als POP-Diplomierte zu Recht hatte. Das war ein wichtiges und eindrückliches Erlebnis für uns alle.

Eine bekannte „Szene-Journalistin" greift mich an, findet mich nicht gut. Lässt als Provokation eine TV-Psycho-Sendung laufen, in der ich nicht bin. Ich frage sie, sie sagt: ja, sie habe Schlechtes gehört über mich als Therapeutin. Meine Klientin M. sagt zu ihr: „Aber ich brauche sie als Therapeutin!"
(1.11.1987)

Ich arbeite an diesem Traum mit Lehm und indem ich mit der „Szene-Journalistin" einen Dialog führe - offenbar gibt es immer noch einen inneren Zweifel, dem ich mich endgültig entgegenstellen muss! Ich schrieb dazu: „So nicht! Sei eine gute (hilfreiche, sorgfältige) Kritikerin oder hau ab!"

4.11.1987
Das Programm von Bad Wildungen kommt, außerdem habe ich zugesagt, im „Züritipp" abwechselnd mit anderen eine Kolumne zu schreiben. Das gibt mir ein

gutes Gefühl: „Die Welt kommt zu mir!“ Ist es vielleicht auch eine Folge meiner Arbeit am „Szene-Journalistin“-Traum?

31.11.1987
In einer Sitzung nach den Prüfungen geht mir die Frage durch den Kopf, was mit den Kandidaten nach dem Bestehen der Prüfungen passiert: Werden sie noch ein Herz haben, wenn sie Macht haben?

Von schönen Frauen-Ritualen.
Vor dem ersten Treffen der „POP-Frauengruppe“ am 8.12.1987

In USA
In einem Seminar wie Marylhurst.
Ich fahre mit Peter Hohler zurück, weil er weg muss.
Die Meinung ist dann, dass ich mit dem Auto wieder ins Seminar fahre.
Plötzlich wird mir mit Entsetzen bewusst: ich habe ja nicht auf den Weg aufgepasst!
Offenbar habe ich auch keine Karte, weiß auch nicht mehr, wie der Ort heißt -
blankes Entsetzen!
Da Peter auch keinerlei Unterlagen hat, weiß ich nicht einmal eine Postadresse oder
Telefonnummer!
Jetzt fällt mir auch ein, dass ich meinen Mietwagen einfach irgendwo (in Denver?)
stehengelassen habe und nicht zurückgegeben. Wie soll das gehen?
Zum Glück habe ich noch die Kreditkarte (keine Dollars mehr!).
Aber ich werde wohl viel Geld bezahlen müssen (z.B. für den Mietwagen).
Wie ziehe ich mich heil aus diesem Schlamassel?
(12.12.1987)

Nach dem Traum denke ich im Traumbuch darüber nach, „dass es gefährlich ist, einfach neben einem Mann zu sitzen und nicht aufzupassen, nur auf die Beziehung bezogen zu sein“!

Das heillose Durcheinander, das sich daraus ergibt, erinnert an gewisse Träume von früher: Alles gerät aus den Fugen, es gibt keine Straßenkarten, keine Kommunikations-Möglichkeiten und hohe Kosten. „Ich selber“ muss am Steuer sitzen und eine wache Wahrnehmung haben.

Am Jahresende finde ich im Traumbuch eine schöne Karte von Franz, der sich aufs Heimkommen freut.

1988

Das Manuskript „Die Schatten der Stadt" ist fertig / Regelmäßige Kolumnen im „Züritipp" / Kurse in Bad Wildungen / Die ersten Familien-Ferien in Arnys Haus in Avers / Austausch mit Debbie / „weiblich, männlich, ganz" an der Volkshochschule

Träume:
Ich höre mich sagen, ich sei Sängerin / Von einem wunderbaren Tal und einer Tür in der Luft / Alle Menschen sind schwarz, auf den Plakaten weiße Gesichter / Mutter schwatzt und weicht aus, Franz und die Geiß, ich und das Taxi / Das Elektrische ist ausgefallen / Von einer großen runden chinesischen Kochpfanne / Ich soll Pfarrerin werden / Ein Sprachbüchlein mit Konjugationen / KZ-Überlebende

---

2. Januar 1988
45. Geburtstag auf dem Älpli.
   Nebelmeer, Risotto auf dem Feuer, gute Luft - so schön!
   Auf dem Heimweg schlafe ich im Zug ganz tief ein.

> *Eine ganz besondere Kontroll- und Kollegengruppe. Es geht um unsere Entwicklung und um die Entwicklung der Psychologie und der Welt.*
> *(3.1.1988)*

Ein schöner Jahresanfang. Ja, zu dieser Gruppe gehöre ich gern, zur Gruppe der Menschen, die „dranbleiben" an sich und ihrem Umfeld, und im Beruf und in der Welt daran arbeiten, dass Entwicklungen möglich werden und stattfinden.

Aus dem Traumbuch in den nächsten Tagen: „Das Gefühl, die Zeit sei begrenzt. Riesendankbarkeit, intensive Gefühle darüber, HIER zu sein, zu leben. Dass sich die Zeit nicht ausdehnen lässt!
   Porträtfoto für die „Züritipp"-Kolumne, Radiosendung „Traumland einfach" mit Kindern, am 11.1. ist das Manuskript „Die Schatten der Stadt" fertig, am 12.1. fängt die Traumgruppe wieder an."

> *Ich sage irgendeiner älteren Frau gegenüber, ich sei Sängerin.*
> *(20.1.1988)*

Das werde ich frühestens im nächsten Leben sein, aber es liegt eine tiefe Befriedigung und Freude in dieser Behauptung.

*Ich „komme an" in einem Flughafen und sehe von einem schönen Tal aus den
Mount Rainier (im Bundesstaat Washington). Riesige, tiefe, mächtige Freude: Wow!
Daneben erhebt sich noch etwas, was eigentlich kein Berg ist: was ist es sonst?
Wie eine ausgefranste Tür in der Luft.
Eine Art Heimatgefühl.
Mir wird plötzlich klar, wie langweilig herkömmliches Lernen ist, wie schade um die
Zeit. Ich denke: aha - ja, ich verstehe die Leute im Intensivkurs gut!
(31.1.1988)*

Im Januar/Februar findet wieder ein englischer Intensivkurs statt, die Teilnehmenden sind sehr motiviert und lernbegierig, genießen das Programm, bringen sich
ein und beteiligen sich.

Jeweils am Freitagnachmittag arbeitet Arny mit der ganzen Gruppe.

In unserer POP-Frauengruppe können wir später austauschen und „verdauen".

Debbie und ich machen eine Entdeckung:

Debbie hat Angst, es kratze ihr jemand die Augen aus, wenn sie sie schließt.

Ich habe Angst, es sei niemand mehr da, wenn ich sie aufmache.

7.2.1988
„Die Freude, in Eleanor Coppolas Tagebuch zu lesen: Schwesterlichkeit!"

*Ich sehe ein Spinnennetz, in dem drei Tiere sind: eine junge Katze, eine Maus und
eine alte Katze. Als das Netz geöffnet wird, springt das junge Kätzchen heraus und
haut ab. Ich wundere mich, dass das möglich ist.
(9.2.1988)*

Wie gut, dass es diesen jungen Teil gibt, der abhauen kann!

Pontresina (13.-20.1988)
Franz ist schon ein paar Tage oben, um zu schreiben, ich reise mit den Söhnen nach
und verliere als Erstes gerade den Kofferschlüssel.

*Ankunft in einer U-Bahn-Station: alle Menschen sind schwarz - ich bin in Afrika!
Dann merke ich, dass es auf den Plakaten an den Wänden weiße Gesichter hat.
Etwas von der Schule: Geometrie oder Mathematik - muss ich noch einmal die
Matur machen?
„Palaver": die Stimmung ändert sich, als wir uns entschließen, ein „Palaver" zu
machen und abzuhocken (Frauen, ohne Stress).
(15.2.1988)*

Der Traum hat mich damals sehr beeindruckt.

Arny hatte eine Einladung bekommen, in Afrika zu arbeiten, und mich und andere eingeladen, mitzugehen. Ich merkte, dass ich zu wenig bereit war dazu, zu wenig Zeit hatte für die mentale und spirituelle Vorbereitung für eine so gewaltige Reise, dass ich zu viel Angst und Scheu hatte vor dem Neuen und Anderen. Es war noch nicht reif - vielleicht tauchte deshalb die Matur (Reifeprüfung) auf? Das „Palaver" gefällt mir.

Vom Pfarrersein - von Großpapi Rüschlikon - von der offenen Kirche, in der ich predigen werde, ein gutes Gefühl.
Hat die Pfarrer-Sache mit meinem Job im „Züritipp" zu tun?
(18.2.1988)

Der Vater meines Vaters, der in Rüschlikon wohnte, war ja Pfarrer. Das Motiv des Pfarrer- oder Bischofseins ist immer wieder aufgetaucht bei mir.

1.3.1988
45. Geburtstag von Franz.
Ich schenke ihm eine Solaruhr.

Bad Wildungen (12.-15.3.1988)
Die Psychotherapietage in Bad Wildungen, zu welchen ich von Ursula Baumgardt und Ingrid Olbricht in den nächsten Jahren regelmäßig eingeladen werde, sind eine gute Gelegenheit, mich im beruflichen Feld zu bewegen und mit deutschen KollegInnen verschiedener Schulen auszutauschen.

Die Gruppen, die ich zum jeweiligen Tagungsthema anbiete, sind immer herausfordernd und spannend und die Referate im Plenum eine gute Weiterbildung.

Eine Besonderheit von Wildungen ist der große Park und die schöne Umgebung, wo ich jeweils ausgerechnet in meiner Heuschnupfenzeit (wenn die Bäume blühen) noch auf eine andere Art gefordert werde!

Wieder zuhause habe ich einen langen Traum, der immer dramatischer wird:

Meine Mutter ist da und schwatzt ständig von fremden Enkelkindern.
Ich frage, wie es unserem dritten Sohn Hans (neben Lukas und Kaspar) geht, der im Traum ein neugeborenes Baby ist. Meine Mutter sagt kurz, er sei noch im Spital, und weicht sofort wieder aus.
Da bekomme ich einen Wutanfall, stürze mich auf meine Mutter und schreie sie an, sie solle jetzt DAVON reden, das sei wichtig und sonst nichts, sie solle endlich aufhören mit diesem Geschwätz.
Irgendeinmal bin ich im Auto bei Franz.

*Er sagt so halb neckisch, daheim habe sich einiges geändert (hat ihm jemand den
Haushalt geführt?) - es seien einige Verbesserungen eingeführt worden. Ich werde
wütend und sage, wenn ich zurückkomme, werde ich diese Sachen wieder auf meine
Art machen. Ein ekliges Gefühl von manipuliert und erzogen werden.*

*Wir sind irgendwo unten mit einer hilfsbedürftigen Geiß. Wir sollten heim und
es pressiert eigentlich, jedenfalls sind die Kinder und ich dann schon oben und
schnappen ein Taxi, aber Franz gibt sich immer noch mit der Geiß ab. Wir rufen und
winken ihm, und er beschließt, die Geiß fahren zu lassen und beginnt zu rennen.
Aber der Taxichauffeur will nicht mehr warten. Ich sage ihm, das sei ein schlechtes
Geschäft, weil ich ihn nicht zahlen könne und kein Portemonnaie bei mir habe,
aber er fährt doch ab. Mit rasender Fahrt saust er über die Straße, da sieht man
vorne einen Graben, aus dem eine Frau mit den Armen „Halt" fuchtelt. Er rast
doch durch und scheint sie zu überfahren, es ist auch ein Mann bei der Frau in der
Grube. Der Taxichauffeur hält jetzt an, zieht die Handbremse ein bisschen an, lässt
uns auf einer schrägen Straße stehen und steigt aus.*

*Nach einer Weile merken wir, dass der Wagen langsam zu fahren beginnt.
Ich klettere vom Rücksitz nach vorne und schaue alles an, ziehe zuerst die
Handbremse, lege dann den Gang ein, fahre ein Stück und parkiere den Wagen
rechts in einer kleinen Bucht bei einem Restaurant, wo es heißt „kein Parkplatz". Ich
fahre sehr satt hinein, so dass der Wagen das Auto, das schon dort steht, am Schluss
berührt. Die ganze Zeit habe ich das Gefühl, etwas nicht ganz Legales zu tun, ich
habe auch keinen Fahrausweis bei mir. Aber ich weiß auch, dass es keine Wahl gibt,
und bin froh, dass ich es geschafft habe!*

(22.4.1988)

Da kommt einiges zusammen: Überforderung mit dem Nachhausekommen, wo
sich unterdessen Dinge ohne mich geändert haben, Überforderung im Kontakt mit
meiner Mutter, die nicht auf meine Fragen eingeht und ausweicht, Überforderung
mit der (für mein Gefühl übertriebenen) Hilfsbereitschaft meines Mannes und mit
dem Taxifahrer, der nicht auf mich hört, losrast und uns am Schluss im führerlos fah-
renden Wagen stehen lässt.

Im Traum wird zusehends klar, dass diese Totalüberforderung nicht ungefährlich ist, es gibt auch Opfer und grenzwertiges Verhalten meinerseits.

Aber wir schaffen zum Glück alles!

Besonders den Taxifahrer und die überfahrene Frau kann ich auch als innere
Figuren und Teile von mir selber sehen, mit denen ich mich auseinandersetzen muss.

*Es hat noch mehr Toilettenwasser, als ich gemeint habe (wohlriechend,
aufmunternd, ermutigend, frisch)*

(4.5.1988)

Ein Schiff in einem Meerbusen oder Hafen.
Die Wohltat einer natürlichen Beleuchtung, das Elektrische ist ausgefallen.
Der Schock, als der Strom wiederkommt.
(26.5.1988)

Leider steht mein Leben immer wieder „unter Strom".

Traum von einer neuen psychologischen Methode: drei Wörter sagen und dann
loslassen und eine Geschichte entstehen lassen.
(5.6.1988)

Ein lockeres, vertrauensvolles Gegenbild zu den anspruchsvollen Abschlussprüfungen bei POP, die am 4./5. Juni stattfinden und mich wie immer als Prüferin be-
lasten und fordern.

Wochenende mit den Kindertherapeutinnen im Tessin (17./18.6.1988)
Eine schöne, ruhige Arbeit mit den Kolleginnen, von denen jede ihre eigene
Ausstrahlung und Kraft hat. Viel Zeit und Ruhe. (Aber wird es mir ein bisschen
langweilig ohne den „POP-Speed"?)

26.6.1988
Meine mir lieb gewordene Kollegin Nancy Zenoff geht in die USA zurück. Wir sind
beide sehr traurig und weinen am Flughafen.

Franz beschließt, im November/Dezember mit einem Freund nach Südamerika zu
gehen. Ich überlege mir, in dieser Zeit vielleicht eine Gitarre zu kaufen.

Sommerferien 17.7.-6.8.1988 in Arnys Haus in Avers
In den Nächten schlafe ich schlecht. Vieles plagt mich. Der Wunsch nach einem guten Traum. Hier ist er:

Von einer großen, schwarzen, runden chinesischen Kochpfanne, schön und tröstend.
(Ich habe vor dem Einschlafen einen Artikel von Brigitte Dorst über matriarchale
Symbole gelesen).
Von einer Laienpredigt. Ich soll Pfarrerin werden. Die volle Kirche am Sonntag,
predige ich?
Der Bischof ist auch da, es gibt ein Bild im Lokalblättli!
Es wird auch vom Geld gesprochen: dass ein Pfarrer viele Spesen habe, aber die
Fische könne er vom Altar nehmen. Ich überlege, wie der Pfarrerberuf wäre für
mich mit seinen festen Verpflichtungen an eine Gemeinde: es kommt mir plötzlich
verlockend vor! Ich denke: dann könnte ich ja immer noch die Praxis haben.
(21.7.1988)

Die wunderbare matriarchale Pfanne hat mich sehr unterstützt.

Beim Traum vom Pfarrerin-Werden mischen sich die Themen: die Frage nach der Ergriffenheit und Berufung (die Fische als Christussymbol auf dem Altar) und das Liebäugeln mit mehr Sicherheit in einer festen Stelle und einer Kirchgemeinde, die man einfach hat und sich nicht um KlientInnen sorgen muss.

Von Therapien mit Paaren mit Babys und kleinen Kindern. Ein Durcheinander, irgendwie erfrischend und sehr lebendig!
(25.7.1988)

Ein Traum, der mich freut und ermutigt.

Als ich hier oben nicht schlafen kann, schreibe ich mir auf: „Die Gefährlichkeit meines Berufes. Haben die Kratzer am Handgelenk vom Umfallen und ein übler Sturz im Geröll etwas Suizidales? Das Gefühl, etwas ändern zu müssen in den Therapien: bessere Notizen machen, mehr aufschreiben und dann ablegen!"

Über die Tage in Avers: „Sehr schöne Wanderungen-Farben-Blumen! Die herrliche Luft - es ist einfach unglaublich schön hier oben."

Und über den letzten Abend in Avers: „Ein klarer, eindrücklicher Sternenhimmel. Was ich mir wünsche, als eine Sternschnuppe fällt? Glück-Leben-Liebe-für uns alle!"

Zurück in Zürich

Ein Klient (ein homosexueller Mann mit Aids) will nicht mehr kommen und geht zu einer bisexuellen Kollegin. Er sagt über mich: „She is too straight." Ich kann ihn begreifen, es macht mich aber auch nachdenklich.

Seit einiger Zeit arbeiten meine Freundin Debbie und ich an unseren Prozessen und Träumen miteinander im Austausch. Das ist sehr hilfreich: mit einer „Therapeutin" arbeitet man gründlicher als allein und kann die Arbeit nachher auch diskutieren.

Es tut mir sehr gut, mit Debbie an meinen schwierigen Nächten zu arbeiten. Zwischendurch denke ich auch wieder über meinen Lieblingsmythos von Vater Rabe nach, der im Dunkeln hockt und dann die Welt erschafft. Ob es da eine Beziehung zum schwarzen Mann in meinem Kindheitstraum gibt?

Während eines Gesprächs mit Franz kommt mir ein Traumfetzen in den Sinn:

Dass ich ein Sprachbüchlein mit Konjugationen anlege.
(28.8.1988)

Ja, es geht um den Umgang mit den Verben: man kann sie brauchen, um sich selbst immer wieder beim Alten zu behalten (ich bin halt so) - oder um sich für etwas Neues frei zu machen (ich war so - jetzt werde ich anders).

15.9.1988
Alpabzug nach einem Seminar in Wildhaus. Die geschmückten Tiere und Menschen.
Ich muss weinen - der Sommer ist vorbei.
Manchmal spüre ich das Herz: wenn ich gehen müsste - einfach gehen, einfach jetzt?
Die Rolle der Familie, das gemeinsame Erleben und Sichdarstellen der Familien beim Alpabzug (die beiden Großväter!).

Auf dem Älpli (15.-19.10.1988)

> *Ich erwache und staune, dass ich so viel über Weben und Flechten geträumt habe. Dann wird mir klar: natürlich, ich bin ja in einer solchen Umgebung (in einer Weberei / Textilfabrik).*
> *Ich bin tief befriedigt über diese Zusammenhänge, bis ich noch einmal aufwache und auf dem Älpli bin.*
> *(17.10.1988)*

„Der Traum im Traum", das Gefühl, durch verschiedene Wirklichkeiten gegangen zu sein.

Franz reist mit seinem Freund Carl ab nach Guatemala. Carls Frau Magdalena und ich gehen vom Flughafen zurück wie zwei Soldatenfrauen. (7.11.1988)

Arny ist zurück aus Esalen.
Zu einer „Awareness battle" zwischen zwei Kolleginnen meint er: „Wenn du denkst, der andere sollte bewusster - oder irgendetwas - sein: mach es ihm vor!"

10.12.1988
Franz und Carl kommen zurück.

12.12.1988
Mein Vortrag an der Volkshochschule in einer großen Aula der Universität zum Thema „weiblich, männlich, ganz", an dem ich lange gearbeitet habe, findet statt.
Die Zuhörerschaft ist aufmerksam und begeistert; die Frauen stellen Fragen in der Pause und schauen mit großem Interesse die Bücher an, die ich mitgebracht habe.
Nach der Pause meldet sich als Erste eine junge Frau und sagt, was das solle? Sie habe nichts Neues gelernt, das stehe alles in jedem Heftli!

Was machen? Nach kurzem Nachdenken entschuldige ich mich, dass ich ihr nichts Neues habe bieten können, und bitte sie, in diesem Fall lieber zu gehen.
Ich bin zufrieden mit mir, dass ich das ganz ruhig und ehrlich (ohne Ironie) sagen konnte.

Nachdem die junge Frau den Raum verlassen hatte, gab es eine angeregte und spannende Diskussion. Viele der Anwesenden kamen am Schluss noch zu mir und bedankten sich.

Am 16.12.1988 bin ich mit Debbie zusammen bei Arny und Amy in Avers eingeladen, ein sehr schönes Zusammensein im Haus, im Schnee mit den Langlauf-Skis, gute Gespräche.

Der Dezember ist viel zu schnell vorbei, am 30.12.1988 schreibe ich: „Plötzlich soo müde - fast unfähig, auch nur eine Fassade von Da-Sein und Aufmerksamkeit aufrechtzuerhalten. Warum bin ich manchmal so müde? Das geht doch gar nicht? Ich habe ja so viel Pläne, so viel, das passieren will."

Traum von Überlebenden von KZs (mache ich Interviews mit ihnen?).
(30.12.1988)

Nach einem Telefongespräch mit meiner lieben Verbündeten, meinem Vorbild Elisabeth, kaufe ich mir eine neue, schönere Agenda für den liebevolleren Umgang mit der Zeit!

Silvester in der Ostschweiz.

1989

Ungeleitetes Meditationsseminar in Boldern / Bad Wildungen / Die letzte Kolumne
ist geschrieben / Reise nach Rom mit Kaspar / Tod von R.D. Laing / 50. Jahrestag
des Beginns des 2.Weltkriegs in Warschau mit Debbie / „Moving the Goddess" mit
Nisha in Mount Madonna / Seminar in Gradys Haus in Bainbridge Island / neuer Schock: Missbrauch und Vertrauensbruch im Thorenberg / Mauerfall 9.11.1989

Träume
Das Lehrerfeld im Intensive Course / Arny hält als Signal die Pfote aus dem Schlafsack /
Konfrontation mit dem Tod, ein Markt mit viel Leben / Einer Krankenschwester mittei-
len, wann ich sterben will? / Vom Genuss „weit weg" zu sein / Ein Zug, der nicht nur für
Mönche und Nonnen ist / Die Frauenfigur aus Stein

---

1. Januar 1989
Schönes, friedliches Neujahr in meinem Zimmer mit einem Feuerchen im Ofen.

> *Von vielen Menschen. Eine Art Austausch.*
> *Einige meinen, das werde mit der Zeit langweilig, wenn immer wieder die Gleichen*
> *zusammentreffen. Ich wundere mich, für mich ist das gerade ein Wert.*
> *(7.1.1989)*

Meine erste Yogalehrerin Savitri ist bei uns zu Besuch. Sie lebt in Trinidad und hat
dort eine ganz andere Erfahrungswelt. Als sie hier in der Schweiz auf einer Bahnfahrt
die Durchsage „zwei Minuten Aufenthalt" hörte, war sie fassungslos!

Ich denke über meine nächste Kolumne nach und freue mich auf die Übersetzung
von Arnys „Year 1" („Das Jahr eins").

Das ungeleitete Meditationsseminar mit Arny und Kolleginnen und Kollegen in
Boldern ist bereits eine Tradition. In diesem Jahr kann ich endlich auch einmal teilnehmen (12.-14.1.1989)

Intensive Course (15.1.-24.2.1989)

> *Etwas von einer Abmachung mit Arny, bei der es ein Signal ist, dass er die Pfote*
> *aus dem Schlafsack hält.*
> *(24.1.1989)*

Ein köstliches Bild, wahrscheinlich eine Erinnerung ans Meditationsseminar, bei dem wir alle einen großen Teil der Zeit im Schlafsack verbracht haben!

Bad Wildungen (10.-15.3.1989)

*Ich bin dabei, mir einen zweiten Hund auszulesen. Der Ort ist eine „Handlung",
wie es sie früher gab, sehr viele Sachen durcheinander, halb sogar eine
Familienmwohnung.*
*Ich muss dieses Hündlein nehmen, obwohl ich eigentlich keinen Hund brauche und
Schwierigkeiten voraussehe. Es ist ein kleiner Spaniel, nur ein weiblicher ist richtig,
ein bisschen wie eine Tochter.*
(13.3.1989)

Unsere Söhne werden erwachsen.

Sie in ihr eigenes Leben gehen zu lassen, ist auch ein Abschied von der bisherigen Mutterrolle. Fehlt mir eine junge, weibliche „Tochterenergie"?

Am 14.3.1989 wird unser ältere Sohn Lukas 18 Jahre alt!

Sufis kommen zu mir, wollen etwas und holen mich.
In einer Menschengruppe mit Kindern an einer Straße, später in einer Wohnung.
*Die Kinder singen mir einen Schlager vor, der ursprünglich amerikanisch ist, von
Wolf Biermann übersetzt.*
*Einmal sagt jemand, in Deutschland könne man sich jetzt in anderthalb Stunden
scheiden lassen (Melodie „Winter ade").*
(14.3.1989)

Der Traum kommt mir vor wie eine Art Frühlings-Ausbruchs-Hymne, bei welcher das „Normale" ausgesetzt wird und die in einer Art Rausch endet, seien es nun Sufis, Schlager oder die Instant-Scheidung von den Einschränkungen des Winters!

*Vom Sterben. Ich sollte einer Krankenschwester mitteilen, ob ich am Mittwoch oder
am Donnerstag sterben will. Ich haue ab!*
(15.3.1989)

Höchste Zeit zu merken, was da läuft. Es ist offenbar wichtig, Gegenkräfte zu mobilisieren zu Tod und Krankheit, zu dem Teil, der mich hinunterziehen und „einliefern" will.

Ich bin weit weg, z.T. mit der Familie, z.T. allein.
Einmal spricht man Portugiesisch (Brasilien?)

184

Vorher fahren wir durch eine wunderbare Landschaft: Kanada oder Seattle. Brücken,
Wälder, ein Fluss. Ich bin sehr begeistert.
(16.3.1989)

Der Genuss, weit weg zu sein, die Schönheit großräumiger fremder Landschaften.

Ich bin in einem Seminar oder einer WG in New York.
Drei Kolleginnen und Kollege Joe aus Amerika sind auch da.
Ich will einmal telefonieren, aber alle sind aufs Mal in der Leitung: ein
Riesendurcheinander.
Ich staune auch über die völlig blödsinnigen Versuche der Amerikaner zu sparen:
zum Beispiel Medikamente in Portugal einzukaufen.
Einmal fange ich eine kurze Geschichte an, in der ich die Szene dort beschreibe.
Sofort wird mir klar, wie gefährlich Adjektive sind: zum Beispiel Kollegin M. als
zierlich zu bezeichnen, kommt mir ganz unmöglich vor.
Einmal merke ich, dass ich ja keine Miete zahle.
(19.3.1989)

Eine wilde Mischung, die mir irgendwie gefällt.

Die Bemerkung über die Kollegin M. erinnert mich an Franz Kafka oder Robert Walser, zwei literarische Lieblinge von mir.

Dass ich keine Miete zahle, kommt mir passend vor: wer zahlt schon Miete für Träume?

27.3.1989 (Ostermontag)
„Die letzte Kolumne ist geschrieben. Meine Projekte: Zwei neue Übersetzungen. Der Kontakt mit Arny fehlt mir! Das Eigene darf nicht verlorengehen - das Schöpferische, Kreative, Lustvolle!"

Nach Ostern:
„Heute fast den ganzen Tag im Morgenrock."

Knorze an einem Artikel über Arnys Arbeit mit Gruppen herum.

Mit Kaspar: backen und pflanzen.

Mit Franz, der mir seinen Roman vorliest. Wie stark ich unsere Verbindung fühle.

Mit verschiedenen KollegInnen am Telefon: alle diese Beziehungsgeschichten!"

25.4.89
Morgen fängt unser Kontrollfallseminar an, das ich gemeinsam mit Gisela leite.

Dazu werfe ich ein schönes I Ging: Nr. 11 Tai „Der Friede" (ohne Wandlung): Ein ausgewogenes, vielversprechendes Zeichen mit drei Yang- und drei Yin-Linien.

Gisela und ich waren in der Folge beide sehr glücklich über die Arbeit mit dieser einmaligen gemischten Kontrollfallgruppe mit Teilnehmenden aus verschiedenen psychologischen Schulen und Erfahrungsbereichen. Besonders eindrücklich waren für uns alle die Wirkungen unserer gemeinsamen Arbeit im Feld: viele der besprochenen Probleme veränderten sich schon, bevor die TherapeutInnen ihre KlientInnen das nächste Mal sahen!

In der Nacht während eines Zen-Seminars geträumt:

> *Von einem Eisenbahnzug, der nicht nur für Mönche und Nonnen ist.*
> *(6.5.1989)*

Dieser Traum freut mich sehr. Als ich ihn dem Leiter des Seminars erzähle, meint dieser: „Welcome to the train!"

In Rom mit Kaspar (17.-27. Mai 1989)
Wegen der Verschiebung des Schuljahresbeginns gibt es eine zusätzliche Ferienwoche, welche Kaspar und ich für eine Reise nach Rom nutzen.

Nach der Ankunft in Rom: Die Vergangenheit (und damit auch die Vergänglichkeit) ist omnipräsent hier. Unser Hotel ist nahe am Petersplatz, leider sehr lärmig.

Ich denke über die römische Geschichte in der Antike nach, über Roms Imperialismus und seine Schatten. Erst als ich in der ersten Nacht endlich einschlafe, entspanne ich mich wunderbar: der sekundäre Prozess ist Friede.

Neben dem Zusammensein mit Kaspar sind die Zeugen des alten Rom der Hauptzweck unseres Hierseins. Dafür interessieren wir uns ja beide. Vieles ist noch da, erlebbar, lebendig.

Die Katakomben und das Kolosseum beeindrucken uns, den Ausflug ins alte Ostia genießen wir besonders.

Manchmal ärgern wir uns über das schlechte Essen, auf das wir nicht gefasst waren.

Schließlich reisen wir doch ganz gern wieder zurück.

Wieder in Zürich
Am 2. Juni hat meine Vorlesung am Jung-Institut begonnen und macht mir Freude.

Auch das Karate, mit dem ich Ende Mai angefangen habe, gefällt mir.

Avers (15.7.-6.8.1989)

Ich lese in Christa Wolfs Sommerbuch. Es ist die Rede davon, wo man die letzten Tage seines Lebens verbringen möchte. Ich denke: hier im Avers.

> *I*
> *Ein großes POP-Treffen.*
> *Arnys Exfrau Nora Mindell ist eindeutig die Richtunggebende, sie setzt die Maßstäbe, bestimmt die Dynamik. Es ist mir etwas unangenehm, weil es mir irgendwie eng vorkommt. Auch fällt mir auf, dass die Kollegen (Männer) nicht da sind.*
> *Dann merke ich auch, dass es keine einzige Neuanmeldung für Stunden gegeben hat: Offenbar ist das nicht der Weg, Menschen zu gewinnen.*
> *II*
> *In Solothurn.*
> *Ich gebe einen Märlikurs für Lehrerinnen.*
> *Es ist der zweite Abend, halb auch Amnesty oder POP.*
> *Ich bin schon mit einer Teilnehmerin zusammen, muss aber dringend noch aufs WC. Suche überall, gerate weiter weg in die Stadt, habe den Abend noch gar nicht vorbereitet: was soll ich nehmen?*
> *Die Bremer Stadtmusikanten? Ich kann kein Märchen auswendig!*
> *Schon 20.10 Uhr - und es sollte um 20 Uhr anfangen! Rase zurück ohne WC-Besuch, beschließe, das eigene Märchen mit ihnen zu machen. Das war genau richtig!*
> *(20.7.1989)*

Ein beeindruckender Traum.

Im ersten Teil steht „Nora" sicher auch für den Teil von mir, der eher denkt, strukturiert, sich mit der Rolle der Leitung identifiziert, Stoff vermitteln und recht haben will.

Da sind meine männlichen Kollegen oft phänomenologischer, ohne zu werten, offener für noch Unbekanntes - und ziehen so auch mehr Menschen an.

Im zweiten Teil werde ich dann durch die üblichen „Traumhindernisse" gezwungen, mich nicht auf eine Vorbereitung zu verlassen, sondern mit dem Material zu arbeiten, das die Teilnehmerinnen in ihren eigenen Märchen einbringen, was wunderbar funktioniert.

Beim Lesen über moderne Physik: die Beschreibung von Zukav „Partikel sind individuelle Erscheinungen, Wellen kollektive Muster" berührt mich sehr.
Wo bin ich Partikel, wo Welle? Wo bin ich als Einzelne wichtig, wo als Teil des Feldes?

Wieder in Zürich

Ein „Taucher" nach Avers, Schmerzen in der Schulter, die Ferien sind vorbei.

> *Von zwei Hunden, Fleck und einem Sennenhund, die mir anvertraut sind. Ich habe*
> *Angst um sie, muss sie beschützen.*
> *Von einer indischen Frau, die bedrohlich ist (eine Terroristin?)*
> *(18.8.1989)*

Sorge tragen, beschützen, ein ewig weibliches Thema.

Es gibt aber auch die weibliche Wut, das bedrohliche Weibliche, die nicht häusliche, nicht domestizierte Frau, die hier als von einem anderen Land stammend erscheint!

„Ich lese «Coma» von Arny. Sehr eindrücklich."

Ich werde auch ruhig in Bezug auf die kommenden Reisen: Jetzt bin ich bereit.

„Der Tod von R. D. Laing bewegt mich sehr."

> *Von einer Frauenfigur aus Stein. Ich erinnere mich, dass ich sie eingefettet habe und*
> *dachte: Die kann ich brauchen.*
> *(26.8.1989)*

Dazu kommen mir die urgeschichtlichen „Venus"-Figuren in den Sinn, frühe Darstellungen der Mutter-Gottheit, des mächtigen Weiblichen, welches alle Aspekte in sich vereint, wie die indischen Göttinnen. Ich erinnere mich auch noch einmal an den Traum vom 18.8.

Am 26. August ist Kaspars Geburtstag. Ich schaue die große Foto gern an, wie ich hochschwanger mit Kaspar im Garten in Uetikon stehe: auch wenn diese Jahre weit weg sind und heute wie eine Ouvertüre wirken, sie waren wichtig!

Warschau mit Debbie (31.8.-2.9.1989)

Das gute Gefühl von Warschau: Wir können viel vermitteln, Lebendiges und Welthaltiges, Kompetenz in der Arbeit. Die Teilnehmenden wollen lernen, das ist wunderbar.

Am 1. September heulten in Polen alle Sirenen zum 50. Jahrestag des Beginns des Zweiten Weltkrieges und des deutschen Überfalls auf Polen.

Debbie und ich waren in diesem Moment auf dem großen Platz im Zentrum von Warschau und mussten beim Heulen der Sirenen sehr weinen.

USA-Reise San Francisco / Bainbridge Island (11.9.-2.10.1989)
Nancy heißt jetzt Nisha, zusammen mit ihr werde ich ein Seminar in Kalifornien geben.

Es ist wunderbar, bei Nisha zu sein und mit ihr Gespräche zu führen über unsere Leben, unsere Arbeit, die Welt.

Seminar „Moving the Goddess" in Mount Madonna (15.-17.9.1989)
Wir haben den Workshop gut vorbereitet und es machte mich glücklich, dass die Frauen nachher auch zu mir kamen, um mir zu danken.

Am Schluss gab es eine Goddess Party, wir sind alles Frauen, und ich machte wieder einmal deftige Bekanntschaft mit den „dirty jokes" der Amerikanerinnen.

Was hier an Frauenschicksalen zusammenkommt, lässt mich an meine Mutter denken: wie schrecklich es sein muss, an die infantile, neurotische Seite eines Mannes genagelt zu sein, „frozen", wie eine Frau im Workshop sagte!

Und mir geht durch den Kopf: „Wenn meine Mutter und meine Schwiegermutter je hätten so dasitzen können, verbunden mit einer Gruppe Frauen, die gemeinsam an ihren Themen gearbeitet haben."

Ich denke auch an meine Lieben zuhause und freue mich, mit Franz telefonieren zu können und zu hören, dass es allen gut geht.

18.9.1989
Wieder zurück in San Francisco merke ich während meiner Zeit in Nishas Wohnung: so wie ich Nisha erlebe, erleben meine Kinder wahrscheinlich mich. Ich erfahre jetzt, wie leidvoll das sein kann. Man muss immer merken, wann „sie" ansprechbar ist und wann nicht!

Dazu passt auch, was ich später aufschreibe: „Answering machine, Helfer, Besucher, Lärm - ich sitze da, halte die Ohren zu und ärgere mich - wo immer ich bin, bin ich ein wenig im Weg, ständig muss ich mich darum bemühen, meine Spuren zu beseitigen".

Ein Abend mit einer Kollegin, die in einem kahlen, motelartigen Raum wohnt und mit wenig Geld lebt. Als sie kocht, brennt das Essen zweimal an.

Sie ist eine radikale Sucherin und Weltbürgerin, ich schreibe ins Traumbuch: „So viel Mangel, aber auch so viel Mut und Entschlossenheit". Eine Frage von ihr an diesem Abend: „Do you think that being poor doesn't mean that you are a failure?" (Meinst du, dass es nicht bedeutet, eine Versagerin zu sein, wenn man arm ist?)

Die Schattenseiten dieses Landes werden mir wieder so bewusst: Aids, Armut, Mord (eine Freundin eines guten Bekannten wurde ermordet), Erdbebengefahr (hier in Kalifornien). Plötzlich kann ich diese reichen Leute am Pool nicht mehr sehen.

Im Weinberg in Uetikon.
Alle Ritzen der Terrasse sind voll Bienen: jemand hat sie in Papiertüten dort untergebracht - offenbar eine Art Bienenkultur, um Honig zu gewinnen. Ich will sofort mit dem Hauseigentümer sprechen, um das zu stoppen, die Bienen wieder herausbringen, ohne sie zu töten (wir sollten doch barfuß gehen können!)
Zwei unvereinbare Nutzungen: ein Haus an eine Familie vermieten und es für diese Bienen brauchen.
(24.9.1989)

Diese zwei „unvereinbaren Nutzungen" kommen mir vor wie ein Bild dafür, dass sich das, was ich in meinem Leben vorhabe, nicht immer mit der Familie zusammenbringen lässt.

Davon werden auch meine Söhne manchmal betroffen, und sie können nicht immer „barfuß" unterwegs sein um mich herum, sondern brauchen oft eher gutes Schuhwerk.

Obschon ich in Amerika bin, habe ich nur Träume über Zürich und meine Vergangenheit in der Schweiz, und so wird es auch während meiner ganzen Zeit hier bleiben.

Dazu kommt mir in den Sinn, dass Jung in den Erinnerungen an seine Afrikareisen 1925 das gleiche Phänomen erwähnt. Er schreibt dort: „Parallel zu den Ereignissen des anspruchsvollen afrikanischen Milieus wurde in meinen Träumen eine innere Linie mit Erfolg festgehalten und durchgesetzt. Sie handelte von meinen persönlichsten Problemen." Und er äußert den „Verdacht, dass ich mit meinem Afrikaabenteuer den heimlichen Zweck verbunden hatte, von Europa und seiner Problematik loszukommen".

Da ging es mir ähnlich, wenn auch mit einem anderen Hintergrund.

Als wichtigstes Thema im fremden Land erlebte ich, dass ich ganz unerwartet die schwierige Erfahrung machte, wie es sich anfühlen kann, in einer anderen Umgebung plötzlich auch in einer anderen Rolle im sozialen Gefüge zu sein.

Über den Flug nach Seattle am 25.9.1989 schrieb ich:
„«Religiöses», ergreifendes Erlebnis, Meer und Berge, diese wunderbare Landschaft von oben zu sehen, was meine Vorfahren so nie erlebten. In der Luft habe ich auch darüber nachgedacht, wie Franz und ich beide beim Schreiben immer wieder um

das Thema kreisen, dass das zutiefst Persönliche auch das zutiefst Kollektive ist -
das entsprich natürlich der Feldtheorie.“

Seattle / Bainbridge Island (25.-30.9.1989)
Als Gast bei Dana und Grady werde ich noch ein zweites kleines Seminar geben.

Zusätzlich bin ich gefordert, mit einer „Familiensituation“ umzugehen:
„Eigentlich eine Wiederkehr meiner Kindheit: mit einer Familie zusammenzuleben,
ohne einen richtigen Platz zu haben. Es ist offenbar wichtig für mich, das noch einmal zu erleben und gleichzeitig klar zu merken: Hier bin ich Gast, aber frei. Ich bin
auf meiner Lebensreise und sie auf ihrer.“

Einmal konnte ich mit Grady an einem Traum über meine Kollegen in Zürich
arbeiten. Bei der Beschäftigung mit dem Traum wurde klar, dass sich bei mir in-
nerlich etwas Wichtiges verändert hat und dass dadurch wohl auch ein Stück
Veränderung und Entspannung der Beziehung mit meinen männlichen Kollegen
möglich geworden ist. Das freut mich.

Am 3.10.1989 bin ich wieder in Zürich
Ich bin glücklich, wieder zuhause zu sein.

Mit dem Jetlag durch den Alltag zu gehen ist ein veränderter Bewusstseinszustand,
der mich interessiert, mit dem ich experimentiere und den ich auch genieße.

19./20.10.1989
Freunde sind bei uns zu Besuch und wir hören von ihnen, dass mein Vater vor einigen Jahren ein Mädchen, das mit uns allen zusammen als Feriengast auf dem
Thorenberg war, missbraucht hat. Sie konnten es uns zuerst gar nicht sagen, weil sie
selbst so schockiert waren. Natürlich sind auch wir sprachlos und zutiefst erschüttert.

Was für ein schrecklicher, ungeheuerlicher Verrat! Ich muss als Erstes erbrechen,
mich wieder und wieder übergeben - was sollen wir tun? Schließlich schreibe ich
meinem Vater einen Brief, in dem ich das Gehörte dorthin zurückschicke, wo es
hingehört.

Anschließend gehe ich mit Franz und Kaspar in den Jura wandern.

Der Vater antwortet mit einem Brief voller Verwirrung und Verdrängung, se-
nil und mit lateinischen Zitaten, für mich sehr verletzend. Meine Mutter schaltet
sich ein: sie leidet, bittet mich und uns, den Vater zu schonen, da er völlig verwirrt
und in der Nacht sehr unruhig sei. Mit ihr kann ich diesmal wenigstens ein längeres Gespräch führen, sie ist zwar auch erschüttert, hat aber vor allem Angst wegen
des Zustandes ihres Mannes.

Ich muss mich weiter viel bewegen und mit einigen nahen Menschen spreche,
die Gefühle zulassen, aber auch wieder loslassen.

Der Alltag geht weiter.
Das Thema ist natürlich immer noch da.

*Irgendeinmal höre ich, Arny habe ein Geburtstagsfest gegeben und dazu schriftliche
Fragen vorbereitet, wie für die Klassen am Freitagnachmittag.
Ich spotte: die erste Frage wäre wohl: „Was ist ein Geburtstag?"
(5.11.1989)*

Das Thema Übergriff ist immer noch da.

Aber es kommt ein Geburtstagsfest vor, für das Arny schriftliche Fragen vorbereitet hat.

Über die Fragen mache ich zwar einen Witz, aber ich weiß sehr genau, wie viel ich durch Arnys Fragen gelernt habe. Ich will nicht aufhören, Fragen zu stellen.

Kann es nach dieser schrecklichen Geschichte noch einen Geburtstag geben?

8.11.1989

Arny sagt mir, wie er mich und meine Kommentare zum „Year 1" schätzt.

Er sagt auch: „Mach dich nicht kleiner, als du bist - damit kannst du 15 Jahre sparen"!

Hm, nicht schlecht.

9.11.89

Mauerfall in Berlin

Wir sind natürlich am Fernsehen und am Telefon mit deutschen Freunden in Ost und West dabei und können es fast nicht fassen, wie unblutig und friedlich diese Öffnung abgelaufen ist und freuen uns.

Allerdings gibt es auch Menschen, die sich vor einem geeinten starken Deutschland fürchten. Ein deutscher Holocaust-Überlebender bringt diesen Aspekt und seine Gefühle in den nächsten Gruppenprozess ein.

1990

Arnys 50. Geburtstag in seinem Haus in Avers / Meditationsseminar in Boldern / Rassismusprojekt für Pro Juventute / Verzweiflung in der Schweizer POP-Gruppe über Arnys Auswanderungs-Plan / Schwierigkeiten mit dem Curatorium des C.G. Jung-Instituts / Polen mit Debbie / Islandreise / Ausräumen im Thorenberg / Ich werde NICHT Präsidentin der „Stiftung Lucerna" / Lukas zieht aus / Der Absturz einer DC 9 in Stadel erschüttert die Schweiz / Friedrich Dürrenmatt stirbt am 14.12.1990 / Supervisionsseminar von Arny im Eigenthal / Angst vor dem Krieg: Projekt Kettenbrief

Träume:
Der Kleinste rettet den Bruder aus dem See / Tanzstunden-Traum / Zwei unbekannte Bücher von Richard Wilhelm über das I Ging / Beschützer Fleck / Ein Traum-Job beim Fernsehen? / Gespräch mit Arny auf einem Bänkli

---

Avers an Arnys 50. Geburtstag (1./2.1.1990).
Franz und ich übernachten im Hotel „Alpina" zusammen mit meinen Kolleginnen Debbie und Sonja. Wir genießen außer dem Geburtstag auch das Jassen und den Schnee. Meinen eigenen 47. Geburtstag, feiere ich auch gerne hier oben.

> *Eine Frau mit drei Kindern an einem See. Eines treibt mit einem kleinen Boot weg auf den See, das Kleinste stürzt sich ins Wasser, um zu helfen. Mein Schreck: jetzt muss ich auch. Aber der Kleine schwimmt wacker und rettet den Bruder ohne mich. Das Glück, dass alle leben! Da sehe ich, dass die Buben Mischlinge sind.*
> *(17.4.1990)*

Nicht-alles-übernehmen-Können als Zustand annehmen und „Mischlinge" nicht unterschätzen!

Im April bekommen eine afroamerikanische Kollegin und ich die Möglichkeit, zusammen ein vom Gericht angeordnetes Rassismusprojekt zu entwickeln und zu leiten.

Außer den zwei von der Jugendanwaltschaft zur Teilnahme an diesen Sitzungen verurteilten Skinheads werden auch zwei dunkelhäutige Freiwillige (ein Mann und eine Frau) und zwei junge Schweizer (Schülerin und Student) teilnehmen.

Wir beide bereiten uns vor, indem wir an unserer Beziehung und am eigenen Rassismus arbeiten und lesen Bücher zum Thema. Leider sind Rassismus und Fremdenfeindlichkeit auch in der Schweiz aktuell. Ich habe schon in den Worldwork-Seminarien Erfahrungen zu diesen erschütternden Themen gemacht, aber das Lernen hört nie auf.

Auf dem Älpli (26.4.-1.5.1990)
Wie gut wir uns hier fühlen. Der alte Apfelbaum blüht - aufräumen - „usebutze" - kochen - holzen.

Wir schreiben beide fünf gute Entscheidungen in unserem Leben auf.
  Meine sind:
  1) Germanistik-Studium
  2) Franz
  3) Unterrichten als Deutschlehrerin und Arbeit im Fernsehen
  4) Analyse
  5) Amerika 1986

Langes Gespräch mit Franz über das Leben.
  Spaziergänge in der Umgebung, Ruinen alter Hütten im Wald, Pflanzen und Tiere.

1.5.1990
Unruhige Nacht.
  Einmal spickt eine hohle Nuss auf meinen Schlafsack: wie eine Gabe im Märchen.
  In den Träumen bin ich ganz woanders:

> *In Yachats (Oregon Coast).*
> *Ein kurzes Stück Meer, dann „Portland", das eigentlich aussieht wie Solothurn,*
> *aber mit einer Treppe am Meer. Außerdem eine wirre Szenerie mit vielen jungen*
> *„Newcomers", überall Zimmer und Schlafgelegenheiten, man weiß nicht, wo wer*
> *ist. Ich vermisse einmal Kate, ist sie später da?*
> *(1.5.1990)*

Der Traum hat mit Arnys Entschluss zu tun, nach den USA auszuwandern.
  Ein erster Plan mit einem Zentrum an der Oregon Coast in Yachats kam nicht zustande, ein zweiter Plan besteht darin, in Portland ein Zentrum zu gründen.
  In unserer Schweizer Gruppe herrscht große Unruhe und zum Teil Verzweiflung über diese Entwicklung. Dass ich in diesem ganzen Tohuwabohu meine Kollegin Kate suche, macht Sinn: sie ist außer Prozesspsychologin auch Choreografin!

Inzwischen hatte sich meine Beziehung zum Curatorium des Jung-Instituts zugespitzt.

Bis jetzt durften alle diplomierten AnalytikerInnen eine gewisse Anzahl Stunden mit Studierenden arbeiten. Neu wurde die Kategorie „AusbildungsanalytikerIn" eingeführt, ein Status, für den man sich beim Curatorium bewerben musste. In Zukunft durften also außer den LehranalytikerInnen nur noch „AusbildungsanalytikerInnen" mit Studierenden arbeiten.

Da mehrere Kolleginnen und Kollegen diesen Titel ohne große Schwierigkeiten bekommen hatten, bewarb ich mich auch dafür, obschon ich es besser gefunden hatte, dass die Studierenden über einen Teil ihrer Lehranalyse selbst bestimmen konnten.

Da bekam ich die Antwort, das Curatorium kenne mich zu wenig, ich müsse alle seine Mitglieder persönlich zu einem Gespräch aufsuchen. Ich beschloss, diese ohne Auto sehr aufwendige Tour zu absolvieren. Bald wurde klar, dass es ganz einfach um die Beziehung zu POP ging. Das konnte ich verstehen, aber es wäre mir lieber gewesen, diese Frage wäre auch ehrlich thematisiert worden.

Schließlich fehlte nur noch die Besprechung mit dem Präsidenten des C.G.-Jung-Instituts.

In der Nacht vor diesem Termin träumte ich:

Die ganze Nacht von Gruppensituationen, mit dem Rektor konfrontiert - muss darauf bestehen, dass Sachen offengelegt werden - das Ganze wird mit Video übertragen.
(9.5.1990)

Transparenz ist das, was mir am Jung-Institut immer am meisten gefehlt hat!

Die Besprechung fand am nächsten Tag statt.

Der Präsident fragte mich direkt nach meiner Loyalität mit dem Institut. Ich sagte ihm, für mich bedeute „loyal", dass ich es offen ansprechen würde, wenn ich im Zusammenhang mit dem Institut irgendein Problem hätte.

Nach diesem Gespräch bat mich der Präsident, jetzt zu gehen, er habe anschließend eine wichtige Besprechung. Als ich zur Tür ging, kam der erwartete wichtige Besucher herein: Er war am Tag vorher bei mir in einem Kurs gewesen! Als er mich sah, begrüßte und umarmte er mich herzlich, während der Präsident etwas verdattert daneben stand.

Einige Tage später bekam ich einen Anruf direkt aus der Curatoriums-Sitzung: man hätte noch einige Fragen an mich zu stellen. Da sagte ich, dass ich keine Fragen mehr beantworten würde und schlug dem Gremium vor, zu würfeln oder das Unbewusste anderswie zu befragen, wenn sie immer noch unsicher seien.

Schließlich wurde ich dann doch Ausbildungsanalytikerin.

Eine Psychologie-Tagung. Ich gehe herum, kenne nur wenige, es sind eher Frauen, die ich nicht besonders mag. Weiß nicht, wo absitzen. Ein Mann würde mir gefallen,

*aber er geht einige Male vorbei und bleibt nicht stehen. Ich bin ziemlich verzweifelt,
als er wieder vorbeigeht. Da sagt er: „Nächstes Jahr kommen wir dann vielleicht
zusammen, wenn du den Mund („s'Muul") aufmachst". Er ist schon fast vorbei
- ich bin baff - im letzten Moment schaffe ich es, ihm nachzugehen und zu fragen:
„Warum nicht schon dieses Jahr?"
Mein Schock, dass ich etwas hätte tun können!
(20.5.1990)*

Beim Aufwachen kamen mir die Tanzstunden in meiner Jugend in den Sinn.

Es ging später eine Weile, bis ich wirklich wagte, so zu tanzen, wie ich Lust
hatte - allein, zu zweit, mit einer Gruppe -, bis ich Tanz und Bewegung frei genießen konnte.

Da scheint noch ein Stück Unfreiheit hängen geblieben zu sein: der Schock darüber, dass ich ja etwas hätte tun können, um mit jemandem in Kontakt zu kommen,
der mich interessierte, fordert mich heraus, an diesem Thema dranzubleiben! Ich
denke darüber nach, dass ich oft aus Angst vor Zurückweisung versuche, lieber alles allein zu machen, und was mich da weiterbringen könnte.

Die Arbeit in Polen (24.-28.5.1990) ist wieder spannend, besonders weil diesmal ein
Kollege dabei ist, der selbst in einem kommunistischen Land aufgewachsen ist, bevor er in die Schweiz kam. Unvergesslich der Moment, als wir auf dem Flughafen in
Warschau für den Rückflug vor einer Tür mit einem Schild warteten und fassungslos erlebten, dass nach einer Weile ein Angestellter kam und das Schild einfach ab-
hängte!

*In einer Buchhandlung sehe ich zwei Bücher von Richard Wilhelm über das I Ging.
Ich blättere darin, wundere mich, warum man sie nicht kennt. Sind sie eventuell
schon überholt?
Eines der Bücher ist eine kühne Gesamtschau der Weltgeschichte, das andere
hat Abbildungen: Drachen, mächtig mit großen Zähnen und einem mächtigen
gezackten Rücken und Schwanz.
Texte wie: „Die Verfolgten und ihre Ungeheuer". Sie gehören offenbar zusammen.
(1.6.1990)*

Dieser Traum hat für mich eine starke Ausstrahlung, hat etwas tief und geheimnis-
voll Faszinierendes. Der Gedanke, diese Bücher könnten „eventuell schon überholt
sein", stellt wohl einen Versuch dar, zu verstehen, warum niemand diese Bücher
kennt.

Die Abbildungen von mächtigen Drachen und die Worte „die Verfolgten und
ihre Ungeheuer" im zweiten Buch bilden eine erschreckend starke Schau der
Weltgeschichte. Warum kann ich im Traum darin blättern? Es kommt mir wie ein

196

Privileg vor, wie ein seltener, erschütternder Einblick in das Feld und die Muster des kollektiven Unbewussten, dorthin, wo die Gegensätze ineinander übergehen.

Jemand streichelt Fleck, und ich tue so, als ob Fleck sehr gefährlich wäre, und warne den „Streichler". Ich bin in einem Laden, und habe Angst, mit diesem Mann allein zurückzubleiben.
Es kommt aber anders: der Mann nimmt meine Information zwar auf, zeigt dann aber, dass er liebenswert ist und kreativ in der ganzen Situation. Erzählt er etwas? Ein Märli? Von einem „Puck" - einem Männli mit einem langen Haarschopf, das herumhüpft, Ideen hat und schauspielert.
(1.7.1990)

Offenbar geht es noch einmal um die Auflösung uralter Angst-Muster und Erinnerungen.

Schon 1978 schrieb ich ins Traumbuch, dass ich als Kind beim Einkaufen Angst hatte, wenn ich im Laden mit einem Mann allein war, weil die Verkäuferin kurz etwas holen musste.

Diese alte Angst ist im Traum wieder da, und ich versuche Fleck zu dämonisieren, um mich zu schützen. Doch diesmal verändert sich die Szene, ich treffe auf einen respektvollen, freundlichen Mann, die gefürchtete Figur des „Mannes im Laden" hat sich gewandelt. Sogar Märchenenergie und die Sprünge eines „Puck" tauchen auf.

Island-Reise (20.7.-9.8.1990)
Eine eindrückliche Reise auf dem Meer, Wellen, Schiffe, Unterwegs-Gefühl!

Faer Oer: Die Besoffenen, als die Fähre einläuft - die Angehörigen, die sie abholen.

Die Umgebung, der Nebel, die Schafe, die Häuser, die Einsamkeit: hier müsste ich schreiben - Musik machen - singen-, um es auszuhalten!

Wie Island erscheint im Morgenlicht.

Die Landschaft, die Farben, die Menschen, bei denen wir übernachten können.

Großes Staunen über die heißen Quellen und Geisire, den Schwefeldampf, das Baden in den heißen Quellen im Freien: es ist, wie nochmal getauft werden.

In der Nacht Grauen, Angst und Schrecken über einen furchtbaren Traum (Untergang, Überschwemmungen, Wasser, Schlamm, Ausbrüche aller Art).

Mondlandschaften, Leere.

Franz erzählt uns eine der altisländischen Sagas.

Reykjavik, Heimflug

Im August 1990 sind meine Mutter und ich mit Hilfe unserer Söhne dabei, den Thorenberg vor dem Verkauf zu leeren. Wir füllen eine ganz Mulde mit Dingen, die wir wegwerfen. Meistens habe ich Kopfweh, muss auch erbrechen und halte das Ganze nur knapp aus. Ich bin jetzt schon froh, nach den Ferien wieder in die Polarity-Therapie gehen zu können, um am Körper zu arbeiten.

Einmal stehen wir am Abend gemeinsam oben auf der „Zinne", schauen in den Nachthimmel und sehen zahlreiche Sternschnuppen, was mich wieder mit Zuversicht und Liebe erfüllt.

> *Eine Gruppe wie POP.*
> *Es wird davon gesprochen, dass es Prozesse von Sexualität gibt, die man nicht ganz im Griff hat. Eine Frau namens Liselotte wird als Beispiel erwähnt.*
> *Ich sage, dass ich es sehr symptomatisch und interessant finde, dass eine Frau als Beispiel genommen wird. Wie wäre es zum Beispiel mit dem Kollegen X.?*
> *(19.8.1990)*

Es amüsiert mich, wie ich mich sogar in den Träumen gegen etwas wehre, hinter dem ich eine Pathologisierung der Frauen wittere!

Ich habe endlich sagen können, dass ich nicht Präsidentin der Lucerna werden will! (30.8.90)

6.9.1990
Vollmond.
Ein intensives Gefühl von Liebe und Leben.
Franz ist in Russland. All die Menschen, die ich liebe. Was wird aus der Welt?

Seminar in Wildhaus mit Eva (17.-21.9.1990)
Daheim bleibt Überforderung zurück: Fleck heult am Gartentörchen, Franz bespricht mit brüchiger Stimme den Beantworter, Lukas „muss sich stellen" als Rekrut.

> *Ich bekomme einen „Traumjob" angeboten: irgendetwas am Fernsehen mit sehr viel Prestige. Dann wird mir aber klar, dass ich ja gar nicht meine eigenen Texte sprechen könnte - es erleichtert mich sehr, dass auch Eva findet, es sei eigentlich „ein Seich". (21.9.90)*

Nach diesem Traum stelle ich mir vor, mich in den Wasserfall zu stellen und alles abzuwaschen!

Zurück in Oerlikon

> *Mit Arny auf einem Bänkli.*
> *Ich freue mich riesig, ihn zu sehen, er freut sich auch.*

*Ich erzähle ihm, dass ich „gestern" in die USA angerufen habe, weil ich so Heimweh
hatte, und wissen will, was sie machen. Er interessiert sich dafür, was bei mir
läuft, er weiß viel (z.B. Rassismus-Gruppe, auch dass ich mich verschiedentlich
um Beziehungen bemühe). Gleichzeitig merke ich auch, dass er sich nicht wirklich
interessiert, sondern Ideen hat darüber.*
*Er fragt mich nach der Rassismus-Gruppe. Ich sage ihm, es sei sechsmal gewesen,
davon einmal Kennenlernen, einmal Abschluss. Er fragt, ob Kennenlernen /
Namensagen wirklich nötig gewesen sei. Mir kommt jetzt auch vor, die vier
verbleibenden Male seien eigentlich wenig gewesen!*
Er fragt mich, ob wir die Rassen bewegt hätten?
Die Idee fasziniert mich, ich bedaure, dass wir es nicht getan haben.
(22.9.90)

Natürlich habe ich mich über diesen Traum gefreut. Er zeigt aber auch etwas über
unser Verhältnis, was mich traurig macht.

Leipzig (27.9.-1.10.1990)
Auf dem Weg nach Leipzig muss ich immer wieder weinen. Lukas geht von zuhause weg in seine erste WG.

Es ist eine wichtige Erfahrung, vor der Wiedervereinigung in Leipzig zu sein. Ich
habe diese Stadt gern, aber gerade jetzt ist es hier nicht einfach. Wir haben hier einige liebe Freunde, aber man spürt viel Verunsicherung und wie immer viel Dreck
in der Luft.

POP-Retraite in Feldis (21./22.10.1990)
Konfrontation zwischen LehrerInnen und StudentInnen. In der Nacht muss ich erbrechen und merke, dass ich nicht zu viel übernehmen darf!

Der Rest des Oktobers und der November sind übervoll mit Praxis, Kursen,
Prüfungen.

Aber die Kraft und Lust dazu sind wieder da, offenbar kaum Zeit zum Träumen.

Der Absturz einer DC 9 in Stadel erschüttert die ganze Schweiz.

Am 9./10. Dezember sind Debbie und ich wieder bei Arny und Amy in Avers eingeladen und haben dort zwei wunderbare Tage.

Friedrich Dürrenmatt stirbt am 14.12.1990.

Supervisions-Seminar im Eigenthal (16.-21.12.1990)
Es braucht etwas Mut, in Arnys Supervisions-Seminar zu gehen, denn es ist mir klar,
dass ich mich dort werde zeigen müssen.

Als Klientin arbeite ich an meinem Blutdruck. Ich merke, dass ich zu heiß habe, ziehe das Langlaufleibchen aus - oje, nichts darunter, der Oberkörper ist nackt, wieder einmal!

Arny und Amy helfen mir, mich so zu bewegen. Ich komme in Kontakt zu meinem tiefsten Wesen, meiner schamanistischen Kraft: „Do it, werde das Leibchen los!" (hat Parallelen zu meinen beiden Zürichsee-Episoden am 21.6.1979 und 21.5.1981).

Meine Grenze in der therapeutischen Arbeit: „Bin das nicht einfach nur ich?"
Arny: „Ja, aber das ist dein Schicksal - besser, du brauchst es: bleib bei deinem eigenen Prozess, wenn du als Therapeutin arbeitest!"
Ich merke, dass es jetzt im Seminar an mir sein wird, als Therapeutin zu arbeiten und habe eine schreckliche Nacht vorher: Kopfweh, Kotzen, Durchfall - der Teil, der einfach abhauen will.

Arny dazu: „The whole thing is only life anyhow."
Es wurde dann eine sehr schöne und flüssige Arbeit mit Lily aus Griechenland, der Anfang einer langen Freundschaft.

Zu Silvester schreibe ich:
„Zum Teil wilde, gefährdende Träume, aber auch Frieden, Wärme, Glück.
    Wie schön, neben Franz zu schlafen und zu erwachen."

Debbie und ich schicken einen Kettenbrief mit Fragen zum drohenden Irak-Krieg in die Welt.

1991

Nach Ablauf des Ultimatums beginnt der Golfkrieg am 17.1.1991 / Lukas reist zu seinem Onkel Ueli nach Mali / Ich biete Abende über den Krieg an / Übergriffe / 20. Geburtstag von Lukas / Psychotherapietage in Bad Wildungen 1991 / Max Frisch stirbt am 4.4.1991 / Endgültiger Abschied vom Thorenberg / Debbie und ich fliegen früher zurück aus Polen / Putsch gegen Gorbatschow / Gründung unserer Praxis in Oerlikon / Ich übergebe meinen Vater an eine höhere Instanz / Feuerstein und Ahornspross / Debbie verlässt die Schweiz und zieht nach USA

Träume
Verzweiflung über zu viel Sauberkeit! / Zwei Babys, die ich am liebsten zur Adoption freigeben würde / Oben im Himmel wandert eine Wiese mit heuenden Bauern / Ich soll mit den Buben über Sex reden / Hindernisse zum Aufbruch nach Japan / Das „Zwischen-Älpli" / Ägypten / Der Tod: eine Gestalt in allen Farben / Ich soll meinen Platz im Büro räumen

---

1./2.1.1991
In Avers: wunderschöner Tag - Vollmondnacht - wieder mit Sonja und Debbie zusammen - ich habe Arnys Haus sehr gern.
    Als wir über Projekte reden am Morgen: was ist das nächste Jahr für mich?
    LEBEN! In dem drin sein, was gerade ist. Und mich mehr bewegen!

Träume:
Teil des Ganzen sein - Teile enthalten als Ganzes.

Geburtstag (2.1.1991)
    Alles Material im Zimmer aufgeräumt, Agenda verloren.
    Kurze Panik über alles, was kommt.
    Agenda kommt wieder zum Vorschein.

3./4.1.1991
In der Nacht: loslassen! Eins nach dem andern!

6.1.1991
Morgen geht es wieder los: noch nicht mit der Praxis, aber mit Vorbereiten, Leute sehen, Verkauf des Thorenbergs.
    Ueli ist in Afrika (Mali), Lukas wird ihm am Ultimatums-Tag dorthin nachreisen.

In diesen Tagen ist die Bedrohtheit des Lebens so spürbar. Was könnte uns diese Situation bringen? Mut zur Radikalität, dass wir uns, die Kraft und die Möglichkeiten, die wir haben, ernst nehmen!
(12.1.1991)

Sonntag (13.1.1991)
Gutes Gespräch mit Franz über das nächste Jahr, die nächsten Jahre.
Wie sehr mir die globale Sichtweise Angst macht: Verkriechen-Wollen. Das muss ich wohl zuerst amplifizieren und mich wirklich verkriechen, aber dann auch herauskommen mit dem, was nach der Angst kommt.

15.1.1991
Heute ist Ultimatumstag.
„Lukas auf den Flughafen begleitet - gutes Gespräch über Leben und Tod.
An die anderen Mütter und die anderen Söhne gedacht, die in den Krieg müssen."
Wir stellen eine Kerze ans Fenster
Kaspars Zettel beim Heimkommen, ob ich morgen beim Fasten mitmache?

16.1.1991
Am Morgen bei der Kerze meditiert.
Die Mühle, die nichts als Liebe mahlt (aus dem Volkslied: „s'isch äbe-n-e Mönsch uf Ärde").
Lukas ist hoffentlich in Bamako!
Der Krieg („Die Mutter aller Schlachten") hat angefangen. 18'000 Tonnen Bomben!
Es ist erst Mittag des immer noch gleichen Tages!

Der Intensive Course hat am 20.1.1991 angefangen.
Am Abend nach einer Sitzung mit zwei Kollegen rufe ich die „Rundschau" im Fernsehen an, will etwas über den Krieg machen. Dann mein Schreck: bin ich zu weit gegangen?
Irgendwie hat dieser Krieg viel geändert. Ich habe auch Angst um meine Gesundheit, um die Beziehung zu Franz, zu den Söhnen.

In einem Haus in den Bergen - es ist tipptopp geputzt und so sauber, dass Debbie in Verzweiflung gerät und hinauswill, um eine zu rauchen. Darüber gerate ich in so eine Verzweiflung, dass ich in den Garten gehe, beide Hände voll Erde nehme und diese im ganzen Haus verstreue.
(21.1.1991)

Einerseits möchte ich nicht, dass Debbie wieder anfängt zu rauchen, andererseits glaube ich auch, dass „Debbie" ein sensibler Teil meiner selbst ist, der den normalen „sauberen" Fortgang des Lebens bei uns im Moment kaum aushält.

23.1.1991
Ich fühle, dass mit mir etwas passiert wie ein psychotischer Schub oder eine Kundalini-Erfahrung.

> *I*
>
> *Uetikon. Wir werden wieder hier in der Natur leben. Irgendwie glaube ich nicht ganz daran, aber der Gedanke, dass ich dort leben könnte und die Leute vielleicht etwa zwei Tage pro Woche zu mir kämen, um mit mir zu arbeiten, macht mich unglaublich glücklich. Wäre das wirklich möglich?*

Ob es wirklich möglich wäre? Im Moment sicher nicht, es ist wohl ein Fluchtversuch, Hoffnung auf eine Idylle, auf Entspannung und Glück in der Natur: ein Beispiel für die Theorie, dass der Traum eine Kompensation sein kann!

> *II*
>
> *Ich habe zwei Babys zur Welt gebracht. Eines habe ich auf einem Fenstersims liegen lassen.*
> *Jemand bringt es mir nach - ich merke, dass ich diese Kinder am liebsten zur Adoption freigeben würde, und bin entsetzt: mit Lukas und Kaspar war das doch ganz anders!*
> *(24.1.1991)*

Da hat sich wirklich etwas verändert!

Arny sagt, als ich es ihm erzähle: „Let God take care of them."

Meine „Kundalini-Erfahrung" jagt mich in die Welt hinaus, aber meine Liebe und Verbundenheit zu meiner Familie, zu den Menschen, zur Natur und ihren Kreaturen wird mich wieder zurückholen. Was mir auch noch durch den Kopf geht: Polarisierung macht süchtig. Daraus können Kriege entstehen.

Freitag (25.1.1991)
Gruppenprozess im Intensive Course.

Aus meinem Traumbuch:
„Ich habe etwas gelernt, als ich eine wütende Frau zurückhalten wollte. Gefühle brauchen zuerst Unterstützung und müssen ausgedrückt werden. Sie sind wichtig als eine vorhandene Realität im Feld. Erst dann macht es Sinn, weiterzugehen.

Meine gefährlichste innere Figur ist derjenige Teil von mir, der mir und anderen nicht erlauben will, Gefühle auszudrücken."

Zurück von den Winterferien in Pontresina (17.2.1991)
Ich bin noch ein wenig leer, mag noch nicht richtig wieder einsteigen.

In Pontresina habe ich einen Artikel geschrieben und einen Abend mit dem Frauenstamm Samaden über Angst und Krieg gemacht.

Am nächsten Freitag habe ich einen Saal im Volkshaus gemietet, um mit Interessierten über „Krieg und Frieden" zu sprechen und mit dem Thema zu arbeiten.

Von meiner Freundin Elisabeth höre ich, dass Max Frisch am Sterben ist.

Eine Bekannte erleidet einen Zusammenbruch und muss in die Psychiatrie eingewiesen werden.

Auch unser Freund Niklaus Meienberg kommt sehr aufgewühlt und verzweifelt bei uns vorbei.

18.2.1991
Letzte Vorbereitungen für den Abend im Volkshaus.

Auch in meiner „Inner Work"-Klasse arbeiten wir am Krieg. Was dabei herauskommt: „Krieg" kann es auch geben, weil sich alle zu wenig geschätzt fühlen.

22.2.1991
Der Abend im Volkshaus findet statt. Er wird lebhaft und findet viel Resonanz, ich bin froh, dass ich ihn gemacht habe.

23.2.1991
Der Intensivkurs ist zu Ende, ich bin sehr erschöpft, habe viele Gefühle - muss „Dampf ablassen".

6.3.1991
Franz trifft einen Habicht auf der Treppe und hinten im Garten einen Fuchs!

7.3.1991
„Am Morgen erwache ich früh - Bauchweh - Kopfweh - hässig - Panik - Trauer - stehe auf - was soll ich tun? Meditieren?

Möchte gern mit Nisha sprechen - aber ich bin so mutlos.
Ich fange an, einen Brief zu schreiben - nach einem halben Satz höre ich auf und rufe doch Nisha an: gutes Gespräch - wie schön, ihre Stimme zu hören!

Beschließe, heute zu fasten, gutes Gespräch mit Franz.

Genieße den freien Morgen. Koche etwas für die anderen.

Guter Nachmittag mit Therapiestunden in der Praxis.

Das Missbrauch-Thema steht ständig zwischen meiner Mutter und mir.

Ich griff und greife es immer wieder auf, bringe ihr Bücher und sogar ein Kinderbuch zum Thema. Nach und nach kann ich sie besser erreichen und versuchen, bei ihr eine Einfühlung für die Kinder zu wecken, die sie nicht geschützt hat.

Gleichzeitig war und bin ich ihr natürlich auch dankbar für ihre Hilfe, das Hüten der Kinder während meiner Studienzeit. Die Geburt der Enkel hat uns auf eine ganz neue Art zusammengebracht. Sie weiß auch, dass sie von allen drei Enkeln geliebt wird, dass diese viel Liebe von ihr bekommen haben.

Wenn meine Familie eine Familientherapie gemacht hätte!

Die junge Frau, die mich damals mit ihrem Brief über den Übergriff meines Vaters aufgeschreckt hat, schreibt mir nochmal einen Brief, in dem sie klar festhält, dass meine Mutter die entsprechende Szene gesehen und auf alle Fälle alles gewusst hat.

Der Brief erschüttert mich noch einmal, und ich kann lange nicht antworten.

Ich soll mit den Buben über Sex reden.
Ein unglaublich schönes Lied eines sexuell missbrauchten Menschen.
(10.3.1991)

Über Sexualität, und auch über die Geschichte mit meinem Vater hat vor allem Franz als Vater mit unseren Söhnen gesprochen. Die „Buben" sind ja unterdessen junge Männer.

Lukas ist 20!

Oben im Himmel über der Stadt wandert eine Wiese, auf der Trachten-Bauern heuen.

(Skizze: Stadt mit Wolkenkratzern und Wiese im Himmel)
Das sind die beiden Welten, in die wir gestellt sind!

Bad Wildungen (15.-20.3.1991)
Es ist anregend wie immer, ich genieße auch das Wegsein von zuhause.
Offenbar geht es mir mit meinen Gruppen fast zu gut.
Ich spüre eine Kugel im Bauch, als ich daran arbeite (ich muss sie "mit einem Haken herausziehen"), habe ein Gefühl dazu: diese „Inflationskugel" muss weg!

Von einer Bekannten (Künstlerin). Ich stehe vor „unserem Haus" und höre oben die laute Stimme dieser Frau, die wütet. Meine Reaktion ist zuerst begeistert - ich

*sage sogar etwas darüber - dann erschrecke ich und denke, so jemanden im Haus zu
haben, sei auch schwierig, die Stimme wird lauter, mehr Richtung Krach.
(18.3.1991)*

Nach diesem Traum denke ich daran, dass ich mich unter KollegInnen oft zurück-
nehme und vor allem impulsive, „laute" Reaktionen und Ideen für mich behalte.
Daraus kann durchaus eine „Inflationskugel" werden: wenn ich das, was ich fühle,
denke und zu wissen glaube zu oft nicht ausdrücke, staut und bläht sie sich wie ein
Ballon immer mehr auf, und ich kann mich dann je länger, je weniger frei bewegen,
zum Beispiel in dieser Tagung.
Auf der Heimfahrt schreibe ich:

„Wildungen geht zu Ende. Im Zug bin ich völlig erschöpft. Genieße das
Alleinreisen.

Auch daheim ankommen ist schön, die Arbeit geht wunderbar vorwärts, es
‚fägt'"‘.

*Offenbar will ich nach Japan verreisen und sollte um 18.50 Uhr weg.
Ich komme nicht vorwärts, bitte meine Mutter, mir ein Taxi zu organisieren, weil
es mit den öffentlichen Verkehrsmitteln nicht mehr reichen wird: es klappt nicht,
Mutter will oder kann nicht, ist unfähig.
Ich probiere es in der Verzweiflung noch selbst, finde aber keine Telefonnummer.
Dann fange ich an, herumzugehen und zu merken, was ich alles noch nicht habe:
noch kein Pijama, keine Unterwäsche, kein Schreibheft.
Irgendeinmal wird mir schließlich klar, dass ich ohne Probleme am nächsten Tag
fliegen kann.
(22.3.1991)*

Bewusst habe ich noch nie den Wunsch verspürt, nach Japan zu reisen. Vielleicht
könnte „nach Japan reisen" einfach heißen, „in eine ferne Fremde reisen"? Es gibt
alle üblichen Hindernisse vor einer Abreise, bis mir klar wird: es ginge auch noch
am nächsten Tag. Der ganze Stress, den ich mir und meiner Mutter gemacht habe,
ist unnötig.

Der Umgang mit Stress - vor allem mit dem selbst gemachten - ist für mich immer wieder aktuell. Ich versuche, meine Zeit und meine Kräfte besser einzuteilen
und mehr Gelassenheit zu entwickeln (zum Beispiel durch Meditation), so gut es
eben geht.

An Ostern (31.3./1.4.1991) zerreiße ich beim Aufräumen alles Schriftliche im
Zusammenhang mit den Missbrauchgeschichten und schmeiße es weg.

Am 4.4.1991 stirbt Max Frisch.

206

Astrologie-Seminar im Emmental (5.-7.4.1991)
Die Arbeit an meinem Horoskop gefällt mir gut.

Mich in mein Horoskop hineinzustellen, ermöglicht mir wichtige Erfahrungen. Es beeindruckt mich auch, dass ich im letzten Viertel meines Horoskops keine Linien mehr habe.

Wie wichtig es ist, auch ein gut isoliertes „Zwischen-Älpli" zu haben.
(18.4.1991)

Zu „Älpli" kommt mir in den Sinn, dass ich auf dem Älpli oft Castaneda gelesen, Übungen ausprobiert und über Don Juans Lehre nachgedacht habe.

Momentan mache ich mir im Traumbuch Gedanken darüber, was es heißt, „die persönliche Geschichte loszulassen", wie es Castanedas Lehrer Don Juan von seinen Lehrlingen verlangt.

Ich schreibe dazu: „Das Gefühl, dass es für mich wichtig ist, beides zu pflegen: das, was sich aus meiner Geschichte jeweils meldet, anzuschauen und das „Loslassen der persönlichen Geschichte". Vielleicht wäre das „gut isolierte Zwischenälpli" dafür hilfreich?

Nach einer schwierigen Zeit mit Heuschnupfen, Trauer und Leere in Bezug auf meine Eltern und den Thorenberg (hier macht „die persönliche Geschichte loslassen" Sinn!) fange ich ein schönes, großes, neues Traumbuch an und freue mich darüber:

„Jetzt fange ich etwas Neues an. Endlich, nach vielen kalten und trüben Tagen, kommt die Sonne hervor. Die Abendsonne, die ich so liebe. Amselgesang. Ich fange wieder an, mich zu freuen!"

Ein alter Traumschreck: Ich habe etwas sehr Wichtiges vergessen - zu pflegen
vergessen - verpasst. Tiefe emotionale Träume und Zustände.
(6.5.1991)

Der engagierte linke Buchhändler Pinkus ist gestern gestorben: eine ganze Reihe über 80-Jähriger geht. Ich denke auch an meinen Vater.

In einer Wohnung hat es einen badewannenartigen Teich. Ich merke plötzlich, dass
ich hingehen sollte: mein „Kind" (eine Tochter) liegt darin unter Wasser. Ich ziehe
sie heraus: sie ist tot, beginnt aber sehr bald wieder zu atmen. Eine tiefe Angst und
Beklemmung, die mir in dieser Form sonst fremd ist.
(11.5.1991)

Im Moment ist viel Tod „in der Luft".

In der POP experimentieren wir mit Koma-Arbeit. Ich merke, wie ich den Koma-Zustand genieße, wenn jemand mit mir arbeitet.

Ein weibliches Kind - ein Teil von mir?

> *Ich bin unterwegs in einem Bus, mühsam. Menschenmengen, die auch unterwegs sind. Stress.*
> *Wir kommen zu einem Grenzposten, an dem Freunde wohnen. Ich suche mein Geld: ist es mir aus dem unverschlossen herumstehenden Koffer geklaut worden? Ich schüttle ein Buch aus: nichts!*
> *Aber das Geld ist in einem anderen Buch, in Jungs „Erinnerungen, Träume".*
> *Dann die Nachricht von unserem Freund, er sei zu beschäftigt, könne nicht mitkommen, ich müsse allein reisen. Ein Schock: wo bin ich überhaupt? Wie soll ich das machen?*
> *Ich habe ja gar keine Karte dabei, kann mich nicht orientieren.*
> *Schließlich werde ich ruhiger, mir wird klar, dass es nicht darum geht, jetzt einfach weiterzureisen, sondern dass ich Karten haben muss, eventuell sogar zurückreisen, um in der Stadt neue Buchungen zu machen und umzupacken. Eigentlich interessiert mich Ägypten am meisten, und ich werde wohl dorthin reisen.*
> *(12.5.1991)*

Wieder geht es ums Verreisen, wieder gibt es Hindernisse. Wieder muss ich es allein machen und merke, dass ich zu viel einem Mann überlassen habe.

Im Traumbuch habe ich mir den Traumteil angestrichen, in dem es darum geht, dass ich Karten haben muss und vielleicht sogar in der Stadt neue Buchungen machen - und zwar nach Ägypten, daneben steht eine Zeichnung der Göttin Nut und ein Hinweis auf den altägyptischen Text „Gespräch eines Lebensmüden mit seinem Ba".

Von der Göttin Nut gibt es wunderbare Bilder, wie sie sich als schlanker Bogen über den Gott Geb beugt. Im alten Ägypten ist der Himmel eine Göttin und die Erde ein Gott!

Diese Bilder haben mir schon immer gefallen. Irgendwann habe ich angefangen, den Überblick über meine Zeitplanung in den Raum zwischen den beiden Gottheiten zu zeichnen.

So wölbt sich jetzt Nut über meine Zeit und behütet sie. In diesem Sinne ist „Ägypten" das Land, in dem Nut über meine Zeit wacht, das Land der „Karte meiner Pläne".

Das „Gespräch eines Lebensmüden mit seiner Ba-Seele" ist ein großartiges Dokument aus der Zeit des Mittleren Reiches (ca. 1900 v.Chr.), ein Geschenk durch Jahrtausende hindurch, das mein tiefes Bedürfnis nach Kontakt mit der Geschichte der Menschheit genährt hat.

Am 13.5.1991 findet meine letzte Lucerna-Sitzung in Bern statt. Ich bin sehr erleichtert. Als Abschiedsgeschenk habe ich mir einen Beitrag an einen Flug in die USA gewünscht.

Ja, es gibt gerade viel Loslassen in meinem Leben: die Söhne werden selbständiger, Arny zieht nach USA, die POP-Frauengruppe, dieser kraftvolle Kreis, löst sich langsam auf, weil immer mehr Kolleginnen mit Arny gehen.

Eine Gestalt in allen Farben.
Plötzlich weiß ich, dass es der Tod ist, und wundere mich, dass er so aussieht!
(21.5.1991)

Vor der Abreise nach Polen

Ich wache um 4 Uhr auf und schreibe ins Traumbuch:

„Warum habe ich plötzlich Angst? Ist es wirklich gefährlich? Sollte ich nicht gehen?" Ich spüre, wie diese Dynamik (Angst und doch wagen) ein Lebensmuster ist und nicht unbedingt bedeutet, ich solle nicht gehen.

Was mich am Gehen hindern will: „Mutter" als Hockenbleiben und dunkle Wolke vor dem In-die-Welt-Hinausgehen, die mich an allem hindern könnte.

„Ich denke an Franz und die Buben und meine Klienten und daran, dass ich sie nicht im Stich lassen will. Aber auch das Wissen, dass ich mein Leben, wenn ich alles genug überdacht habe, in größere Hände geben muss."

Was mich jedes Mal plagt, wenn ich weggehe, ist alles, was nicht aufgeräumt ist. (Das Bild dafür: mein chaotisches „Nähkästli").

In Polen mit Debbie (6.-9.6.1991)

Eine gute Gruppe, viel Bereitschaft zum Lernen und eine intensive Stimmung.

Als wir aber hören, dass es am nächsten Tag einen Flugstreik geben wird, fliegen wir so bald wie möglich wieder nach Zürich zurück. Weil wir dadurch einen Tag früher zurück sind, und das niemand weiß, haben wir „frei": gehen in die Sauna und fein essen und genießen es richtig (an die POP-GV müssen wir auch nicht gehen!).

Von einem Baby, für das ich zuständig bin. Irgendeinmal nehme ich es an die Brust:
viel Milch gibt es offenbar nicht, aber ich vertraue darauf, dass mehr gebildet wird,
wenn ich viel trinke, die Tatsache, dass ich unterbunden bin, macht offenbar nichts
aus.
(29.6.1991)

Im Traumbuch schreibe ich, dass ich seit 28.6. homöopathische Wechseljahr-Tabletten nehme, dieses Thema beschäftigt mich ebenso wie die Tatsache, dass ich mich habe unterbinden lassen: Leibliche Kinder werde ich keine mehr haben, aber damit hört die Fruchtbarkeit nicht auf!

Sommerferien in Avers (14.7.-3.8.1991)

*Ein Pflegeheim. „Mein Vater" hat irgendeine Krankheit, die darauf zurückgeht, dass
er gewisse Dinge nie ausgedrückt hat. Die Krankheit ist typisch für Schachspieler.
Ich sollte meinen Platz im Büro räumen. Als ich gehen will, merke ich, dass die
Schublade noch voll ist. Überlege mir, sie einfach ganz wegzukippen.
Die Opfergabe, die man geben muss.
(15.7.1991)*

In der Nacht bin ich wach und schreibe zum Thema „wach in der Nacht", das immer wieder zu Avers gehört: „Ein anderes Gefühl als in den Jahren früher, wo alles Unerledigte und eine Panik und Angst kam. Und doch: die beschränkte Zeit, vor allem die Tatsache, Franz einmal verlassen oder verlieren zu müssen. Ich stricke Socken für Franz, den ich allein nach Tasmanien und Australien gehen lassen muss."

Auch in diesem Jahr kommen Besucher und wir machen Touren und Ausflüge.

Bei Regen frönen wir dem „Jassen als Familiensucht" (mein Schwager und seine Töchter sind da).

Zurück von Avers

Am 18.8.1991 gehe ich allein für ein paar Tage in die Wohnung einer Bekannten in Ascona. Die Schönheit dieses Ortes beeindruckt mich.

Ich nehme die „Motherpiece"-Karten (Tarot) mit, um damit zu arbeiten: „Es beeindruckt mich und gibt mir Vertrauen, als ich lese, dass die beiden Frauen sechs Jahre an diesen Karten gearbeitet haben: Langzeitprojekte reifen lassen und warten können. Immer dranbleiben, dann wird es schon gut!"

In der Bibliothek finde ich Bücher von Hannah Ahrendt, die mich als kluge und unbeirrbare Denkerin immer wieder fasziniert.

Es war mir aufgefallen, dass in der Nacht im Haus laut Radio gehört wurde, aber erst, als Franz anläutete und das Neueste erzählte, begriff ich, dass etwas geschehen war. „Putsch gegen Gorbatschow - was wird aus Russland - was aus Europa? - was wird aus uns? Wieviel Leid das bedeuten wird - egal, wie es herauskommt."

Nicht nur in der Welt, auch in Oerlikon geht einiges drunter und drüber. Bei den Fernsehaufnahmen „Franz und René" braucht es dringend hausfrauliche Betreuung im Hintergrund, deshalb gehe ich schließlich früher als geplant wieder nach Hause.

*Am Himmel ist ein riesiges gelbes Lichtergebilde aus einzelnen Kreisen. Dunkelgelb.
Ich staune über diesen „Mond". Nach einer Weile ist es weg: Natürlich habe nur ich
es gesehen, und es war nicht der Mond!
(22.8.1991)*

Immer wieder das Motiv, dass es Dinge gibt, die nur ich sehe, die es nur für meine Wahrnehmung gibt!

> *Wir haben nochmal ein winziges Töchterchen bekommen - völlig überraschend, und wir müssen auch aufpassen, es nicht zu vergessen (hat es einen französischen Namen?)*
> *(24.8.1991)*

In diesem Traum gibt es keine Angaben über die Ernährung und das Aufziehen des Töchterchens, aber wir müssen aufpassen, es nicht zu vergessen: Vielleicht gehört das „Französische", das wir nicht vergessen sollten (dazu kommt mir „savoir vivre" und „oh la la ..." in den Sinn), diesmal in unsere Beziehung?

„Ich habe mir ein Yoga-Buch gekauft und ‚Die Fünf Tibeter'. Dann auf der Straße: verwahrloste, ‚leere', ausgemergelte Jugendliche. Eine Schreckensvision: eine Generation total fitter Oldies, die 70, 80, 90 werden, immer noch joggend, ‚tibeternd', Tee trinkend usw., und eine kaputte, verzweifelte, gelähmte Jugend!"

> *In einem Pulli ist mitten im Glatten eine Nadel links gestrickt.*

Wie wichtig es ist, dass mittendrin auch etwas ganz anders sein darf!
(September 1991)

> *Einmal treffe ich im Zentrum eine ältere Frau, eine ehemalige Sanyasin, welche die Betten macht. Ich danke ihr. Offenbar hofft sie inständig, dass ihr niemand dankt, damit sie aufhören kann.*
> *(29.9.1991)*

Diesen Traum habe ich später für ein Gedicht gebraucht.

Im Alltag gibt es wichtige berufliche Entscheidungen, wir ziehen zweimal um:
- POP in das neue Zentrum am Berninaplatz.
- Ich mit drei Kolleginnen und zwei Kollegen in unsere neue Praxisgemeinschaft an die Schulstraße.

Sowohl das neue POP-Zentrum als auch unsere Praxisgemeinschaft sind in Oerlikon. Das gibt mir auch ein gewisses Gefühl von Bedrohung - weil „meine Insel" bevölkert wird!

Koma-Tagung mit Debbie in Deutschland (1./2.10.1991)
Wir unterrichten zu zweit prozessorientierte Koma-Arbeit an einer Tagung deutscher Pastoren (fast nur Männer). Es ist gleichzeitig eindrücklich, berührend und

macht Spaß, wie alle Teilnehmenden einander „ins Koma versetzen" und miteinander Komabegleitung üben.

Wir leiten die Übungen genau an, geben viel Zeit für die Durchführung und passen gut auf, dass auch wirklich gearbeitet und eine Erfahrung gemacht wird und nicht nur geredet und diskutiert. Das war eine großartige Zusammenarbeit, an die ich mich besonders gern erinnere.

Ein Mann arbeitet mit zwei anderen Männern daran, dass diese Elefanten sind (an ihrem „Elefant-Sein").
(3.11.1991)

Beim Nachdenken über diesen Traum komme ich darauf, er könnte mit dem kommenden deutschen Intensivkurs über veränderte Bewusstseinszustände zu tun haben.

Im deutschen Intensiv-Kurs (4./5.11.1991)
Meine Kollegin Gisela und ich unterrichten zwei Tage.

Am ersten Morgen arbeiten wir an der Kindheit: Erste Erinnerungen, Familienaufstellung und Familienzeichnung.

Mitten in dieser Arbeit muss ich Gisela bitten, allein weiterzumachen, weil ich so schlimmes Kopfweh habe. Ich gehe in einen leeren Schlafsaal, um mit diesem Schmerz weiterzukommen. Es kommt eine Riesenwut dabei heraus, welche ultimativ verlangt, diese Vatersache jetzt abzuschließen.

Ich kann es nicht allein, brauche Hilfe von etwas Größerem, denke an die große Mutter. Obschon ich nicht katholisch bin, kommt mir dazu die Jungfrau Maria in den Sinn. Plötzlich sehe ich vor mir, wie sie auf einer langen Kirchentreppe steht. Ich lege ihr meinen Vater zu Füßen und sage: „Nimm du ihn, ich kann nicht mehr, ich übergebe ihn dir", und spüre sofort, dass er jetzt dort ist und bleibt.
Der Schmerz ist weg, ich fühle mich gut und erleichtert und kann zurück in den Kurs.

Am Morgen des 6.11.1991 erwache ich und spüre den Schmerz, den ich zufüge, wenn ich nicht zuhöre. Sehr intensiv. Gleichzeitig das Gefühl, ich brauche genau diesen unangepassten, unbezogenen Teil - dort ist das Neue.

Zu diesem Thema kommt mir der Irokesenmythos von Maple Sprout und Fire Stone in den Sinn: Ahornspross und Feuerstein waren Zwillinge und begannen im Bauch der Mutter zu streiten: Feuerstein war ungeduldig und wollte sofort geboren werden, Ahornspross war dafür, die Mutter zu schonen und die natürliche Geburt abzuwarten. Schließlich setzte sich Feuerstein durch, erzwang die Geburt und tötete damit die Mutter.

Diese beiden Kräfte, Ahornspross, der den Weg der Natur gehen und diese respektieren will, und Feuerstein, der sich mit seinem Willen und seiner Ungeduld durchsetzen und selber etwas erschaffen will, haben die Geschichte der Menschheit geprägt und prägen sie heute noch.

Ohne Ahornspross würde es keine Sorgfalt und keine Geduld geben, ohne Feuerstein keine Experimentierfreude, keine Erfindungen und keine Eroberungen.

Feuerstein ist der unangepasste, unbezogene Teil, den ich gerade bei mir wiederentdecke.

Jetzt geht es Schlag auf Schlag. Heute helfe ich Debbie vor der Wohnungsübergabe putzen.

Am 14.12.1991 übernachtet sie zum letzten Mal bei uns vor ihrem Rückflug in die USA.

Schon wieder bleibe ich am Flughafen weinend zurück, schon wieder verschwindet eine Freundin - diesmal meine beste Freundin - durch den Zoll.

Sogar Weihnachten steht diesmal im Zeichen des Übergangs: Zum ersten Mal ist Schwägerin Boé nach der Scheidung von meinem Bruder nicht mehr dabei, auch ist Lukas krank - für ihn wird 1992 ebenfalls eine wichtige Neuorientierungszeit sein!

Die Silvesternacht erleben wir diesmal mit Freunden in Kyburg.

1992

Franz reist nach Tasmanien / In Zürich wird der Platzspitz geräumt / USA im März / Lava Rock-Clinic / Berlin mit Debbie, Kollegen, Arny und Amy / Worldwork auf dem Stoos / Schreib-Retraite in St. Gerold / Seminar im Maggia-Tal mit Eva / bei Tich nhat Tanh / Polen mit Debbie

Träume
Ich gebäre im Spital an 2 Tagen 2 Kinder / „Einfach loslassen, jetzt ist es halt so" / Die Botschaftersgattin / Arny „gestorben" / Feuersbrünste und Kampf / Ein Zimmer nahe am Bahnhof / Von der Kirschbaumfee und dem alten Pferd „Urs" / Die „Meister-Kette" / Bewilligung, um als Chirurgin arbeiten zu dürfen / Was nützt es mir, „recht" zu haben? / Das Leid der Tiere / Der Erdball von oben: die Lichtlein! / Das Fernseh-Gespräch mit Klaus Grawe / Wohin mit meiner 1000-er-Note?

Immer noch ein starkes „Übergangs-Gefühl". Dass Franz in zehn Tagen nach Tasmanien reist, passt auch dazu.

2.1.1992
Ein ganz schöner Geburtstag. Spaziergang auf dem Üetliberg zur Felsenegg und am Abend ein Risotto mit Franz und Lukas. Kaspar läutet aus einer Skihütte an.

> *Riesige Rauch- und Staubmassen von einem Vulkanausbruch. Sie kommen auf uns zu, zusammenhalten ist wichtig.*
> *(3.1.1992)*

Zusammenhalten ist auch für uns Zurückgebliebene wichtig, welche die Ausbildung für Prozessorientierte Psychologie irgendwie weiterführen müssen.

3.1.1992
Eine junge Kollegin ist unerwartet auf eine Missbrauchgeschichte in ihrer Vergangenheit gestoßen und ist völlig durcheinander.
    Das erschüttert auch mich: wie schlimm diese Geschichten immer wieder sind!

Am 4.1.1992 habe ich eine Pfadihütte gemietet und feiere meinen 49. Geburtstag.
    Es wird ein schönes, lebendiges Fest mit vielen lieben Menschen, Musik, Tanz und einem Feuer, es gelingt mir auch gut, alle Anwesenden kurz vorzustellen.

7.1.1992
Rückenweh, Schmerzen in der Nacht, viele Gefühle.
Der Teil, der nicht will - geschunden - jammernd - überfordert - erschöpft.
Daneben der Teil mit der Kraft, dem Abheben-Wollen, Leisten-Wollen.
Gefühl, es hänge immer noch viel mit dieser Missbrauchgeschichte zusammen.
Ein Kollege arbeitet mit mir, massiert mich: Die Mitte ist wichtig, Ganzheit leben, auch körperlich!"

Gestern im Gespräch mit zwei guten Kollegen: was ich für Ziele habe in den nächsten zehn Jahren? Ich bin selber schockiert: eigentlich keine! Ich bin zufrieden.
Aber: Sorge um die Welt, um unsere Kinder.

Von einer Freundin werde ich an den „alten Silvester" in Appenzell eingeladen.
Wir wandern über die winterlichen Hügel und treffen und bewundern die „Schönen" und die „Wüeschten" mit ihren Verkleidungen, ihrem Schmuck und ihren Masken und hören ihren Gesängen zu. Eine alte Tradition, welche auch uns zwei Heutige verzaubert.

13.1.1992
Franz ist unterdessen gut in Tasmanien angekommen.
Ich schlafe in meinem Zimmer. Ein Stück Elend greift nach mir - Sinnlosigkeit - Leere. Gestern mit Nisha am Telefon ein Gespräch darüber: sie kennt auch solche Zeiten, denkt, es sei hormonell. Für mich ist es auch eine Weigerung, Sinnloses zu machen, eine Frage danach, was wirklich geschehen will. Darin fühle ich mich im Moment Lukas sehr nahe.

POP-Meditationswochenende im SRO-Zentrum (17.-19.1.1992)
Dass ich nichts muss, schlafen in kleinen Portionen - fast hätte ich gern einen Tschador.
Sichtbar sein müssen als Last!

21.1.1992
Heute fange ich wieder an, in der Praxis zu arbeiten, die Praxiseinweihung kommt noch.

Ich bin im Spital. Gebäre an zwei Tagen nacheinander zwei Kinder.
Ich bin gespannt, ob das geht und wie (vor der Geburt des zweiten.)
(24.1.1992)

Schon wieder gebäre ich zwei Kinder. Offenbar ist es wichtig für mich, meine Sinne offen zu behalten für mehr als eine Art von kreativer Energie.

31.1.1992
Franz ist zurück aus Tasmanien: in der Agenda ein ganzer Regenbogen von Farben!

Schwerer Unfall eines Kollegen in den USA, ich denke an ihn und trommle für ihn.

Erster offener „Stadt-Abend": ein kostenloses Treffen für Interessierte, das ich organisiere und leite. Wir beschäftigen uns mit dem, was in Zürich läuft und arbeiten daran.
Diese Abende sind mir wichtig, die Verwirklichung eines alten Traums.

1.2.1992
In der Gruppenprozessklasse stellen wir uns die Frage nach unseren alten Mustern.
Mir kommt als erstes „Tapferkeit" in den Sinn. Das kenne ich gut, es ist oft eine „Frauenkrankheit": nicht sagen, was ist, tapfer sein. Wie betrifft es mich heute? Vielleicht Verletzungen ernster nehmen, Anzeichen erkennen, innehalten, reagieren?

Schwieriger Abend an der Analytikerversammlung im Jung-Institut: Wie schon früher am Institut und ganz früher als Kind bin ich mit der Frage konfrontiert: „Wer spinnt hier eigentlich? Ich oder alle anderen?"
Galilei in Brechts Stück kommt mir in den Sinn: Niemand will durch das Fernrohr schauen, in dem man die Jupitermonde sehen würde - weil es sie sowieso nicht geben kann.

Beim Jassen habe ich ganz vergessen, dass ich ein Dreiblatt vom Schaufel-As habe!
(3.2.1992)

Allein im Kino habe ich im Film „Urga" ein bisschen geweint.
Nichts geträumt.
Zürich. Platzspitz geräumt.
Die Welt, Flüchtlinge, Sextourismus, Elend, Hunger, Neid, Hass.
Manchmal frage ich mich, wie wir alle das verdient haben?
Sollten wir noch mehr für die Welt aufwachen? Mehr oder etwas anderes tun?

In der POP arbeiten wir in diesen Tagen an unseren Strukturen und an der Frage, ob wir uns der „Charta für Psychotherapie" anschließen können, wollen, sollen, müssen.
Wir haben auch einen Betriebsberater beigezogen.
In der Sitzung mit ihm beeindruckt es mich am meisten, wie glücklich mich der Gedanke machte, ich dürfe irgendeinmal einfach nur noch „POP-Großmutter" sein.

Traum, in dem ich Sachen vergesse und nicht weiß - verliere - Schulden mache -
Anforderungen nicht erfülle - und es einfach loslassen kann und denken „jetzt ist es
halt so." (Das Gefühl, einen Riesenrutsch gemacht zu haben!)
(8.2.1992)

Die religiöse Dimension des Loslassens: einem Höheren übergeben, Raum schaffen -
brauche ich einen Schweigetag?

Pontresina (16.-22.2.1992)

Offenbar wird Franz Botschafter. Die vorherige Botschaftersgattin führt mich ein
und will mir helfen mit all dem Neuen.
Mir wird ziemlich unwohl, und ich frage mich, ob wir nicht einen Riesenfehler
gemacht haben: Wollen wir wirklich so viel Zeit unseres Lebens damit verbringen?
Ich überlege mir auch, dass wir ja eigentlich beide in diesem Job arbeiten müssten:
wenigstens sollte ich auch einen Teil der Bezahlung bekommen!
Wir besichtigen die Botschaft, sie ist oben an Küsnacht.
Ich erinnere mich an den Garten und daran, dass ein schöner Baum gefällt werden
soll, weil der Platz gebraucht wird. Auch etwas von einem Entflohenen, dessen Spur
ich kenne und als Geheimnis hüte.
Wir übernachten im Botschafter-Schlafzimmer. Wir wollten am Morgen weg,
aber ich werde vor 9 Uhr von der Botschafterstochter geweckt und merke, dass die
Botschafterin noch nicht wach ist. Ihre Tochter sagt, das sei immer so, man könne
sie am Morgen fast nicht wecken. Ich höre, wie sie es hartnäckig und sehr liebevoll
versucht. Ich wundere mich, dass die Botschafterin ganz nahe an mir geschlafen hat,
in einer abgetrennten Ecke des Botschafter-Schlafzimmers.
(17.2.1992)

Es wird zunehmend kafkaesker: aus der Botschaftersgattin wird „die Botschafterin".
Zum Anfang des Traums kommt mir der Traum mit Katja Mann in den Sinn, in
dem diese uns Jüngere in ein Leben als Gattin einweisen will (30.3.1981).

Aber diesmal ist die Situation anders. Warum schläft die Botschafterin im gleichen Zimmer und muss geweckt werden? Ist sie ein Teil von mir? Wenn ja, dann ist
dieser Teil noch nicht ganz wach!

Wie auch immer, ich bin nicht bereit, diese Rolle zu übernehmen. Dass es mir
nahe geht, dass im Garten der Botschaft ein schöner Baum gefällt werden soll und
dass ich das Geheimnis des Entflohenen hüte, zeigt meinen Widerstand.

Dennoch weiß ich heute, dass ich mit dem Einsteigen ins Worldwork-Denken gar
nicht anders können werde als eine Art „Botschafterin" zu werden und dass auch
Franz mit seinen Auslandreisen immer mehr in eine Rolle als „Kulturbotschafter"
rutschen wird.

USA im März (5.-20.3.1992)

Die Reise war aufregend und schön: Fliegen, das Land, das Wasser, Eis und Sand von oben sehen, die Städte unterwegs als Lichterteppiche, glänzend wie Juwelen.

Die Aufregung, „on the road" zu sein, das Herz tut mir weh, sehr intensiv.

Die Freude, abgeholt zu werden in Portland, Greyhound-Reise nach Waldport.

An der Oregon Coast werde ich viele KollegInnen treffen für ein Kontrollfallseminar mit Arny und später für das Lavarock-Seminar, in dem Arny und Max Schüpbach abwechselnd mit schwerkranken Menschen arbeiten werden.

Nisha und Kate holen mich ab und richten mir aus, dass mich Arny bittet, in die Abschlussbesprechung des Diplom-Examens einer Freundin zu kommen.

Am nächsten Morgen erwache ich mit verweinten Augen:

Traum, Arny sei gestorben. Ich rede mit Amy darüber, eine Schweizer Freundin ist
auch da. (starkes Kopfweh)
(7.3.1992)

Rückblickend glaube ich, dass dieser Traum mich darauf vorbereitet hat, dass es den „alten Arny", wie ich ihn in der Schweiz erlebt und mit dem ich gearbeitet habe, nicht mehr gibt.

Er ist „globaler" geworden, die Möglichkeit für einen persönlichen Kontakt ist sehr beschränkt, wie ich bald erleben werde.

Es sind auch Freunde aus Zürich da. Arny lädt mich für den Samstagabend, 14.3. in sein Haus in Yachats ein und bietet mir an, ich könne noch zwei weitere Gäste mitbringen. Natürlich freue ich mich sehr, dass ich meine Freunde aus Zürich mitbringen darf!

Es ist wunderbar, viele KollegInnen zu treffen, und ich genieße das Zusammensein mit Nisha, mit der ich zusammenwohne, mache lange Spaziergänge am Meer.

Aber als ich Nisha von Arnys Einladung für den Samstag erzähle, warnt sie mich: sie habe gehört, dass Arny am Abend, für den er mich eingeladen hat, ALLE Kursteilnehmer eingeladen habe. Darüber bin ich fassungslos und kann es fast nicht glauben.

Schließlich entscheide ich mich dafür, Arny zu fragen, ob das stimme?

Es stimmte tatsächlich und wir hatten eine heftige Auseinandersetzung, in der Arny auf meine Verletztheit gar nicht eingehen konnte, sondern mir wütend vorwarf, ich solle mich doch einmal in seine Lage versetzen und seine Situation verstehen!

Zum Glück konnte Amy eingreifen und erklären, dass ich ja eigentlich IMMER auf Arnys Seite stehe und dass es für mich mehr Mut brauche, für mich selbst und meine Gefühle einzustehen, als seine Situation zu verstehen. Daraufhin begriffen wir beide sofort, in was wir uns da verrannt hatten: Arny konnte sich entschuldigen und meine Enttäuschung verstehen, und ich begriff seine Seite und konnte dies auch ausdrücken.

Während der Einladung am Samstagabend bot mir Arny dann an, mir das Haus zu zeigen - da standen sofort etwa ein Dutzend Leute auf und erklärten, dass sie das Haus auch nicht kennen würden, und schlossen sich uns an.

Das war für mich noch einmal ein Augenöffner!

Lava Rock Clinic (16.-20.3.1992)
Die Arbeit im Seminar mit schwerkranken und chronisch kranken Menschen, die mit ihren TherapeutInnen oder ÄrztInnen da waren, war sehr eindrücklich, berührend und lehrreich.

Ich merkte aber, dass ich manchmal offene Fragen oder eine andere Sichtweise hatte und dass es nur beschränkt möglich war, so etwas einzubringen.

In meinem Traumbuch schrieb ich: „Ich bin Arny dankbar für das, was er in mein Leben gebracht hat: den phänomenologischen Ansatz, den Mut, selber zu denken und zu formulieren, das Immer-weiter-Gehen. Für das, was ich damit mache, muss ich selber die Verantwortung übernehmen."

Zum Abschluss dieser eindrücklichen Erfahrung notierte ich mir noch den Satz eines Kollegen: „Process work is generosity towards the unknown".

Sa 21.3.1992 Heimflug / So 22.3.1992 wieder daheim
Ich freue mich sehr.

> *Von einem Ring, in dem ich aus der kalten Seite heraus muss ins ganze Spektrum.*
> *(Skizze: Kreis mit einem schraffierten Teil unten).*
> *(6.3.1992)*

Ja, ich musste in der Zeit in den USA viel klären und begreifen und über meinen persönlichen Weg und meine Entscheidungen nachdenken: jetzt darf ich wieder mehr fühlen.

> *Ich bin irgendwo und überschaue die Stadt: man sieht verschiedene Feuersbrünste.*
> *„Kampf" - um meinen Ehering - um ganz Wichtiges, was ich nicht verlieren will.*
> *(9.4.1992)*

Ich glaube, dass diese Träume immer noch mit der Disziplin „Die persönliche Geschichte loslassen" zu tun haben könnten, welche mich nach wie vor beschäftigt. Don Juan Matus betont seinen SchülerInnen gegenüber die Wichtigkeit dieser Aufgabe als Teil des toltekisch-schamanistischen Wegs. Für mich würde es besser stimmen, wenn beim „Loslassen" der persönlichen Geschichte auch ein Teil von „wandeln" mitgemeint wäre.

Auf einem Ausflug am Ostersamstag begegnen wir zu zweit einem Stück persönlicher Geschichte:

„Mit meiner Freundin Regula in Uetikon, dort, wo das Haus stand, in dem wir damals zusammen lebten. Eine der drei Birken im Garten steht noch - immerhin mit zwei neuen Bänklein.

Auch das kleine „Atelier"-Gebäude steht noch verfallend und voller Plunder dort.

Davor die neuen Villen und die ebenfalls neuen Häuser auf dem Nachbargrundstück.

Wie ist es, wenn sich Strukturen verändern: was kennt man dann noch?

Das Gefühl, den Boden, die Kräuter, die Büsche noch zu kennen!"

Ostern (19./20.4.1992)

Franz geht in die Kirche, ich bleibe daheim und schreibe am Märchen von der Flussfrau.

Die Flüsse! Sie ziehen mich immer wieder an, begeistern und verstören mich.

Berlin kommt näher und damit auch das Wiedersehen mit Debbie.

Auf dem Älpli (24.-28.4.1992)

Schön, wieder da oben zu sein!

> *Einige große, währschafte Häuser an einem Bahnhof.*
> *Ich merke: da möchte ich eine Wohnung oder ein Zimmer haben und fange mit einer Bewohnerin, die gerade an der Tür ist, ein Gespräch an: Es ist nicht einfach, hier etwas zu bekommen, aber ich habe den Eindruck, ich werde es schon schaffen.*
> *Ich erwähne auch, wie wichtig es für mich ist, so nahe am Bahnhof zu sein.*
> *Später bin ich in „unserer Wohnung". Plötzlich merke ich, dass ich ja schon einen Platz in unserer Wohnung habe, und fange an, Isolationsmaterial herbeizuschaffen, um hier ein Zimmer für mich abzudichten. Franz ist froh darüber, ich auch.*
> *(24.4.1992)*

Ich erwache im Schlafsack am Boden, bin die Erste im Hüttli und warte noch ein bisschen. Dann gehe ich hinaus mit meinem Traum. Er ist mir wichtig! In „unserer Wohnung" habe ich meinen Platz ja, doch neues Isolationsmaterial ist durchaus willkommen: ich denke vor allem an POP und unsere Gemeinschaftspraxis, aber auch an das Zusammenleben mit Franz.

> *Von einer weisen Kirschbaumfee, zu der ich gehen kann.*
> *Vom alten Pferd „Urs", den ich als Gymnasiastin liebte.*

*Das Besondere an ihm war sein Temperament, seine Klasse (er war ein Vollblut-
Araberpferd), seine Genussfreudigkeit, wie er sich im frischen Stroh wälzte, wenn er
in den Stall zurückkam.*
*Er ist irgendwo in einem Stall abgestellt, ich hoffe, ihn zu finden, es ist
Manövergebiet - Urs hat Angst vor dem Knallen.*
(25.4.1992)

Schon lange habe ich nicht mehr an dieses Pferd gedacht. „Urs" war eine
Persönlichkeit, er war zwar auf seine alten Tage in einer Reitschule gelandet, aber er
war lebendiger, neugieriger und temperamentvoller als die anderen Pferde dort. Ich
erlebte ihn als Lehrer und Vorbild für mich, hatte sogar die Fantasie, ihn zu kaufen.

Es ist interessant, wie hier eine weise Fee und ein Pferd auftauchen, die beide etwas mit meinem innersten Kern zu tun haben und mir eine Orientierungshilfe geben können.

Sie sind für mich helfende innere Figuren und erinnern an die Helfertiere im
Märchen.

Ein Querbalken der Hütte löst sich und fällt dorthin, wo Fleck vorher war und
Franz gesessen wäre, wenn wir den Tisch nicht wegen einer zerbrochenen
Quellwasserflasche verschoben hätten!

Berlin mit Debbie, zwei weiteren Kollegen und Arny und Amy (30.4.-5.5.1992)
Die Freude, mit Debbie vorzubereiten, mit ihr zu reisen und zu arbeiten.
Im Schlafwagen träume ich:

Etwas von einer Schule mit Halbwüchsigen
*Einmal werde ich selbst von einem Lehrer eingeschlossen, kann mich befreien, werde
wieder eingeschlossen - macht nichts, ich komme schon wieder raus.*
(30.4.1992)

Um Arny herum gibt es immer auch eine Stimmung von Rivalität und Eifersucht:
Wer ist am besten? Wen hat er am liebsten? Greift der Traum diese Stimmung auf?
Mich freut jedenfalls meine Zuversicht und mein Selbstvertrauen, die Situation be-
droht mich nicht übermäßig, ich kann die Seminartage genießen.

Abgesehen von der guten Erfahrung des Unterrichtens und der guten Bezahlung
ist für mich die „Selbstmord-Übung" wichtig, in der wir uns fragen: "Welcher Teil
von mir muss sterben?" Mir ist sofort klar, dass es der überpflichtbewusste, überan-
gepasste Teil ist, der bei mir sterben sollte.

Dazu schreibe ich: „Nach dem Tod bin ich frei, die POP-Szene zu verlassen. Also
ist es wichtig, jetzt eine innere Freiheit von POP zu finden, statt irgendeinmal daran
sterben zu müssen!"

*Ich sitze in einer Kette von „Meistern", die zusammenhalten. Alle sind in Kutten
gekleidet wie Zen-Mönche, unbeirrbar, zuverlässig. Gefühl von Klarheit und
Sicherheit.*
(Bild: Meister-Kette, ich am unteren Ende)
(15.5.1992)

Was für ein Traum! Das Bild dieser Kette, die sich über Hügel und Berge zieht und
die Welt „hält", hat etwas Ewiges.

Worldwork auf dem Stoos (15.-26.6.1992)

Zum ersten Mal seit ihrem Auszug kommen die amerikanischen KollegInnen mit
Arny wieder in die Schweiz für ein großes Worldwork-Seminar.

In Amerika haben Arny und die dortige Community viel gelernt, experimentiert
und geforscht über die Möglichkeiten, mit großen Gruppen an Weltproblemen wie
Rassismus, Homophobie, Misogynie und an der Geschichte der einzelnen Völker
und Ethnien zu arbeiten. Diese Art Arbeit werden wir jetzt auch in der Schweiz auf
dem Stoos in einer großen Gruppe mit Menschen aus aller Welt kennenlernen.

Es wird eine sehr intensive Zeit, ich bin froh, ein Appartement mit Debbie zu
teilen.

Beim ersten Spaziergang auf dem Stoos trage ich mein „Krieger"-Amulett aus
Mali an einer Lederschnur um den Hals. Ein Afroamerikaner spricht mich darauf
an und sagt mir, wie ihn das freue, dass ich etwas aus Afrika trage. Ein schöner und
guter Anfang für dieses Seminar, welches für mich nicht immer einfach zu verstehen und zu ertragen sein wird.

Ich lernte dort viel über Großgruppen und ihre Dynamik.

Durch schmerzhafte und schwierige Erfahrungen lernte ich auch, wie man in sol-
chen Situationen offen und mutig sein und sich doch schützen kann. Ein deutscher
Kollege nannte das, was er bei mir beobachtete, meinen „Kreuzigungsprozess":
dass es bei mir eine Neigung gibt, mich genau dort hineinzubegeben, wo die größte
Spannung und Wut herrscht, und etwas „Mutiges zu sagen" - womit sich zwar die
Spannung entladen kann, aber leider auf mich!

*Mein Konfirmationskleid. Wie habe ich es nur vergessen können? Ich schäme mich
so. Plötzlich der rettende Gedanke: ich könnte es noch holen. Franz könnte es für
mich bringen (Zeichnung: Herz).*
(20.6.1992)

Mein Konfirmationskleid war zwar langweilig, steif und dunkelblau, aber die
Konfirmation war mir mit fünfzehn Jahren sehr wichtig. Es war meine erste, ent-
scheidende Begegnung mit Religion und Spiritualität. Damals beschloss ich, dass

diese Werte in meinem Leben wichtig sein würden. Dass ich diesen Traum auf dem Stoos geträumt habe, hat mich an meine „spirituellen Wurzeln" erinnert.

Dieses Worldwork-Erlebnis hat uns in der Schweiz Zurückgebliebenen eindrücklich gezeigt, wie sinnvoll und richtig es war, dass Arny mit seinen amerikanischen KollegInnen und Studierenden nach USA ging und jetzt dort arbeitet, lehrt und forscht.

Es war uns klar, dass diese Entwicklung so in der Schweiz nicht möglich gewesen wäre.

Avers (11.7.-2.8.1992)

Die Sommerferien sind in diesem Jahr für mich besonders wichtig und nötig.

Die Natur, das Wandern, die Nächte mit ihren Sternen und dem Mond in den Bergen lassen mich zur Ruhe kommen und machen mich glücklich.

Ich bin dabei, mit großer Freude schweizerdeutsche Gedichte zu machen.

Freude an allem, an der Luft, am Leben.

Von Kate.
Von allen Kolleginnen, die zusammen singen und sich entspannen.
(22.7.1992)

Über Zusammenkommen, Verhandeln, Dinge austragen.
(23.7.1992)

Die Stimmung nach den schwierigen Prüfungen entspannt sich:
Victoria übernimmt in einer Gruppe die Leitung und sagt, was man machen soll
(Atmung oder ähnlich) - ich bin überrascht und erfreut.
(25.7.1992)

Kate ist meine amerikanische Kollegin und Freundin, von der ich schon früher geschrieben habe, dass sie auch Choreografin ist.

Als die amerikanischen KollegInnen in der Schweiz waren, nahmen wir zusammen die Abschlussprüfungen der Schweizer Studierenden ab. Dabei zeigte sich, dass sich unsere Vorstellungen von Prüfungen und unsere Maßstäbe zum Teil auseinanderentwickelt hatten. So kam es leider auch zu Uneinigkeiten und Verletzungen. In diesen Tagen hatte ich einige Träume, in denen diese unerfreulichen Ereignisse, die mich offensichtlich noch belasteten, „aufgeräumt" wurden.

Victoria ist für mich die integerste Schweizer Kollegin, die sich aber aus den Prüfungen und dem Ausbildungsbetrieb heraushält. Wenn sie unerwartet die Leitung übernimmt, bedeutet das wohl, dass sie uns mit ihrer spirituellen Kraft unterstützt.

Die „Feuerstein"-Seite der Welt (6.11.1991) lässt mich nicht so schnell wieder los:

> *Ich habe eine Bewilligung eingereicht, um als Chirurgin arbeiten zu dürfen.*
> *(27.7.1992)*

> *Kriegerische Sachen geträumt, von einem Schwert.*
> *(10.8.1992)*

> *Dramatisches, irgendwie bin ich Einzelgängerin, rette jemandem das Leben.*
> *(11.8.1992)*

> *Sicherheitserwägungen: Kann ich etwas Bestimmtes riskieren? Was nützt es mir,*
> *„recht" zu haben?*
> *(14.8.1992)*

Das „Rechthaben als Falle" haben Debbie und ich schon in unserem Kettenbrief zum Thema Krieg aufgegriffen, den wir Ende 1990 verschickt haben.

Die Welt würde vielleicht anders aussehen, wenn mehr von uns lernen würden, anders mit dem Problem „Rechthaben" umzugehen.

Schreib-Retraite in St. Gerold (31.8.-5.9.92)

Ich bin angefragt worden, einen Beitrag zu schreiben für ein Buch von Menschen in der Schweiz, die im nächsten Jahr 50 Jahre alt werden. Eine gute Freundin sagt dazu: „Eitelkeit und Selbstbespiegelung einer literarischen ,Prominenten-Kaste'!"

Mich reizt es aber, etwas zu schreiben, und ich tue es in dieser Schreib-Retraite.

Mit meinem Beitrag bin ich am Schluss zufrieden, eigentlich sogar stolz darauf.

Er heißt „Beitrittsgesuch zum Ältestenrat" und formuliert eine Zukunftsvision, die davon ausgeht, dass es einen „Ältestenrat" dringend brauchen wird.

Ein schönes Märli-Seminar mit Eva Bischofberger im Maggiatal.

Wir sind alles Frauen. Vielleicht ein bisschen viel „Weiblichkeit"?

Jedenfalls träume ich am Anfang unserer Woche, dass mein großer, körperlich massiger Kollege ankommt und ich ihn spontan umarme. Dieser Traum weckt mich für die „andere Seite", er hilft uns Leiterinnen, bei uns Frauen das Dunkle, Verdrängte und Verhinderte nicht zu vergessen.

Der folgende Traum gehört zu diesem Thema:

> *An einer Grenze.*
> *Man muss aufräumen und Minen suchen.*
> *(30.9.1992)*

Außer der „Schattenarbeit" unter uns Frauen entstehen sehr vielfältige und interessante eigene Märli aller Teilnehmerinnen. Es ist spannend und lustvoll, diese auch zusammen zu spielen mit Verkleidungen und Requisiten.

Auf dem Älpli (7.-10.1992)
Wie schön es hier ist, wie gut es mir tut, auch körperlich.

Große Nähe mit Franz - wir genießen beide sogar den Regentag, was in diesem durchlässigen ehemaligen Stall eigentlich eher ungewohnt ist: normalerweise flüchten wir in die Stadt zurück, wenn es regnet.

> *Ein ganz verschwitztes Tier, Pferd oder Kuh. Ich bin sehr beeindruckt, streichle es, versuche mit ihm Kontakt aufzunehmen. Plötzlich kommt mir in den Sinn, dass weiter hinten eine Schlachtzelle ist: darum ist es so aufgeregt! Ich kann nichts machen und streichle es nochmal.*
> *(12.10.1992)*

Das Worldwork wirkt immer noch nach.

Es gibt nicht nur das Leid, das den Menschen von Menschen angetan wird, sondern auch das Leid der Tiere, das ihnen von Menschen angetan wird, das ich im Traum hilflos erlebe.

Beim Aufwachen kommt mir Rosa Luxemburg in den Sinn, die im Gefängnis über das Leid der geschundenen Tiere und die Verrohung der Menschen im Krieg weinen musste, als sie aus ihrem Zellenfester sah, wie Zugtiere im Hof viel zu schwere Wagen ziehen mussten und erbarmungslos blutig geprügelt wurden. Nicht nur das Leid der geschundenen Kreatur, auch die Verrohung derjenigen, die zu Schindern werden, ist schmerzlich.
(Rosa Luxemburg / Brief an Sonja Liebknecht / Dezember 1917).

Retreat (23.-25.10.1992)
Nach dieser bewegten und strengen Zeit ist es wunderbar, ein dreitägiges Retreat des vietnamesischen buddhistischen Meisters Thich Nhat Hanh erleben zu dürfen.

Zuerst muss ich „einige Gänge herunterschalten": beim Ankommen rege ich mich sofort auf über die miserabel organisierte Registrierung am Eingang und entwickle automatisch Ideen, wie man das besser machen könnte - doch dann merke ich allmählich, wie ich ruhiger und entspannter werde und alles nehmen kann, wie es ist.

Egal ob es die Klangschale hier oder das Telefon zuhause ist, dieser Meister lehrt uns, dass wir immer denken können „This wonderful sound takes me to my real home." Der ziemlich hässliche Saal wird zum Ort der Sammlung und meinem „real home". Wenn ich nicht lerne und zuhöre, schlafe ich: dieser Mönch beruhigt mich so tief, dass ich eigentlich fast im Stehen hätte schlafen können, was mir im Sitzen auch ein paar Mal passiert ist. Aber meistens bin ich einfach tief entspannt und fühle mich wunderbar wohl. Am Schluss gehe ich mit großer Dankbarkeit heim.

Während dieser Retreat-Zeit hatte ich einen Traum, der mich mit großer Freude und Dankbarkeit erfüllte:

> *Von oben sehe ich den Erdball mit vielen kleinen Pünktchen von Licht. Welche Erleichterung, welches Glück: Du musst es nicht allein machen! Schau mal von oben! Ich weiß, dass bei jedem Lichtpunkt jemand ist, Liebe ist, ein Mensch, der sich einsetzt.*
> (im Retreat 23.10.1992)

Polen mit Debbie (6.-8.11.1992)

Debbie wieder einmal hier zu haben und mit ihr in Polen zusammenarbeiten zu können, ist eine große Freude. Sie bleibt auch etwas länger in der Schweiz, unterstützt uns beim Unterrichten im deutschen Intensivkurs und ist am 10-Jahre-POP-Fest dabei.

Ich bin traurig, als sie wieder geht.

30.11.1992

Ein reiches, vielfältiges Jahr geht zu Ende.

Doch noch einmal kamen alte Themen und Beklemmungen zurück und ich musste sogar eine Nacht lang erbrechen, nachdem ich eingewilligt hatte, am Fernsehen mit Klaus Grawe zu diskutieren. Grawe vertrat damals als prominenter Forscher und Hochschullehrer eine akademisch restriktive Auffassung von Psychologie und Psychotherapie und der dazugehörigen Ausbildung, die meinem Verständnis unseres Berufes nicht entsprach.

Vor der Aufnahme dieses Gesprächs für das Fernsehen hatte ich den folgenden Traum:

> *Ich bekomme ein Musikinstrument, eine Art Balaphon, auf dem ich ganz gelöst und vergnügt Musik machen kann. Es ist etwas sperrig und schwierig einzupacken, aber ich nehme es mit.*
> (8.12.1992)

Das hat mich sehr ermutigt, einfach mich selbst zu sein, meine Gefühle (auch die sperrigen) mitzubringen und möglichst „gelöst und vergnügt" in die Diskussion einzusteigen.

Das ist mir nicht schlecht gelungen. Grawe war auch viel geerdeter, als ich erwartet hatte, und ich konnte meine Sicht zum Thema klar formulieren.

Nach der Sendung bekam ich dazu gute Rückmeldungen.

Ich weiß, dass das erst ein Anfang der berufspolitischen Turbulenzen ist, die auf uns PsychotherapeutInnen zukommen werden. Auch die Gründung der „Schweizer Charta für Psychotherapie" wird jede einzelne Schule herausfordern.

Ich weiß auch schon jetzt, dass ich da für POP mithalten muss und nehme mir vor, „nicht einfach in einem VBZ (veränderten Bewusstseinszustand) zu verschwinden".

Ich wünsche mir zu Weihnachten einen Traum und bekomme auch einen:

Von einem Hallenbad.
Viele Leute.
Ich habe eine Tausendernote und weiß nicht recht, wohin damit.
(25.12.1992)

Interessanterweise hatte ich mir am Vortag „Surfen, Fließenlassen" als mögliche Haltung für die Charta-Verhandlungen aufgeschrieben. Und dass wir als POP eine Tausendernote haben, ist ja klar!

Von Nisha, die ihr Buch schreibt.
(27.12.1992, in Olten)

Beim Aufwachen weiß ich, dass ich mit Nisha gleichziehen will!

1993

25. Hochzeitstag in Venedig / Charta-Gespräche für POP / Nichtwahl von Christiane Brunner in den Bundesrat (3.3.93) / Aufstand der Frauen, Wahl von Ruth Dreyfuss / Bad Wildungen / Diplomiertentreffen in den USA / Selbstmord von Niklaus Meienberg / „East meets West" in Kazimierz / Besuch des ehemaligen Konzentrationslagers Majdanek / Debbie wieder in Zürich

Träume:
Ich will dafür kämpfen, dass meine Söhne nicht kämpfen müssen! / Nur noch mit Schwarzen im Haus zusammenleben / Riesenflutwelle / Aufgebot für die Rekrutenschule / Der Tod löscht das Licht aus und fängt an zu singen / „Sicher kommt bald Nelson" / Ich klaue meine Seidentücher zurück! / Geburt-ich werde in ein riesiges Spital verlegt (die Welt!)

---

50. Geburtstag (2.1.1993)

> *Von großem Besuch, mit dem wir in ein Hotel und dann ins Kino gehen (aus USA?). Es hat auch Kinder, das Kino ist eine Mischung aus Mickey Mouse und Kulturfilm.*
> *Im Hotel wollen Franz und ich schmusen, es geht aber nicht.*
> *Dann noch von einem anderen Hotel - eine Art Gruselkabinett.*
> *Ich setze mich aber gegen alles durch und gehe auch aufs WC, wann ich will.*

Ein eigenartiger Geburtstagstraum. „Großer Besuch" kommt, Intimität ist offenbar nicht möglich. Aber ich setze mich durch und gehe aufs WC, wann ich will. Das WC war immer mein Fluchtort für das Bedürfnis nach Introversion, und darum scheint es zu gehen.

Venedig – 25. Hochzeitstag (4.-7.1.1993)

Wir fühlen uns hier wohl und haben die Stadt fast für uns.

In der Basilica San Marco: ein Riesenbasar mit (vorwiegend geklauten) Schätzen, Reliquien, Bildern, Teppichen, Bodenmosaiken. In der Nacht auf dem Markusplatz das Gefühl, in einer längst untergegangenen Vergangenheit zu sein - das alte Ägypten, Babylon, Atlantis kommen mir in den Sinn. Im Theater Dario Fo, auf den Kanälen die Gondolieri (am 6.1. als Hexen verkleidet).

„Wie reich diese Tage waren! So schnell und intensiv kann man ganz woanders sein. Lust nach Schreiben und nach ‚Irgendwohingehen'."

Nach der Charta-Sitzung vom 16.1.1993 kann ich fast nicht schlafen und weiß, dass mir diese Szene nicht guttut, sehne mich nach meinem POP-freien Jahr!

> *Mehrmals so etwas wie Sterben - Glanz - Freiheit - und der Entschluss, zurückzukommen!*
> *(18.1.1993)*

Am Morgen bin ich ab 5.30 Uhr wach, gehe in mein Zimmer. Diesmal kein Yoga, sondern aufräumen, malen, singen: „Lay down your burden.“

Die Übersetzung von Arnys „The Leader as Martial Artist“ ist eine Herausforderung, ich weiß nicht, ob es gelingt.

Mein Blutdruck ist zu hoch, ich nehme das Medikament vorläufig und suche nach den Sportferien einen guten Spezialisten auf.

Im Arny-Seminar „The third part of life“ werde ich daran erinnert, dass es wichtig ist, auf die Momente der Leere zu achten: die Ruhe im Auge des Sturms.

Pontresina (13.-21.2.1993)

> *Ich träume nach der Lektüre über die jungen Männer im Krieg in Nazi - Deutschland, dass Lukas sterben müsse. Als ich bei ihm und Kaspar sitze, merke ich, wie furchtbar dieser Verlust wäre und spüre es so richtig. Ich beschließe, zu kämpfen - da wird es mir im Körper so richtig wohl und gut.*
> *(15.2.1993)*

Erst beim Wiederlesen fällt mir die Herausforderung der Formulierung auf, dass ich dafür kämpfen will, dass sie nicht kämpfen müssen!

Wildungen (19.-24.3.1993)
Offenbar hat mich in Wildungen diesmal auch Einiges genervt, zum Beispiel die Auftritte der „wichtigen Psychologinnen“, die mit Mann, Kindern, Hund, zwei und mehr Nachnamen und vielen Titeln und Getöse hier ankommen.

Vielleicht hängt es mit diesen Arrivees zusammen, dass ich hier erst mal von Freundinnen, Künstlerinnen und ehemaligen Schulkameradinnen träume, mit denen ich Feste feiere.

Weitere Träume:

> *Ein fester Entschluss, nur noch mit Schwarzen im Haus zusammenzuleben!*
> *(22.3.1993)*

*Eine große Riesenflutwelle. Ich weiß: das ist sie jetzt, hier gibt es kein Entrinnen,
frage mich noch, wie genau es im Inneren sein wird.
23.3.1993)*

*Von einem jungen Hund, ich nehme ihn.
Von Hund und Katze, die sehr innig miteinander spielen.
(24.3.1993)*

Wer sind die „Schwarzen", mit denen ich im Haus zusammenleben will?

Ich vermute, dass es nicht in erster Linie Menschen aus Afrika sind, sondern eher Menschen, die sich auch Extreme erlauben und nicht alle Konventionen mitmachen - Menschen, die nicht so sind wie einige der Leute, die an dieser Tagung den Ton angeben.

Die Flutwelle kenne ich ja schon aus früheren Träumen. Sie könnte diesmal mit dem Überwältigtwerden zu tun haben von dem, was ich nicht immer ausdrücken kann und vor dem es doch kein Entrinnen gibt. Mir kommt die Geschichte von Jonas in den Sinn, der vor seiner Berufung fliehen will und am Schluss vom Walfisch doch in Ninive ausgespuckt wird.

Der junge Hund und dass sich Hund und Katze so gut vertragen freut mich!

Nach Wildungen und einer dichten Zeit in der Praxis und zuhause reise ich zu Nisha und Debbie und zum Diplomiertentreffen in die USA.

Diplomiertentreffen in USA (12.-24.4.1993)

Eine bewegte Zeit. Es ist eine Freude, meine Freundinnen und viele Kollegen wiederzusehen, auch Arny kann ich wegen der Übersetzung des „Leaders" kurz sprechen.

Meine Träume hatten auch diesmal nichts mit den USA zu tun:

*Zusammen mit meinen Söhnen und Kollegen von ihnen bekomme ich ein Aufgebot
für die RS (Rekrutenschule). Das ist mir außerordentlich unangenehm, ich verstehe
es nicht (vielleicht geht es um eine kürzere RS, weil ich eine Frau bin?). Ich
erkundige mich noch einmal, es ist offenbar nichts zu machen. Das Gute daran wird
sein, „unter dem Volk" zu sein.
(24.4.1993)*

Im Traum war ich über dieses Aufgebot in die RS schockiert und erschreckt, konnte es fast nicht fassen, dass so über mich verfügt werden sollte, fühlte mich sehr bedroht.

Was mir dazu in den Sinn kommt: wie viel ich „im Dienst" sein muss in meinem gegenwärtigen Leben.

Wieder zuhause.

Träume von versunkenen Schiffen. Beziehungen, vielen Menschen.
(7.5.1993)

Irgendwie ruhig, es ist gut so.

Avers (17.-31.7.1993)
Wie immer glücklich, hier oben zu sein und am ersten Morgen allein auf dem kleinen Balkon zu meditieren.

Diesmal lese ich in der Bibliothek von Arnys Haus „No hiding place" und denke an die KollegInnen in USA, die gerade ein Worldwork abgeschlossen haben.
Bild einer Siedlung, etwas verlaust.
Ich denke: alle sind hier irgendeinmal umgezogen, es ist nicht so, wie ursprünglich geplant, aber es ist eigentlich gut so.
(27.7.1993)

Wieder in Oerlikon
Ende eines längeren Traums:

… Dann gehe ich glücklich und pfeifend durch eine kleine Stadt wie S., tanze so halb rhythmisch, da kommt eine junge schwarze Frau auf mich zu und sagt: „So jemanden wie dich habe ich hier noch nie getroffen, sicher kommt bald Nelson." Ich weiß, wer Nelson ist - ein Schwarzer mit einem hohen schmalen Hut mit Krempe und mit gekreuzten Schlagzeugschlägern am Hut.
(Erwache völlig entspannt und sehr zufrieden!)
(12.8.1993)

Mein Glück und meine Zufriedenheit haben sicher damit zu tun, dass „Nelson" mich mit dem schwarzen Mann meines Kindheitstraums verbindet. Ich genieße das und warte auf das nächste Wiedersehen und darauf, noch mehr über diese Gestalt zu erfahren. Und ich denke natürlich auch mit viel Liebe und Respekt beim Namen Nelson an Nelson Mandela.

Frauen-Schreibwoche in Ilanz (30.8.-4.9.1993)
Schön, hier zu sein, schön, den anderen Frauen zuzuhören.

Was bedeutet Freundschaft und Liebe unter uns? Einander so nehmen, wie wir sind, oder auch herausfordern, manchmal sogar Unzufriedenheit und Unsicherheiten äußern?

Vorarbeit für eine Übung in Berlin: Nelson taucht wieder auf als Figur, durch die ich den nötigen Zugang zu meiner Vitalität, zu Rhythmen, Bewegung und Tanz finden kann.

Etwas von Fleck. Braucht er Futter? Zuwendung?
(3.9.1993)

Nach diesem Traum schreibe ich Fleck, meinem Freund und Helfertier, einen Brief.

Ich bedanke mich bei ihm dafür, dass er mit uns lebt, und sage ihm, wie gern ich ihn habe und dass ich ihn brauche, und versuche ihm zu erklären, wie leid es mir tut, ihn immer wieder allein zu lassen: „Aber ich muss es tun, es ist ein Versuch, mehr zu erfahren über mich und die Welt und ich kann das nur, wenn ich weggehe."

Es ist mir klar, dass „Fleck" auch mein eigener treuer, häuslicher Teil ist, derjenige Teil, der immer leidet, wenn er „Haus und Hof" verlassen muss. Es geht manchmal besser und manchmal schlechter: ich muss auf ihn in meinem Herzen achten.

Bild beim Schlafen über Mittag: ein großer grauer Vogel (Turmfalke?) ganz nahe.
(9.9.1993)

Kurs mit der ehemaligen Ostgruppe in Berlin (10.-13.9.1993)
Nach diesem Kurs bekomme ich von einer Teilnehmerin ein schönes Kompliment: „Ich kann es nur so sagen: du bist ein Menschenkind." Wir haben auch einen berührenden Abschluss.

Die schlimme Nachricht vom Selbstmord von Niklaus Meienberg am 22.9.1993 erschütterte unsere ganze Familie und wir mussten alle immer wieder darüber sprechen.

Kurz darauf erschien im „Tages-Anzeiger-Magazin" ein gehässiger „Offener Brief an Franz Hohler", der auch mich sehr verletzte. Ich las ihn auf dem Weg zu meinem Traumseminar im Piemont am 25.9. und merkte, dass ich auf mich aufpassen musste, wenn ich mit dieser Gruppe gut arbeiten wollte.

Am Anfang des Seminars träumte ich:

Etwas von der Uni. Ich muss die Hörsäle zuerst ausräumen, bevor ich einen Kurs
abhalten kann.
(28.9.1993)

Diesen Hinweis habe ich beherzigt!

„East meets West"-Seminar in Kazimierz / Polen (6.-16.10.1993)
Nach langer und intensiver Vorbereitung in Polen und in der Schweiz findet dieses
große Seminar statt, zu dem aus Ost und West viele Teilnehmende angereist sind.
Kurz nach meiner Ankunft in Kazimierz träume ich:

> *Winter.*
> *Es schneit - die Wege müssen immer wieder freigeschaufelt werden.*
> *Wir warten auf Arny.*
> *Schließlich kommt Arny in einem roten Auto auf der anderen Seite.*
> *Die Verzweiflung im Schnee - ich könnte ins Dunkle hinausgehen und erfrieren.*
> *Amy ist völlig erschöpft. Ihr größter Wunsch ist ein Osternestchen mit Süßigkeiten.*
> *Eier haben wir, aber es tut mir so leid, dass wir keine Geleehasen haben.*
> *Ich höre Leute kritisch über ein Video diskutieren: Arny habe gewisse Doppelsignale*
> *nicht aufgegriffen. Das finde ich daneben!*
> *Eine Frau sagt zu mir, ich hätte ihr Walking-Meditation lehren können, solange*
> *Arny nicht da war. Ich schreie sie an: Ich bin kein Medium! Woher hätte ich wissen*
> *sollen, dass du das brauchst?*
> *(8.10.1993)*

Die Traumteile zeigen die verschiedenen Umstände, mit denen wir LehrerInnen
konfrontiert waren: die Wichtigkeit und Sonderstellung von Arny, der auch nicht
immer fair angegriffen wurde, die Gefahr des emotionalen „Erfrierens" und das
immer wieder Freischaufelnmüssen der Wege zueinander, unsere Erschöpfung
und diejenige der lokalen OrganisatorInnen, das allgemeine Bedürfnis nach Lob,
Anerkennung und „Süßigkeiten" und die vielen Ansprüche, gegen die wir uns zum
Teil abgrenzen mussten.

Dass wir im Traum Eier haben, freut mich: natürlich hoffen wir alle, dass wir etwas mitgebracht, vermittelt und mit den Teilnehmenden durchgearbeitet haben, das
weiterwirkt.

Während des Seminars:

Der Besuch des Konzentrationslagers Majdanek (10.10.1993)
Es war das erste Konzentrationslager, das ich erlebte.

Das Grauen und Entsetzen, die Betroffenheit von so viel Leid und Tod, von so
viel Brutalität und buchhalterisch exakter Vernichtung war kaum auszuhalten.

Die zurückgebliebenen Schuhe, die Gaskammern, die Masse der Rückstände aus
den Verbrennungsöfen und die Knöchelchen darin, auch der Gedanke an die jungen deutschen Soldaten, die dem allem nicht gewachsen waren und sich zum Teil
das Leben nahmen.

Stumm und erschüttert saßen wir schließlich wieder im Bus und fuhren zurück
in unser Seminarhaus.

Unsere jüdischen KollegInnen und Studierenden machten eine eigene Zeremonie.

Andere von uns, unter denen auch ich war, entwickelten am Abend spontan ein Ritual, das uns half, unsere Gefühle auszudrücken, still und gemeinsam zu beten und zu reden. Wir spürten die Kraft des spirituellen Singens und des Bittens um Segen.

An diesem Abend dachte ich auch an meine zwei tröstenden Träume (15.5.1992 / 23.10.1992) und wieder einmal an die Wichtigkeit des „Fensters zur Ewigkeit", ohne welches das Leben manchmal nicht zu ertragen wäre.Das Segnen und das Bitten um Segen erlebte ich nach diesem schrecklichen Tag als etwas so Tiefes, dass ich sogar eine Fantasie hatte, irgendeinmal nur noch segnen zu dürfen.

Die Geschichte eines Priesters kam mir in den Sinn, der als Kriegsgefangener in einer Fabrik Kondensmilchpulver abfüllen musste und dabei das Kondensmilchpulver segnete.

Und auch eines meiner Lieblingsgedichte von Joachim Ringelnatz, in dem es heißt:
„Wenn ich tot bin, sollst du gar nicht trauern
Meine Liebe wird mich überdauern
Und in fremden Kleidern dir begegnen
Und dich segnen"

Zurück in der Schweiz

In Wildhaus - ein Kurs in einem geräumigen alten Haus mit Veranden und Garagen, Blick auf den Bahnhof.
Wir sollten abreisen, es ist schon ziemlich spät. Unsere Sachen sind in zwei Zimmern.
In einem habe ich meine Seidentücher und andere Sachen in einem Koffer.
Plötzlich findet „man" dieses Zimmer nicht mehr, auch die Leute vom Haus nicht. Nach einer Weile fange ich an zu merken, dass es Absicht ist, einige lachen auch, offensichtlich soll uns so unser Material weggenommen werden!
Ich werde wütend und sage zu der Leiterin sehr direkt: ich will meine Seidentücher zurück. Wenn sie nicht zurückkommen, gehe ich zur Polizei!
Später dringe ich auf einer anderen Ebene nochmal ins Haus ein (der Zug ist sowieso schon verpasst) und erkenne die Aussicht wieder. Es gelingt mir, den Raum noch einmal offen zu sehen, und ich beschließe, sofort hineinzugehen und meine Tücher zu suchen. Alles ist weggeräumt, doch ich finde einen Teil in einem Schrank und klaue sie zurück!
War es ein Kurs mit Eva?
(30.10.1993)

„Meine schönen Seidentücher" (es sind Stoffe vom Workshop „Goddesses in every Woman") sind mir in den letzten Wochen tatsächlich zum Teil abhandengekommen, es war eher eine Zeit für Jeans und robuste Kleidung. Es ist sicher eine gute Idee, sie „zurückzuklauen", ich brauche sie dringend wieder für mein Leben und mein Wohlbefinden als Frau.

Meine Kollegin Eva, die im Traum vorkommt, hat nicht nur einen bedeutsamen Namen, sondern verkörpert für mich auch weibliche Lebendigkeit und Spiritualität.

Es geht gleich weiter mit dem deutschen Intensivkurs (31.10.-12.11.1993).
Debbie ist in Zürich und hilft unterrichten.
Nach ihrer Abreise bleibe ich zurück und werde sofort krank.

26.11.1993
Das 50. Jahr.
Die Idee, über das Älterwerden zu schreiben.

Das Aus-dem-Gleichgewicht-Sein, das ich im Moment spüre, die Schwierigkeit, darüber zu sprechen. Heimweh nach Kaspar (er ist in Südamerika), die Angst um ihn, wohl auch ein Stück Ablösung und Trauer.

Das Schwere in der Praxis, das Schwere am Jung-Institut, die Welt in der Zeitung, die Welt am Fernsehen: überall Schweres und Menschen, die versuchen, zu leben.

Anfang Dezember 1993
Es gab Träume, aber sie sind wieder weg.
Gute Gespräche mit den Kolleginnen und Kollegen in der Praxis und später am Küchentisch mit Franz und Lukas.

Nach der Weihnachtsfeier bei meinen Eltern habe ich das Bedürfnis, zwei Frauen zu zeichnen: Mutter und Tochter als Gleichwertige. Ja, ich möchte eine Mutter, ich brauche eine.

So lange war ich isoliert und stolz auf das Alleinseinkönnen, aber auch scheu, ungläubig, dass es das überhaupt gibt.

Ich bin in einem Spital - offenbar für eine Geburt.
Ich blute. Bald ist es so weit.
Arzt und Schwester passen mir gut, aber die Geburt findet noch nicht statt.
Irgendeinmal bin ich dann plötzlich in einem anderen, riesigen Spital.
Starke Reaktion: das darf ich nicht zulassen!
Warum habe ich mich vertreiben lassen?
Franz ist bei mir und wundert sich auch.
(30.12.1993)

Eine neue Art von Geburtstraum: ich werde schließlich in einem fremden, riesigen Spital gebären, das mir nicht vertraut ist.
Irgendwie passt diese Entwicklung zu den letzten Monaten, zu dem, was kommt: die Welt!

Jahresende
    Kein einfaches Jahr.
    Nicht so „POP-frei", wie ich gehofft hatte.
    Wann ich wohl „Nelson" wieder treffe?

1994

Von den Afroamerikanern lernen / Première „Drachenjagd" / Bad Wildungen /
Ostern / das Christentum / Schreibwoche in St. Gerold / Worldwork in Bratislava /
Widerliche Geschichten aus dem Leben meines Vaters / Die Belagerung von Sarajevo

Träume
Mit einer zweiten Frau in einem großen Haus / Wohnung in der großen Stadt, in der Natur,
in der Vergangenheit / Zoowärterin? / Zauberlehrling bei Don Juan / Ein Amulett von ei-
nem schmuddeligen Heiligen / Der alte Hund / das Krokodil / Konfliktlösung / Ein Pferd
befreit sich von einem schweren Wagen / Eifersucht auf einen Kollegen und „sein Buch" /
Menschen wollen in mein Haus eindringen / „Spuk" nach dem Worldwork / Mein Flugzeug
landet auf der Autobahn / Ein dunkler tätowierter Mann schaut mich von weit her an /
Trauern auf Schlachtfeldern / Mein kleines Kind braucht den Nuggi / Die riesige Sau und
die Schlange in derselben Wohnung.

2.1.1994
Geburtstag auf dem Älpli

4.1.1994
Aufräumen, Abschliessen, Übersetzung von Arnys „The Leader as Martial Artist"

Gute Gespräche:

Mit dem afroamerikanischen Mann einer Kollegin, durch den ich - zum Teil
recht derb - vieles über diesen Teil der Bevölkerung Amerikas, ihre Geschichte, ihre
Lebenswelt, ihre Erfahrungen und ihre Kultur lerne.

Mit den Söhnen über unsere Beziehung. Ich sage ihnen, wie gern ich sie habe und
mich freue, zu sehen, wie sie ihr Leben leben. Aber auch, dass es bei ihnen manchmal einen Rückfall in einen „Baby"-Teil gibt, der keine Verantwortung übernimmt,
und mich stört.

Mit einer Freundin über „Frauen-Gift unter Frauen", dass ich in Frauengruppen
gelernt habe, dass Frauen oft Hilfe brauchen, miteinander direkt zu sein.

Ich lebe mit einer zweiten Frau mit einer zweiten Familie in einem großen Haus.
Jemand ruft mich an wegen einer Annonce, die ich gemacht habe und fragt: was
machst du in Hohlers Haus? Ich sage: ich bin Frau Hohler.
Die Leute fragen auch nach meinem Beruf, ich muss betonen: Psychologin, das
erleichtert mich.

*Dann wieder im großen Haus. Dort geht es um die Renovation der Küche. Es ist
eine Besprechung darüber im Gange, ich komme dazu und merke, dass ich mitreden
will, weil mich das auch betrifft. Besonders der Boden ist mir wichtig.
Später bin ich mit der anderen Frau allein, sage zu ihr, dass wir einmal über das
reden müssen, was da abläuft, und dass es eigentlich ungewöhnlich ist. Sie stimmt
zu. Was sollen wir reden?
Ich fange an, von meinen Hoffnungen zu sprechen, wie gut das gehen könnte -
aber da sind wir nicht mehr allein, Leute kommen dazu, immer mehr, die ganze
Großfamilie!
Wir sind in einer großen Halle, ich sehe all die Kinder, auch Mädchen, frage mich,
wie das für mich und unsere Kleinfamilie ist, wenn die alle auch da sind. Werde ich
eifersüchtig auf die Töchter sein? Werde ich alle Namen behalten können?
Die andere Frau ist eher großbürgerlich und damenhaft. Sie hat eine Haushälterin
ins Haus gebracht und eine Abwaschmaschine haben wir auch bereits. Die
Haushälterin hat gerade einen Kuchen oder Rumtopf gemacht und gibt mir etwas
davon zu probieren. Das Tellerchen fällt mir auf den Boden.
(2.1.1994)*

Ich habe damals geschrieben „ein großer, ferner Traum".

Auch heute, wenn ich ihn wieder lese, kommt er mir recht fern und fremd vor.

Darüber, dass sich die Welt um uns herum vom Privaten weg zu einem „größeren Haus" mit mehr Menschen verändert, habe ich immer wieder Träume gehabt.

Dieser hier zeigt noch einmal, wie viel Abgrenzung und Selbstbehauptung diese
Situation manchmal verlangt, aber auch, dass sich diese Dynamik nicht ändern lässt.

Für was steht die andere Frau? Vielleicht am ehesten für die Projektion, dass eine
andere Frau diese Situation souveräner meistern würde?

„Das Buch ‚Ich bin viele' begeistert mich noch einmal: die Sorgfalt, die Genauigkeit,
die Menschenfreundlichkeit. Die Lektüre weckt wieder einmal meine Idee, mein eigenes Leben einmal aufzuzeichnen und zusammenzusetzen."

Nach einem Besuch in Zollikon:

Wie schön es war, dass ich meiner Mutter einmal Schultern und Hals massieren
durfte.

1. Februar: Premiere des Programms „Drachenjagd" von Franz

Traum nach unserer POP-Diplomierten-Retraite im Emmental:

*Franz und ich ziehen um.
Die neue Wohnung ist in der Stadt, aber gleichzeitig näher an der Natur und der
Vergangenheit, bei der Kirche Höngg mit einem Rebhügel und dem Wald, aber*

Diesmal ziehen wir in eine Wohnung, wo Stadt und Natur, Moderne und
Vergangenheit, verschiedene Ebenen der Realität nebeneinander vorkommen. Sogar
das Büro für Gleichstellung hat einen Platz in der Wohnung. Der Drachenschwanz,
der aus dem Kino „Max" hängt, passt einerseits zu meinen großen „Traum-Viechern"
und andererseits könnte er mit dem eben angelaufenen Programm „Drachenjagd"
von Franz zu tun haben. Am meisten wundere ich mich in diesem Durcheinander
über C.G. Jungs Katze „Ursula" - es ist, als ob diese Katze innerhalb des Traums
nochmal in eine andere Welt gehören würde.

Ich habe das alles nach unserer POP-Diplomierten-Retraite geträumt. Vielleicht
war es wichtig, nach dieser Retraite daran erinnert zu werden, was es sonst noch alles gibt in meiner Seele?

Irgendwie bin ich ja bereits eine Art Zoowärterin mit diesen verrückten Träumen.
Auch in der Alltagsrealität komme ich mir manchmal in meiner Familie und im
Beruf so vor!

*Längeres Zusammensein mit dem Kollegen Sebastian, der anmeldet, dass er mit mir
schlafen will, falls ich es je wolle. Wir gehen durch die Stadt. Ich fühle mich wohler
mit ihm, als ich mir in Wirklichkeit vorstellen kann.*
(12.3.1994)

Ein eigenartiger Traum. Vielleicht hängt er damit zusammen, dass das neue Buch
von Carlos Castaneda angekommen ist. Sebastian kennt diese Bücher gut und hat
viel damit experimentiert, ich fühle bei ihm eine „Zaubererqualität", die mich eher
potenziell bedroht.

Bad Wildungen (18.-23.3.1994)
Ich bin diesmal nicht gern von zu Hause weggegangen, fühle mich scheu und neige dazu, mich zurückzuziehen. Ich merke, dass ich mich bemühen muss, auf die
Menschen zuzugehen, wenn ich in dieser Umgebung nicht einfach „verlorengehen"
will.

*Ich bin bei meiner Gotte im Haus, das ich hüten sollte. Später sollte ich zu Lotte,
der Haushälterin meines Großvaters, zum Übernachten gehen. Ich habe es aber
versäumt, Lotte anzurufen, und es ist schon 22 Uhr.*
*Aus irgendeinem Grund kommt eine Person, eine Art Zigeunerin, und dringt unter
einem Vorwand in die Wohnung ein. Ich bin selber noch nicht lange da und habe
den Schlüssel noch an der Tür stecken. Als ich die Frau wieder draußen habe, merke
ich, dass der Schlüssel weg ist.*
*Ich erschrecke fürchterlich: Soll ich jetzt doch noch zu Lotte? Ich muss unbedingt
neue Schlösser machen lassen! Es ist inzwischen 23 Uhr. Lotte anrufen? Wo wohnt
sie eigentlich? Ihren Nachnamen weiß ich auch nicht mehr.*
*Ich beschließe, doch noch ins Dorf zu gehen, und finde einen noch offenen
Schlüsselservice. Ich bin ziemlich durchgedreht und hysterisch, beschwöre sie,
unbedingt morgen um 7 Uhr zu kommen.*
*Wieder zurück im Haus der Gotte. Ich lege mich zum Schlafen hin, versuche so gut
wie möglich zu verriegeln.*
*Am anderen Morgen kommt der Schlüsselservice: ich zeige das Haus und sehe, dass
zwei Klappfenster offen waren im Parterre, man hätte ohne weiteres einbrechen
können! Offenbar sind die Scharniere ermüdet, es ist aber nichts passiert.*
(19.3.1994)

Am Vorabend habe ich im neuen Castaneda-Buch gelesen. Hat es mit diesem Buch
zu tun, dass ich im Traum erlebe, wie anstrengend, sinnlos und unnötig es sein kann,
sich abzusichern zu wollen, damit nichts Ungefragtes eindringt? Das Detail, dass die
Scharniere ermüdet sind, finde ich besonders interessant: Wenn „die Scharniere er-

müdet sind", können manchmal seelisch Dinge passieren, für die man sonst nicht offen wäre!

Wieder daheim

Das Haus riecht ein bisschen muffelig und ungeputzt - je nun!

> *Mitten am Tag eine Begegnung mit „Traumqualität":*
> *Heftiger Zusammenstoß vor meiner Praxis mit einem alten Mann, der in mich*
> *hineinrennt, mich packt und schüttelt und sagt: „Rechts gehen"! Schock!*
> *Laufen jetzt meine tyrannischen Traumfiguren schon auf der Straße herum?*
> *(24.3.1994)*

> *Von einer Flucht. Kriegsdrohung, in einem Zug mit Gepäck, weg von Zürich?*
> *(25.3.1994)*

> *Ich bin mit einem Bündel in Indien unterwegs: ein Tuch, auf dem ich auch schlafen*
> *kann, sonst nicht viel.*
> *(28.3.1994)*

In der Welt ist Krieg. Für uns ist im Moment der Krieg in Jugoslawien am nächsten und am spürbarsten, aber er ist nicht der einzige.

Pontresina (28.3.-2.4.1994)

> *Im Traum werde ich Zauberlehrling von Don Juan, dem toltekischen „Brujo".*
> *(29.3.1994)*

In den Wäldern hier erlebe ich tagsüber beim Spazieren Rätselhaftes. Zum Beispiel finde ich die verlorene Leine von Fleck an einem Ort wieder, wo wir in diesem Jahr noch gar nie gewesen sind.

Die Zeit in Pontresina geht mit einem wunderbaren Spaziergang durch das nächtliche Dorf im Neuschnee zu Ende.

Osternacht in der Kirche (2.4.1994)

Die unerträglich selbstgerechte Seite des Christentums: Umgang mit Ungläubigen und „Hexen", Mission und Kolonialisierung als Schandflecken. Das Bild des Gekreuzigten und seiner Heiligen: heilig wird man dadurch, dass man sich umbringen und foltern lässt.

Daneben Kerzen, Osterfeuer, Taufe eines kleinen Benjamin, Musik - das, was schön ist in der Kirche und wonach wir alle dürsten.

In einem Nonnenkonvent.
Ich spreche mit einer Nonne, die Führungsverantwortung hat und schlage ihr vor,
für die Nonnen einen Selbstverteidigungskurs zu organisieren.
(7.4.1994)

Das kommt mir vor wie ein Echo auf das Erlebnis der Osternacht.
In der christlichen Kirche ist viel Unrecht den Frauen gegenüber passiert.

Von einem schmuddeligen Heiligen, der mir ein schäbiges Amulett schenkt,
nachdem ich vorher einer dicken alten Frau Platz gemacht habe.
(17.4.1994)

Die Auseinandersetzung mit dem Christentum geht weiter, vielleicht ist der schmuddelige Heilige der Heiligkeit näher, als ich denke?

Franz und Lukas werden vor meiner Abreise in die Schreib-Retraite krank.
Ich kann doch für alle schauen und dann abreisen.

Schreibwoche in der Probstei St. Gerold (18.-22.4.1994)

Ich fahre mit dem Zug in einer Gruppe in Odessa oder einer russischen Stadt ein.
Es ist so schön, mir kommen Tränen.
Verschneite Zwiebelturm-Kirchen, ein Friedhof, goldene Gestalten.
Auch etwas von Juden. (Ich habe gestern ein Buch vom Warschauer Ghetto gelesen).
(19.4.1994)

Schönheit, Tränen, Zwiebelturm-Kirchen, goldene Gestalten und unfassbare Grausamkeit - alles nebeneinander.

Ein Kampf mit einem mir körperlich überlegenen großen Mann in einer Gruppe. Ich
kann meine Model-Mugging-Griffe nicht anwenden, weil es noch nicht um Leben
und Tod geht, kann mich aber verteidigen.
Von einem alten Hund mit einem schäbigen, abgewetzten Fell. Ich finde einen Platz
für ihn.
(20.4.1994)

Dass es gewisse Fertigkeiten gibt, die man erst brauchen darf, wenn es um Leben und Tod geht, ist mir im Traum klar.

Wenn ich ans Hier und Jetzt in unserer Schreibgruppe denke, geht mir durch den Kopf, dass es Momente gibt, in denen ich auf mich aufpassen muss, um bei mir zu bleiben und nicht an den Projekten zu verzweifeln, an denen ich gerade arbeite. Der bedrohliche große Mann könnte sehr wohl mein eigener „innerer Feind" und Verhinderer sein, und der alte Hund mit dem schäbigen, abgewetzten Fell ein unspektakulärer, müder Teil von mir, der auch seinen Platz braucht, obschon ich ihn lieber weg hätte - vor allem, wenn ich mit diesen begabten, kreativen und attraktiven Freundinnen zusammen bin.

Wieder zuhause

Am 23.4.94 ist eine schöne Vollmondnacht, man riecht den Sommer, es geht mir gut.

> *In einer Gruppe. Eine gefährliche Situation: ein junger Mann greift einen anderen heftig an.*
> *Ich merke, dass ich etwas machen muss, fange an zu wüten und zerschlage ein paar Sachen, schaue aber dabei den anderen Typen ständig an. Offensichtlich gelingt es, die Sache zu stoppen.*
> *Ich gehe auf eine Toilette, halb aus Angst vor den Folgen, halb, um mit mir allein zu sein.*
> *Es ist mir klar, dass ich ihn nicht hätte ansehen dürfen.*
> *Als ich herauskomme, bekomme ich einen Brief oder ein Päckli von Leuten, die meine Intervention bewundert haben. Aber ich selbst bin ziemlich niedergeschlagen und es gibt einige Kollegen, die es gar keinen Hit finden. Ich glaube, die einzige Lösung, um mich besser zu fühlen, wäre es, mit dieser Jugendgruppe Kontakt zu bekommen.*
> *(8.5.1994)*

Was ich hier mache, ist eine simple Intervention nach Lehrbuch: ich „stehle den Prozess" und damit auch die Energie des Täters, indem ich mit aller Kraft zu wüten anfange. Dabei hätte ich den jungen Mann nicht anschauen, sondern mich darauf beschränken sollen, den Angriff zu stoppen. Darum bin ich im Traum nicht mit mir zufrieden und überlege, ob ich jetzt mit den jungen Männern Kontakt aufnehmen, sie ausbilden und ihnen erklären müsste, was ich gemacht habe.

Doch ich habe gerade in letzter Zeit darüber nachgedacht, dass ich nicht immer genug Energie habe, überall alles zu erklären und „den Faden aufzunehmen".

An der Wochenendtagung der Schweizerischen Gesellschaft für analytische Psychologie kann ich mich gut einbringen und tanze am Abend wie verrückt, das tut mir gut!

13./14.5.1994
Ich leite einen Koma-Tag für die Ausbildungsgruppe von befreundeten Kolleginnen: schön und herzlich, nährend.

Vom Thorenberg.
Ich bin so dankbar, gehe überall durch, sehe, dass die Räume gepflegt sind, viele
Details und ein Garten am Hang (nicht wie früher). Ich fühle mich sehr verbunden,
tief erleichtert, nur im Hintergrund noch ein bisschen traurig oder melancholisch.
Ich versuche mich darauf gefasst zu machen, dass die neuen Besitzer und ihre
Freunde auftauchen. Es ist aber vor allem eine große Dankbarkeit!
(29.5.1994)

Das Alte ist vorbei, Neues kann wachsen.

Ich bin in unserem Haus, Franz ist auch da.
H. ist zu Besuch, kommt vorbei, wird wieder gehen.
Ich umarme ihn, spüre eine tiefe Verbundenheit und Liebe.
Er ist dann weg und kommt noch einmal zurück. Ich gehe zu ihm, überlege, ob ich
eine gute Freundin, die H. auch sehr gern hat, fragen soll, ob wir zu dritt spazieren
gehen sollen.
(29.5.1994)

Vieles ist aufgeräumt, beim Aufwachen meditiere ich noch ein bisschen und bleibe
in der Stimmung des Traums, der etwas ganz Tiefes, Karmisches hat.

Zum folgenden Traum schrieb ich im Traumbuch:

„Ein Traum, den ich integrieren muss - sonst könnte es ein Todestraum sein!"
Ein Ross mit einem schweren Wagen. Plötzlich hält der Wagen an, der Bauer macht
etwas.
Dann sehe ich, dass das Pferd frei ist und sich in einer herrlich grünen Wiese frei
bewegt: sich wälzt, herumkugelt, frisst und genießt.
(30.5.1994)

Beim Wiederlesen bin ich beeindruckt: ja, die Sehnsucht nach Freiheit von einem
schweren Karren und die Verlockung von Genuss und Unbeschwertheit in einer
herrlichen Umgebung können zum Todeswunsch werden: der Tod als Freiheit!
   Immer wieder ist es wichtig, bewusst die Qualität der Freiheit im Diesseits, im
Hier und Jetzt zu suchen. Abgesehen davon, dass ich meine Lieben nicht einfach im
Stich lassen will, habe ich deshalb in dieser Zeit darauf geachtet, meine Beziehungen
mit Kolleginnen und Freundinnen zu pflegen und zu stärken, habe zum Beispiel
den Besuch meiner polnischen Kollegin Bogna sehr genossen.

Alle drei Abstimmungen am 12.6.1994 werden nicht so entschieden, wie wir gehofft hatten:

- gegen den Bundesbeschluss über einen Kulturförderungsartikel in der Bundesverfassung
- gegen die erleichterte Einbürgerung für junge Erwachsene
- gegen ein Bundesgesetz über schweizerische Truppen für friedenserhaltende Operationen

Ich schreibe ins Traumbuch: „Die Scham, Schweizerin zu sein".

Reise nach Paraguay und Bolivien (25.7-19.8.1994)
Eine wunderbare Reise voller Eindrücke und Erlebnisse auf einem anderen Kontinent.

Wir besuchten Freunde, Kollegen und ihre Familien und hatten so Möglichkeiten, diese Menschen und ihre Länder auch durch direkte Kontakte kennen zu lernen.

Für mich war es eine Lebenssehnsucht, die riesigen Iguazu-Wasserfälle zu erleben: sie sind genauso großartig und eindrücklich, wie ich gehofft hatte!

Nach den vielen Natureindrücken, den wilden Busfahrten und den vielfältigen Begegnungen mit den Menschen, ihren Lebenswelten und Überlebensstrategien brachte uns das Flugzeug in die Schweiz zurück, wo wir uns wieder an das Leben in Oerlikon gewöhnen mussten.

Avers 7.9.-11.9.94
Ich bin allein hier oben in Avers, allein mit Fleck, bis tief in die Knochen zufrieden.

Ich richte mich ein, arbeite am Computer und stricke.

Alpabzug: Viehtransporter, Kühe und Rinder, Schafherden.

Dass morgen die Jagd anfängt, erschreckt mich und Fleck.

In der Meditation sehe ich einen Klosterhof mit einem Wächter, der die Introversion beschützt (Skizze: quadratischer Hof mit einer Pforte für den Wächter).

Ich sehe einen Brief, mit dem ein deutscher Kollege eingeladen wird, in München aus seinem Buch vorzulesen. Ich erwache vor Eifersucht!
(7.9.1994)

Dieser Kollege hat gar nie ein Buch geschrieben, aber offenbar lässt mir das eigene Schreiben keine Ruhe - gerade jetzt, wo Franz einen Preis bekommt für sein Schreiben.

Ich werde für diese Preisverleihung früher als geplant wieder zurück ins Tal gehen, aber ich will bald wiederkommen. Es reut mich, das Haus hier oben schon so schnell wieder zu verlassen!

*Von einer Menschengruppe, die in „mein Haus" eindringen will, nicht
unsympathisch, aber ohne Feedback-Schlaufe. Es gelingt mir, sie wieder
rauszuspedieren.*
(10.9.1994)

Der Traum beeindruckt mich: es kann sich nicht jeder eine „Feedback-Schlaufe" leisten, einige Menschen sind einfach in Not.

Doch für mich ist es in diesem Traum wichtig, dass ich die Eindringlinge abwehren kann.

Dass meine Bedürfnis nach Privatsphäre und Rückzug in der gegenwärtigen Weltsituation fast unlösbar mit der Not vieler Menschen zusammentreffen kann, wird immer mehr zu einer Tatsache und ich werde mich sicher auch zukünftig damit beschäftigen müssen.

Wieder im Unterland

Nisha ist in der Schweiz
(12.9.1994)

Meine Freundin ist in meiner Nähe, wenn auch nur im Traum, das tut mir gut.

Ein Überfall, wir müssen Steine zwischen uns und die Angreifer bringen.
Ich versuche der Polizei zu telefonieren - sie kommt aber nicht!
(17.9.1994)

Diesen Traum bringe ich mit dem bevorstehenden Worldwork-Seminar zusammen, wo wir als privilegierte SchweizerInnen sicher keine einfache Position haben werden. Wir müssen uns wehren, aber die Steine und erst recht die Polizei sind keine Option.

Worldwork in Bratislava (3.-10.10.1994)
Nicht alle unsere Bekannten und Studierenden aus Polen sind da, aber eine recht große Gruppe aus der Tschechoslowakei und ziemlich viele KollegInnen, Studierende und Interessierte aus den USA. Ich habe den Eindruck, dass anfangs viele Leute Mühe haben, sich im Worldwork-Paradigma zurechtzufinden. Gruppenthemen: Ost / West, Laut / Leise, Bevormundung.

4.10.1994
Ein Gruppenprozess über Sprachen, Kommunikationsstile und Antisemitismus.
    Viel Schmerz und Offenheit.
5.10.1994

Beim Aufwachen Kopfweh, ich denke darüber nach, dass die amerikanischen KollegInnen hier nie so auf mich zukommen, wie ich gehofft hätte. Über die Einsamkeit mit ihnen jetzt.

Ich muss mehr Zeit zur Introversion haben - stricken, hocken, ruhig sein, spüren.

Arny über „borrowed time": früher wurden nur wenige Menschen älter als 40 Jahre!

8./9.10.1994
Gute Gespräche in der Bar, wo man fragen und verdauen kann.

Es werden Bedenken geäußert, Arny verhindere mit seinen Witzen Ernsthaftigkeit und Auseinandersetzungen: weil sie manchmal zu schmerzhaft würden für die Gruppe?

10.10.1994
Ich bin krank (Halsweh und Fieber), habe das Gefühl, zu kochen.

Gute Gespräche mit KollegInnen.

Harte Nacht

Zweifel und Trauer in Bezug auf Arny.

Ich bin lange wach, fühle meinen Hals, eine Schwere im Bauch, hoffe auf etwas.

Über eine Gruppe, einen Monat Ferien.
Über den Ausdruck von Emotionen in Gruppen (Tanz? Ritual? Sehr tiefes Suchen).
(11.10.1994)

Gespräche mit zwei erfahrenen Kollegen über die Wichtigkeit des Aushaltens (sofortiges Interpretieren oder Umdeuten ist gefährlich!)

Die Sache mit dem Portemonnaie sei in Ordnung, offenbar habe ich es verloren.
(12.10.1994)

Arny fragt mich, ob ich über Geld reden würde.

Über Geld zu reden als Schweizerin, aus einem der reichsten Länder der Welt, ist schwierig.

Ich spreche so gut ich kann, nachher habe ich das Gefühl, Arny hätte mich ein bisschen schützen können, verstehe aber auch, wie wichtig und nötig dieses Thema ist.
(13.10.1994)

Die amerikanischen Kolleginnen, die in der Schweiz studiert haben, konfrontieren in einem Prozess in der Mitte der Gesamtgruppe die anwesenden Schweizerinnen heftig mit ihren Erinnerungen an die schlechten Erfahrungen, die sie während ihrem Studium als Ausländerinnen in der Schweiz gemacht haben.

Es ist ein Schock, dies als älteste Lehrerin in der Mitte der Schweizer Gruppe zu erleben, und es ist unglaublich schmerzhaft für mich, dass gar niemand von meinen amerikanischen Kolleginnen auch einmal auf unsere Seite kommt.

Wir SchweizerInnen haben natürlich ebenfalls unsere Erinnerungen von damals und hätten auch einiges zu sagen, aber im Moment bleibt uns nichts anderes übrig, als zuzuhören.

Ein einziger Teilnehmer, ausgerechnet einer der engagiertesten Afroamerikaner, der im Plenum sehr radikal für seine Gruppe und ihre Kultur eingetreten ist, kommt am Schluss auf meine Seite und setzt sich dafür ein, „den Schweizern" nicht pauschal Dinge vorzuwerfen, auf die sie vielleicht gar keinen Einfluss hatten, zum Beispiel das Benehmen gewisser Vermieter oder bürokratische Hindernisse. (14.10.1994)

Am 15.10.1994 bin ich froh, nach der gemeinsamen Heimreise mit einigen guten FreundInnen bald daheim zu sein. Die Szene mit den Kolleginnen aus Amerika wirkt immer noch nach und bedrückt mich.

Ich nehme mir fest vor, nur wieder an ein Worldwork-Seminar zu gehen, wenn wir vorher mehr an unserem eigenen Feld arbeiten: Alle Menschen, die sich auf ein Worldwork-Seminar einlassen, müssen besser geschützt werden. Es muss ein sicheres Gefäß für ALLE Teilnehmenden geben!

Wenn Mordenergie aufkommt, muss immer jemand „autsch" sagen!

Auf dem Älpli (17.-22.10.1994)

Herrliches Wetter, aber nicht mehr viel Sonne, fast Vollmond.

Immer wieder muss ich durch meine Gefühle hindurch - nach fast elf Stunden Schlaf erwache ich herrlich erholt.

Nachts immer noch das Gefühl, das Älpli sei voller Leute.
(20.10.94)

Wenn ich aufwache, muss ich immer wieder überprüfen, ob wirklich nur Franz und Fleck da sind. Was C.G. Jung über den Spuk in Bollingen schreibt, habe ich in diesen Nächten auf dem Älpli erlebt! Ein intensives Leben und Treiben auf einer anderen Ebene, in einer zweiten Wirklichkeit.

Wieder in Oerlikon

Ein Flugzeug, in dem ich sitze, landet auf einer Autostraße.
(2.11.94)

Keine ungefährliche Situation! Dieser Traum gehört wohl auch noch zum Bratislava-Erlebnis. Ich glaube, es könnte ein Hinweis sein, dass ich als Schweizerin - und wir in der Schweiz allgemein - nicht alles „überfliegen" können und dass wir uns dem stellen müssen, was überall auf der Welt „am Boden" abgeht.

> *Mit einer afroamerikanischen Kollegin. Ich verteidige und rette sie, ohne dass sie es braucht - aber sie blinzelt mir zu und schätzt es!*
> *(4.11.1994)*

Offensichtlich gehe ich mit meinem Eifer, zu lernen und das Gelernte umzusetzen, manchmal zu weit. Aber die Betroffene nimmt es mit Humor!

> *Traum von einem dunklen, tätowierten Mann, der mich von weither anschaut.*
> *(Mitte November 1994)*

Ich weiß, dass dieser Traum wichtig ist und arbeite damit, male das Gesicht des Mannes, bewege mich, versuche zu spüren und zu erfahren, was er will, aber ich weiß auch, dass diese Beziehung Zeit und Geduld braucht.

Unappetitliche alte Geschichten

Irgendwann in den folgenden Wochen forderte mich mein Vater auf, in sein Zimmer zu kommen, er wolle etwas mit mir besprechen. Ich ging widerwillig mit und setzte mich auf den „Patientenstuhl" neben seinem Schreibtisch.

Der Vater wollte mir etwas aus seinem Leben erzählen: Die Geschichte seiner Liebe vor der Heirat mit meiner Mutter. Mir war das Ganze zutiefst zuwider, aber ich konnte mich nicht weigern, zuzuhören.

Offenbar war die Frau, die mein Vater damals liebte, seinen Eltern für ihren Sohn zu wenig.

Sie verlangten von ihm, dass er eine wohlhabendere Frau aus „guter Familie" heiratete, auch mit der Idee, so eine Frau könnte ihn dann für eine akademische Karriere besser unterstützen.

Um dieses Ziel zu erreichen, entwickelten die Eltern einen Plan, bei dem der Sohn mitmachte: seine Geliebte sollte (mit einem Gefälligkeitsgutachten) psychiatrisch begutachtet und mit der Diagnose „Dementia praecox" (heute Schizophrenie) als psychotisch erklärt werden. Dann würde klar sein, dass Werner Nagel mit dieser Frau keine Kinder haben dürfte, und er müsste sich von ihr trennen.

Der Plan wurde umgesetzt, und eine Bekannte der Familie fädelte anschließend die Beziehung zu meiner Mutter ein.

Diese Geschichte traf mich wie ein Donnerschlag. Mir war sofort klar, dass ich in meiner Kindheit und Jugend unbewusst die systemische Rolle der nicht gewollten „psychotischen Kinder" übernommen hatte. Daher kam also meine lebenslange Angst, psychotisch zu sein oder zu werden!

Ich spürte tiefes Mitleid mit der verstoßenen Geliebten (sie hat offenbar nie geheiratet) und konnte nicht fassen, dass die Pfarrer-Eltern meines Vaters und sogar er selbst zu diesem schrecklichen Plan fähig gewesen waren.

Auch meine Mutter tat mir leid, die ihr Leben als Frau so anfangen musste.

Nach dieser „Sitzung" war ich froh, so schnell wie möglich zu verschwinden.

Wie viel Leid und Verrat gab es bei der Gründung unserer scheinbar so normalen und behüteten Herkunftsfamilie!

Träume:

> I
> *Ich besuche Schlachtfelder im Nahen Osten und in Russland und schaue Fotos von Schlachtfeldern an. Später zeige ich die Fotos einem zufällig anwesenden alten Mann. Er muss weinen. Ich weine auch.*
> II
> *Ein kleines Kind, eigentlich nicht wirklich meines.*
> *Ich gebe ihm einen Nuggi, obschon es schon lange keinen mehr hat. Das Gefühl, damit vielleicht ein altes Laster wieder zu wecken. Es nimmt ihn an.*
> *Später erinnere ich mich an das Kind, das ich irgendwo zurückgelassen und vergessen habe. Ich nehme jemandes Velo und rase zurück: es lebt noch.*
> III
> *Eine ausgewachsene runde, rosige Sau. Sie hat etwas Vitales, Fröhliches, ist aber riesig groß! Sie gehört mir und ist in meiner Wohnung. Ich frage mich, wie das gehen soll und wie sie mit der Schlange zurechtkommt.*
> *(10.12.1994)*

Im Moment gibt es eine große Spannweite zwischen der Trauer und den Tränen auf den familiären und kollektiven Schlachtfeldern der Vergangenheit und der Gegenwart mit der Vitalität einer riesigen, rosigen, fröhlichen Sau.

Zwischen diesen beiden Polen gibt es noch ein kleines Kind, das ich „ruhigstelle" und dann vergesse. Als ich mich daran erinnere, versuche ich eine rasante Rettungsaktion und merke, dass es noch lebt. Obschon ich schreibe, dass das Kind nicht wirklich meines ist, glaube ich doch, dass es ein Teil von mir ist, auch wenn es mir nicht passt: derjenige Teil, der dem Ganzen immer noch hilflos ausgeliefert ist und Trost vom Nuggi braucht (ich habe als Kind lange am Daumen gelutscht!).

> *Von einem Kaninchen, das mir in einem Bahnhof immer wieder abhaut, das ich aber jeweils wieder erwische, bis ich es aufgebe. Dann bleibt es aber doch in der Nähe.*
> *(Dezember 1994)*

Kaninchen sind Bewegungstiere, mir kommt dazu in den Sinn, wie wichtig Bewegung bei der Auseinandersetzung mit posttraumatischen Prozessen ist.

Telefon mit Debbie in Florida, sie hat geweint, als der Kalender mit den Bildern aus der Schweiz kam.

1995

„Camino se hace al andar" / 50. Jahrestag der Befreiung von Auschwitz / Mini-Worldwork und Lava-Rock-Clinic in USA / Traumarbeit in der Fastenwoche / Schreibwoche in St. Gerold / Die Situation in Bosnien / Tod meiner Tante Marianne / Am 26.6.1995 stirbt Vater / Mutter will zum ersten Mal mit mir über meine Kindheit sprechen / Neue Therapie bei einer IBP-Therapeutin / Flecks Tod

Träume
Zug verpassen, Pläne loslassen / Abschiede auf einem Flughafen / Ein Seelenvogel? / Die Lust, zu forschen und zu unterrichten erwacht wieder! / Kampf mit einem riesigen Kerl / „Flüge zwischen den Welten" / mit Sebastian nach Brasilien / Im Spiegel habe ich braune Augen / Blasen und Wirbel im See / Es gelingt mir, zwei Geister zu bannen / Es blitzt im Gehirn! / Kampf mit dem „Tod" / Im Haus meiner Kindheit ist nichts in Ordnung! / Wale tauchen im Meer auf und ab

---

Für dieses Jahr habe ich mir ein Motto gegeben:
„Caminante, no hay camino, camino se hace al andar"

Schöner Geburtstag mit einem Ausflug aufs Älpli.
    „Viele Freundinnen haben telefoniert, es tut gut, ihre Namen auf Kaspars Zettel zu sehen.
    Ich bin sehr zufrieden und glücklich, dass ich das leere Buch, in dem ich jetzt schreibe, im alten Schreibtisch meiner Urgroßmutter gefunden habe: es hat dort lange auf mich gewartet."

Ich bin mit Franz zusammen im Tessin.
Zuerst fährt uns ein Zug vor der Nase weg.
Dann müssen wir herausfinden, auf welchem Gleis der nächste Zug fährt.
Gleichzeitig sind wir bei Gerhard Meier. Franz und er wollen nicht einsehen, wie ernst die Lage ist und dass wir uns organisieren müssen. Wir sind in „Bülach" und haben auch noch Fleck und ziemlich viel Gepäck dabei.
Der nächste Zug fährt offenbar erst in zwei Stunden. Schließlich kommt er, auf dem unerwarteten Gleis, und wir müssen hinhasten und das Gepäck einfüllen.
Mir scheint etwas zu fehlen, ich gehe nochmal zurück und finde noch Fleck.
Als ich einsteigen will, fängt der Zug an zu fahren. Ich gebe nicht auf und hoffe, er halte noch einmal an. Er fährt aber weiter und lässt mich und Fleck zurück, ohne Gepäck und Geld.

Ich gehe zu Fuß und komme schließlich nach „Baar".
Dort frage ich in einem Restaurant nach Zugsverbindungen oder einem Taxi, es hat
Telefonzellen, wo ich ein Taxi rufen könnte.
Dann bin ich wieder zu Fuß unterwegs und komme an einen kleinen See, der mit
Scherben verschmutzt ist. Freiwillige sind dabei, mit Handschuhen und einer Art
Fegerbesen und Schaufeln die Scherben zusammenzutragen und zu wischen.
Irgendeinmal und immer mehr denke ich: ich muss meine Einstellung ändern,
meditativ im Moment leben und die Fixierung auf ein Ziel loslassen.
(5.1.1995)

Das geografische Durcheinander passt zu mir. Nach dem Verlieren des Kontakts
mit den beiden Schriftstellern Franz und Gerhard Meier bin ich nur noch mit Fleck
unterwegs. Bereits im Traum komme ich zunehmend zur Einsicht, dass es je länger, je weniger sinnvoll ist, mich auf ein Ziel festzulegen. Dass ich beschließe, diese
Einstellung zu ändern, passt gut zu meinem Motto am Jahresanfang.

Zeitgeschichte: 50. Jahrestag der Befreiung von Auschwitz am 27. Januar 1995
Den Besuch des Konzentrationslagers Majdanek in Polen werde ich nie vergessen.

Mein Vater hat im Januar zwei Todesträume: „Es gab einen Riesenchlapf (Explosion)
und alle Leute spickten in die Luft und als sie wieder herabkamen, wussten sie nicht
mehr, wer sie waren" und „Ich bin gestorben und habe mich aufgelöst."
(8. und 30.1.1995)

Gespräch mit meiner ersten Schwägerin darüber, wie mein Vater sie und ihre
Nachfolgerin behandelt hat: Der Hochmut und die Selbstgerechtigkeit des
Bildungsbürgertums!

Pontresina (11.-18.2.1995)

Ein Vogel in einem Konfitüreglas: Bild des Seelenvogels?
Ich bin entsetzt darüber: wie soll er so leben?
Irgendwie herrscht die Meinung, ich könne den Vogel jeweils wieder einfangen,
wenn er frei herumfliegt, plötzlich sind es zwei.
Jemand beschließt, die Vögel fliegen zu lassen. Ich soll sie wieder einfangen: unter
meinen Händen sind aber nur zwei Flaumbällchen: die Vögel sind weg! Irgendwo
war eine Tür offen, an die niemand gedacht hat.
(14.2.1995)

Ein starkes Bild, schmerzhaft die absurde Idee vom Konfitüreglas.
Der Seelenvogel ist ein Symbol in vielen Kulturen. Er lässt sich nicht einsperren und
auch nicht einfangen. Er ist frei, sich zu verwandeln, wenn man ihn greifen will.

Nach der Heimreise von Pontresina:

„Freitagsklassen" waren ursprünglich in der POP immer Treffen am Freitagnachmittag, um von Arny zu lernen. Später haben wir diese Einrichtung als Gefäß zum Forschen, Lehren und Lernen behalten.

Und ich fliege wieder einmal nach USA:
Mini-Worldwork und Lava Rock Clinic / USA (2.-13.3.95)

Ankunft in San Francisco - Nisha nicht am Flughafen - wir haben uns verpasst.

Nach der Übernachtung im Flughafen fahre ich mit dem Taxi nach Palo Alto, anschließend geht es zusammen mit Nisha weiter nach Watson-Ville, zu einer Art „Mini-Worldwork".

Eine gemischte Gruppe mit Menschen verschiedener Herkunft und Rasse arbeitet zusammen am Thema Diskriminierung und Rassismus. Es werden zwei erschütternde Tage, in denen die Ungleichheiten in dieser Stadt nach einer gewissen Anlaufzeit zur Sprache gebracht und in der Gruppe bearbeitet werden. Wir Weißen hören vor allem zu, es sind viele Gefühle im Raum, vieles bleibt schmerzlich, einiges hat sich gelöst.

Am Schluss singt eine Indianerin für die Gruppe ein wunderschönes Lied von einem Weidenbaum und seinen Wurzeln.

Anschließend findet in Santa Cruz die Lava Rock Clinic statt, welche abwechselnd von Arny Mindell und Max Schüpbach geleitet wird.

Vor dem Rückflug habe ich noch einmal einen wunderbaren Tag in San Francisco und Umgebung mit Nisha und unserer gemeinsamen Freundin Diane.

Von Diane höre ich, dass es in Kalifornien jetzt überall Kurse mit den „Don-Juan-Frauen" gibt. Sie zeigt uns auch ein Video mit „Zauberbewegungen" („Tensegrity"), die in diesen Kursen vermittelt werden. Das kommt mir zwar ethnologisch interessant, aber doch ziemlich eigenartig vor.

Rückflug, die Freude, nach Hause zu kommen (13.3.1995)

Kampf mit einem riesigen Kerl mit einem Schwert und seiner Bande.
Eine gelähmte Frau aus der Lava Rock Clinic spielt eine Rolle.
Am Schluss kommt es irgendwie auf das Herz an.
(14.3.1995)

Arny arbeitete in Lava Rock mit einer gelähmten jungen Frau im Rollstuhl unglaublich respektvoll, feinfühlig und sorgfältig: ihr größter Wunsch war es, tanzen zu können - Arny „tanzte" mit ihr ganz zart und vorsichtig mit den Fingern, was sie tief beglückte.

Was hat das mit mir zu tun? Woher kommen die riesigen Gestalten, mit denen ich mich herumschlagen muss?

Ich liege wach in Angst und Schrecken: wie soll ich nur alles machen, was ich sollte?

Plötzlich verstehe ich den Traum: Im Umgang mit all dem, was auf mich wartet, und in der Nacht riesenhaft wird, kommt es letztlich auf das Herz an, auf die Liebe, auf das Vertrauen, dass es einen Weg geben wird.

In den folgenden Tagen hat mir meine Weisheit eine Grippe organisiert!

Ich halte noch ein wenig durch, dann sage ich Wildungen definitiv ab. Langsam merke ich, welche Wohltat die Krankheit für mich ist. Ich kann an einem Referat arbeiten, Sachen erledigen, habe Zeit und Ruhe. Auch um die Zeit mit Franz, die ich so gewinne, bin ich froh.

Von „Flügen" zwischen den Welten (von den drei Don-Juan-Frauen Florinda,
Taisha und Carol?)
(21.3.1995)

Was ich von den Frauen der Don-Juan-Gruppe in Kalifornien gehört habe, hat mich offenbar doch nachhaltiger beeindruckt, als ich dachte.

Ich gehe in „meiner" Wohnung weg und treffe Sebastian am Bahnhof, um nach
Brasilien zu gehen.
Es ist aber noch vieles unklar: in einem Reisebüro versuchen wir mehr über den
Flug und die Check-in-Zeit in Kloten zu erfahren. Es ist Mittag (14 Uhr), Check-in
um 17 Uhr.
Ich merke, dass ich wichtige Dinge nicht habe wie Kopfbedeckung und Brille -
beschließe, nochmal nach Hause zu gehen. Dort wird mir klar, dass ich noch vieles
andere nicht habe: zweite Hose oder Jupe, Sonnenbrille, ja sogar nicht einmal Pass
und Geld (das Täschli, den Geldgurt), keine Traveller Cheques.

Am Schluss frage ich mich noch, wie es mit festen Schuhen wäre, und will das Film-Manuskript mitnehmen.
Franz ist irgendwie auch da, ich muss ihm deshalb auch keinen Zettel schreiben, er ist ja da und weiß alles. Es scheint kein Problem mit ihm zu geben, dass ich für längere Zeit fortgehe.
(23.3.1995)

Sebastian ist auch Filmer und dreht im Moment in Brasilien einen Film über indigene Heiler.

In meinem Alltagsbewusstsein ist er sicher nicht jemand, mit dem ich eine Reise machen würde.

Ich erwache. Das Gefühl, nicht genügend gerüstet zu sein - etwas vergessen zu haben, zum Beispiel eine lebensnotwendige Information oder Know - how.
Ich stehe auf und ziehe meine Lederschnur mit dem Amulett des afrikanischen Kriegers an.
(24.3.1995)

Mein Krieger-Amulett stammt aus Mali, von wo es mir Lukas nach Hause gebracht hat, und es beschützt mich. Das Gefühl, nicht genügend gerüstet zu sein, erinnert mich an den Traum der letzten Nacht. Später werde ich an diese zwei Träume zurückdenken und sie noch einmal neu verstehen.

Franz ist am Überlegen, ob er sich einer Reise nach Sarajevo anschließen soll, und entscheidet sich schließlich dagegen, worüber ich sehr erleichtert bin.

Viel geträumt:

I
Das Gefühl, an Grenzen zu experimentieren, das schamanistische „Träumen" zu lernen.
II
Einmal sehe ich mich im Spiegel: ich habe große braune Augen (dunkelbraun) und eventuell auch eine dunklere Haut. Bin ich eher kleiner?
III
Ein riesiger Dampfer sticht ins Meer, der einen ganzen Volksteil evakuiert.
Die Atmosphäre ist ambivalent: einerseits Tragik - ein schweres Schicksal - andererseits Lichter und ein Stück Pracht (fast etwas majestätisch Glanzhaftes).
(29.3.1995)

Wirkt mein Kontakt mit der Don-Juan-Welt in Kalifornien noch nach?

Mein Bild im Spiegel steht in der Reihe von Träumen über Begegnungen mit dunkelhäutigen Menschen: Sie beginnt mit dem Kindheitstraum und hat hier eine neue Wendung genommen, indem ich mich selbst so sehe. Immer mehr fange ich an zu spüren, wie vielschichtig die Träume zu diesem Motiv sind. Es geht um mich und meine Teile UND um die Welt, um Menschen mit anderer Hautfarbe und anderen Kulturen. Und vielleicht auch noch um mehr, was ich noch nicht kenne.

Der Traumteil mit dem Evakuationsschiff hat wohl mit der Zeitgeschichte zu tun.

> *Ich bin ohne Geld und Identitätspapiere unterwegs, beschließe aber, es nicht so*
> *tragisch zu nehmen, ich kann ja jemanden anpumpen! Unter anderem komme ich*
> *an einem Ort vorbei, wo man sich messen und wägen lassen kann. Ich sage, dass ich*
> *kein Geld habe: es geht doch.*
> *Ich bin zwischen 59 und 61 kg schwer, was mich freut.*
> *(18.4.1995)*

POP-Prüfungen abnehmen: Eine Herausforderung, an der ich zwar immer wieder wachsen kann, aber doch auch eine Last und Verantwortung, die ich irgendwann gern abgeben würde.

> *Am Morgen sehe ich, dass etwas passiert ist: überall im See steigen Blasen*
> *und Wirbel auf, wie wenn er kochen würde: vulkanisch? Sind unten Spalten*
> *aufgegangen?*
> *Leute kommen und sagen mir, dass sie glauben, ich könne helfen.*
> *(28.4.1995)*

Ein Teil meiner Seele ist immer offen für Irrationales und bereit, sich darauf einzulassen. Dieser Teil gehört zu meinem Leben. Er ist für mich selbst wichtig und manchmal auch für meine Umgebung.

> *Arny ist da und gibt ein Tantra-Seminar.*
> *Er ist offenbar im Hotel Nova-Park und faxt mir ständig Sachen, es sind aber alles*
> *Kursbeschreibungen, bei denen ich nicht recht weiß, was ich damit anfangen soll.*
> *Der Vorwurf ist im Raum, das Tantra-Seminar gehe den Leuten in dieser Form zu*
> *nahe (habe ich deshalb Streit mit einem Kollegen?).*
> *Die Idee eines Schutzkreises taucht auf.*
> *Ich schreibe ein Protokoll von einer Arbeit von mir und denke, das wär's dann!*
> *(4.5.1995)*

Ich war nie in einem Tantra-Seminar und Arny hat auch meines Wissens nie eines gegeben. Ich glaube eher, ich bin am Zweifeln, ob es im Moment für mich richtig wäre, zum „Meister" ins Seminar zu gehen?

Es gelingt mir, zwei Geister zu bannen (Lichtsäulen), sie sind wirklich da. Ich bin so gerührt und glücklich, dass ich mich überschwänglich und tief bei ihnen bedanke.
Ich weiß aber nicht, wie weiter.
(6.5.1995)

Ich spüre diese Gefühle noch beim Aufwachen. Begegnungen mit dieser „Welt hinter der Welt" empfinde ich immer als ein Geschenk, sogar wenn sie eher unheimlich sind. Ob ich da noch weiterkommen kann?

Der Tod ist im Moment sehr gegenwärtig: Die Mutter einer Kollegin und meine Tante Marianne sind gestorben, ich träume viel.

Unter anderem von einer ärztlichen Untersuchung: der Blutdruck ist gut - ich freue mich schon, da kommt beim direkten Abhören des Herzens aus, dass es im Gehirn blitzt: eine ernste Sache und ich muss bleiben.
(7.5.1995)

Mein hoher Blutdruck beschäftigt mich schon eine Weile, er ist offenbar familiär bedingt: meine zu früh verstorbene Großmutter starb daran, meine Mutter und ihre Schwestern hatten auch alle einen zu hohen Blutdruck.

Zum eigenartigen Motiv, dass es beim Abhören des Herzens im Gehirn blitzt, kommt mir in den Sinn, dass nach Jung'scher Typologie die beiden Funktionen Gefühl und Denken ein Gegensatz-Paar sind.

Kampf mit „dem Tod".
Eine grüne Figur (wie ein geschminkter Mensch - aber noch mit einem eigenen Licht?)
(11.5.1995)

Die beiden Geister, die ich vor einigen Tagen bannen konnte, waren doch auch grün?
Tatsächlich steht „grün" in vielen Mythologien für Frühling, für neues Leben, für die „Grünkraft", die Hildegard von Bingen „viriditas" nannte.
In diesem Traum erscheint aber das „unheimliche Grüne": Grün kann auch giftgrün sein, die Farbe von Neid und Gier, die Farbe des Teufels.
In dieser Nacht war ich sehr froh um das Heimkommen von Franz!

Leider schaffte es meine Mutter nicht, ihre Schwester noch einmal vor ihrem Tod zu besuchen. So reisten wir nach Mariannes Tod mit allen Zürcher Verwandten zusammen in die Romandie zu ihrer Beerdigung, um als Familie gemeinsam mit Mariannes Kindern in der Kirche zu sitzen und von ihr Abschied zu nehmen, was schön und herzerwärmend war.

Fastenwoche in der Nähe von Wien (22.-27. Mai 1995)
Ich hatte noch nie längere Zeit mit anderen zusammen gefastet und genoss diese Zeit sehr.

Wir waren eine reine Frauengruppe und begannen jeweils den Tag in der Stille mit einem meditativen Gehen in der Natur.

Den Morgen verbrachten wir mit Körperarbeit und Vokalsingen. Am Nachmittag arbeitete ich mit der Gruppe an den Träumen der Teilnehmerinnen. Am Abend saßen wir zusammen und tranken ein wenig „Herzwein" nach Hildegard von Bingen.

Diese Zeit war ein Geschenk für mich, ein Luxus, den ich mit Achtsamkeit und viel Schlaf genoss.

Schreibwoche St. Gerold (11.-17. Juni 1995)
Diesmal kommt mir hier alles zu perfekt, zu luxuriös, zu selbstgefällig und irgendwie „unfromm" vor, was natürlich auch an mir liegen kann.

Unsere Gruppe ist zusammengewürfelt aus verschiedensten Frauen, wir führen gute Gespräche, es rührt mich, wie sich die anderen Frauen Sorgen um mich machen und meinen, ich sei zu dünn.

Wieder in Oerlikon
Als ich nach Hause komme, ist mein Vater an einer schweren Erkältung erkrankt und es zeigt sich bald, dass es wohl ums Sterben geht. Ich übernachte in der Wohnung meiner Eltern im Schlafsack auf dem Boden im Wohnzimmer und versuche, mit meinem Bruder zusammen unsere Mutter so gut wie möglich zu unterstützen.

In einer dieser Nächte träume ich, mein Vater wolle mich vergewaltigen.
Ich bin überrumpelt, schreie um Hilfe und muss mich wehren wie verrückt.
(22.6.1995)

Abgesehen von diesem für mich unguten Teil sind wir alle beeindruckt von der Intensität dieser Tage, von den Zuständen des Sterbenden - wir fallen aus der Zeit heraus und haben alle Mühe, uns wieder mit Alltäglichem zu befassen.
Am Wochenende erklärt uns der Arzt (ein Freund der Familie), dass er den Patienten am Dienstag in ein Pflegeheim verlegen müsse, wenn sich bis dann nichts verändert habe. Während mein Bruder bei der Mutter bleibt, kann ich nach Hause gehen, um wieder einmal in meinem Bett zu schlafen.

Am Montagmorgen (26.6.) setze ich mich in meinem Zimmer ruhig eine Weile hin, um die neue Lage zu spüren. Da kommt plötzlich eine Riesenwut in mir hoch und ich denke: „Das hat gerade noch gefehlt, jetzt geht er in ein Heim und verbraucht auch noch unser ganzes Geld!" Ich bleibe mit diesem Gefühl sitzen und arbeite daran. Das führt dazu, dass die Wut von mir abfällt und ich zu meinem Vater ruhig laut sagen kann: „Du kannst tun, was für dich richtig ist, wenn es so sein soll, verbrauche das Geld!"

Als ich nach unten gehe, um Franz das Geschehene zu erzählen, läutet kurz darauf das Telefon: während mein Bruder und meine Mutter beim Frühstück waren, ist Vater gestorben.

Hat mein Loslassen-Können dazu beigetragen, dass der Sterbende auch loslassen konnte?

Bis zu den Sommerferien bin ich in der Praxis und mit Abschlussprüfungen in der POP beschäftigt und muss wegen meinem Blutdruck eine Ultraschall-Untersuchung meines Herzens absolvieren. Mein Bruder und ich sind regelmäßig bei unserer Mutter, die allein in der Wohnung zurückgeblieben ist. Es wird immer deutlicher, dass sich auch die Situation meiner Gotte verändert, deren Mann immer weiter „wegrutscht" und wohl bald nicht mehr zuhause wird leben können.

Ich fange an, mich auf die Zeit in den Bergen zu freuen.

Avers (16-29.7.1995)
Furchtbar in diesen Tagen: die Situation in Bosnien.

> *Verschiedene Szenen. Das Gefühl, es gehe um Vorurteilslosigkeit, Nicht-Verurteilen,*
> *Nicht-Klassieren und um Liebe.*
> *(21.7.1995)*

Die Ferien sind offensichtlich zu kurz und „überschattet".

Die Zeit in den Bergen ist viel zu schnell vorbei. Schade, dass wir nicht drei Wochen hier sein konnten, ich habe noch kein Heimweh nach meinem Schreibtisch und gehe ungern heim.

Wieder in Oerlikon (29.7.1995)
Hitze-Schwitz-Zugfahrt. In Oerlikon angekommen wie immer der Stadtschock.

„Plötzlich ist viel Traurigkeit da, Todesnähe. Als ich heute im Tunnel das Postautohorn hörte, schossen mir die Tränen in die Augen. Leben gegen Verzweiflung, gegen Leere: wahrscheinlich projiziere ich in diesen Tagen vieles auf das Schicksal meiner Mutter, was auch zu mir selbst gehört. Der Krieg in Jugoslawien, der Krieg in der

Welt. Ich bin dankbar für vieles, eine glückliche Frau - und habe doch auch so viel Trauer in mir."

Erstaunlich, wie viele religiöse Lieder mir in diesen Tagen durch den Kopf gehen.

Zum Beispiel „adeste fideles, laeti triumphantes", das sehr bewegende: „Eli Eli" und die Melodie eines alten Weihnachtsliedes, „Fürchtet euch nicht".

Beim Schwimmen im Allenmoos kommt mir das Wasser unerträglich langsam vor - wo habe ich mich anders und freier bewegt? Im Traum? In einer anderen Realität? (30.7.95)

Am 8.8.1995 bin ich zum ersten Mal in einer neuen Therapie gewesen.

Seit Debbies Weggehen habe ich nicht mehr regelmäßig mit jemandem gearbeitet.

Ich hoffe, dass ich von dieser Therapeutin, die vor allem mit dem Atem und dem Körper arbeitet, Unterstützung für meinen weiteren Weg bekomme.

Beruflich bin ich mit Auseinandersetzungen über die zukünftige Berufspolitik sowohl POP-intern als auch mit dem Zusammenschluss der psychotherapeutischen Schulen in der Charta konfrontiert. Es läuft auch viel im internationalen POP-Feld und die Ereignisse in der Welt fordern uns alle heraus.

Und es gibt ja auch noch meine Praxis und meinen Alltag, meine Beziehungen und meine Korrespondenz, meine Pläne und meine Projekte.

Am 23.8. ruft meine Mutter an und will mich treffen - das ist so noch nie passiert!

Sie will über ihre Herzbeschwerden (paroxysmale Tachykardie) und Sexualität sprechen.

Ihr sei plötzlich „wie eine Erleuchtung" in den Sinn gekommen, wie ich als Kind in allen Läden sagte, ich müsse aufs WC, weil ich die verschiedenen WCs sehen wollte: das habe wohl mit ihren Problemen mit der Sexualität zu tun gehabt. Sie habe zudem von Anfang an als junge Ehefrau in S. „Entfremdungen" gehabt (das Gefühl, gar nicht da, gar nicht anwesend zu sein, zum Beispiel in den Läden und Geschäften).

Es ist das erste Mal, dass wir über so etwas sprechen. Meine Mutter ist auch völlig unaufgeklärt in die Ehe mit dem zehn Jahre älteren, sexuell sehr aktiven Mann gegangen, von dessen Vorgeschichte sie nur wenig wusste.

Ich bin froh für sie, dass sie mir das erzählen konnte - für mich passt der Zeitpunkt zu meinem neuen Therapie-Anlauf.

Noch am gleichen Tag macht mich meine neue Therapeutin darauf aufmerksam, dass ich wieder einmal einfach nicht atme. Mein Gefühl, das sei ein altes Phänomen: das Bedürfnis, einfach nicht dabei zu sein, nicht da zu sein, wo ich bin.

War meine Lesesucht als Kind, meine Liebe zur Mythologie, zu Sagen, Geschichten und Märchen auch ein Ausweichen vor dem Hier und Jetzt? Diese Fragen machen nach dem Gespräch mit meiner Mutter heute Morgen in Bezug auf uns beide Sinn!

Immer wieder unterstützt mich die Therapeutin beim „Erden", beim Da-Bleiben.

Das ist im Moment wichtig für mich. Ich arbeite im Garten, genieße es, in der Erde zu wühlen, Kartoffeln zu setzen und mir in meinem Zimmer mehr „leere" Zeit zu nehmen.

Aber ich weiß auch, dass ich den anderen Teil, denjenigen der „abzwitschert" ins Lesen und zum nächsten Buch greift, nicht verlieren will.

Von einer POP-Gruppe, die mehrmals nacheinander immer am Freitag nach 8 Uhr etwas stiehlt. Ich denke: das ist gefährlich, mit dieser Regelmäßigkeit erwischen sie uns!
(11.9.1995)

Was stehlen „wir"? Wer sind „sie", die uns wegen unserer Regelmäßigkeit erwischen? Ich vermute, es gehe um meine neuen guten Vorsätze, das Nicht-immer-Müssen, das ich beschützen muss, und dass ich mich nicht erwischen lassen darf, wenn ich - skandalöserweise schon am Morgen früh - Zeit stehle für mich selbst ohne Pflichtenheft (es ist ja auch „Frei-Tag").

„Sie" wären dann die Mahner des Pflichtbewusstseins, die Stimmen, die sagen: „wer nicht arbeitet, bekommt nichts zu essen!"

Durchbruch-Stunde in der neuen Therapie (am 11.9.1995):
Ich spreche über meine frühe Kindheit und erinnere mich an den Wickeltisch, auf dem ich damals lag. Zu meiner eigenen Überraschung springe ich plötzlich mit einem Satz von der Behandlungsliege auf den Boden und schreie laut „Wage es nicht, ihr etwas anzutun!"

Ich bin bereit, dieses Kind zu verteidigen!

Darauf erlebe ich etwas wie die Erschaffung der Welt aus einem riesigen Energie- und Freudenschub - ich habe ein Gefühl, wie mit einer Rakete in eine völlig wilde, verrückte Umgebung geschossen zu werden. Bewegung! Bilder! Unglaublich!

Diesmal bin ich es als erwachsene Frau, die „das Kind" verteidigt und damit die Lücke von damals füllen kann, als es keine helfende Zuflucht gab. Eine lange Entwicklung ist damit zu einem guten Ende gekommen und ich spüre, dass ich auch nicht mehr wissen muss, was genau geschehen ist.

Mir kommt auch mein Kindheitstraum in den Sinn, in dem das Kind Ursi durch eine mächtige Bewegung aus seiner Umgebung herausgeschwungen wird. Ich glaube und weiß jetzt, dass der schwarze Mann auch eine lebenswichtige Retterfigur war.

*

Fleck ist gestorben. Sein Tod ist für uns alle ein großer Verlust und wir sind sehr traurig.

Ich selbst muss tagelang immer wieder mit den Tränen kämpfen und weinen. Zuerst schäme ich mich dafür, dann merke ich: Fleck war das erste Wesen, das mich bedingungslos so geliebt hat wie eine Mutter: er war meine Mutter! Danach kann ich die Tränen besser zulassen.

*

In einer Gruppe am Meer. Es gibt dort Wale, die im Meer auf- und abtauchen.
Ich bin tief berührt.
(6.11.95)

Noch einmal das Thema Missbrauch: etwas Antisemitisches in einem Manuskript
im Wartezimmer eines Psychologen, von dem ich das nie erwartet hätte.
(7.12.1995)

1996

Das Projekt „Prozessmoderation" / Rückzug in Avers / Kaspar hat ein WG-Zimmer gefunden / "Interview mit mir selbst" / Im Capetta-Wald / Amerika-Reise mit Franz / „Prozessmoderation Modul I" / Trommelbau-Workshop

Träume
Im Traum erinnere ich mich an einen anderen Traum / „Zürich ist überschwemmt" / Spiegelungen, ein riesiges Elefant-artiges Tier / Feurige Gruppenprozesse in den Nächten nach Berlin / Angeschimmelte Snacks und die glockenreine Stimme eines jungen Mädchens / Fleck war wieder da / Im „Stubeli" im Thorenberg ist noch Post für mich

---

2. Januar, Geburtstag: ich bin jetzt 53 Jahre alt.

Pontresina (17.-24.2.1996)

> *In einem Traum bereite ich mich darauf vor, mit meinem Mann zu schlafen, und erinnere mich daran, dass ich kürzlich einmal geträumt habe, es sei nötig, mit einem anderen Mann zu schlafen. Wegen meiner Entwicklung?*
> *(18.2.1996)*

Ich beziehe das „Schlafen mit einem anderen Mann" auf meine Pläne für die kommenden Jahre, in denen ich etwas für mich ganz Neues vorhabe:

Es geht um das Projekt „Prozess-Moderation" in Berlin, das sich an leitende Mitarbeiter und Trainer aus der Wirtschaft richtet.

Nachdem sich einer meiner POP-Kollegen vom Leitungsteam im Projekt Prozessmoderation endgültig zurückgezogen hatte, stellte sich gegen Ende des letzten Jahres für mich die Frage, ob ich bereit wäre, dort einzusteigen. Im Leitungsteam würden mein deutscher POP-Kollege Sebastian und ich als Verantwortliche für den Stoff mit unseren zwei Berliner Partnern als Organisatoren zusammenarbeiten und in der Großgruppe unterrichten. Dazu sind außerdem vier von Zürcher KollegInnen geleitete Übungsgruppen vorgesehen, zweimal werden Kollegen aus England eine Einheit übernehmen.

Nachdem wir und die beiden Berliner Organisatoren uns in einem zweitägigen Treffen intensiv mit dem Planen der Inhalte und mit dem Budget auseinandergesetzt hatten und uns einigen konnten, entschied ich mich dafür, mitzumachen. Es ist für mich eine neue Erfahrung, als Mitglied der Leitung ein solches Unternehmen mitzugründen.

Hier oben will ich meine verschiedenen Hoffnungen und Ängste für das Projekt „Prozess-Moderation" anschauen.

Die Hoffnung für mich: dass ich endlich meine vielen Erfahrungen und verstreuten Einsichten und Thesen zusammenbringen und dokumentieren muss und eine Kontinuität über drei Jahre entwickeln und mitgestalten kann.

Die Hoffnung für uns beide als verantwortliche Leiter: Dass wir gut zusammenarbeiten können. Mein Kollege Sebastian ist oft im Ausland und deshalb nicht immer erreichbar. Die Arbeit an den Unterlagen wird vor allem meine Sache sein. Damit kann ich leben, das passt zu meinen Gründen, warum ich mich zur Mitarbeit entschlossen habe.

Die Hoffnung für das ganze Team: dass wir auftauchende Schwierigkeiten und Meinungsverschiedenheiten aufgreifen und bearbeiten („prozessieren") können.

Dass wir alle ehrlich und integer sind und unser Bestes geben.

Die Angst im Hintergrund: Scheitern, Bankrott, Erfolglosigkeit.

Wieder in Oerlikon

> *„Zürich ist überschwemmt."*
> *Die Theater-Vorstellung von Franz kann wegen der Überschwemmung nicht*
> *stattfinden.*
> *Die Angst meiner Mutter vor allem, das Abwehren.*
> *(26.2.1996)*

Ich selbst werde immer wieder von wechselnden Gefühlen in Bezug auf das Berliner Projekt überschwemmt. Dass die Vorstellung von Franz im Traum nicht stattfinden kann, könnte auch für gewisse Ängste im Bezug auf unsere Familienfinanzen stehen. Momentan ist „meine Mutter" mit ihrer hilflosen Angst durchaus auch ein Teil von mir.

Und die Trauer um Fleck ist immer noch da.

Seit dem Herbst 1994 habe ich über eine längere Rückzugszeit in Avers nachgedacht.

Jetzt will ich damit Ernst machen und habe dafür Mai und Juni dieses Jahres freigehalten.

Kolleginnen und Freunde wünschen mir „schöne Ferien" (mit dem Unterton „so schön möchten wir es auch einmal haben") und ich muss immer wieder betonen, dass es nicht Ferien sind, sondern eine Zeit, um über meine Vision nachzudenken, zur Arbeit mit mir selbst, zum Aufarbeiten meines Materials und zum Bücher lesen.

Meine Schwiegermutter telefonierte mit meiner Mutter und ist empört darüber, dass ich meinen Mann so lange allein lasse. Aber meine Mutter, die sonst bei jeder Gelegenheit Partei für Franz ergreift, sagte tatsächlich: „Ursula braucht das eben!"

Darüber kann ich nur staunen und es freut mich riesig.

Avers (3.5.-14.6.1996)

Nach einigen Anlaufschwierigkeiten ist es so weit: Franz bringt mich und mein Material mit einem Mietauto ins Haus. Das Tal ist leer, das Hotel weiter oben geschlossen, ich werde mit meinem Velo hier wirklich ganz allein sein. Es ist hart, Franz wieder abfahren zu sehen. Vielleicht war das alles doch keine gute Idee?

Die ersten Tage brauche ich dazu, mich mit meinem Hiersein wirklich zu befreunden.

Zum Glück gibt es das Telefon, da bin ich doch nicht ganz abgeschnitten von der Welt.

Immer wieder kommen die Zweifel: Was machst du da? Eine reiche Frau, die es sich leisten kann, zwei Monate lang ihre Seele zu pflegen? Eine Verräterin, welche die anderen - und vor allem Franz - im Tal allein krampfen lässt?

Dann kommt auch noch ein Anruf von Kaspar, er habe ein WG-Zimmer gefunden. Wenn ich heimkomme, wird er schon ausgezogen sein! „Nienieniemehr“ wird es sein wie früher. Ich muss immer wieder weinen. Und Fleck als Gefährte fehlt mir natürlich auch.

6.5.1996

Heute habe ich mit dem Zeichnen meiner Lebenslinie angefangen und in einem Schwung gearbeitet bis zum halben Jahr in der Buchhandlung in München nach der Matur.

Die Linie reicht auch vor meine Geburt zurück: zur Schwangerschaft meiner Mutter und zu meinen Vorfahren, ohne die ich nicht auf dieser Welt geboren worden wäre. Später möchte ich um diese Lebenslinie herum eine große Frauenfigur malen.

Ich habe noch ein zweites Projekt mitgebracht.

Als ich kürzlich darüber nachdachte, wie verärgert und sauer ich manchmal bin, wenn schon wieder InterviewerInnen für Franz durch unser Treppenhaus hochkommen, kam ich auf die Idee, es könnte ja sein, dass ich auch eifersüchtig bin, weil niemand mich interviewt? Vielleicht sollte ich mich einfach selbst interviewen und schauen, was dabei herauskommt? Mit diesem Interview will ich hier oben anfangen!

Es regnet und schneit fast immer, manchmal stürmt es auch. Da kann ich kaum je in der Natur sitzen und mit Pflanzen, Steinen, Bächen und Tieren Kontakt aufnehmen und meditieren, wie ich es mir vorgestellt hatte!

Ich genieße das Cheminée hier im großen Raum und bin glücklich darüber, ein Feuer zu haben. Mit einer Frau aus Juf und ihrem Hund habe ich zudem für jede Woche ein - bis zweimal einen langen Spaziergang abgemacht, was uns beiden guttut.

266

In meinem Interview befrage ich mich zu meiner Herkunft und meiner Vergangenheit, aber auch darüber, wie mein Leben nach dem Auszug unseres zweiten Sohnes aussehen wird.

Hier ein Ausschnitt aus dem Interview zu diesem Thema:
„Was wird sich ändern?"
    „Ich bin jetzt wieder unabhängig. Franz und ich sind wieder „allein". Das heißt mit seinem - und mittlerweile auch mit meinem - Beruf nicht unbedingt, dass wir jetzt zu zweit zurückbleiben, da wir ja zwei eigenständige Leben führen, welche nicht einfach parallel laufen. Ich werde wohl sehr viel mehr als bis jetzt allein an der Gubelstraße sein, allein aufstehen, allein essen, in eine leere Wohnung kommen am Abend und an den Wochenenden allein sein."
    „Ist das ein Problem für dich?"
    „Ja. Es ist eine Herausforderung, Ich muss es wieder lernen."

Träume habe ich hier oben fast keine.
    Wenn es das Wetter erlaubt, bin ich draußen: in der näheren Umgebung des Hauses, im Bergalgatal oder in Juf, auch bei Pürt im „Capetta-Wald" und in Cresta zum Einkaufen.
    Einmal, als ich draußen sitze, merke ich, dass ich von einem Murmeltier studiert werde.
    Ich sehe auch Gemsen grasen am Hang, der Fuchs besucht mich oft an der Küchentür, aber ich gebe ihm nichts, aus Angst, ihm den Magen zu verderben.
    Einmal bumst es gegen die Haustür derart laut, dass ich sie aufmache: es sind die Murmeltiere, die so wild spielen, dass sie gegen die Tür knallen.
    Sobald sich die Sonne zeigt, sitze ich auf dem kleinen Balkon oder draußen und genieße es.
    Ich bin auch am Trommeln, Turnen und mache meine Atemübungen.

Auffahrt 16. Mai 1996
Dieser trockene, warme Tag, an dem ich ausziehe, um auf die Suche zu gehen nach einer Gabe der Natur, hatte eine Traum-Qualität:

Ich gehe mit dem Velo los und dann zu Fuß auf dem kleinen stinkigen Weglein hinunter zum Fluss. Dort finde ich eine vermistete, aber schöne Feder: schwarz mit braunem Rand. Sie ist in meiner linken Hand und scheint zu pulsieren, als ich den Weg in den Wald nehme. Ich muss lachen: Ja das bin ich wohl, eine Hühner- oder Gockel-Schamanin, das passt zu mir!
Der Boden ist warm und vertraut.
Langsam gehe ich immer weiter hoch und dann zurück. Als ich auf die Wiese am Waldrand komme, traue ich meinen Augen nicht: zwei Geweihe liegen da,

Immer wieder Begegnungen mit dem Fuchs: mager und leicht trabt er durch die
nasse Wiese und verschwindet, unermüdlich in Bewegung, nichts verschmähend.

Franz kommt mich einmal besuchen, es ist schön - und schwierig, ihn wieder gehen zu lassen.

In einer Nacht sehe ich von meinem Bett auf der Galerie aus, dass alles herrlich klar
ist und im silbernen Mondschein liegt. Ich bin aber zu müde, um hinauszugehen.

Weil Arny ein Seminar in Zürich gibt, fahre ich für den 30.5.-4.6.1996 zurück.
    Ich kann Arny auch privat für einen Spaziergang treffen, es rührt mich sehr ihn
zu sehen.
    Wie er von seiner Erfahrung bei den Indianern spricht, wie er mir zuredet, ich
solle die Geweihe „tragen"!

Zurück in Avers fange ich wieder an zu träumen, aber ich vergesse vieles.
    Ich kann mich noch an einen Traum erinnern, dass ich einen Hund dabeihatte, es
war nicht meiner, aber er lebte bei mir. Einmal sagte ich ihm aus Versehen „Fleck".
    Ich spüre, dass meine „Kriegerin"-Energie wieder lebt: das Geweih hat mir ge-
holfen, zu meiner Kraft zu kommen.
    Meine Lebenslinie und die große Gestalt darum herum sind fertig gemalt und
die ersten 62 Seiten des „Interviews" geschrieben.

Als ich einmal mit Franz telefoniere, höre ich durch das Telefon eine Amsel singen.
    Da merke ich, dass meine Zeit hier zu Ende ist und dass ich heimgehen will.
    Dieses Heimgehen wird streng. Ich muss vieles entsorgen, nachdem ich alles
fotografiert habe, auch meine Bilder und Skulpturen. Immer noch habe ich bis an
die Grenze meiner Kräfte zu schleppen, als es mit Postauto und Bahn zurück nach
Zürich geht.

Zurück in Zürich ab 15.6.1996
In meinem Interview schreibe ich: „Im Moment habe ich noch den Bonus des
‚Unsichtbarseins', noch keine Verpflichtungen"!
    Als ich zwei Interviews mit Castaneda lese, finde ich dort dasselbe Thema des
Sichtbar - und Greifbarseins, über das ich gerade wieder nachdenke: dass es einem
kaputtmachen kann!
Im Juli arbeite ich noch einmal zwei Wochen in der Praxis, stehe auch meiner Mutter

etwas bei und es gibt einen POP-Prüfungs-Vorbereitungstermin.

An einem Treffen mit Sebastian zum Projekt Prozessmoderation stellen wir fest, dass es zwischen uns fachlichen Leitern und dem, was die beiden Organisatoren in ihren Akquisitionsgesprächen versprechen, zum Teil ernsthafte Differenzen gibt.

Doch jetzt brechen Franz und ich zuerst einmal nach Amerika auf!

Darauf freuen wir uns sehr und ich lasse alles andere zurück.

USA mit Franz (14.7.-11.8.1996)

Von San Francisco mit dem Mietauto und einem Zelt der Street 101 entlang bis Yachats, wo wir Besuche bei Nisha, Arny und Amy und weiteren lieben Freunden machen, den Mt. St. Helens besteigen und nach einigen Abstechern schließlich in Bainbridge Island ankommen, um Grady und Dana zu besuchen.

Mit ihnen zusammen erleben wir in Seattle ein unvergessliches Konzert mit Joan Baez an der Seaside. Ich liebe sie, seit ich zum ersten Mal ein Lied von ihr hörte.

Auf dem Heimweg machen wir einen Stopp in Orlando und nehmen in Vero Beach an der Hochzeit meiner Freundin Debbie mit John Owing teil.

Dann fliegen wir nach einem herrlichen letzten Tag am Meer wieder nach Zürich.

Es ist schade, über diese Amerika-Zeit nur so kurz zu berichten. Sie war sehr reich und vor allem die Naturerlebnisse waren überwältigend.

Hier noch ein Traum, den ich am Anfang unserer Reise im Haus meiner Kollegin Diane hatte.

Seit ich sie kenne hat sich Diane mit indianischem Gedankengut und indigener Spiritualität befasst und sich kurz nach unserem Besuch für eine Weile der Gruppe von Don Juan Matus angeschlossen.

Wie ich so in Dianes Wohnzimmer sitze, sehe ich im Patio etwas Gelbes hängen: wie Rispen oder Kugeln - dann merke ich, dass es eine Spiegelung von Dianes Eingangstür (Fensterteil im Glas der Tür zum Patio) ist.
Plötzlich begreife ich, wie verwirrend die Spiegelungen der verschiedenen Wirklichkeitsebenen ineinandergreifen und warum mich Spiegelungen immer so faszinieren: Weil ich „geistige" Spiegelungen manchmal auch wahrnehme und zum Teil nicht zuordnen kann, was dann zu Verunsicherungen führt.
Von einem riesigen Tier (Elefantartig)
(18.7.1996)

Das verwirrliche Spiel der Spiegelungen in den verschiedenen Welten: sicher kein Zufall, dass ich diesen Traum ausgerechnet in Dianes Haus hatte.

Spiegelungen faszinieren mich auch im Wachzustand, ich nehme sie wahr und sie begeistern mich: im Wasser, am Himmel und (wie hier im Traum) in Fensterscheiben, Türen und Gläsern.

Synchronizitäten, das Zusammentreffen von Zeit, Raum und Sinn im Alltag, sind auch eine Art Spiegelung von Informationen aus verschiedenen Medien und Welten, die Sinn machen.

Das riesige, elefantartige Tier verkörpert hier vermutlich, dass auch die Erde selbst, das Leben auf ihr und alle Phasen ihrer Geschichte dazugehören.

Am 12.8.1996 kommen wir wieder in Zürich an
Nach den Ferien packt mich unerwartet Angst und Schrecken vor dem ersten Modul in Berlin. Um mich vorzubereiten, denke ich viel darüber nach, was in der nächsten Zeit spezifisch meine Aufgabe sein wird und wo ich loslassen kann und soll. Ich schreibe wieder einmal ins Traumbuch, wie sehr mir Fleck fehlt, und versuche mich mit seiner Liebe und seiner Tierkraft zu verbinden.

Die Praxis und die Ausbildungstätigkeit in POP sind sehr fordernd.

Daneben gibt es nun diese plötzlichen, wechselnden Gefühle in Bezug auf Berlin: Zuversicht und das Wissen, dass wir gut vorbereitet sind auf der einen Seite, auf der anderen Seite schiere Panik!

Ich bin froh um die Therapie. Als mich die Therapeutin einmal fragt, ob ich eigentlich wisse, wie sehr ich immer noch Angst vor meiner Lebendigkeit habe, muss ich sie bitten, es noch einmal zu sagen.

Das unerwartete Läuten eines Telefons im Raum erschreckt mich.

Spontan reagiert etwas in mir mit einem mächtigen Brüllen. Die Löwin mit dem Löwengebrüll: Los! die Frauen haben lange genug geweint! (16.9.1996)

Berlin Modul I (30.9.-5.10.1996)
In dieser Woche wird mir vor allem klar, dass ich viel besser auf mich aufpassen muss und mich nicht so, wie ich es gehofft hatte, auf die anderen Mitglieder unseres Teams verlassen kann. Es tut weh, einen Teil der Hoffnungen, die ich auf unsere Zusammenarbeit gesetzt hatte, loszulassen.

Einiges ist in dieser ersten Modulwoche nicht optimal gelaufen, aber die Gruppenprozesse waren gut. Ich muss mich in dieser Gruppe künftig klarer positionieren und durchsetzen.

Herbstferien auf dem Älpli (7.-14.10.1996)
Es regnet, regnet, regnet.

Ich merke, wie ich mich erkälte: alles klebt wie ein nasser Wickel, Schlucken tut weh.

Im Schlafsack vor dem Feuer im Öfeli erlebe ich die ganze Nacht „feurige Gruppenprozesse" mit der Gruppe in Berlin. Immer wieder sage ich mir: im Moment muss ich ja gar nichts, Franz und ich sind allein auf dem Älpli - aber ich muss Feuer prozessieren, immer wieder, Feuer leben, feurig sein, laut sein, bewegen!

Trommelworkshop (2./3.11.1996)
Trommeln ist mir nicht fremd, ich habe schon in einigen Gruppen auf einer Konga getrommelt.

Hier baue ich meine Schamanentrommel, die ich mit einem Rehfell überziehe. Diese Arbeit macht mich in allen Schritten sehr glücklich, ich spüre den Tiergeist, wenn ich die Trommel fein berühre und später schlage, nachdem das Fell gespannt ist. In der Nacht während diesem Workshop träume ich:

In einem Garten, der gut und solid „bestellt" ist für den kommenden Winter:
Ich sehe Zapfen (Zypressen? Föhren?) und freue mich auf die Samen und das
Wachstum daraus.
(2.11.1996)

Ein schöner, unterstützender Traum.

Die Trommel hat, seit ich sie gebaut habe, einen festen Platz in meinem Zimmer und ist ein Teil meines Lebens.

I
Ich bin in einem Hotel an einem Kongress.
Unter anderem bringe ich zwei angeschimmelte Snack-Sachen an die Reception
zurück: etwas aus Schokolade und ein dunkles Pumpernickel-Brötli.
II
Ein junges Mädchen singt mit einer unglaublich schönen, glockenreinen Stimme.
III
Fleck war wieder da
(8.11.1996)

Den Mut haben, zurückzugeben, was nicht zumutbar ist, und mich an der Schönheit freuen!

Warum war Fleck so wichtig? Warum brauche ich ihn immer noch? Ich denke wieder an mein Gefühl, dass er „meine Mutter" war und mich bedingungslos geliebt hat.

Einige Tage später hatte ich einen Verzweiflungsanfall über meine „Menschen-Mutter", die kurzfristig das Mittagessen bei uns absagte, für das ich am Morgen vor der Arbeit alles vorgekocht hatte. Genau an diesem Abend rief sie an und sagte mir, sie habe am Radio eine Sendung über Missbrauch gehört und sei ganz durcheinander und verzweifelt!

In dieser Zeit träumte ich auch einmal, wie erlösend es wäre, wenn Sebastian die Arbeit in Berlin allein beenden würde, merkte aber schon im Traum, dass das nicht geht, dass ich da durchmuss und auf mich selber aufpassen.
Bei der Arbeit in Berlin fühle ich stark, dass ich mich selbst bemuttern muss.

Vom Thorenberg:
Es hat im „Stubeli" noch Post für mich (drei Briefe?) - ich gehe hinein und hole sie und verweile dann ziemlich lang in der kleinen Küche (welche es jetzt nicht mehr gibt). Eher geniert, als ich auf Herrn G. (den neuen Eigentümer) treffe.
(31.12.1996)

Der Übergang ist abgeschlossen, der Thorenberg gehört nicht mehr uns.
Aber es hat doch noch Post für mich im „Stubeli".
Was das wohl für Briefe waren? Durch das Treffen mit dem neuen Eigentümer wird noch klarer, dass diese Briefe aus einer anderen Zeit stammen.
Ich habe eher ein positives Gefühl dazu: das „Stubeli" war immer derjenige Ort im Thorenberg, wo ich mich am meisten mit meiner mütterlichen Herkunftsfamilie verbunden und wohl fühlte.

1997

In Cape Canaveral explodiert eine Träger-Rakete mit einem Satelliten beim Start / Prozessmoderation in Berlin / Reise nach Sarajevo und Workshop in Gorazde / Leitungsteam-Treffen Prozessmoderation in Zürich und Deutschland / Transpersonaler Kongress Warschau / Tod von Lady Di in Paris

Träume:
Es ist noch nicht Zeit zum „aufrecht sterben" / „Zu hoher Hirndruck?" / Tanzen und „Songline" / Schöne rotbraune Haare im Spiegel / Fleck als Geist-Hund / Sonnenwende-Tanz / Ein riesiger Brand am Horizont / Mit Pflanzen kochen, die ums Haus wachsen / 88 Meerschweinchen im Garten! / Menschen umarmen / KZ-Träume in Warschau / Walfische und riesige Robben / Der schwarze Mann am Gartentor / Mein Helfertier ist bei mir

---

Viele Ansprüche, die verschiedene Menschen an mich haben. Enttäuschungen auf ihrer Seite, was mir leidtut. Prüfungen, Analysestunden, Antworten, die ich geben sollte.
Es geht auch um einen Neubau oder ein Haus auf dem Land, wie es für mich bei Maeders war als Kind.
(1.1.1997)

In meiner Kindheit war es immer eine große Hilfe, meiner Familie zu entkommen und in den Ferien bei meiner Gotte und ihrer Familie in Itschnach zu sein. Ich hoffte sogar, durch irgendein Wunder nie mehr zurück in mein Elternhaus zu müssen.

Offenbar hat mich die Situation mit dem Berliner Projekt so zurückgeworfen, dass ich wieder so ein „Haus auf dem Land" brauchen könnte.

2.1.1997 (Geburtstag)
Wie oft in den letzten Jahren werfe ich ein I Ging: 24 („die Wendezeit") zu 7 („das Heer").

Das erste Zeichen gibt mir Vertrauen, das Wandlungszeichen hat mit Disziplin zu tun, das macht gerade in Bezug auf Berlin Sinn.

Franz organisiert meinen Geburtstag mit Risotto, Feuer und Fackeln im Garten, mit Kaspar, meinem Bruder und seiner Frau und einer Kollegin: wunderschön!

Immer wieder mit etwas konfrontiert, zu dem ich eine Einstellung finden muss.

Plötzliche Einsicht: DAS fehlt mir manchmal, wenn ich mit etwas Schwierigem konfrontiert bin, ich sollte mir mehr Zeit nehmen, bewusst über meine Einstellung dazu nachzudenken.
(2.1.1997)

Diese „Traum-Einsicht", mit der ich aufgewacht bin, ist ja nicht neu, aber immer wieder wahr, gerade jetzt!

Ich bin am Sterben an einer Krankheit (eventuell Krebs) im Bett, von lieben Leuten umgeben. Franz ist, glaube ich, auch dabei.
Es ist schwierig, ich bin pflegebedürftig, wehre mich aber, dass ich noch gut selber gerade sitzen kann.
Mir kommt in den Sinn: „Das ist jetzt mein letzter Beruf, aufrecht sterben."
Plötzlich werde ich wütend, fange an, mich dagegen zu wehren, dass ich wieder von vorne anfangen muss! Dann lieber doch nicht sterben! Energieschub.
Ich will in die Welt hinaus und geben, was ich zu geben habe!
(3.1.1997)

Mit einem Riesen-Energieschub erwache ich, sitze bolzengerade aufgerichtet im Bett, habe das Sterben vollkommen vergessen und spüre die Emotion und Energie dieses Entschlusses unglaublich stark im Körper!

Später schrieb ich mir auf:

„Der Mythos des Aufrechtsterbens in meiner Herkunft-Familie kann vom Leben abbringen. Mir liegt der Gedanke von Sterben als einem immer wieder ablaufenden Prozess, als Wandel, als Loslassen von Altem näher."

Ich habe mich auch gefragt, ob vielleicht die Berliner Ereignisse diese „Aufrechtsterben"-Idee als eine Art Trance wiederbelebt haben, und bin glücklich über dieses Traum-Erlebnis!

Arny, dem ich den Traum schickte, gratulierte mir dazu und schrieb, offenbar sei ich vor lauter kollektiven Ideen über das Alter schon halb tot - auch das hat mich geweckt und inspiriert für die kommenden Jahre.

Pontresina (6-11.1.1997)
In diesen Winterferien genieße ich das Langlaufen wie noch nie.

In der Kindheit war das Gefühl, nicht genug Energie zu haben, für mich immer sehr qualvoll. Jetzt ist es ein Vergnügen, an die Grenzen meiner körperlichen Leistungsfähigkeit zu gehen. Ich genieße es, nicht zu müssen, aber wollen zu dürfen!

In den Nächten bin ich oft wach, die Ängste kommen doch zurück: Berlin, Wildungen, EGIS.

Ich spüre mein Herz, vielleicht ist es die Höhe?

Fleck fehlt mir immer noch.

Das Feuer in der Hotelhalle ist wunderbar.

274

Im nächtlichen Rosegwald nehmen wir am letzten Abend Abschied von hier oben.

Wieder in Oerlikon
24.1.1997 Vollmond
Co-Coaching mit Elisabeth. Schön.

> *Ich gehe in ein ziemlich übergriffiges Coiffeurgeschäft. Habe erstens Mühe,*
> *loszulassen und mich bedienen zu lassen und nicht die Hälfte selber zu machen und*
> *zweitens, den richtigen Ton mit der Coiffeuse zu finden.*
> *Zuerst will man mir weismachen, es gebe nur ein Kombi für X Franken, bei dem*
> *man auch noch ein ganzes Geschirr dazu bekommt!*
> *Die Coiffeuse sagt mir auch, als sie meinen Kopf in den Händen hat, ich hätte*
> *einen „zu hohen Hirndruck“, worauf ich erschrecke und sage, ich sei in ärztlicher*
> *Behandlung.*
> *Auf dem Heimweg ergibt es sich irgendwie, dass ich jemandem tanzend zeige, auf*
> *welcher Song-Line ich gerade bin und dazu die Melodie singe.*
> *(25.1.1997)*

Auf meinem Weg muss ich immer wieder üben, mich abzugrenzen gegen gewisse
Zumutungen und „Diagnosen“ von Menschen und Persönlichkeitsteilen, die über
mich bestimmen und urteilen wollen. Ich bin auf meiner Song-Line und singe dazu!

> *Ich schaue in den Spiegel und kann es nicht fassen: ich habe schöne rotbraune*
> *Haare!*
> *Habe ich sie gefärbt? Wann?*
> *Es macht mich glücklich, ich habe mich nicht entscheiden müssen, es ist einfach so!*
> *Fleck ist da, und ich merke, dass ich ihn eigentlich nie füttere. Ich habe es gemerkt,*
> *weil er ein halbes Nusspraliné, das ich ihm gegeben habe, so gierig frisst. Ich*
> *erschrecke, aber er sieht gut aus. Da kommt mir in den Sinn, dass er ja eigentlich ein*
> *Geist-Hund ist und das wohl nicht braucht.*
> *(27.1.1997)*

Neue Qualitäten, die von selbst da sind, ohne dass ich mich dafür habe entscheiden
müssen. Fleck als Geist-Hund braucht eigentlich kein Futter, genießt aber doch ein
halbes Praliné!

> *Von Tanzschritten wie beim Sonnenwende-Tanz.*
> *(1.2.1997)*

Auch diese Tanzschritte zeigen, dass ich mich in ein größeres Ganzes einfügen darf.

Ich sitze mit zwei Griechinnen an einem Tisch vor einem Restaurant.
Da höre ich am Nebentisch die Stimme einer afroamerikanischen Kollegin.
Ich will die Frauen einander vorstellen, es kommt aber nicht dazu: am Horizont gibt
es einen riesigen Brand. Dunkel, dann feuerrot, RIESIG - es sieht immer wieder
auch aus wie Feuerwerk, aber es ist eine Katastrophe! Mächtig.
(7.2.1997)

Nicht nur in den großen Worldwork-Seminarien, sondern überall auf der Welt prallen Gegensätze aufeinander, werden Menschen unterdrückt und diskriminiert, bauen sich Spannungen auf und explodieren irgendeinmal. Das spüren wir auch in der „ruhigen" Schweiz, besonders in der Nacht, im Traum.

Im exotischen Ausland.
Seminar-Setting. Unter anderem koche ich einmal mit den Pflanzen, die ums Haus
wachsen: es ist ganz toll, einfach von den Pflanzen nehmen, kochen und essen zu
können! Von der Natur leben - alles, was der Mensch braucht ist da. Eine Pflanze
mit einem kleinen Stächelchen ist eigentlich nicht besonders gut, eine andere ist
besser.
(9.2.1997)

Diesen Traum habe ich nie vergessen: Es ist einfach für uns gesorgt, das Essen wächst ums Haus herum. Ein wenig kenne ich dieses Gefühl von Uetikon, wo wir einen großen Garten hatten und bei Bedarf eigene Beeren und Gemüse holen konnten.

Weil am Anfang das Seminar-Setting erwähnt wird, denke ich daran, dass sich auch in einem Seminar durch die Arbeit mit Einzelnen und in Gruppen immer wieder zeigt, dass die nötigen Ressourcen für Verstehen, Bearbeiten, Entwickeln und oft auch Heilen bei den Teilnehmenden selbst bereits vorhanden sind.

In diesen Februartagen ringe ich um mein Referat für Wildungen. Es erschüttert mich immer wieder, wie tief ich für meine Referate ins jeweilige Thema eintauchen und wie genau ich den Kontakt mit den zu erwartenden Zuhörenden planen muss, bis ich mich genug vorbereitet fühle und darauf freuen kann.

Von einer jungen POP-Studentin aus Israel. Ich sehe ihre Notizen, viele Ordner,
und nehme wahr, dass sie zu 100% studiert.
Beim Aufwachen: das Glücksgefühl, wirklich studierende StudentInnen zu haben.
(12.2.1997)

Ich bin in einem Austausch, in den USA oder in Südamerika, und bekomme die
Einladung, den Sonnentanz anzuleiten. Ich erschrecke sehr, es ist mir zu viel -
während der Schule - ich bin ja nicht eingeweiht und kenne die Regeln nicht.

Aber die Menschen bestehen darauf.
Ich versuche, mir Wege zu heiligen Plätzen im Wald zu merken, die ich dann gehen
muss. Aber dann wird mir klar, dass ich es einfach so machen muss, wie ich es halt
kann. Die Menschen brauchen es, und ich soll es machen.
Als ich das schließlich akzeptiere, renne ich nochmal zurück in mein Zimmer, um
wenigstens meine Trommel zu holen und einen langen Rock anzuziehen. Langen
Rock finde ich keinen, dafür ist ein Mann in meinem Zimmer, der ein wenig meinem
„Seelen-Mann" W. gleicht. Kaspar kommt herein und droht, mich zu verlassen,
wenn das mein Liebhaber sei. Ich sage ihm, dass ich ihn gar nicht kenne. Schließlich
fühle ich die Rhythmen in mir und wache auf mit dem Wort „Sundance".
(16.2.1997)

Ein „Seelentraum", „made by Ursula's unconscious".

Von Meerschweinchen und unwahrscheinlicher Fruchtbarkeit. 88 Stück sind im
Garten!
Freundinnen sind dabei, sich über die Produktion von Telefonapparaten in Asien zu
informieren und überlegen sich, Unternehmerinnen zu werden.
(22.2.1997)

Manchmal werde ich von der Hoffnung gepackt, die „unwahrscheinliche
Fruchtbarkeit" von Kommunikationsmöglichkeiten könnte auch sehr tiefe globale
Veränderungen bewirken, und die eindrückliche Ausbreitung der Prozessarbeit auf
allen Kontinenten könnte etwas zu diesen Veränderungen beitragen!

Prozessmoderation Berlin (10.-15.3.1997)
Am Morgen des dritten Tages friere ich plötzlich, will nicht mehr hier sein.

Es beschäftigen mich Fragen wie „Ist es zu schwer? Zu teuer? Halten die Menschen
das aus, verstehen sie es?"

Mir kommt in den Sinn, dass ein bekannter Kursleiter einmal geschrieben hat, dass
er zum ersten Mal in seiner Karriere scheiterte, als er einen Anlauf nahm, zu unterrichten, ohne bezaubern zu wollen. Ich möchte die Teilnehmenden nicht nur bezaubern, sondern ihnen auch eine mündige Wahl ermöglichen.
Schließlich gehe ich hinaus zum See und zu „meinem" Baum, einer Trauerweide.
An seiner Rinde fange ich an zu klopfen, sehe mich sofort mit einer Trommel, wie
ich zu meinem Volk spreche.
Dieses Bild bringe ich in die Gruppe zurück und spreche dann über den Anthropos,
das mythologische Bild des einen großen Menschen, der die jeweilige Gruppe,
Nation, aber auch die ganze Menschheit verkörpert. Daraus entwickle ich eine

Übung, dass wir unseren „Gruppen-Anthropos" gerade jetzt im Raum zusammen bilden und dass wir alle für uns selbst denjenigen Platz in seinem großen Leib suchen, wo wir uns am meisten zugehörig und wohl fühlen, und zu den anderen über diesen Platz sprechen.

Diese Übung machte sowohl Spaß wie Sinn, anschließend geht es der Gruppe und auch mir wieder gut. Ein Teilnehmer macht mir eine richtige Liebeserklärung für die Art, wie ich Eigenes in die Gruppe einbringen und dann zusammen mit der Gruppe etwas daraus entwickeln kann.

Am 14. März hat Lukas Geburtstag. Das Telefon nach Hause mit Franz hat mir gutgetan!

Wieder in Oerlikon

> *Ich treffe gute Kolleginnen aus Portland, umarme sie und weine vor Freude.*
> *Sie weinen vor Freude über mein Weinen.*
> *Ich umarme immer mehr Menschen und merke mit Schrecken, dass es noch*
> *Hunderte hat - wie soll ich das schaffen?*
> *(Anfang April 1997)*

Damals hatte ich, soweit ich mich erinnere, noch nichts von der indischen „Umarmerin" Amma gehört: dass es Amma gibt, zeigt, dass diese Idee offenbar kollektiv existiert und sich auch inkarniert hat. In meinem Fall zeigt dieser Traum eher, dass es neben der Liebe auch Grenzen der Liebe gibt.

> *Ein Traum mit zwei verschiedenen Teilen:*
> *Im ersten Teil geht es um Ausmarchungen: Parteien treten gegeneinander an, und*
> *jemand verliert jeweils. Im Hintergrund die Idee, dass eigentlich alle irgendwann*
> *verlieren (Sterblichkeit!).*
> *Dann ein zweiter Teil: da geht es um Gestaltung und kreative Prozesse.*
> *Man geht hinein und entfaltet. Ich bin sehr beeindruckt davon, dass die Energie*
> *diesmal ganz anders ist: Viel Intensität und Qualität, und vor allem plötzlich ein*
> *Gefühl von Hoffnung, dass Überleben so möglich ist.*
> *(8.4.1997)*

Gut, dass es auch diesen zweiten Teil gibt!

Am 16.4.1997 musste ich eine junge Klientin in die psychiatrische Klinik bringen, so etwas ist immer wieder schwer.

Später: Meine junge Klientin ist aus der Psychiatrie abgehauen und total am Flippen. Als ich versuche, meinen eigenen verrückten Teil zu leben, kommt mir die

Schweiz ziemlich irr vor, „normal" und schrecklich. Ich nehme mir vor, radikaler zu werden.

16. Mai (Freitag vor Pfingsten)

An diesem Morgen habe ich einmal meine Routine durchbrochen und bin um 4 Uhr aufgestanden, um den Theorie-Teil für die Prozessmoderation noch einmal durchzuarbeiten.

Nachher konnte ich zu meiner Mutter gehen, was uns beiden guttat.

Ich führte auch Gespräche mit zwei Teilnehmenden des Berliner Projekts und merkte ziemlich klar, was als nächstes wichtig ist: Ich muss unsere Organisatoren mehr kontrollieren und die Buchhaltung genau anschauen!

Pfingsten auf dem Älpli (16.-19. Mai 1997)

Es kostet etwas, bis man oben ist: Beim Aufstieg entwickelt sich ein veränderter Bewusstseinszustand, das Schwitzen und die Anstrengung gehören dann von selbst dazu.

Schöner Freitagabend: Mond, Feuer und Abendessen im Hüttli.

Ich lese im Buch „Die Lehren des Don Carlos", und prompt kommt eine Smaragdeidechse raschelnd aus dem Busch nebenan.

Später sehen wir eine junge Kreuzotter, die wir töten müssen, was uns sehr leidtut. Wir erschrecken auch über die Löcher im Heuhaufen in einer der Hütten: ein Schlangennest? Tod und Tötenmüssen.

Ein älterer Mann macht ganz schöne Bewegungen und kann einmal waagrecht in der Luft „stehen" bzw. liegen.
(17.5.1997)

Ein schöner, befreiender Traum.

Frauen-Schreibwoche im „Bären", Rüdiswil (8.-11.6.1997)

Ich ringe um die Übersetzung von Arnys „Leader as Martial Artist", schmeiße das Buch ein paarmal in eine Ecke.

Die Natur ringsum ist wunderbar, heute haben wir in einem Bachbett Steine gesucht und am Abend einen toten und später einen lebenden Igel gesehen.

Die Gaststube, wo wir an den langen Tischen essen, ist schön, aber auch laut und „ruch".

Wir sehen drei atemberaubend riesige Milane mit großen Schwanz-Höhensteuern, ganz nah.
(10.6.1997)

Hier, mitten in der Natur, tauchen wieder einmal Riesen-Ur-Tiere auf, was mich sehr beglückt.

Reise nach Sarajevo und Gorazde mit Franz und Elisabeth Schlumpf (12.-17. Juni 1997)

Sarajevo nach dem Krieg.

Man sieht noch überall die Wunden und Schäden in dieser Stadt und wir hören auch viel über die Schicksale der Menschen, die in der Stadt geblieben sind.

Von dort reisen wir weiter nach Gorazde, wo Elisabeth und ich einen Workshop für die Lehrerinnen und Lehrer geben, welche mit den traumatisierten Kindern ihrer Schule gearbeitet haben. Nachdem eine Kollegin aus der Schweiz für Supervision in Gorazde war, wollen wir ihnen als Dank auch etwas für ihre eigene Stärkung und Erholung anbieten.

Der Workshop ist sehr herzlich und unsere Arbeit hat viele Facetten. Der Krieg ist noch überall spürbar, aber auch die Kraft und der Überlebenswille der Menschen.

Ihre Liebe und Sorge um die Kinder, ihre Zukunft, ist sehr beeindruckend.

Wieder in Oerlikon

Am 24./25. Juni 1997 trifft sich das Leitungs-Team bei mir in Zürich.

In der Nacht träume ich:

> *Eine belagerte Stadt. Angst, vergewaltigt zu werden.*
> *(25.6.1997)*

Diesen Traum bringe ich in einen Zusammenhang mit unserer Leitungs-Team-Sitzung und mit meiner unangenehmen Aufgabe, die Finanzen anzusprechen.

Auf dem Älpli (18.7.-20.7.1997)

Wir sind via Bedretto-Tal-Cristallina-Hütte-Cevio zu Fuß gekommen und deshalb kulinarisch ein wenig eingeschränkt, dafür mit neuen Rucksäcken und zufrieden.

Wieder ist beinahe Vollmond hier oben. Fleck fehlt mir an diesem Ort besonders.

Die Nacht ist wie gewohnt mächtig und voll Leben.

Nach meiner Rückkehr gehe ich mit meiner Mutter zwei Tage in die Innerschweiz, das ist schön für uns beide. Anschließend machen Franz und ich einen kurzen Abstecher nach Juf, wandern von dort nach Pontresina und verbringen zwei Ferientage mit den Schwiegereltern.

In der Stadt, wohin wir am 3. August 1997 heimkehren, ist es sehr heiß.

Unser Haus ist eingerüstet, weil die Fassade renoviert wird. In diesem Zustand zu leben, ist eine spezielle Erfahrung, zum Beispiel, wenn plötzlich Arbeiter vor den Fenstern meines Arbeitszimmers im zweiten Stock vorbeigehen.

Treffen des Leitungsteams Prozessmoderation in Deutschland (11./12. August 1997)

Unter vielen Menschen.
Jemand bietet uns die tolle Möglichkeit an, uns darum zu bemühen, mit einem
Bundesrat oder ähnlich zu essen. Ich höre mich selber sagen: „Vielen Dank,
eigentlich sind wir selber Leute, mit denen zu essen eine Ehre ist."
(12.8.1997)

Nehme ich meine eigene Wichtigkeit und Kompetenz zu wenig wahr?

Jedenfalls werde ich am Prozessmoderation-Leitungs-Team-Treffen sehr gefordert.

Am Ende ein gutes Gefühl. Langsam rücken sich die Dinge zurecht, und ich fühle mich verstanden und am richtigen Platz.

Gleich anschließend leite ich eine Retraite mit einer Geschäftsleitung, mit der ich schon früher gearbeitet habe, und mache das gern, merke aber, dass es mich anstrengt, dass es viel Vorbereitung und Nachbereitung braucht.

Eigentlich ist es mir zu viel zusammen mit der Prozessmoderation und dem bevorstehenden transpersonalen Kongress in Warschau - es wäre schön, noch ein bisschen herumhängen und Leute treffen zu können!

An einem Straßenrand sehe ich einen Hund, der hinten überfahren ist, man sieht
nicht, ob er überleben wird. Dann sehe ich in der Straßenmitte, dass es ein ganzer
Tiertransporter war, der verunglückt ist, und erschrecke.
Ich will nicht genau hinschauen.
Eine meiner Nichten bringt mir einen Brief ihrer Schwester, in dem steht, dass sie
nicht kommen kann, und erklärt mir, warum es ihr nicht gut geht. Später spreche
ich mit der Schwester selbst.
(14.8.1997)

Der verunglückte Tiertransporter auf der Straße lässt mich an meine gesundheitlichen Sorgen denken und an alles, was noch kommt..

Am Schluss des Traums kommen meine Nichten vor und mein schlechtes Gewissen, das mich diesen zwei jungen Frauen gegenüber plagt. Ich würde gern hin und wieder etwas mehr Zeit mit ihnen verbringen und weiß, dass sie das auch schätzen würden, aber wir schaffen es meistens nur gerade einmal pro Jahr.

Transpersonaler Kongress in Warschau (17.-22.8.1997)

In Warschau wohnt und arbeitet mein Kollege und Freund Lane, er hat mich auch an diesen Kongress eingeladen. Ich gebe einen Workshop über die Beziehung zwischen Frauen und Männern, dieses Thema kenne ich inzwischen in Polen gut. Bei der Vorbereitung habe ich mich auch ausführlich am Telefon mit Debbie besprochen, mit der ich ja oft in Polen war.

Der Workshop wurde gut und interessant und hat wohl einiges ausgelöst.

Natürlich treffe ich auch viele Bekannte (Studierende und KollegInnen) und freue mich darüber, muss mich aber auch abgrenzen gegen Wünsche nach Privatstunden und verschiedenste Anliegen, weil ich immer noch recht erschöpft bin.

Zu Fuß unterwegs durch die Stadt komme ich an den uralten Bäumen in den Pärken vorbei und muss mit Schaudern daran denken, wie viel Leid und Schrecken diese Bäume schon gesehen haben.

Das wirkt auch in meinen Träumen nach:

> *Verschiedene Träume von der Konfrontation mit einer totalitären Macht.*
> *Ich „erinnere" mich zum ersten Mal, dass ich in meinem Leben eine Weile im*
> *KZ oder doch auf alle Fälle in Gefangenschaft gewesen bin. Ich erlebe auch die*
> *Versammlung, in der wir merken, dass wir umstellt sind und gefangen genommen*
> *werden, und verschiedene Episoden danach.*
> *(21.8.1997)*

Mein Kollege Lane ist Jude und ist für einige Jahre nach Polen gezogen, um Studierende auszubilden und auch um mit ihnen das Thema Antisemitismus in Polen zu bearbeiten. Ich selbst war immer wieder tief erschüttert von der Geschichte des Warschauer Ghettos im Zweiten Weltkrieg und habe alles gelesen, was ich zu diesem Thema finden konnte.

Wieder in Oerlikon

Am 31. August 1997 wird in Paris der Unfalltod von Diana („Lady Di"), der geschiedenen Frau von Prinz Charles von England, bekannt gegeben.

Mir kommt es vor, wie wenn ich seit der Ermordung von Präsident Kennedy nie mehr so fassungslos und erschüttert gewesen wäre über einen solchen gewaltsamen Todesfall. Es ist eine kollektive Erschütterung, für viele ist diese Nachricht einfach unfassbar, und zumindest in Europa sind die Menschen vor dem Fernseher bei der Beerdigung dabei.

(Vor Dianas Tod hatte ich mir die Frage aufgeschrieben: „Wem gehört der Bauch, in dem zwei Thronfolger gewachsen sind, was würde geschehen, wenn Di nochmal Kinder hätte?")

> *Auf einem Schiff. Wir sehen Walfische von ganz nah und große Robben, es ist sehr*
> *berührend und hat eine archaische Dimension. Die Nähe dieser riesigen Urtiere!*
> *(Am Morgen fühle ich mich nach dem Aufwachen extrem wohl, speziell im Kopf).*
> *(20.9.1997)*

Der Kontakt mit „meinen Urtieren" macht mich wieder einmal glücklich und gibt mir Luft und Weite. Am 23.9. schreibe ich auch auf, dass ich vom hebräischen Lied „Eli Eli" geträumt habe, das ich sehr liebe, und dass es mir gut getan hat.

Träume über Forschung. Forschung als Prozess.
(25.9.1997)

Vielleicht ist dieser Traum eine Reaktion darauf, dass ich von einer Gruppe Jungianischer Kolleginnen eingeladen wurde, mit ihnen zusammen etwas über Frauenthemen zu gestalten für den nächsten Internationalen Kongress für Analytische Psychologie in Florenz.

Darüber freue ich mich sehr, wir entwickeln schon am ersten Treffen mit viel Energie und Kreativität Ideen, was wir machen könnten.

Es hat mich sehr erleichtert, von meiner Mutter im letzten November zu hören, sie sei von einer Radiosendung über sexuellen Missbrauch von Kindern durch und durch erschüttert und sie verstehe jetzt, was ich ihr schon lange zu vermitteln versuchte.

Im Sommer hatte ich beschlossen, noch einmal einen Brief an die Frau zu schreiben, die mit der Schilderung ihres Erlebnisses mit meinem Vater diese Problematik erstmals angesprochen hatte.

Ich habe mich bei ihr dafür entschuldigt, dass mich das Thema damals so überrumpelte, dass ich vielleicht ihre Gefühle nicht genügend verstehen und ernst nehmen konnte, dass ich zuerst den Gedanken von mir wies, meine Mutter hätte etwas von dieser Sache wissen oder auch nur ahnen können.

Sie schrieb mir jetzt im September als Antwort einen klaren und schockierenden Brief zurück, dass sie sicher weiß, dass meine Mutter Bescheid wusste und dass diese Geschichte auch die Beziehung ihrer Mutter zu meiner Mutter zerstört habe. Die beiden waren vorher beste Freundinnen gewesen.

Sie spricht an, dass wir „Teil einer Generation sind, welche im Gegensatz zu unserer Eltern-Generation kein Interesse daran hat, alte Lügen weiter zu pflegen", und spricht von der Bitterkeit des Verrats vieler Mütter (auch unserer Mütter) an ihren Töchtern.

Dieser Brief machte mich noch einmal sehr betroffen und zeigte unmissverständlich auf, wie Vieles die Rücksichtslosigkeit und der Wortbruch meines Vaters zerstörte.

Ich ging mit unseren beiden Briefen noch einmal in eine Stunde zu einer Kollegin, konnte sie aber dann weglegen.

Im Wald ist mir die Kette von Bernsteinperlen aus Polen aufgegangen.

*Ich suche die Bernsteinstücke wieder und überlege, ob ich eine opfern soll - eine, die
mich reut, oder die größte, die mich nicht reut?*
(15.10.1997)

Auf dem Älpli (ca. 15.-18.10.1997)

Schöne Tage, zwei herrliche Mondnächte. Tiefe Entspannung.
   Nach einer kurzen „Werde-ich-krank?"-Zeit herrlich geschlafen.
   Viele wichtige und ordnende Träume, es ist wie eine Natur-Kur hier!
   Ich erinnere mich noch an ein Bild aus einem Traum:

*Ein Zaun mit abwechselnd kurzen und langen Pfählen.
Ich weiß: Introversion und Extraversion. Macht mich glücklich.*
(18.10.1997)

Wieder in Oerlikon

Von einem Baby, eigentlich nicht meins, jedenfalls ist es winzig, aber auch zäh.
(19.10.1997)

*Von einer jungen Kollegin, die etwas gut kann (besser als ich?).
Ich bin unterwegs mit einem Auto, das offenbar keine funktionierenden
Scheinwerfer hat. Im Tunnel habe ich Angst, nicht gesehen zu werden.*
(5.11.1997)

Die junge Kollegin ist noch Studentin und ich habe sie sehr gern. Da sie Deutsche
ist, habe ich sie als Assistentin für einen Workshop im ehemaligen Osten von Berlin
mitgenommen. Dort hat sie sich gut bewährt und wurde von den Teilnehmenden
sehr geschätzt.

Sie ist eine derjenigen Studierenden, welche die Prozessarbeit sozusagen „mit
der Muttermilch" aufnehmen und lernen konnten - ein ganz anderer Weg als meiner. Bereits eine ganze Generation von Jungen ist dabei, für sich an uns „Alten" vorbei einen beruflichen Weg zu suchen.

So kann ich auch mit der „Angst, nicht gesehen zu werden" etwas anfangen: es
ist nicht primär die Aufgabe dieser Jungen, uns Alte zu sehen, wir müssen schon
selber dafür sorgen, dass man uns sieht. Und da bin ich manchmal wirklich „ohne
Scheinwerfer" unterwegs, zeige mich zu wenig. Es ist gut, noch einmal über diese
Dynamik nachzudenken.

I
*Am Gartentor steht ein großer schwarzer Mann in einem weißen Gewand, das ihm
bis zu den Füßen reicht.*

*Er ist sehr dunkel, schlank und hochgewachsen, und er singt. Ich weiß nicht recht,
was ich damit anfangen soll, ob und wie es mit mir zusammenhängt. Soll ich ihm
etwas geben, zum Beispiel eine Münze?*
II
*Vor „unserem Haus" ist ein Garten, in den man mit dem Auto hineinfahren kann.
Zuerst kommt ein grünes Auto, später mehrere. Irgendeine Sekte will Besitz nehmen
von unserem Hausgarten.*
*Ich kämpfe im Haus gegen einen mächtigen großen Mann und denke, dass ich
früher hätte reagieren und etwas tun müssen.*
(23.11.1997)

Wieder einmal steht „am dem Gartentor" ein schwarzer Mann

Er singt, das ist ein neues Element. Nachdem ich mich auf diesen Traummann
eingelassen habe und meinen Gefühlen für ihn und seinen Gesang nachgegangen
bin, glaube ich nicht, dass er Geld will: eher könnte er mich unterstützen als innerer Begleiter und Ratgeber.

Dann verändert sich die Szene und wird im zweiten Teil des Traums bedrohlich:
Autos dringen in „unseren Garten" ein, eine Sekte will Besitz nehmen davon, und
im Haus kämpfe ich gegen einen mächtigen großen Mann. Zu diesem Mann kommt
mir ein Kollege in den Sinn, der mich im Zusammenhang mit dem Berliner Projekt
ziemlich unbeherrscht und aggressiv beschimpfte und ratlos machte, worauf ich
aber damals nicht reagieren konnte.

Ein schrecklicher Konfrontations-Alptraum mit einer Dynamik, dass alle noch etwas
draufhauen und niemand „aufwacht":

*Eine impulsive Nachbarin kommt in Fahrt und breitet irgendwelche alten Vorwürfe
aus. Ich merke: Jetzt muss ich sofort aufstehen und darüber sprechen, dass man als
Kritiker Modell sein sollte für die erwünschte Veränderung.*
(24.11.1997)

Ich empfinde diesen Traum als Weckruf, auch beim Abschluss der Projekts
Prozessmoderation alles einzusetzen und zu vermitteln, was ich fachlich weiß und
kann, um diese Unternehmung so gut wie möglich in Würde und ohne Schaden zu
beenden.

Besonders wichtig wird es sein, Modell zu sein für das, was ich einfordere.

Im Dezember habe ich eine ruhige Zeit, sehe meine verschiedenen „Familien",
Freunde und Frauengruppen und bin mit meiner Praxis gut unterwegs.

In Berlin arbeitet unterdessen ein anderes Team, ich bekomme Kassetten von
ihrer Arbeit.

Es reicht auch zum Malen: ich male eine Göttin und kann das Bild im Treppenhaus aufhängen, es kommt dort gut zur Geltung.

Ich schlafe viel, aber der Blutdruck ist immer noch zu hoch und macht mir Angst.

Als Sofortmaßnahme nehme ich meine regelmäßigen Cranio-Sacral-Therapie-Sitzungen wieder auf.

Es reicht auch für einen Sonnenwende-Tanz in Basel und einen großartigen Konzertbesuch mit der Behindertenband „Die Regierung".

Von Fleck, oder einem Hund, der sich mit großer Vertrautheit zu mir legt.
(27.12.1997)

Mein Helfertier ist bei mir.

Ich bin in Olten, immer wieder schwadenweise sehr traurig.

Zurück in Oerlikon schreibe ich dann: „Es geht mir gut, ich fühle mich frei und locker und glücklich."

In der Silvesternacht sehen Franz und ich wieder einmal das Marionetten-Theater „Der kleine Prinz" nach dem Buch von Saint-Exupéry und ich muss (wie immer) weinen, als der kleine Prinz die Erde verlässt und zu seinem Stern zurückfliegt.

Dann sind wir auf der Straße bis zum Jahreswechsel, mitten in einer friedlichen Menge, und ich habe das Gefühl, mitten im Traumkörper zu sein

1998

Abschlussmodul Prozessmoderation in Berlin / Tod von Marie-Louise von Franz /
TV-Aufnahme meiner Traumarbeit mit einer Kollegin und einem Praxis-Kollegen /
24-Stunden-„LifeProcess" mit meiner Frauengruppe / Schreibwoche am Orta-See /
Seminar mit Joanna Macy / „The Feminine Looking Glass" in Florenz / Debbie mit
Krebs im Spital! / Reise zu Debbie nach Viro Beach / USA

Träume
Ich habe noch ein Kind bekommen: Pascal / Parzival / Der freche fremde Hund / Weltuntergang
als Ermunterung zu Radikalität / Stefanie spielt auf meinem Notebook leidenschaftlich Orgel
/ Bei zwei alten jungianischen Hexen / Zusammensein mit einem großen Schwarzen / Aus
dem Zugfenster in Graubünden: ein riesiges Krokodil im Fluss / Ein schwarzer Büffel, ein
schwarzer Hund, eine riesige bunte dicke Schlage / Freude, ein vergessenes Baby zu entde-
cken!

1.1.1998
Spaziergang zum Waldweiher und zur Pappel, die wir „Wächterin des Limmattals"
nennen.

Die mächtigen Steine am Waldweiher sind echte Menhire, sie stammen aus
Keltengräbern, die bei den Arbeiten für das Elektrizitätswerk in der Nähe gefunden wurden.

Eine ehemalige Analysandin bringt mir eine Abschlussarbeit.
Es kommt mir in den Sinn, dass ich noch ins Yoga hätte gehen sollen.
Ich bin dann dort: riesige Menschenschlangen, viele Menschen in „meinem" Yoga-
alle wollen sich einschreiben, ich frage mich, wo meine Lehrerin mit allen hinwill?
(2.1.1998)

Die Praxis, meine übrigen Verpflichtungen und das Yoga passen nicht immer gut
zusammen, darum muss ich manchmal „schwänzen", was meine Lehrerin gar nicht
schätzt! Die riesigen Menschenschlangen sind wohl eher im Freud'schen Sinn eine
Kompensation.

Pontresina (3.-10.1.1998)
Schön, entspannt, ich genieße alles und bin glücklich. Die körperliche Anstrengung
tut mir wie immer gut. Auch Zeit zu haben jeden Tag zum Denken, dem Eigenen
folgen, lesen.

Ich höre die Bänder von Berlin ab und lerne dabei.

Schlafe diesmal auch gut.

Es steht zudem ein TV-Projekt vor der Realisierung, in dem ich mit einer jungen Kollegin und einem Kollegen an je einem Traum arbeiten werde. Ich habe die zwei angefragt und freue mich, dass beide mitmachen wollen.

Franz und ich sprechen über unsere „zwei Ehen": von der einen haben wir unsere Söhne, von der anderen unsere Beziehung.

Am Abend TV-Nachrichten geschaut: Grauen und Missbrauch überall - Herzweh.

> *Unter ziemlich ärmlichen Verhältnissen habe ich noch ein Kind bekommen. Es ist ein Knabe, er heißt „Pascal oder ähnlich"(Assoziation: „Parzival"). Ich frage mich, wie ich das Kind säugen soll, und nehme mir vor, Milchbildungstee zu trinken oder wenigstens viel Tee (offenbar geht es um die linke Brust.)*
> *Irgendeinmal geht es auch darum, dass jemand nicht zugeben will, dass Vieles fehlt - ich kann mich an eine provozierende Bemerkung von mir erinnern, mit der ich die Person darauf hinweisen will, dass es nicht genug zu essen gibt und kalt ist, so dass man frieren muss.*
> *(Nach dem Telefongespräch mit einem der Berliner Gruppenleiter gestern geträumt)*
> *(8.1.1998)*

Was ich aus Berlin und von Sebastian über die Prozessmoderation höre, tönt nicht gut: Was ist da eigentlich los? Der Traum bezieht sich vermutlich auf den bevorstehenden Abschluss dort. Das Berliner Projekt ist ja auch „mein Kind". Dass es um die linke Brust geht, deutet auf das Herz hin, mit dem ich mich in Berlin tatsächlich oft allein gelassen fühlte unter diesen knallharten Profis, die dazu neigen, sich vor allem selbst profilieren zu wollen. Die Person, die nicht zugeben will, dass Vieles fehlt, war leider oft auch ein Teil von mir!

Mein Gefühl sagt mir, dass der Knabe „Parzival" heißt. Die Assoziation, dass Parzival versagt hat, weil er den Grals-König Amfortas nicht nach seiner Wunde fragte, würde für mich Sinn machen: Wir haben uns während der gemeinsamen Zeit in Berlin gegenseitig oft verletzt und sind sogar schon im allerersten Gruppenprozess auf dieses Thema gestoßen. Wir waren damals alle sehr betroffen, es gab Erschrecken und sogar Tränen darüber, wie wir miteinander und mit unseren emotionalen Bedürfnissen umgehen. Später habe ich / haben wir wohl doch zu wenig auf dieses Thema geachtet, weil es nicht auf der offiziellen Agenda stand. Kaum bin ich wieder zuhause, sitze ich schon im Flugzeug nach Berlin:

Abschlussmodul „Prozessmoderation" (12.-16. Januar 1998)
Dieses Modul ist eine große Herausforderung.

Es geht um Zurückschauen und Vorausschauen und um den Abschied, natürlich auch in den Untergruppen, wo die LeiterInnen offensichtlich noch einmal Schwerarbeit leisten.

In der Gesamtgruppe beschäftigen wir uns ein letztes Mal mit Grundbegriffen und Fragen, Klärungen und Rückmeldungen. Ich habe eine abschließende Vertiefung zum Thema Missbrauch vorbereitet, das mir am meisten am Herzen liegt.

Am Schluss fällt das Auseinandergehen nicht leicht, die Teilnehmenden haben in den Übungen viel zusammen gearbeitet und gelernt, haben sich in dieser Zeit auch verändert und einander vertieft kennengelernt. Wir sind eine Gruppe geworden, wenn auch keine einfache.

Abschlusstreffen des Leitungsteams
Es gibt Projekte (Tagung, Reader), doch zuerst müssen wir uns anhand der Schlussabrechnung darüber klar werden, wie es um unsere Finanzen steht. Weil ich die bisherigen Zahlen eingesehen und studiert habe, glaube ich nicht an eine Weiterführung unseres Projekts und werde froh sein, wenn wir keine Verluste schreiben. Darauf mussten wir uns schließlich auch alle einigen.

> *Ich erwache am Morgen in unserer Wohnung:*
> *„Unsere Tiere" sind alle da, außer Fleck. Ich mache mir Sorgen: wo ist er?*
> *Als ich draußen nachschaue, ist dort ein fremder, frecher Hund. Ich muss mich*
> *gegen ihn durchsetzen: er ist aggressiv. Ein Kopfkissen, das ich ihm entgegenhalte,*
> *zerfetzt er.*
> *Ich muss mich ihm gegenüber klar positionieren und meine Grenzen setzen.*
> *(31.1.1998)*

Natürlich denke ich nach diesem Traum ebenfalls an das Projekt Prozessmoderation.

Auch daran, dass Vieles in meinem Leben im Moment stimmt (unsere Tiere sind alle da, außer Fleck), dass aber der endgültige Abschluss des Projekts in Berlin mich noch einmal existenziell gefordert hat und hoffentlich endgültig befreien wird.

2.2.1998
Franz geht nach Irland, ich begleite ihn nach Kloten.

TV-Aufnahme von meiner Arbeit mit einer jungen Kollegin und einem Praxis-Kollegen mit ihren Träumen: sehr starke, ergreifende Arbeiten, wunderbar.

6./7.2.1998
Wir machen in einer meiner Frauengruppen gemeinsam einen von einer Fachfrau geleiteten 24-stündigen „Life Process", während dem wir die ganze Nacht wach

bleiben, uns selbst und einander Fragen stellen, gestalten, austauschen und diskutieren.

Ich bin die zweitälteste und spüre die Unterschiede zum Leben der anderen Frauen, vor allem der jüngeren, unerwartet stark.

Mir wird klar, dass ich weniger arbeiten will. Von „ich will nur noch halbtags arbeiten" bin ich schließlich bei der Entscheidung gelandet, einen freien „Enkeltag" pro Woche einzuführen, damit nicht ein Enkel auf die Welt kommen muss, bis ich das schaffe!

Ich will mehr Zeit für Unvorhergesehenes haben und nicht mehr so verplant sein.

Zwei der Frauen haben über die „Zärtlichkeit dem Leben gegenüber" gesprochen, das hat mich beeindruckt und nachdenklich gemacht.

Ein Weltuntergangstraum:

Ich erlebe Vieles, ein wenig wie „Titanic".
Eine Sequenz, in der ich die Kinder zuerst zurückhalten will wie irgendeine blöde
Mutter und dann zu Radikalität ermuntere, weil ja sowieso Weltuntergang ist!
(16.2.1998)

Was für eine spannende Idee: Weltuntergang als Befreiung und Aufforderung zu Radikalität!

Am 21./22. Februar treffen sich in Romanshorn Familie und Freunde von unserem tragisch verstorbenen Freund Chlöis, der in diesem Februar 60 Jahre alt geworden wäre.

Telefon mit einer etwa gleichaltrigen Kollegin, welche nach einer sehr schweren Lungenentzündung daran denkt, den Beruf aufzugeben - aufgeben zu müssen.

Das erschüttert und beschäftigt mich sehr.

Diese Nachricht hat vermutlich ein Feld konstelliert, in dem es dann auch um mich geht:

Ein dunkles Bündel, etwas wie ein Hund, springt aus dem Garten hoch und will zu
mir. Es braucht mich, es macht ein herzzerreißendes Geräusch, heult und jault.
(13.3.1998)

Zu diesem bedürftigen dunklen Bündel, das zu mir will und mich braucht, kommt mir mein Blutdruck in den Sinn: ich muss mehr auf meinen Körper aufpassen, das Symptom ernst nehmen.

27./28.3.1998
Die Jungianische Frauengruppe für den Kongress in Florenz trifft sich bei mir, wir arbeiten gut zusammen und haben viele Ideen.

Nach einer gut verlaufenen Operation des Schwiegervaters und einer Schifffahrt nach Rapperswil mit meiner Mutter und meinem Bruder reisen Franz und ich ab nach Vals.

In Vals ist Franz dabei, ein Buch abzuschließen: überall im Hotelzimmer sind Zettel. Ich bin frustriert, bade in der Therme, lese und spaziere, komme mir überflüssig vor und ärgere mich, dass wir nicht zwei Einzelzimmer genommen haben. Das wäre aber doch auch schade!

In Vals träume ich:

Stefanie, eine deutsche Kollegin, die ich von Wildungen kenne und die ich sehr schätze, spielt auf meinem Notebook leidenschaftlich Orgel.
(Assoziation beim Aufwachen: meine Gedichte!)
(7.4.1998)

Das Bild von der leidenschaftlich auf meinem Notebook Orgel spielenden Stefanie hat mich beeindruckt und herausgefordert: mach dein Ding! Mach es leidenschaftlich und mit Gefühl! Diesen Kick habe ich verstanden und gebraucht - los!

Wieder in Oerlikon
Wieder einmal bin ich erfüllt von einer großen Dankbarkeit für meine Frauengruppen, in denen ich mit meinen Freundinnen austauschen und lernen kann und wir einander auch immer wieder herausfordern und gegenseitig nachfragen.

Schreibwoche am Orta-See (4.-8.5.1998)

Von vielen Menschen.
Einmal in einem Hotel, dann an der Uni.
Es schneit.
Einmal sage ich zu verschiedenen Kollegen, ich sei jetzt öfter an der ETH - äh, Uni.
Ich hätte sogar vor, noch eine Dissertation zu schreiben.
(4.5.1998)

Dazu kommt mir nach dem Erwachen sofort in den Sinn, dass ich in der Sonntagszeitung gelesen habe, wie viel Adolf Muschg als ETH-Professor verdient und dass er in seinem Fach (Deutsche Sprache und Literatur) dort eigentlich wenig arbeiten müsse.

Eine mögliche Deutung besteht ganz einfach darin, dass ich auch viel Geld für wenig Arbeit verdienen möchte. Aber der Gedanke, noch eine Doktorarbeit zu machen, blieb irgendwie hängen und hat letztlich dazu geführt, dass ich mich später dafür entschied, die zweijährige Ausbildung in Expressive Arts in Saas Fee zu machen, um herauszufinden, ob ich wirklich noch eine Doktorarbeit machen will.

> *Vor einer Weihnachtsfeier unserer Praxisgemeinschaft.*
> *Ich habe mich nicht darum gekümmert, habe keine Geschenklein. Die Läden sind*
> *schon zu - komme ich zu spät? Es ist mir sehr unangenehm, da treffe ich auf meine*
> *Kollegin Verena, die auch noch nicht dort ist und meint, ca. 19 Uhr sei etwa recht*
> *(ich hatte gemeint 17 Uhr).*
> *Als Geschenkidee kommt mir in den Sinn, ich könnte für alle etwas ausdrucken.*
> *(6.5.1998)*

Ich habe ja etwas zu geben, wenn ich meine Texte ausdrucke!

Zurück in Oerlikon
Nach der Schreibwoche bin ich sofort wieder mitten im Alltag.

Die Praxis läuft wie immer, der Haushalt auch.

Arny ist in Zürich und gibt mit Amy ein Seminar, zu dem viele Bekannte und Kolleginnen von überall her anreisen, die mich zum Teil auch sehen wollen.

Ich freue mich, dass ich Arny mitten im ganzen Kommen und Gehen auch allein treffen kann.

Das Berliner Basisteam nutzt die Gelegenheit, dass wir alle in Zürich sind: wir treffen uns und schaffen es, endgültig gut gemeinsam abzuschließen. Ich kann auch meinen Anteil am ganzen Verlauf sehen und bin froh, dass wenigstens niemand zu Schaden kommt.

Meine Träume kann ich zwar nicht behalten, aber ich schreibe dazu auf: „In der Nacht immer wieder das Gefühl, die Sachen fallen an ihren Platz, alles ordne sich." Und später: „Das Gefühl, das Leben gehöre wieder mir."

Es ist eine große Freude für mich, Joanna Macy, die amerikanische Beschützerin und Verteidigerin des Lebens auf unserem Planeten, persönlich zu treffen. Ich schätze sie außerordentlich für ihre Unerschrockenheit und ihr unermüdliches Engagement.

An ihrem Workshop in Zürich erlebe ich live ihre Fähigkeit, Einsichten in lebens- und überlebenswichtige Zusammenhänge zu wecken und den dafür engagierten Menschen auch zu zeigen, wie sie auf sich selbst aufpassen können.

Auf dem Älpli (Pfingsten 30.5.-1.6.1998)

Die Tage hier oben sind genau das, was wir beide brauchen. Es ist teilweise recht kalt, aber zum Glück haben wir ein Öfeli und sind in einer ganz anderen Welt hier in der Natur.

Aus den Träumen kann ich mir nur merken „von der Notwendigkeit, klar zu wählen" - das macht Sinn und ist doch oft gar nicht so einfach.

Wieder in Oerlikon

Ich erwache beim Traumereignis, dass ich unsere Hochzeitsfotos suche.
(5.6.1998)

Ob das etwas mit dem „klar wählen" zu tun hat? Wenn ja, dann war es eher das Schicksal, das damals klar gewählt hat, als das junge Paar auf dem Bild!

Sommerferien (5.7.-9.8.1998)

Wieder eine schöne Wanderung via Corno-Gries-Hütte, Rifugio Robiei nach Someo, und ein wunderbarer Aufenthalt auf dem Älpli.

Ich brauche eine Weile, bis ich loslassen kann, freue mich an Bach, Fluss und Wald hier oben, finde Federn, lese Autobiografien von Frauen. Dadurch angeregt, denke ich wieder einmal über meine Beziehung zum Weiblichen nach. Ich überlege auch, dass weder ich noch Franz eine Schwester haben, auch meine Söhne haben keine Schwester. Im engeren familiären Umfeld war ich als Mädchen und später als Frau allein. Sogar Fleck war ja männlich, es gab keine weiblichen Welpen in seinem Wurf!

Drei Ferientage mit meiner Mutter in Weggis (24.-26.7.1998)

In der ersten Nacht schlafe ich 10 Stunden!

Das Zusammensein ist für uns beide eine Herausforderung, ich sehe und spüre, wie meine Mutter auch körperlich leidet, und fühle stark, dass ich sie liebe.

Interessanterweise träume ich von Berufspolitik:

Ein Telefonanruf eines Vertreters meines Verbandes mit Anspielungen darauf, dass
es jetzt ja Neugründungen und Abspaltungen bei verschiedenen Schulen gibt.
Daneben auch Vieles von Polen und meinem Kollegen Lane und von einem Kollegen
in der Slowakei. „Beim Erwachen großes Wohlgefühl."
(25.7.1998).

Eigentlich ist Berufspolitik nichts, was bei mir ein großes Wohlgefühl erzeugen könnte.

In der Situation mit meiner Mutter hilft es mir aber offenbar, bei mir selber zu bleiben, wenn ich wieder mit meiner eigenen Berufswelt verbunden bin.

Die letzte Nacht in Weggis ist lang, Gedanken über Alter, Tod, Vergänglichkeit.

Am Morgen erwache ich, weil mein Telefon klingelt: eine Klientin ruft an!

Ich muss dringend zurück in meine eigene Welt.

Wieder daheim

Besuch bei zwei alten jungianischen „Hexen", wir sind eine ganze Gruppe. Unterwegs Pannen mit der Eisenbahn, dann ein komisches Mobil: ich bin als einzige auf einer Bank, welche die Treppe hochschwebt. Beim Besuch gibt es ebenfalls Pannen. Ich bemühe mich, dass nichts dreckig wird, schließlich sagen sie mir ins Gesicht, ich sei zu süß und solle direkter, klarer, kritischer sein, und berufen sich auf Astrologie.
Einmal ein Bild mit einem massigen Mann: ich will aufräumen - er lässt mich nicht. (27.7.1998)

Das kommt mir vor wie eine mögliche Bilanz meiner Ferien mit meiner Mutter: ich hätte wohl direkter und klarer unsere Themen ansprechen sollen, konnte es aber nicht. Das Bild vom „massigen Mann", der mich nicht aufräumen lässt, ist eindrücklich.

Sommertage in Bonassola (2.-6.8.1998)

Bonassola mit dem Gartenhaus unserer Freunde am Hang über dem Dorf ist für uns zu einem wichtigen Rückzugsort geworden, wo ich Zeit zum Nachdenken und Lesen habe.

Im großen Haus gibt es eine wunderbare Bibliothek, die ich sehr genieße.

Wir spielen alle vier leidenschaftlich gern Karten und führen viele gute Gespräche.

Ich denke hier auch nach über den schon in der Bibel beschriebenen Gegensatz zwischen Kain und Abel, wie ich ihn selbst erlebt habe:

Nach den sesshaften Jahren in Uetikon mit dem großen Garten und später mit den heranwachsenden Kindern und dem Aufbau der Praxis gab es eine „Nomadinnen-Zeit" des Reisens, Unterrichtens und Forschens in einem ständig wachsenden Umfeld. Jetzt wird bei mir das Bedürfnis wieder wach, zu pflegen und zu „ernten", und ich überlege mir, mehr Zeit darauf zu verwenden, meine Notizen und Tagebücher im Estrich durchzuschauen und zu ordnen. Damit rutsche ich wieder mehr auf die „bäuerliche" Seite.

Das Nachdenken über meine und unsere Situation zeigt sich auch in den Träumen:

Wir stellen das Haus um und räumen auf, weil sich unser Verhältnis mit den
Söhnen verändert hat.
(August 1998 in Bonassola)

Auch beschäftigt mich wieder einmal meine Erschöpfung und die Rolle der
Erschöpfung: sie ist offensichtlich ein veränderter Bewusstseinszustand. Braucht es
auch einen veränderten Bewusstseinszustand, um aus der Erschöpfung wieder he-
rauszukommen? Warum geschieht es so häufig in meiner Umgebung / in dieser
Zeit, dass die Leute erschöpft sind? Hat es mit dem Alter zu tun? Was machen die
Jungen?

Als ich einen Text über Schwitzhütten lese, denke ich daran, wie gern ich hier schwit-
ze und das Schwitzen suche, wenn ich ins Dorf gehe und wieder nach oben steige.

Zurück in Zürich
Ich habe gerade als erstes einen Acht-Stunden-Tag in der Praxis und arbeite gut und
gelassen. Es geht leicht, alles berührt mich, das Herz ist dabei, auf gute Art.

Eine lange Reise, auf der es immer wieder gilt, sich neu auszurichten.
Unter anderem Zusammensein mit einem großen Schwarzen.
(11.8.1998)

Aha, schon wieder.

Mit einer Freundin Ausflug in die Emma-Kunz-Höhle.
   Die Heilerin, Malerin und Pendlerin Emma Kunz (1892-1963) war eine Frau, die
schon in ihrer Jugend durch besondere Begabungen (Telepathie und Prophetie) auf-
fiel und damals einer Jugendliebe nach Amerika folgte. Nach ihrer Rückkehr in die
Schweiz arbeitete sie mit dem Pendel, malte und schrieb und entdeckte in einer
Höhle in der Nähe ihres Hauses in Würenlingen ein Heilgestein, das noch heute als
AION-A abgebaut und verkauft wird.

Der Aufenthalt in der Höhle war eindrücklich, wir glaubten dort die Kräfte dieses besonderen Ortes zu spüren und waren fasziniert von der Lebens-und
Wirkungsgeschichte dieser mutigen und begabten Frau, von den Datura-Pflanzen
überall und vom Wald hinter der Höhle, einem wunderbar anregenden und besonderen Ort.
(12.8.1998)

Ich muss drei schwierige Situationen an einem Tag meistern.
Ich denke, dass ich eigentlich nicht mehr daran gewöhnt bin, so etwas
durchzustehen. Eine Art Aufnahmeprüfung für Florenz?
(21.8.1998)

IAAP Konferenz in Florenz (23.-28.8.1998)

Die Reise mit unserer Frauengruppe im Nachtzug ist bereits eine wunderbare Einstimmung. Eine Kollegin nimmt ihre junge Tochter mit, das freut uns und ergänzt unsere Gruppe.

Unser „Feminine Looking Glass" ist ein Ort im Kongress, wo es eine Ausstellung gibt und wo man sich treffen, entspannen und inspirieren lassen kann. Das wird beachtet und geschätzt. Vor allem die Kongressteilnehmerinnen suchen das Gespräch, wollen mit uns diskutieren und finden, so etwas sollte es auch an den nächsten Kongressen geben.

Verschiedene Auseinandersetzungen. Unter anderem geht es darum, zu Arny und seiner Arbeit zu stehen. Es geht um ein Manuskript von Arny über Worldwork, das plötzlich auftaucht.
Es gibt auch ein Baby aus der Familie einer POP-Kollegin, das man mir anhängen will: ich muss aufpassen, dass ich genau das Verhältnis zu diesem Baby haben kann, das für mich stimmt.
Ich lebe gern und möchte gern noch ein bisschen weitermachen.
(25.8.1998)

Am Kongress in Florenz erlebe ich immer wieder innere und äußere Konfrontationen meiner beiden Schulen. KollegInnen fragten nach Arny und seiner Arbeit. Ich ärgerte mich auch darüber, dass gewisse Welt-Themen (z.B. Rassismus und Homophobie) in diesem Feld gar nicht erwähnt wurden, und doch fühlte ich mich wohl hier.

Weil ungefähr gleichzeitig ein Worldwork stattgefunden hätte, musste ich schon im Vorfeld wählen. Die Teilnahme am IAAP-Kongress war für mich eine Entscheidung für meine „Jungianische Herkunft", für Europa und für die Frauen.

Das Baby-Motiv taucht hier als Bild für etwas eher Lästiges auf: man will mir ein POP-Baby „anhängen". Diese Sichtweise ist für mich nicht neu, ich habe ja bei Arnys Rückwanderung in die USA viele „POP-Babys" geerbt! Dass ich am Schluss des Traums merke, dass ich gern lebe und gern noch ein bisschen weitermachen möchte, zeigt mir, wie lebenswichtig es für mich ist, einen eigenen Weg zwischen den beiden Schulen zu finden.

Aus dem Zugfenster in Graubünden: ein riesiges Krokodil in einem Fluss!
Das Gefühl, wie schrecklich es wäre, in einer Bank eingeschlossen zu sein.
(27.8.1998)

Ein großartiges Bild: Ein Fluss in einer wilden Umgebung, in dem ein riesiges Krokodil schwimmt (Graubünden ist ein Bergkanton). Aber nicht das Krokodil im Fluss löst ein Schreckensgefühl aus, sondern die Vorstellung, in einer Bank eingeschlossen zu sein!

Wir sind in einem Ferien - oder Kurshaus.
Einmal sehe ich auf der Wiese drei Tiere wie ein Symbol eindrücklich beisammen:
Einen schwarzen Büffel, einen schwarzen Hund und eine riesige, buntgemusterte
dicke Schlange mit Jungen.
(22.10.1998)

Als ich das Traumbild der riesigen dicken Schlange male und gestalte, kommen mir Schlangen der Mythologie in den Sinn wie die altägyptische Ur-Schlange und der alchemistische Uroboros, die Schlange, welche die ganze Erde mit allen Kreaturen umschlingt und sich in den Schwanz beißt, die sich selber frisst und immer wieder neu erschafft. In einem der ältesten Mythen der Menschheit stiehlt die Schlange Gilgamesch das Lebenskraut, sie kann sich immer wieder häuten und ist Herrin über Leben und Tod.

Und der schwarze Büffel und der schwarze Hund? Ich kann mir vorstellen, dass sie den vom Menschen gezähmten und „untertan gemachten" Teil der Kreatur verkörpern.

Ich sehe, dass meine Mutter daheim einen perfekt gepackten Koffer hat.
Offensichtlich noch von den Ferien? Sie will ja nicht verreisen! Dann sollte sie ihn
wohl auspacken.
(28.10.1998)

Ist der perfekt gepackte Koffer meiner Mutter ein Hinweis auf das Weggehen überhaupt, den Tod? Daran hatte ich im Traum gar nicht gedacht.

Ende Oktober ruft mich Debbies Exmann John an. Debbie ist im Spital, ernsthaft an Brustkrebs erkrankt. Sie hat zu lange einem „Experten" geglaubt, sie sei gesund, und jetzt ist es sehr spät!
Was für eine furchtbare Nachricht! Ich bitte John, mich auf dem Laufenden zu halten, und schäme mich, dass ich den Kontakt mit Debbie vernachlässigt habe und mich von all dem, was in meinem Leben passierte, habe ablenken lassen.

Ich will zu Debbie reisen, sobald ich es irgendwie einrichten kann!

USA-Reise zu Debbie nach Viro Beach (11.-18.12.98)
Debbie ist ziemlich müde und mitgenommen, hat ihre schönen langen, blonden Haare verloren und trägt jetzt eine Perücke, die sie hin und wieder abnimmt, um

jemanden zu erschrecken, und dann wieder überstülpt. Sie erzählt mir von ihrer Krankheit, und es tut mir sehr leid, dass sie das alles erleben muss.

Ich höre auch von ihr, dass kürzlich die „Pink Ladies" (freiwillige Spital-Helferinnen) einen Besuch bei ihr gemacht und sich im Haus umgesehen haben, um später eventuell bei der Pflege helfen zu können. Debbie ist darüber erschrocken und hat John nachher gefragt, ob das bedeute, dass sie sterben müsse?

O Debbie, meine liebste und wildeste Freundin - jetzt ist sie so müde und muss viel schlafen.

Ich bin oft allein, sitze im Hof, schaue den Squirrels in den Bäumen zu und lese.

Am Abend gucken wir manchmal Fernsehen oder einen Film am TV, am Sonntag gehen wir mit Debbies Mutter ans Meer.

Am Montag fängt die Chemotherapie an, zu der ich Debbie begleite. Sie erklärt mir, dass das Medikament aus Eiben gewonnen wird und dass große Eibenwälder angelegt wurden, um den Stoff für diese Chemo zu gewinnen.

Ich lerne auch eine Freundin aus dem Ort kennen, die Debbie oft unterstützt und im Auto fährt, und bin froh, dass es sie gibt.

Darüber, dass wir neben unseren Gesprächen über die Vergangenheit und das Leben auch einmal zusammen prozessorientiert arbeiten können, sind wir beide sehr glücklich.

Lockere Träume, die ich aber nicht behalte.

Nur nach der ersten Nacht erinnere ich einen Traum von einem Gang an einen Fluss, wo ich im Gebüsch wunderbare große Federn finde.

Debbies Mutter bringt uns wieder auf den Flughafen nach Orlando für meinen Rückflug, wir sind beide ziemlich ruhig, wie wird es weitergehen?

Wieder in der Schweiz

Erschüttert und nachdenklich lande ich in Kloten und bin froh, wieder daheim zu sein.

Die letzten Therapiestunden in der Praxis und die Weihnachtsvorbereitungen lassen mich nicht wirklich zur Ruhe kommen, und das ist vielleicht auch gut so.

Ich bleibe von jetzt an in einem ständigen Kontakt mit Debbie, teilweise per Telefon und dann immer mehr durch Fax-Briefe an ihre Mutter, die sie anschließend bei Debbie vorbeibringt.

An Silvester gehe ich bei meiner Mutter vorbei.

Anschließend sind wir bei Freunden auf einer Dachterrasse mitten in der Stadt.

Als die Glocken nach Mitternacht das neue Jahr einläuten, muss ich weinen.

1999

Alice Schwarzers Biografie über Romy Schneider / Full Moon Shining / Schreibwoche in Sainte-Marie-de la Tourette / Letzter Kontakt mit Debbie / Debbies Tod am 25.5.1999 / Worldwork in Washington / Flugzeugabsturz von John Kennedy jr. / Workshop von Angwin St. Just zu Trauma und Sexualität / Mit Mutter nach Einsiedeln zur schwarzen Madonna / Ein Gedenk-Heft für Debbie

Träume
In New York brennt ein Theatergebäude / Der Schmerz über den Verlust „meines Babys"
/ Ausweglosigkeit in einem faschistischen System / Sehnsucht nach einer Wirklichkeit, die vergangen ist / Franz und mir wird ein kleines Baby-Mädchen anvertraut / Jedes Geschöpf hat ein Recht zu leben! / Eine Frau, die durchdreht und schreit / Bei einer Autofahrt werden „gute Geister" aufgeladen / Ein großer, bulliger Mann will mit mir Liebe machen / Debbie wundert sich, dass ich mich wundere / Ich bekomme noch einmal ein Baby / Der Guru, der die Aura sieht

---

1.1.1999
Ein Gefühl, die Träume seien gut und befriedigend gewesen.
 Unlust, aufzuwachen.

Pontresina (2.1.-9.1.1999)
Wir denken oft an Debbie.
 Ich lese Alice Schwarzers Biografie von Romy Schneider.
 Romy erinnert mich mit ihrer Sensibilität und der Mischung von Verletzlichkeit und Mut an Debbie.
 Einmal: das Herz kann nicht schlafen bis etwa 3 Uhr in der Nacht. Vielleicht kann ich irgendeinmal nicht mehr in die Berge gehen?

 I
In einem Haus mit zwei Partien.
Franz bringt „Fleck" mit, einen schönen, seidigen Sennenhund - aber es ist nicht Fleck. Wie sollen wir ihm sagen? Ich freue mich, aber es ist halt nicht Fleck.
Dann wird klar, dass wir noch eine herzige, zierliche Katze haben. Gleichzeitig finden wir in der Wohnung eine größere, dicke, die ich vertreibe: Es zeigt sich aber, dass sie vier Junge in unserer Weihnachtskrippe hat.

II

In einer Großstadt in den USA.
Es kommen ganze Busladungen Leute aus Israel an und treffen zum Teil Verwandte,
was zu Tränen und Wiedersehensfreude führt. Sind es Holocaust-Überlebende?
Ein Theatergebäude ist von innen hell erleuchtet, wie das KZ Theresienstadt im
Film „La vita è bella", den wir gestern gesehen haben. Es brennt! Ich beschließe
hinzurennen und zu versuchen, zu retten und zu helfen.
Niemand bemerkt das Feuer. Ich stehe vor dem Haus und schreie laut: Feuer!
Jetzt wird auch die Feuerwehr alarmiert, ich reiße die große Türe auf und fange an,
die Leute herauszuholen.
Endlich kommt die Feuerwehr, die Leute fliehen.
Unter den Theaterbesuchern war auch jemand, den ich als Polen identifiziere und
mit einem polnischen Sätzlein begrüße. Mehr kann ich nicht. Auf Englisch lasse
ich ihn wissen, dass ich in Polen gearbeitet habe und was. Später wird klar, dass er
auch Schweizerdeutsch kann. Er interessiert sich für meine Arbeit, und am Schluss
kommt aus, dass er eigentlich schon eine Weile mit Arny Mindell in Kontakt
kommen möchte.
(9.1.1999)

Es gibt viel Unerwartetes in diesem Traum.

Im ersten Teil bringt Franz einen neuen Sennenhund mit. Wir haben auch Katzen: eine herzige, zierliche und eine größere, dicke, die vier Junge in unserer Weihnachtskrippe hat.

Dann geht es in New York weiter.

Wohl beeinflusst vom Film „La vita è bella" von Benigni, den wir am Vorabend gesehen haben, beginnt sich die Szene mit der Geschichte des Holocaust zu mischen, als viele Menschen aus Israel ankommen und Verwandte treffen.

Die Feuersbrunst im Theater ist der erschreckende Höhepunkt der langsam bedrohlich werdenden Stimmung. Ich bemerke das Feuer als Erste, schlage Alarm und fange an, Menschen herauszuholen.

Unter den Fliehenden ist auch ein Pole, der ausgerechnet Kontakt mit Arny Mindell sucht. Das ist eine überraschende, ermutigende Wendung - die ständig wachsende Verbreitung von Worldwork und Prozessarbeit in immer mehr Ländern ist eine Hoffnung für viele, auch für mich.

Der Vater in Benignis Film schützt seinen Sohn davor zu realisieren, dass sie beide im KZ sind. Er tut es in der Hoffnung, dass dieser überleben und eine Zukunft haben wird.

Auch Mindell vermittelt in seinen Seminarien in vielen Ländern der Welt die Hoffnung auf eine Zukunft für die Menschheit, er hat seinen Glauben an den Menschen und an eine mögliche Zukunft trotz allem, was er gesehen hat, nie verloren.

*Von einer Gruppe, vielleicht am Jung-Institut, innerhalb der ich Verantwortung
übernehme (für Archiv oder Bibliothek?)*
(18.1.1999)

Nach dem Erwachen das starke Gefühl, ich müsse wissen, was ich wolle, dürfe nicht
Sachen übernehmen, die nicht stimmen. Ja, ich muss besser nachspüren, was stimmt
- und den Rest loslassen!

Irgendwann in diesem Januar habe ich geträumt, ein Kollege, der mich oft beleidigt
und genervt hat, sei gestorben und ich habe sehr geweint. Jetzt überlege ich, ob ein
Teil von mir sterben muss. Spontan kommen mir zum betreffenden Kollegen die
Stichworte „Kämpfer, Agierer, Sich-Durchsetzer" in den Sinn: ist es Zeit, dass die
Kämpferin stirbt?

Vollmond
Ich schlafe in meinem Zimmer und träume dort:

> *Ich kann sehr schön auf einer kleinen Trommel spielen (wie Tabla - unter vielen
> Leuten).*
> *Von einem befreundeten Kollegenpaar und einem Künstler und seiner Frau.*
> *Dass ich eine wichtige POP-Versammlung völlig vergesse.*
> *(2.2.1999)*

Was tut mir gut? Was ist kraftvoll? Was macht Freude? Die Musik, die Kunst, das
Gestalten, der Austausch mit Freunden, die Liebe, das Zusammensein mit meinem
Geliebten.
   Ich habe in dieser Nacht auch ein englisches Gedicht über den Vollmond gemacht!

> *In den USA in einem großen Hotelkomplex, dann vor einer Flugreise.*
> *Mir wird „mein Baby" gestohlen, und ich bin außer mir, dass ich es in einer Art
> Ladenstraße vor einem Geschäft im Kinderwagen allein gelassen habe.*
> *Drei Junge, die Präsidentschaftskandidaten sind - ich staune.*
> *Der Schmerz über das Baby sprengt alles.*
> *(3.2.1999)*

Wie konnte ich nur mein Baby allein lassen?
   Aber auch: Es gibt Junge, die bereit sind, Verantwortung zu übernehmen.

> *Ein ganz furchtbarer Alptraum, in dem es um ein faschistisches System geht, in
> dem wir alle keine Chance haben werden. Es bedeutet für alle Menschen, die nicht
> mitmachen und vielleicht gewisse Vorlieben haben, den Tod. Es hat gar keinen Sinn,*

entrinnen zu wollen. Einige ahnungslose Ausländer wissen es noch nicht. Furchtbar
- wie das Schicksal der Juden im Zweiten Weltkrieg. Die Ausweglosigkeit!
(4.2.1999)

Ich bin wieder am Trommeln: Jedes Geschöpf hat ein Recht zu leben!
Etwas von einer Geburt, die bevorsteht, aber bedroht ist.
(6.2.1999)

Plötzlich sehe ich einen Zusammenhang des Traumteils mit dem gestohlenen Baby, dem Faschismus-Schreckenstraum und mit Worldwork!

Worldwork ist gleichzeitig etwas Wunderbares und etwas zutiefst Erschreckendes und Herausforderndes. Alles ist da: die Menschen selbst und die ganze Schönheit und das ganze Grauen der Lebenswelt der Menschen auf der ganzen Welt.

Es erschüttert mich, wie ich all dies in den Träumen erlebe und erleide und versuchen muss, es einzuordnen und damit umzugehen.

Von einer großen Sehnsucht nach einer Schicht der Wirklichkeit, die nicht mehr da
ist: auf einem alten Weg durch ein Tal zu gehen, in einer alten Hütte zu sein oder
wenigstens ihre Fundamente zu suchen.
(20.2.1999)

Diese Sehnsucht hat mich dazu bewegt, Geschichte zu studieren. Die Rätsel und die Geheimnisse der Zeiten und der Lebensweisen kennen zu lernen, die vor uns waren, eine Verbindung zu suchen mit der Menschheitsgeschichte und der Erdgeschichte, letztlich auch mit dem kollektiven Unbewussten.

Im Moment trommle ich in meinem Zimmer viel und gern, brauche es.

Beim Aufwachen kam mir der Traum noch in den Sinn, da hatte ich aber nichts zum Schreiben. Das Einzige, was ich jetzt noch weiß:

Wir haben ein kleines Mädchenbaby anvertraut bekommen.
Und es gab verschiedene Geheimnisse um die Elternschaft.
(27.2.1999)

1.3.1999
Geburtstag von Franz. Dass er nach München fahren muss, macht mich traurig.

Malen und Trommeln, Kanal sein.

Im Moment empfinde ich vieles als Ringen um eine Identität, beim Wachwerden in der Nacht, im Traum, beim Früh-Aufwachen.

Es gibt eine Bewegung zum „Sterben", zum Wegfallen der Bezogenheit und des Mich-Identifizierens mit dem, was ich war.

Ist es das Alter? Eine degenerative Krankheit? Ein Aufbruch zu etwas Neuem?

Gestern war ich so glücklich - sommerglücklich - musste einfach singen.

2.4.1999 (Karfreitag)

Das Thema „Multiple Persönlichkeiten" beschäftigt mich.

Außerdem ist Krieg. Krieg im Kosovo, Krieg in Europa.

Weil es in den Frühlingsferien überall in Europa regnet, fahren wir an den einzigen Ort auf der Wetterkarte, wo es nicht regnet: nach Marseille (12.-18. April).

Es war schön - aber zu wenig. Wir brauchen beide den Rest der Ferien zum Aufarbeiten dessen, was liegenblieb.

Nachricht vom unerwarteten Tod eines deutschen Bekannten.

Debbie ist wieder im Spital.

> *Von einer Frau, die durchdreht und schreit.*
> *Von einem Tages-Anzeiger-Magazin mit Bildern von Frauen: von Frauen, die reagieren und schreien.*
> *Von einem unglaublichen Auto: riesig, viereckig, gediegen.*
> *Debbie sagt, sie wolle auch so eines kaufen: dann komme ich nach USA!*
> *(April 1999)*

Am Motiv der schreienden Frauen arbeite ich mit Wahrnehmen des Herzens, Tönen und Trommeln. Trommle mit den Händen auf der Brust, was mir guttut. Gefühle zulassen und ihnen einen Kanal geben, Zeit mit ihnen verbringen.

Das riesige, unglaubliche Auto ist eindrücklich, ist mir aber ziemlich fremd.

Will mich Debbie damit nach USA locken? Hat es mit ihr zu tun? Mit mir? Mit uns?

Ich denke viel an Debbie, habe ihr mehrmals angeboten, zu kommen. Jetzt bin ich so dicht verplant und eingebunden, dass ich nicht mehr nach USA werde reisen können, auch wenn ich ahne, dass wir uns im Juni am Worldwork in Washington nicht mehr sehen werden. Dort wollten wir zusammen ein Zimmer nehmen.

Warschau (29.4.-2.5.99)

Ein Seminar in Warschau mit unseren Studierenden dort, welche ihr Studium abschließen wollen. Eine Kollegin und ich bieten ihnen als Vorbereitung einen Vorlauf („Gate") zu diesen Prüfungen an, was sich als sehr schwierig und anstrengend erweist.

Die Teilnehmenden empfinden uns als „fremde Herren", sind oft nicht bereit, unsere Kommentare anzunehmen, jede Einzelheit wird hinterfragt und muss begründet werden.

Nach diesen anstrengenden Tagen bin ich sehr froh, wieder zuhause zu sein, und denke viel an Debbie.

> *Etwas von einer recht chaotischen Familie, die aber ok ist. Sie sagen fröhlich, bei ihnen sei es überall gleich dreckig, Kinder und Katzen purzeln durcheinander, es geht auch um Drinks, um die Aussicht auf einen See.*
> *(7.5.1999)*

Wie schön! Dieser Traum tut mir gut!

Schreibwoche in Sainte-Marie de la Tourette bei Lyon (10.-15.5.1999)

Bis zur Abreise in die alljährliche Frauen-Schreibwoche haben sich so viele Verpflichtungen aufgetürmt, dass ich es kaum schaffe zu packen und am Schluss unter einem viel zu umfangreichen Gepäck fast zusammenbreche. Aber dann sitze ich im Zug und bin einfach froh wegzukommen.

Das Kloster in Sainte-Marie de la Tourette wurde von Le Corbusier gebaut und nur acht Jahre lang für den geplanten Zweck gebraucht. Dann hatten die Dominikaner keine Novizen mehr, die bereit waren, sich mehrere Jahre hier in der Natur ausbilden zu lassen, während die Welt brannte.

Der Ort hat eine männliche Ausstrahlung, die für uns Frauen nicht ganz einfach ist.

Auch ist der ursprüngliche Plan von Disziplin und religiösem Leben in diesem Gebäude inzwischen zu Verwahrlosung und Überforderung verkommen, was weh tut.

Und doch ist dieser Aufenthalt für mich ein Segen: Ich bin jeden Tag im Wald, genieße das frische Grün, das Hochzeits-Quaken der Frösche und mit den anderen Frauen zu sein. Gesellschaft und gute Gespräche, Schlafen, Loslassen, hier wäre ich gerne noch länger geblieben.

Wieder in Zürich tauche ich in ein intensives Feld ein: das Arny-Seminar, die vielen Bekannten, Freunde und Kolleginnen dort, Treffen mit Arny, Diplomierten-Supervision.

Pfingsten auf dem Älpli (21.-23.5.1999)

Ich sehe zum ersten und einzigen Mal, wie sich auf dem Sims vor der Fensterscheibe unserer Hütte eine kleine Schlange ganz steif in einem Bogen aufrichtet und so eine Weile stehen bleibt.

Wieder in Oerlikon

Lukas sagt mir am Telefon, dass Debbie am Sterben ist und kann mir ihre Nummer im Spital geben. So kann ich sie noch erreichen, kann ihr noch einmal danken für alles, was sie mir gegeben hat und ihr sagen, wie sehr ich sie liebe.

In der folgenden Nacht fühle ich im Schlaf, dass etwas kräftig auf meinen Bauch prallt - und weiß sofort, dass Debbie gestorben ist, schon bevor kurz darauf das Telefon läutet: das war Debbie, die Kämpferin, die mir einen letzten Stoß versetzt hat!

Das habe ich gebraucht, danke Debbie!

Debbies Tod am 25. Mai 1999

Bis es zu spät war, sagte sie immer: „Wir sehen uns ja dann in Washington.“

Aus dem Traumbuch:

„Wer stirbt, wenn Debbie stirbt? Was verkörpert sie für mich?

Zuerst einmal eine unglaubliche Sensibilität und etwas sehr Feminines, Weiches, Blondes, Leidensfähiges. Ich sehe ihre schönen großen Augen, die sich mit Tränen füllen, spüre ihre Gefühlsseite. Ich sehe sie am Boden vor ihrem Webstuhl sitzen, Farben und Wolle wählen, kochen, meditieren. Daneben ihre Fähigkeit, zuzupacken, radikal zu sein, zu streiten und zu kämpfen. Die Karate - Frau, ehrgeizig, sehr sexuell, frech, manchmal unangepasst und „hysterisch“. Ich bewundere an ihr die Fähigkeit, allein zu leben, das Selbstvertrauen, um das sie immer wieder ringen muss, das sie aber doch in einem Ausmaße hat, dass sie nie einfach verschwindet, sondern da bleibt, bei sich bleibt, bei ihrer Debbie-Kraft, die leider oft nur noch eine Kraft ist, auszuhalten. Dass sie weiß, was sie braucht, den Mut hat, es einzufordern.“

Worldwork in Washington (2.6.-7.7.1999)

Dieses Worldwork war ein starkes und unvergessliches Erlebnis.

Es fand im Campus der traditionsreichen Howard University statt, der ersten und ältesten afroamerikanischen Universität, mitten im Herzen eines schwarzen Quartiers, durch das wir jeden Morgen zu Fuß ins Seminar gingen.

Vieles hat mich hier sehr bewegt. Ich habe zahlreiche Gespräche geführt und über die amerikanische Geschichte gelernt - nicht nur von den Afro-AmerikanerInnen, auch von den indigenen Frauen, die darüber sprachen, dass der Boden hier in Washington früher ihrem Stamm gehört hatte.

Neben der intensiven Arbeit mit Einzelnen, mit meiner Gruppe und in den Großgruppen war es ein eindrückliches Erlebnis, auch dieses Washington ein wenig kennenzulernen, das ich bis dahin erst aus dem Fernsehen kannte und einfach wieder einmal in Amerika zu sein.

Und ich konnte ein Zimmer mit Nisha teilen, was wir beide sehr genossen.

Es machte mich traurig, wie wenig die Kolleginnen und Kollegen auf die Nachricht von Debbies Tod reagierten. Das hatte ich nicht erwartet. Es zeigte mir noch einmal, dass Debbie am Schluss in Florida sehr allein gewesen war.

Auf dem Heimweg aus den USA flog ich nach Orlando und von da nach Viro Beach, um Debbies Eltern zu besuchen und John zu treffen, mit dem ich noch einmal über Debbies letzte Tage sprechen konnte. Er gab mir die Hälfte von Debbies Asche mit, um sie in den Schweizer Bergen zu verstreuen, die andere Hälfte war bereits dem Meer übergeben worden.

Wieder in Oerlikon war ich froh, alle meine Lieben gesund und zufrieden anzutreffen.

Es gab natürlich, wie nach solchen Abwesenheiten üblich, viel zu erledigen.

Aber wir schafften es doch noch, vom 24. Juli an drei Wochen nach Avers zu gehen.

Avers (24.7.-14.8.1999)

Wie immer: die Berge, die Luft, die Natur, die Gerüche, das Haus.

Mir passiert allerdings etwas Unerwartetes: Ich merke, dass ich in diesem Jahr hier nicht mehr lesen kann - weil ich schreiben sollte!

Schreibend denke ich über vieles nach, über die Welt, über Worldwork, über die Entwicklungen in meinem beruflichen und privaten Leben, über das, was kommt.

Im Traum habe ich einen kleinen Löwen an einem Strick dabei.
(9.8.1999)

Den nehme ich gern mit und sehe ihn aufwachsen!

Die Nächte sind diesmal anders: ich bin ruhiger, weniger bedrängt, kann die Gefühle und Bilder mehr kommen und gehen lassen.

Ich vermisse Debbie sehr, hätte ich ihre Asche jetzt schon zum Verstreuen mitnehmen sollen?

Wieder in Oerlikon

Bild von einer Tasche auf einem Bahnsteig. Ich habe alles ausgepackt, will aufräumen - da fährt der Zug!
Der Zug wird ausgerufen, fährt auf Gleis 2, ich stehe auf Gleis 1 da mit all den Sachen, versuche, einen Abfallsack in den Abfallkübel zu drücken, ich habe noch eine Wolldecke, unmöglich!

Ich beschließe aufzuwachen!
(29.8.99)

Dass ich das im Traum als Lösung beschließen konnte, beeindruckt mich: Ja - „Aufwachen" ist im Traum und im Alltagsleben eine großartige Intervention!

Eine Autofahrt, die sehr interessant und anregend ist, eine Art Bildungsreise.
Ich werde mitgenommen, wir sind von Anfang an ca. 5 bis 6 Personen (ist meine Gotte dabei?).
Dann laden wir aber noch zusätzliche auf, „gute Geister", Mutterfiguren: Lotte und andere alte Haushälterinnen, und ich wundere mich, dass wir immer noch Platz haben im Auto. Schließlich sehe ich, dass es eine andere Sitzordnung gibt: irgendwie quer mit Bänken.
(2.9.1999)

Was für ein schönes Bild: dass noch Mutterfiguren als gute Geister mitgenommen werden für eine Reise.

Offenbar hatte ich starke und intensive Träume während des Workshops von Angwin St. Just zu Trauma und Sexualität. Nach dem Aufwachen erinnere mich aber nur noch an:

1. einen Teil mit jungen Kätzchen und der alten Katze.
2. dass Franz und ich eine Tochter haben.
(Einmal in der Nacht konnte ich kaum mehr auf dem linken Fuß stehen vor Schmerzen.)
(15.9.1999)

Die Stimmung, die Träume und meine Körperreaktionen während und nach einem Workshop zu diesem Thema beobachte ich immer genau.

Diesmal habe ich ein gutes Gefühl: Es gibt „geheilte" Teile, unsere Traum-Tochter freut mich zum Beispiel sehr. Andere Teile, vor allem Reaktionen in den Beinen und Füßen, kenne ich bei mir als „Alarmschmerzen", es sind Verkrampfungen und Versteifungen, sobald auch nur eine Ahnung oder ein Hauch von Bedrohung auftaucht.

Unter vielen Menschen.
Ein großer, bulliger Mann mit einer starken Ausstrahlung und Energie will mitten unter allen Leuten mit mir Liebe machen. Ich fahre ihn an: schpinnsch?
Er bringt irgendwie sein Knie zwischen meine Beine, schiebt den Rock hoch und fasst mich am Po.

Ich denke daran, wie viele Frauen und Kinder, aber auch wie viel Einfluss, Geld und Macht er hat. Ich weiß, dass es mich nicht kalt lässt, dass er um mich wirbt.
(Beim Aufwachen denke ich: meine Projekte!)
(2.10.1999)

Am 2./3. Oktober gehe ich mit meiner Mutter nach Einsiedeln zur Schwarzen Madonna.

Paris (11.-14.10.1999)

Von Debbie geträumt: sie trifft unter verschiedenen Leuten ein, wie in einem Seminar, und wundert sich, dass ich mich wundere - und ich zeige ihr meine ganz große Freude, dass das möglich ist!

Wie schön, Debbie zu „treffen" - dass sie sich über mich wundert zeigt mir deutlich, dass sie in einer anderen Welt ist.

Ich habe noch einmal ein Baby bekommen: es ist einerseits ein türkisches Adoptivkind, aber gleichzeitig durch und durch mein eigenes Kind. Es gibt auch eine intensive Stimmung von Geburt und Stillen. Ich muss mir richtig sagen, dass ich mich ja nicht von der Geburt erholen muss, weil es keine gegeben hat!
Das Baby sieht genau aus wie meine Kinder (eher wie Lukas als Baby: glatt und schön), es ist extrem lebendig und beweglich, es bleibt nicht einfach dort, wo man es hintut.
In einer Sequenz bin ich mit Franz irgendwo unterwegs, merke aber, dass ich wieder zum Baby zurückmuss.
Einmal bringt mir eine Krankenschwester Sachen für das Kind: Bettchen und Matratze usw.
(31.10.1999)

Kein leibliches Kind, aber meins! Franz hat mit diesem Baby nichts zu tun.

Warum „türkisch?" Spontan kommt mir dazu eine Studien-Reise mit unserem Geschichtsprofessor Marcel Beck in den Sinn: meine Ergriffenheit von der Landschaft des Bosporus, der Hagia Sofia, der Stadt Istanbul, auch von den Wundern der Wüste, von alten Kulturen und den historischen Stätten, die wir besuchten. Diese Reise war damals sehr wichtig für mich und hat mein Interesse und mein Gespür für die Geschichte der Menschheit und die Verschiedenheit und Vielfalt der Kulturen und der Menschen nachhaltig erweitert.

*Zu meinem ganz großen Erstaunen erwäge ich im Laufe der Träume dieser Nacht
zweimal, jemanden zu meinem Vater in die Praxis zu schicken!*
(12.11.1999)

Das wundert mich wirklich sehr! Vielleicht ist es eben doch wichtig, auch zu sehen
und zu anerkennen, dass es zahlreiche Menschen gab, denen mein Vater tatsächlich
geholfen hat und auch, dass er immer für unsere Familie den Lebensunterhalt verdient hat.

Von Indien, an einem Ort, wo ich bei einem Heiler / Guru bin, der die Aura sieht.
*Ich warte in einer langen Schlange, es sind viele Leute, es gibt aber kaum Kontakt
und wenig Herzlichkeit - alle sind mit sich selbst beschäftigt.*
*Immer wieder zögere ich und gehe sogar einmal vom Platz, als ich endlich fast vorne
bin, wieder weg.*
Schließlich bin ich doch ziemlich schnell vorn und komme dran.
Der Guru schaut und sagt, er sehe nichts, keine Aura.
*Ich bin schockiert. Als ich ihn frage, ob ich in ein paar Jahren wiederkommen soll,
sagt er: nein.*
(5.12.1999)

Erst nach dem Aufwachen wird mir klar, wie unglaublich dieser Traum ist. „Nichts"
ist ja eigentlich enorm befreiend! Ich beschließe sofort, mit dem Muster „In einigen
Jahren bin ich hoffentlich besser" endgültig aufzuhören! Ich habe jetzt erreicht, was
ich jetzt erreicht habe. Mehr braucht es nicht. Dieser Traum bewirkte, dass ich beschloss, im nächsten Jahr nicht nach Oregon zu gehen (Pflicht) und stattdessen eine
Drama-Therapie-Weiterbildung zu machen (Lust).

Olten (26./27.12.99)
Der gewaltige Sturm „Lothar".
Schweres Herz.

Debbies Geburtstag (28.12.99)
Ich fange an, ein Gedenkheft für Debbie zusammenzustellen und dafür Beiträge
zu sammeln.
Das Heft wird sehr vielfältig und bildet verschiedenste Facetten ab von dem, was
Debbie für die Menschen aus ihren verschiedenen Lebensbereichen (vor allem auch
für die POP-Studierenden) bedeutete und bewirkte.
Das Zusammensetzen dieser vielfältigen Erinnerungen war für mich noch ein-
mal eine schöne Art Abschieds-Ritual

2000

Jahrtausendwende / Gründung der TOA-Fachstelle „Mittendrin" / Drama-Therapie-Ausbildung / Frauen-Schreibwoche im welschen Jura / POP-Retraite im Emmental / EGIS-Weiterbildungs-Kurs / Lesungen aus meinen Schweizerdeutschen Gedichten / Abschiedsvorstellung von Hanns Dieter Hüsch in Zürich / Film für die Jugendanwaltschaft / Mutter bekommt ein Zimmer im Altersheim

Träume
Vom Affen zur Globalisierung / Spuk an der Seepromenade / Debbie hochschwanger / Ein Boxerhund und ein Vatergespenst / Mutter kauft das Pony Kassandra / Kükelhaus verändert POP / Rebellion am Chefgeburtstag / „Stallgeruch Ärztefamilie" / Arny will mich täglich eine Stunde sehen / Wieder heiraten? / Im privilegierten Altersheim Schweiz / Charta-Probleme in der Schweiz, Elend in der Welt / Trompete üben auf dem Mundstück

---

Das neue Jahrtausend hat angefangen. Mit Zeremonien, Festen und Feuerwerk in vielen Städten der Welt - und ohne die gefürchtete Computerpanne!

> *Ein Affe auf einem Baum.*
> *Etwas sehr Überzeugendes, wie man eine Gruppe dazu bringen kann, dass sie ein Wesen ist.*
> *(2.1.2000)*

Ein Geburtstagstraum für mich und für das neue Jahrtausend!

Er umfasst die Evolutionsgeschichte vom Leben der ersten Primaten auf den Bäumen bis zum Zusammenleben der Menschen heute und hat sicher auch mit meiner engagierten Beschäftigung mit Gruppen und Großgruppen zu tun, die mich seit dem Übersetzen von Mindells „Year 1" nie losgelassen hat.

Die Vorstellung, dass eine Gruppe ein Wesen ist, dass die ganze Menschheit als riesiges menschliches Wesen verstanden werden kann, kommt in vielen Mythologien der Welt vor. In der westlichen Welt wird dieses Bild als „Anthropos-Mythos" bezeichnet: im „Anthropos", dem „großen Menschen", ist die ganze Menschheit enthalten.

C. G. Jung hat sich in seinen letzten Lebensjahren intensiv mit diesem Mythos beschäftigt und darauf hingewiesen, dass der „Aquarius", das astrologische Zeichen des Wassermanns, als Symbol des kommenden Zeitalters eine Anthropos-Figur ist. Er war überzeugt, die Psychologie im Zeitalter des Wassermanns werde sich vermehrt mit Gruppen und der Welt als einem Ganzen beschäftigen müssen und das neue Jahrtausend werde eine neue Psychologie brauchen.

Diese ahnungsvollen Gedanken des alten Weisen in Küsnacht haben vieles vorausgenommen, was wir heute am Übergang zum neuen Jahrtausend erforschen und erleben.

Der Aquarius als Anthroposfigur kann auch als archetypisches Bild für die Globalisierung angesehen werden, welche die Psychologie heute vor völlig neue Herausforderungen stellt und stellen wird.

Als ein riesiges Wesen, das alle einzelnen Menschen enthält, ist der Anthropos auch ein Urbild für das „Feld", in dem wir alle alle miteinander und mit unserem Planeten verbunden sind. Über die Eigenschaften des Feldes und seine Wirkungen wird heute nicht nur in der Physik nachgedacht und geforscht, sondern in allen Naturwissenschaften, ebenso wie in der Psychologie und in allen Humanwissenschaften.

Dieser erste Traum im neuen Jahrtausend berührt große Themen, deren Entfaltung und Entwicklung auch für die „neue Psychologie" wichtig sein wird.

Pontresina (4.-11.1.2000)

Ein Unwetter. An der Seepromenade sind viele Asphaltbrocken aufgewühlt: man hätte dort nicht „zubetonieren" dürfen.
Ein Fundstück dort: es fängt wieder an zu leben. Es gehört zu einem Menschen, der auch wieder zu leben beginnt. Ich kümmere mich um ihn, gebe ihn aber ab und will nicht in Kontakt bleiben.
(5.1.2000)

Ein unheimlicher Traum, der mich dazu angeregt hat, über die Grenze zwischen Lebendigkeit und „Zubetonieren" nachzudenken. Er kommt mir eher überpersönlich und kollektiv vor und passt für mich wie mein Geburtstagstraum zum Nachdenken über den Anfang des neuen Jahrtausends.

Was betonieren wir zu, was für Stürme braucht es, um das Lebendige wieder hervorzuholen?

Ich bin bei Debbie in den USA.
Vieles lässt mich staunen. Sie lebt offenbar in einer Wohnung. Als immer wieder jemand die Tür öffnet, wird klar, dass sie den Schlüssel verloren hat, was mich beunruhigt und verärgert.
Die Leute, die immer wieder hereintapsen, sind offenbar kinderreiche Schweizer.
Debbie lässt sie machen und etwas für sich kochen. Wir sind auch selber am Kochen.
Es gibt viel zu rüsten, „Debbies Mann" macht auch mit - es gibt Unmengen von Essen, mir kommt in den Sinn, dass ich in den USA bin: „big wasters"!

*Irgendeinmal bin ich so glücklich, bei Debbie zu sein, dass ich sie einfach umarme.
Sie sagt mir, dass sie wieder gesund werden wird, und ist hochschwanger. Darüber
freue ich mich natürlich sehr, bin aber insgeheim doch nicht ganz sicher und
überlege, dass das Kind eine jüngere Mutter als mich brauchen würde, falls Debbie
doch sterben würde. Ich könnte aber im Hintergrund aufpassen.*
(8.1.2000)

Beim Aufwachen bin ich noch ganz erfüllt und glücklich über die Begegnung mit
Debbie und freue mich über ihre Schwangerschaft. Erst nach einer Weile kommt mir
in den Sinn, dass sie ja tot ist.

Zum Thema von Debbies Gesundung und Schwangerschaft habe ich zwei
Reaktionen:

Eher rational denke ich, es könnte mit dem Generationenwechsel in POP zu
tun haben, den ich nicht mehr begleiten kann. Daneben spüre ich aber auch, dass
Debbies Gesundung, Schwangerschaft und Niederkunft eine „andere Welt" betref-
fen könnten, zu der ich keinen Zugang habe.

Dass Debbie den Schlüssel zum Abschließen verloren hat und die „kinderreichen
Schweizer" in ihre Wohnung lässt, passt zu ihr. Ich frage mich aber auch, ob die Traum
- Debbie für einen Teil von mir stehen könnte? Warum ärgert mich ihr Verhalten?
Auch ich neige manchmal zu einer unüberlegten Offenheit und Großzügigkeit, die
mich anschließend in schwierige Situationen bringen kann.

Jedenfalls hatte dieser Traum eine starke Ausstrahlung und Wirkung auf mich,
er war „nicht von dieser Welt". Ich versuchte ihn zu verstehen, aber am wichtigsten war er für meine Gefühle: er erweiterte meinen Horizont in Bezug auf Leben
und Tod und half mir, mit meiner Trauer um den Verlust Debbies einen Schritt
weiterzukommen.

Ein Kollege und ich sind dabei, die TOA- (Täter-Opfer-Ausgleich) Fachstelle
„Mittendrin" aufzubauen. Wir haben uns intensiv mit den verfügbaren Fachpub-
likationen beschäftigt und unsere ethischen und therapeutischen Grundsätze ebenso diskutiert und formuliert wie die Abläufe unserer zukünftigen Arbeitsbeziehung.

Nach dieser gründlichen Vorbereitung stellten wir uns bei der Jugendanwaltschaft
und bei anderen zuständigen Stellen vor. Diese Gespräche mit den VertreterInnen
der verschiedenen Instanzen und Behörden waren anspruchsvoll und interessant,
ich habe einiges dabei gelernt, und wir bekamen bald unsere ersten Aufträge.

Mein Kollege hat ein großes Spezialwissen. Er kennt die Welt sehr gut, in der
sich die jugendlichen Täter bewegen und hat das nötige Engagement und Gespür
für diese Art Arbeit.

Ich habe außer als Lehrerin an der Mittelschule nie mit Jugendlichen gearbeitet,
bringe aber meine Erfahrungen als Therapeutin und Supervisorin ein. Weil mein
Kollege Englisch als Muttersprache hat, werde ich die meisten Berichte schreiben.

Mit dem, was wir beide wissen und können, hoffen wir, uns zu ergänzen und als Team gut zusammenzuarbeiten.

> *Von einem jungen Dackel, der verletzt ist und Hilfe braucht.*
> *Es freut mich, Kontakt mit diesem jungen Hund zu haben - später geht er aber irgendwie vergessen.*
> *(20.2.2000)*

Zum jungen Dackel kam mir beim Aufwachen sofort einer unserer „Mittendrin"-Fälle in den Sinn, dessen Schicksal mich damals sehr beschäftigte. Als ich ihn träumte, verstand ich diesen Traum nicht. Rückblickend frage ich mich, ob ich damals schon ahnte, dass meine Energie für diese Arbeit, vor allem für das Schreiben der Berichte, irgendeinmal nicht mehr reichen würde.

In dieser Zeit sorgte ich mich auch um meine Gesundheit: mein Blutdruck war nach wie vor zu hoch, und ich hatte ziemlich heftige Kopfwehschübe.

Unsere Mutter zieht sich immer mehr zurück, ist immer schneller erschöpft. Sie wird zunehmend zittriger, fährt aber nach wie vor gerne und rassig ihren kleinen Mini, zum Glück nur im Dorf.

In ihrer Wohnung gibt es mittlerweile eine Mottenplage, und sie öffnet zum Teil nicht einmal mehr die Rollläden des Wohnzimmerfensters. Mein Bruder und ich sind alarmiert und machen uns Sorgen. Zu unserer Erleichterung teilt sie uns mit, dass sie sich für ein Zimmer im Altersheim im Dorf anmelden werde.

Ich arbeite immer noch viel, bin aber dabei, für die Arbeit mit Gruppen und Firmen junge Kolleginnen und Kollegen beizuziehen, und genieße es, bei solchen Aufträgen nicht alles allein machen zu müssen.

Erste Drama-Therapie-Ausbildungswoche in Trogen (29.5.-2.6.2000)
Das Ausbildungs-Seminar hier oben gefällt mir. Wir sind eine kreative, motivierte Gruppe und tauchen mit unserer wunderbaren, theaterverrückten englischen Lehrerin Sue Jennings mit dem Thema „Romeo und Julia" in die Welt von Shakespeares Dramen ein.

Das viele Grün ums Haus herum, die kleine Schlucht hinter dem Haus, die Vögel und Tiere und die ländliche Umgebung hier im Appenzell tun mir als Städterin unglaublich wohl.

In dieser Woche träumte ich:

> *Zwei verhüllte Frauen mit Kopftüchern.*

„Hexenkampf": ich bringe sie und ihre „Wesen" zum Verschwinden, sie meine
Möbel.
Nachher ganz tief entspannt aufgewacht. Der Traum kommt mir erst nach einer
Weile wieder in den Sinn!
(31.5.2000)

Zu Shakespeare passen die Hexen nicht schlecht, auch sind wir eine reine Frauengruppe und haben alle einen ähnlichen beruflichen Hintergrund, da kann natürlich unter uns schon manchmal eine „Hexen-Rivalität" aufflackern. Die Idee der Hexen, meine Möbel wegzuzaubern ist vielleicht gar nicht so schlecht: der Gedanke, mein Leben sei „übermöbliert", hat schon etwas für sich!

Schreibwoche im welschen Jura (19.-24. Juni 2000)
Erst hier oben wird mir noch einmal klar, wie viel Erholung ich brauche. Wovon eigentlich? Von einigen schwierigen Themen in der Praxis und bei der übrigen Arbeit, vom Leben zu zweit, vom Älterwerden, vom Mich-Sein?

Ich schlafe viel, genieße den SPACE.

Wir Frauen diskutieren unter anderem darüber, was jede von uns für Fantasien über ihre „Inkarnation" hat: wie sind unsere Seelen genau an diesem Ort in diesen Körper gekommen? Ich erinnere mich an eine Übung während meiner Ausbildung, bei der ich entdeckte, dass meine Seele vom Geruch von frischem Brot auf die Erde gezogen wurde! Meine nie endende Begeisterung für das Essen war sicher etwas von dem, was mich als Kind am Leben hielt.

Nach der Schreibzeit im Jura verspüre ich plötzlich eine unbändige Lebenslust.

Wieder in Oerlikon
Mein leeres Zimmer mit dem neuen Boden ist großartig - so viel Platz!

Doch dann sehe ich beim Gang ins Büro einen neuen Computer, von dem ich nichts wusste. Plötzlich bin ich verstört, fühle mich übergangen, als Gast im eigenen Haus.

Zum Glück ist am Abend unser Quartier-Straßenfest: es wird völlig verregnet, aber in den engen Räumen des kleinen GZ entwickelt sich unerwartet mit viel Gedränge, Musik, Singen und Tanzen eine Insel von Glück und Gemeinschaftheilend und wunderbar!

Wir sind unterwegs.
Franz kauft einen Boxerhund, den wir dann bei uns haben.
Irgendwie ist im Hintergrund auch die Familie: meine Mutter und Kaspar und
Lukas, eher jünger, als sie jetzt sind.
Als wir heimkommen, sehe ich plötzlich, als ich in der Eingangshalle stehe, meinen

*Vater in der Tür stehen, in braunem Mantel und Hut - „leibhaftig". Ich nehme
wahr, dass ich mich freue, ihn zu sehen, was ich eigentlich nicht erwartet hätte, und
will mit ihm Kontakt aufnehmen.
Da löst er sich auf, ich versuche ihm nachzurennen, da sehe ich, wie er sich entfernt
als eine Art Besenstecken mit einem Totenkopf darauf.
Ich versuche ihm mitzuteilen, dass ich heirate, was sehr wichtig ist!
(27.6.2000)*

Zum Boxerhund kommt mir als erstes in den Sinn, dass Franz sicher nie einen Boxer
kaufen würde! Aber Pa, der Vater meiner Mutter, hielt immer Boxerhunde, und mir
wurde erzählt, „Arno", einer von ihnen, habe immer neben mir aufgepasst, wenn
ich während des Krieges als Baby im Garten im Kinderwagen lag.

Hat Franz etwas von Arnos Funktion übernommen, auf mich aufzupassen?

Für eine Frau mit einer „Vaterwunde" ist der Partner wichtig: er kann entscheidend zur Heilung und Verarbeitung der traumatischen Erlebnisse und Erinnerungen
seiner Partnerin beitragen.

Das war und ist auch bei uns so. Vielleicht ist es deshalb so wichtig, dass mein
Vater noch einmal weiß, dass ich heirate?

Als er sich auflöst und am Schluss als eine Art Popanz oder Gespenst verschwindet, ist diese Vatergeschichte hoffentlich endgültig erledigt.

*Ohne dass ich ein Datum dazu finde, kann ich mich erinnern, dass ich einige Zeit
nach diesem Traum in der Nacht mit der festen Überzeugung aufwachte, keinen
Vater zu haben. Lange dachte ich im Halbschlaf darüber nach, ob das überhaupt
biologisch möglich sei. Ob es das in der Weltgeschichte je gab? Aber ich glaubte ohne
jeden Zweifel daran, bis ich dann ganz wach wurde.*

Bonassola (22.7.-5.8.2000)
Es ist schön, im Hochsommer hier zu sein und im Meer baden zu können, mitten in
einem fast ausschließlich italienischen Ferienbetrieb. Diese Tage sind wunderbar er-
holsam.

Es ist die Zeit der Harry-Potter-Bücher, nach denen ich geradezu süchtig bin -
und dann manchmal nicht mehr schlafen kann.

*Ich bekomme ein paar sehr schöne vergrößerte Fotografien. Auf einigen sind fast
unbekannte Gestalten, auf anderen unsere Familie von früher. Ich muss weinen.
(27.7.2000)*

Traumwelt: „Fast unbekannte Gestalten", Szenen aus der Vergangenheit und - besonders für mich als Denktyp - immer wieder das Überwältigtwerden von Gefühlen.

Ich kaufe zu meinem Erstaunen ein Flugticket nach San Francisco.
(29.7.2000)

Fehlt mir ein „amerikanisches" Element in meinem Leben?

Meine Mutter kauft ein Pony. Es heißt Kassandra.
(30.7.2000)

Dass meine Mutter in diesem Traum ein Pony kauft, ist erstaunlich: sie hatte zwar alle Tiere gern, aber keine spezielle Beziehung zu Pferden und Ponys.

Kassandra war die griechische Prophetin, die dazu verdammt war, immer das drohende Unheil vorauszuwissen und mit ihren Warnungen nicht gehört zu werden. Mutter war eigentlich das Gegenteil von Kassandra, da sie immer die Augen verschloss vor allem Unheil und nicht hinschauen wollte. Sie ritt sozusagen auf ihrem Pony durchs Leben, ohne je etwas anzusprechen von dem, was sie wusste oder ahnte.

Wenn ich sie heute etwas frage, höre ich immer häufiger die Antwort „Ich erinnere mich nicht mehr", was mich nach wie vor zur Verzweiflung treibt - obschon ich inzwischen davon ausgehen muss, dass es wahrscheinlich stimmt.

Vielleicht hat sie in ihrem Leben aus Angst vor Kassandras Schicksal geschwiegen?

Durch den Kontakt mit „Kükelhaus" verändert sich zuerst eine kleine Gruppe und dann die ganze POP.
Es geht um Spielen, eine neue Kinderbibel, Backen und Musik, um Freude und Lebendigkeit. „Kükelhaus" und seine Gruppe können uns das vermitteln und bringen.
Meine Mutter sagt, dass sie Kükelhaus von der Sitzung einer Stiftung her kennt und unbedingt treffen will.
(31.7.2000)

Ich begegnete Hugo Kükelhaus während meiner Arbeit im Ressort Jugend im Fernsehen.

Er war damals schon ein alter Herr voller Lebendigkeit und Forscherfreude. Mit uns entwickelte er einfache Experimente für Kinder und Schulen, um so den Kindern das Staunen über die Wunder der Natur zu vermitteln und sie zur spielerischen Erforschung der Physik hinter diesen Phänomenen anzuregen.

Diese Zusammenarbeit war sehr inspirierend und es freute mich, als 1984 die Ausstellung „Phänomena" eröffnet wurde, in der viele dieser Ideen und Experimente für den Umgang mit der Natur einem größeren und begeisterten Publikum vorgestellt wurden.

Woher kommt dieser plötzliche Rückgriff auf Kükelhaus?

Spielen wir zu wenig in der POP? Fehlt uns die kindliche Freude und Lebendigkeit vor lauter „Krampfen" und Berufspolitik?

Für mich ist das Spielen in der Praxis und im Beruf ebenso wie im Privaten ein Lebenselixier, aber ich weiß aus Erfahrung, dass der Raum für das „Spielen" im weitesten Sinn immer wieder geschaffen und geschützt werden muss.

Dass meine Mutter im Traum Kükelhaus unbedingt treffen will freut mich sehr!

Eine Klasse, die ich in einer Art Baracke diplomiere. Später mit einem Kollegen, den ich sehr respektiere.
Er meint, ich sollte wieder ein Studium anfangen. Ich sage ihm, daran habe ich auch schon gedacht.
(2.8.2000)

Hier komme ich in zwei Rollen vor: als Lehrerin, die eine Klasse diplomiert, und als Lernende, die wieder ein Studium anfangen könnte. Tatsächlich bin ich im Moment dabei, über meine nächsten Projekte nachzudenken.

Die deutsche Sprache ist mir nach wie vor lieb und wichtig, ein Titel wie „Aus dem Leben der Schneehühner" von Günther Grass kann mich nachhaltig begeistern. Ein eindrückliches psychologisches Buch über Spiritualität lese ich zwar mit großem Respekt, denke aber, dass ich es nicht geschrieben haben möchte.

Offenbar lande ich, ohne es eigentlich zu wollen, in einer Günstlings-Clique und in einem kleinen Zimmerchen, wo kurz vom Geburtstag des Chefs gesprochen wird.
Mir kommt das so dürftig und gemütlos vor: draußen im Gang sind Elisabeth und andere nette Leute: könnten wir nicht die zum Apéro hereinbitten?
Da brechen die Leute aus dem Gang auch schon herein mit Gratulationen, Geschenklein und Kuchen.
Dem Chef passt das aber offenbar nicht, er stellt uns alle ziemlich barsch hinaus.
(4.8.2000)

Was für eine Situation, was ist das für ein „Chef", der die netten Leute und damit auch mich nicht haben will? Vielleicht hat der Traum damit zu tun, dass die langen Sommerferien jetzt endgültig zu Ende sind? Ich muss wieder ein Gleichgewicht finden zwischen der Arbeit, der Berufspolitik, „dem Ernst des Lebens" und dem Festefeiern und der Geselligkeit.

Wieder in Oerlikon
Wie jedes Jahr ziehen unzählige Sternschnuppen ihre leuchtenden Bahnen durch den Nachthimmel - wer sie sieht, darf sich etwas wünschen!!

Von einer Arztfamilie irgendwo im Ausland. Viele Kinder und ein Riesenhaus.
Der Mann heißt Hans-Ruedi, die Frau, wie ich später höre, Suzette.
Der Mann ist ein Riesencharmeur und umwirbt mich heftig - einmal legt er seinen
Kopf in meinen Schoss.
Ich bin auf der Durchreise und muss auch ans Weiterreisen denken.
(15.8.2000)

Dieser Lebensentwurf war nie meiner. Aber ich bin Kind einer Arztfamilie, der Traum verströmt eine Art „Stallgeruch" (der offenbar immer noch irgendwo da ist und in der Gestalt des Arztes mit mir „flirtet"), von dem ich mich allerdings gern wieder verabschiede.

Einige Tage später sitze ich mit einer Freundin an einem wunderbaren Sommerabend auf einem kleinen Balkon hoch oben am Haus an der Gemeindestrasse 27 in Zürich, wo sich seit 1917 der „Psychologische Club" traf und ab 1948 das C.G.Jung-Institut seine Tore öffnete. An diesem Abend, bei Kerzenschein, in der Sommerwärme der mächtigen alten Mauern, fühlen wir uns wie in einem Traum: verbunden mit dem Mythos und der Geschichte derjenigen, die hier gelebt, gelernt, gelehrt und geforscht haben, verbunden mit einer Geschichte, die grösser ist als die Geschichte einer einzelnen Generation.

Ich bin krank oder habe die ganze Wohnung mit allem Möglichen verstellt,
als plötzlich auf der Straße eine Kollegin und noch jemand aus den USA mit
Fischerruten vorbeigehen.
Ich bin überrumpelt davon, dass sie zu mir zu Besuch kommen, habe gar keine Lust
zu „arbeiten" und mich auf sie und POP USA einzustellen. Die Kollegin will noch
eine Klientin in den USA anrufen, diese ist aber nicht da, und sie meint plötzlich,
vielleicht wolle sie gar nicht sofort wieder arbeiten, wenn sie nach Hause käme.
Es liegt so etwas in der Luft wie „Ferien als Metaskill".
(19.8.2000)

Zu den zwei amerikanischen Kolleginnen mit den Fischerruten kommt mir als erstes in den Sinn, wie aktiv das Institut in Portland „Menschen fischt". Es gibt im Internet auf unserem internationalen Diplomierten-String immer mehr Namen von neu diplomierten Kolleginnen und Kollegen aus der ganzen Welt, die in Portland studiert haben.

„Metaskill" ist eine Bezeichnung dafür, wie man ein „Skill" (ein besonderes Werkzeug) einsetzt. Diese „Ferien als Metaskill" sind als Traumidee ein geniales Wortspiel: als Symbol einer Freizeit-Beschäftigung ist „Fischen" ein Gegenbild zum weltweiten Engagement für das „Menschen-Fischen", von dem sich alle Beteiligten von Zeit zu Zeit erholen müssen.

Debbie ist irgendwo an einer Uni am Lernen.
(25.8.2000)

Jung äußerte im Alter auf Grund seiner Träume nach dem Tod seiner Frau die Vermutung, dass sich die Verstorbenen irgendwie weiterentwickeln. Wie das aussehen könnte, ist uns Lebenden verschlossen, aber der Traum hat mich an diese Aussage von Jung erinnert.

Ich gehe zu „unseren Pferden" und nehme Kontakt auf mit einem.
Offenbar haben wir einige Stallungen, viele Pferde, welche umsorgt und gepflegt
werden, um die ich mich persönlich aber nicht kümmere und zu denen ich keinen
Kontakt habe.
Ich beginne auch nachzufragen, was mit dem wertvollen Pferdemist geschieht, ob er
bewusst in unserem Garten eingesetzt wird oder verkauft?
(27.8.2000)

Der Kontakt zu den Pferden, das Berühren von Tierkörpern und Tierseelen ist mir wichtig.

Ich erinnere mich auch an das Traum-Pony Kassandra meiner Mutter.

Zum Thema „wertvoller Pferdemist" denke ich an die alchemistische Losung „in stercore invenitur" (im Mist wird das Gold gefunden). Gibt es noch irgendwo „Mist", den ich zu wenig beachte und besser verwenden könnte?

Am Geburtstagsfest einer lieben Bekannten trage ich ein paar meiner schweizerdeutschen Gedichte vor. Es macht mich unerwartet glücklich. Ich lerne dort auch die Musikerin Barbara Jost kennen, und wir verabreden, dass ich mich bei ihr melde, wenn ich meinen Gedichtband beieinanderhabe, und dass wir dann etwas zusammen machen wollen.

Von meiner Schwiegermutter, die sehr klar, sehr aufrecht über eine Brücke geht.
(4.9.2000)

Ich bin heute sehr traurig gewesen, als wir die Eltern von Franz nach einem Besuch bei uns auf den Zug brachten, und war es am Abend wieder. Ich habe lange um die Beziehung zur Mutter von Franz gerungen, sie ist tatsächlich auf ihre Art eine aufrechte, klare Frau, wenn auch manchmal für mich mit zu unerbittlichen Maßstäben.

Abschiedsvorstellung von Hanns Dieter Hüsch im Bernhard Theater (6.9.2000)
Dieser Abend war sehr berührend und herzvoll. Franz sagte zu Hüsch auf der Bühne: „Australien liegt im Trend, Venedig geht unter, Zürich dankt." Und Hüsch sagte am Schluss: „Auf so viel Liebe war ich nicht gefasst."

Die Herzlichkeit, die Atmosphäre von Dankbarkeit und Beglückung erinnert mich
an gewisse Geburtstage oder „große" Beerdigungen wie die von Melina Mercuri
oder Lady Di. Die Menschen fühlen sich vereint in Liebe und Schmerz, im Glauben
an etwas, was für uns alle das Wesentliche ist.

Ich glaube, dass das tiefe Suchen nach solchen Momenten und nach dieser Kraft
auch etwas ist, was Franz und mich verbindet.

Heute fliegt Franz nach England (7.9.2000)
Immer wieder die Herausforderung der Trennung: kommt er zurück? Der Schmerz
dabei, das Wissen um Vergänglichkeit und Wandel: Wie kommt er zurück? Was
wird ihm begegnen?

Wie wird es sein im Winter? Wenn die Zeit der Trennungen weitergeht, wenn die
Sommer-Innigkeit vorbei ist?

Es ist dunkel und regnet stark, langsam rumpelt, rasselt und dröhnt draußen die
Stadt los.

> *Arny teilt mir auf rüdeste Weise via E-Mail mit, wann er mit mir schlafen will.*
> *Eine Stunde pro Tag will er mich sehen, einige Tage hintereinander, Franz und die*
> *Söhne sollen nicht da sein - ich kann es nicht fassen!*
> *(7.9.2000)*

Nach der ersten Empörung merke bei der Beschäftigung mit dem Traum, dass
„Schlafen mit Arny" ein Symbol ist für das, was ich im Leben auf meinem eigenen
Weg will und muss. Drastisch und ohne Umschweife werde ich daran erinnert, dass
es dafür eine ernsthafte Hingabe und Zeit ohne Franz und die Söhne braucht.

Nach diesem Traum fange ich an, die „Zeit allein" noch bewusster zu leben
und zu nutzen. Ich kann viel ausprobieren und erledigen, gehe mit meiner Mutter
Kleider kaufen und konfrontiere sie mit gewissen Dingen, die schon lange nötig gewesen wären.

Und ich bleibe dran beim Schreiben.

14.9.2000
Franz kommt heute aus England zurück - ich habe mich sehr über die Nachricht
auf dem Telefonbeantworter gefreut! Aus lauter Vorfreude habe ich mich zum
Finale meiner „Achtsamen Allein-Zeit" heute Morgen aus der Praxis ausgeschlos-
sen und musste mit meinen Klientinnen im Café arbeiten, bis der Mann mit dem
Reserveschlüssel kam.

POP-Retraite auf dem Eyboden im Emmental (15.-17.9.2000)
Unsere Ausbildung steht immer noch und immer wieder vor großen berufspolitischen und internen Herausforderungen: Wir müssen uns neu strukturieren und vor

allem die Finanzen neu organisieren. Es gibt heftige Diskussionen, ob es Zeit wäre
für eine bezahlte Schulleitung. Was da abläuft, geht uns allen nahe, einige müssen
lange Spaziergänge machen, um sich wieder zu fassen, andere können nicht schlafen und werden sogar krank.

Ich erlebe mich eher als Beobachterin und versuche, alle Teile im Boot zu behalten.

Von den Träumen der Nacht kann ich mich nur noch an einen Teil erinnern:

*Ich spreche mit einer Freundin, die ihren Mann verloren hat, über eine mögliche
Wiederverheiratung (hat sie sich verliebt?). Sie sagt, es komme nicht in Frage, sie
könne es wegen der Umstände schlicht nicht machen.*
*Dann gibt es eine Episode, wo ich mit Victoria darüber rede, als Bildhauerin zu
arbeiten. Sie und ich sagen gleichzeitig: „Ich habe ja aber nicht bei Kükelhaus
studiert."*
(16.9.2000)

Ich verstehe den ersten Teil des Traums in Bezug auf unsere Differenzen vom
Vorabend: es gibt einen „Fundi-Geist" unter uns (auch bei mir), der immer noch
mit der alten Schule (und Arny, wie er damals war) „verheiratet" ist und keine
Veränderungen will - und daneben einen anderen Teil, der weitergehen will und
sich neu „verlieben" und verändern.

Das Gespräch über Bildhauerei und Kükelhaus bringt die künstlerische und gestalterische Seite ein, welche für mich so wichtig ist. Sowohl ich als auch Victoria betonen aber, dass es für uns in dieser Sache Freiheit braucht und keinen Guru.

21.9.2000

Heute schreibt Kaspar seine Klausur in mittelalterlicher Geschichte.

Unsere Freundin Iris wird 31 Jahre alt.

Bei einem Bauch-Ultraschall, vor dem ich sehr Angst hatte wegen der allfälligen
Folgeentscheidungen, sagt der Spezialist zu mir: „Bei diesem Bauch gibt es nichts
zu entscheiden."

Eine Kollegin ist mitbeteiligt an einer ganz tollen Zeitung.
*Ich besuche sie mit jemandem und stelle zu meiner Verwunderung fest, dass sie
in einem Altersheim in Zollikon wohnt. Es ist ein sehr schönes und kultiviertes
Zimmer dort. Sie wird wohl Gründe dafür haben, denke ich, vielleicht hat es mit
ihrer Mutter zu tun?*
*Später sind wir unterwegs mit einem Gefährt auf der Straße - plötzlich bleibt
es stehen. Ist der Zugteil, eine Art Traktor, kaputt? Das wird teuer werden, uns
eventuell ruinieren!*
*Da merken wir, dass es eine politische Sache ist und der Chauffeur einfach nicht
mehr fährt, um uns zu ruinieren und zu schaden.*

Es gibt auch noch eine Möglichkeit, den Planern dieses Attentats zuzuhören und festzustellen, dass es primitive Faschisten sind. Sie wollen die Wahlen gewinnen und fangen an „die Straße" zu übernehmen.
(Ich wache auf und habe das Gefühl, dass das alles sehr bedrohlich ist.)
(22.9.2000)

Vielleicht ist die Szenerie im Altersheim in Zollikon ein allgemeines Bild für unsere privilegierte Position als gut ausgebildete SchweizerInnen in der Welt von heute?

Aber ich besuche die Kollegin ja, weil sie an einer „ganz tollen Zeitung" mitbeteiligt ist!

Die Fahrt auf der Straße, während der wir merken, dass es eine faschistische politische Kraft gibt, die uns ruinieren und an die Macht kommen will, hat etwas aufrüttelnd Bedrohliches. Ich denke eher an die kollektive Situation als an etwas Persönliches, aber eine kollektive Bedrohung betrifft uns ja auch alle persönlich!

Die „ganz tolle Zeitung" verkörpert wohl eine andere, positive Energie, die es zum Glück auch noch gibt.

I
Schwerpunkt Charta-Berufspolitik. Versammlung, die steckenbleibt, weil irgendetwas nicht klappt.
II
Mit Frauen und Kindern aus der Dritten Welt, die betteln.
Ich habe nur einige Hustenzeltli zum Geben. Darüber werden die Frauen und Kinder nach anfänglicher Freude aber wütend und greifen mich an. Schwierig und schmerzlich!
III
Auf einer Baustelle ein verletztes Arbeiterkind. Ich versuche ihm mit seiner Wunde zu helfen, habe aber nichts und muss schließlich Blätter dafür nehmen.
(27.9.2000)

Ein schmerzhafter Gegensatz: die unendlichen Anstrengungen und Bemühungen um die Berufspolitik in der Schweiz und das Leiden und der Mangel weltweit.

Wo kann ich was beitragen? Was ist wichtig?

Der Druck, auf den die Träume reagieren, ist auf allen Ebenen spürbar.

Schon mit meinem Engagement in der Schweiz bin ich mehr als ausgelastet: Meiner Mutter in der Wohnung helfen, Konfrontation mit dem Schmerz in der Familiengeschichte, der dort immer wieder hochkommt, Druck von POP, in der Praxis, von „Mittendrin", Franz in seinem beruflichen Feld.

In der Frauengruppe unterhalten wir uns darüber, ob wir nochmal auf die Welt kommen möchten und wie. Elisabeth möchte das nächste Mal Sängerin sein, ich sage spontan, „Ich möchte eine Kindheit haben", die anderen zwei möchten gar nicht mehr zurückkommen.

Ich sage, dass ich wieder auf die Welt kommen möchte, um die Menschen, die nach uns kommen, nicht „hocken zu lassen", darauf reagiert eine der Frauen sehr scharf: ob ich mich so wichtig finde? Ich fühle mich falsch verstanden, es würde einfach ums Dabeisein gehen, es hat mit Liebe zu tun.
(29.9.2000)

Gestern im Theater im Schiffbau. Ein Gefühl von „das ist doch nicht Zürich" in den Riesendimensionen dieses Gebäudes. Ist es das Zürich der Zukunft? Wer soll das bezahlen?
(1.10.2000)

EGIS-Weiterbildungs-Kurs für Ehemalige in Wislikofen (6.-8.10.2000)
Es gelingt mir, diese Supervisions-Weiterbildung als Tanz dem Prozess entlang zu unterrichten. Es ist eine Freude, mit dieser Gruppe so arbeiten und spielen zu können!

Die Gegenwart einer Kollegin von der Schulleitung hat viel gehalten, legitimiert und mit dem primären Prozess verbunden. Ihre Integrität und ihr echtes Wohlwollen haben mich tief gefreut.

> *Einmal übe ich Trompete nur mit dem Mundstück.*
> *(22.10.2000)*
> *I*
> *Völlig unerwartet bringt eine Hündin ein junges Hündchen zur Welt. Ich frage*
> *mich, ob es überlebt.*
> *II*
> *Etwas von einem kleinen Baum in einem Garten. Er ist gefährdet, aber es geht gut.*
> *Ich glaube, dass auch das kleine Hündchen überleben könnte.*
> *Aber die Frage ist, wer für die beiden sorgt.*
> *(Ich erwache mit Kopfweh.)*
> *(26.10.2000)*

Am Traum gefällt mir die Geburtsenergie von Hündchen und Baum, aber die Frage nach der Verantwortung für das weitere Leben der gefährdeten Wesen bleibt bestehen.

> *Ein Klosterprospekt, in dem steht, dass die Hasen betrübt sind über die Zeiten,*
> *in denen sie jemanden betrauern und fasten müssen. Ich will den Prospekt*
> *fotokopieren, weil ich es ein so köstliches Beispiel von Projektion finde.*
> *(27.10.2000)*

Wenn ich so ein Hase wäre, hätte ich auch lieber andere Umstände!

Am 23.11. bin ich für einen Vortrag in Bad Boll. Ich habe die Anfrage für einen Vortrag vor allem angenommen, um das benachbarte Fossilien-Museum in Holzmaden besichtigen zu können.
Vortrag und Museum waren die Reise wert!

Der Dezember wird voll und streng:
Ich begleite als verantwortliche Psychologin für „Mittendrin" zusammen mit einer jungen Filmerin das von der Staatsanwaltschaft finanzierte Experiment eines Videofilms mit straffälligen jungen Frauen, in dem wir uns eine Woche lang mit dem Leben und den Zukunftsplänen dieser jungen Frauen beschäftigen.
Daneben läuft meine Praxis zum Teil weiter und es gibt lange und aufwendige Telefongespräche mit einem Kollegen in den USA über einen Fall der internationalen Ethikkommission von POP.
Gleichzeitig bekommt meine Mutter Bescheid, dass im Altersheim ein Zimmer frei geworden ist und dass sie im Januar 2001 dort einziehen kann.
Auch bereite ich mit einer Kollegin unsere Abschlussarbeit für die Dramatherapie-Ausbildung im Januar vor.
Und natürlich steht noch wie alle Jahre Weihnachten bevor!

2001

„Reise nach Paris" in der Geriatrie der Klinik „Schlössli" / Mutters Umzug ins Altersheim / Kellerräumen in Zollikon / Schwierige Entscheidung zu „Mittendrin" / 30. Geburtstag unseres älteren Sohnes Lukas / Im ehemaligen KZ Mauthausen mit Arny und Amy / Hellinger-Kongress in Würzburg / Schreibgruppe im Tessin / „September Eleven" der Schreckenstag! / Amok im Zuger Kantonsrat / Swissair Grounding / Ich fange wieder an zu trommeln / Tod von Hannes Maeder / Ich lerne die Katze „Sphinx" kennen

Träume:
ZWISCHEN ALLEN STÜHLEN / Versuch, eine große Eule einzufangen / Eine Freundin geht an die Fasnacht, ich nicht / Von einem Mörder, noch unentdeckt, aber ich kenne ihn / Ein Bär wie ein Brockengespenst im Nebel / „Durchgekocht" / „Nelson" erwartet mich im Traumland / Jemand war in der Wohnung: das Geld ist weg / Ich muss das Licht im Theater löschen / Ganze Flure ohne Licht

---

1.1.2001
Ein schöner Tag mit einem langen Spaziergang.
Am Nachmittag das „Mittendrin"-Video angeschaut.
Es ist alles ein bisschen viel, aber ich freue mich sehr auf Pontresina.

2.1.2001 (Geburtstag)
Ziemlich schlaflos, aber nicht unzufrieden.
Hudelwetter, schöner Geburtstag mit meinen Lieben und viele Gratulationen.

Pontresina (4.-13.1.2001)
Am 4.1. um 6.30 Uhr aufgestanden, viel erledigt, den Zug nach Chur und Pontresina rechtzeitig erwischt, Schnee im Engadin!
Die Berge, die Bewegung in der Natur, körperliche Herausforderung und Befreiung vom Haushalt tun mir gut. Am Abend bin ich oft todmüde, kann aber dann doch nicht schlafen.

Viele und vielfältige Träume: einmal träume ich einen Titel, der mir gefällt:
ZWISCHEN ALLEN STÜHLEN
(12.1.2001)

Der „Spiegel" berichtet über Nato-Soldaten mit Leukämie als Folge der Strahlung von Uran-Munition, die 1999 im Kosovo und wohl auch in Montenegro und Serbien eingesetzt wurde. (Die Toten. Wer überlebt - und warum?)

Wieder in Oerlikon
Sorge um unsere Mutter: Sie ist umgefallen, hat Durchfall, ruft den Arzt nicht an, wäscht die Wäsche nicht. Ich muss notfallmäßig zu ihr.

Unsere Abschlussarbeit für die Dramatherapie-Ausbildung in der Geriatrie-Abteilung der psychiatrischen Klinik Schlössli findet am 18. Januar 2001 statt.

Wir sind am Anfang erschüttert und ziemlich verunsichert: die durch die Medikamente sedierten PatientInnen sitzen einfach teilnahmslos da.

Doch dann gehen sie doch darauf ein, einander ihre Hände zu zeigen und zu erzählen, was sie im Laufe ihres Lebens gearbeitet haben.

Anschließend können sich alle einen „magischen Handschuh" (aus den Beständen des Theaterkoffers in unserem Estrich) auswählen und anziehen, der ihnen hilft, mit einem Vehikel ihrer Wahl (z.B. Bahn, Flugzeug, Schiff, Zeppelin) nach Paris (=zum Kaffeetisch) zu reisen.

In „Paris" angekommen, trinken wir an den Champs-Elisées Kaffee und singen französische Lieder. Das geht recht gut, es gibt viele Vorschläge und alle machen mit.

Schließlich reisen wir zufrieden wieder heim und verwandeln uns zurück in den Alltag: meine Kollegin und ich helfen beim Ausziehen der Handschuhe und waschen als Abschluss allen „Reisenden" liebevoll die Hände und trocknen sie sorgfältig ab.

Gemütlich sitzen wir wieder in der Runde. Unsere Reisenden haben bereits vergessen, was wir miteinander gemacht haben. Umso mehr freut es uns, nachträglich von der Ergo-Therapeutin zu hören, dass in der Gruppe noch oft von Paris gesprochen wurde.

Der Umzug unserer Mutter ins Altersheim am 19./20.1.2001 verlief unerwartet gut.

Sie hatte gar nichts vorbereitet, aber wir konnten alles improvisieren. Es war ein schönes Erlebnis, wie mein Bruder und ich mit Franz und einem unserer Söhne zusammenarbeiten konnten.

> *Ich versuche eine große Eule in einer Wohnung einzufangen, indem ich ihr ein Handtuch überwerfe. Offenbar war das nicht gut für sie. Ich habe nachher den Eindruck, sie sterbe (sie kippt auf die Seite, ist schwach), und das macht mich unglaublich traurig.*
> *(26.1.2001)*

Dazu kommt mir das Märchen „Hans mîn Igel" in den Sinn: der Held dieses Märchens sitzt sehr lange hinter dem Ofen, bis er in die Welt zieht und ein Held wird.

Es wäre wohl richtiger, die Eule nicht einfangen zu wollen und zu warten, bis sie von selber in die Welt hinauswill!

Keller räumen in Zollikon (Ende Januar / Anfang Februar 2001)
Ein absoluter Albtraum in einem total vollgestopften Keller, in dem wir noch ungeröstete Kaffeebohnen aus der Zeit des Zweiten Weltkriegs und Kisten voller Briefe und Dokumente finden, die zum Teil von persönlichen Liebesdramen handeln, die einfach herzzerreißend sind.

Auch die Gerichtsakte meines Vaters kommt irgendeinmal zum Vorschein. Franz wird sie für mich lesen und mir später darüber berichten.

Mitten in dieser Räumerei träume ich:

Von einer Freundin, die an die Fasnacht geht - ich bin eifersüchtig.
(31.1.2001)

Es ist ja bald Fasnachtszeit, und dort wäre es sicher viel lustiger als hier beim Aufräumen!

Im Februar geht es weiter mit Wohnungräumen, Praxis, Abschluss-Seminar der Dramatherapie-Ausbildung, Besprechungen mit meinem Bruder und unserer Mutter über den Verkauf der Eigentumswohnung, Begleiten der Mutter beim Einleben im neuen Heim und mit dem Entwickeln von neuen Routinen dort.

Es geht mir im Ganzen nicht schlecht, ich kann auf mich aufpassen, schlafe allerdings manchmal ein im Theater oder wenn wir eingeladen sind.

Traum von einem Mörder. Er ist noch unentdeckt, aber ich kenne ihn. Bedrohlich
und unheimlich-schrecklich wie selten.
(8.3.2001)

Ein schlimmer Traum.

Mir wurde schließlich klar, dass ich mir ernsthafte Sorgen um meine Gesundheit machen musste.

Das hatte zur Folge, dass ich mich aus unserem „Mittendrin"-Projekt zurückzog. Meine Kraft reichte nicht mehr dafür. Mein Kollege reagierte heftig, aber ich konnte nichts ändern an dieser Situation, es tat mir sehr leid, ich hatte keine andere Wahl.

Am 14.3.2001: Lukas, unser älterer Sohn wird 30 Jahre alt!
Beim Schließen der Fensterläden den warmen Regen und die Gerüche intensiv wahrgenommen: irgendeinmal werde ich das nicht mehr erleben - tut weh.

Mit meiner Mutter am Zürichhorn am See. Ich merke wieder einmal, wie unglaublich langsam sie geworden ist. Ich selbst bin schon wieder voll auf Heuschnupfen-Kurs und denke über meinen Blutdruck nach.

Die Wohnung ist verkauft, wir gehen zum letzten Mal mit unserer Mutter in die leere Wohnung und dann zu dritt essen (7.4.2001).

Ostern (15./16.4.2001)
Unglaubliches „Hudelwetter". Ich verbeiße mich ins Trauma-Thema, lese, denke und spüre nach.

Eine Kindheitserinnerung kommt zurück an die Gewaltbereitschaft meines Vaters, der eine Haushalthilfe ohrfeigte, weil sie mit mir auf dem Gepäckträger mit dem Velo herumgefahren war.

In der Nacht vor der Abreise von Franz habe ich offenbar einen Panikanfall gehabt. Als Franz mich beruhigen wollte, schlug ich auf ihn ein und schreie: „Du Söicheib, eifach i mis Bett z'cho."

Am Morgen erwache ich sehr erholt und kann mich an gar nichts mehr erinnern, aber Franz ist ziemlich mitgenommen. (23.4.2001)

Im Rahmen eines Seminars mit Arny und Amy Mindell Besuch des ehemaligen KZ Mauthausen bei Linz (27.-29.4.2001)
Alles hier ist furchtbar, kaum auszuhalten, die Menschen weinen schon beim Ankommen im Bus, „die Burg des Bösen" (Skizze des festungsähnlichen Komplexes).

Ein durch und durch erschütternder Tag, an dem es gut ist, hier nicht allein zu sein, sondern mit Menschen aus vielen Nationen und mit Arny und Amy, in einer Gemeinschaft.

Wer jüdisch ist, denkt an seine jüdischen Vorfahren, die hier gelitten haben, an das Leiden des jüdischen Volkes unter dem deutschen Nationalsozialismus.

Andere denken an die Widerstandskämpfer, Politischen, SozialistInnen, die hier umgebracht und gefoltert wurden. Sie empfinde auch ich als meine Vorfahren.

Immer wieder sind wir am Weinen, fassungslos.

Arny schlägt als Übung vor, dass wir uns in Gedanken so weit in die Luft erheben, bis wir es ertragen, von dort auf die Erde hinunterzuschauen und dann zu versuchen, mit jemandem aus dem KZ von damals Kontakt aufzunehmen. Das erweist sich als eine gute Möglichkeit, mit unseren fast unerträglichen Gefühlen umzugehen.

In Wien bleibt die Gruppe noch zusammen für ein Seminar, in dem wir in kleinen Gruppen und als Großgruppe gemeinsam weiterverarbeiten, was wir gesehen und erlebt haben.

Ich bin sehr froh, dass Franz zufällig auch in Wien ist und ich ihn nach dem ersten Seminartag treffen und in den folgenden zwei Nächten mit ihm im Hotel sein kann.

Es ist eine Zeit, in der ich keine Träume behalten kann, wohl weil das Geschehene und Gesehene immer noch alle Kraft braucht.

Hellinger-Kongress in Würzburg (1.-4.5.2001)
Ich bin mit Freunden aus Zürich da.

Arny Mindell ist als Referent eingeladen, sein Referat wird beachtet und wirkt. Er ist zum Teil außer sich über den Rassismus und die Homophobie in Teilen dieses Kongresses.

Natürlich gibt es daneben auch wunderbare, engagierte und kreative TherapeutInnen zu entdecken, welche die Aufstellungs-Arbeit innovativ weiterentwickeln und erforschen.

Der 87-jährige Algonquin-Indianer Elder William führt als Gast eine Pfeifen-Zeremonie durch. Er reist mit seiner Helferin durch die Welt, solange „Creator", der große Geist, einverstanden ist.

Was für eine schöne Art, alt zu werden.

Wieder in Oerlikon

Von einem Bären, den ich sehe wie ein Bockengespenst im Nebel.
(7.5.2001)

Dieser Traum bringt mich sehr zu mir selbst zurück. Ich merke, dass ich noch daheimbleiben muss, obwohl ein wichtiges Seminar anfängt, und mache das auch.

Ich telefoniere mit meiner Gotte, sie erzählt mir, dass meine Großmutter Marie-Louise vor ihrem Sterben sagte: „Chind, s'isch alles Gottes Säge", und dann anfing zu singen.

8.5.2001
Ich erwache und weiß, dass ich in der Nacht etwas tief begriffen habe.

Dann gehe ich auf einen Spaziergang zu den Bäumen und Vögeln, den Amseln auf dem Zollinger-Stein, der zu Ehren des Dichters Armin Zollinger aufgestellt wurde, der in Oerlikon Lehrer war.

Später auf einem Spaziergang mit Arny. Er meint, ich habe eine Grenze zu meinem „Königin"-Teil, dass ich den Guru aus meinem Aura-Traum (5.12. 99) nicht aufgreife. Als Träumerin sei ich ja auch der Guru.

Am Abend bin ich todmüde und schlafe in der Frauengruppe am Tisch ein.

24.5.2001(Auffahrt)
Etwas Neues: Wir sind einfach beide daheim und haben Zeit.

Frauenschreibgruppe im Tessin (11.6.-16.6.2001)
Im Garten einer Freundin. Eine eigene, verzauberte Atmosphäre.

Diesmal bin ich weniger am Schreiben als sonst, arbeite eher daran, den Computer aufzuräumen, am „Notebook-Archiv".

Wieder in Oerlikon
Nachdem ich mir fast die Daumen-Kappe abgeschnitten habe, schlage ich mir in unserer Praxis auch noch den Fuß so schrecklich und schmerzhaft an, dass ich zuerst meine, er sei gebrochen. Zum Glück ist offenbar nichts kaputt, aber die Wucht dieser Unfälle weckt mich!

In der Nacht das Gefühl und die Hoffnung, ich sei „durchgekocht" und könne loslassen. Das wäre gut, die letzte Zeit war anstrengend.
(28.6.2001)

Sonntag 1. Juli 2001
Sommer! Hurra!

Ich bin schon früh wach und stehe vor Zufriedenheit, Lebendigkeit und Freude um 6 Uhr auf.

Am Nachmittag kommen die Söhne mit ihren Lieben.

Am Abend merke ich, dass ich zum ersten Mal seit langem keinen Moment an den Montag gedacht habe (daran, ob der Schlaf reicht), ganz im Hier und Jetzt war.

Auf dem Älpli (21.-26.7.2001)

Eine wichtige Einsicht über meinen schwarzen Mann: er wartet auf mich als auf eine erwachsene, ebenbürtige Frau im Traumland.
(24.7.2001)

Natürlich: ich bin ja nicht mehr das Kind von damals, sondern eine Frau mit Erfahrung und Wissen. Ich habe plötzlich große Lust, mir den Wickeljupe um den Kopf zu wickeln: es fühlt sich an wie Bemutterung und Frieden für den Kopf.

Avers (28.7.-11.8.2001)
Wieder eine wunderbare Zeit in den Bergen.
Diesmal machen wir eine zweitägige Bergtour mit einem unserer Söhne und übernachten im Zelt. Zuerst genießen wir den wunderbaren Mondschein, dann zieht unerwartet Nebel auf. Erst als unser Sohn uns in die richtige Richtung führt, finden wir das Zelt wieder.

Zurück nach Zürich, mitten in die „Street Parade" eine riesigen Techno-Parade, die große Menschenmengen aus dem In-und Ausland anzieht.
Wir sind gern wieder in der Stadt.

Reise nach Cambridge an den internationalen IAAP-Kongress (19.-24.8.2001)
KollegInnen aus vielen Ländern und eine eindrückliche Stadt mit einer langen Tradition.
Ich bin meistens mit meinen Zürcher Kolleginnen zusammen, wir bieten wieder ein „Feminine Looking Glass" an. Die „Dream Matrix", in der man am Morgen in einer Spirale sitzt und Träume erzählt, ohne dass etwas dazu gesagt wird, ist auch eine spannende Neuerung.
Gleichwohl bin ich froh, wieder in Kloten zu landen, wo mich Lukas abholt.

Etwas von vielen Menschen.
Bei einer jüdischen Trauerfeier, zu der ich gehen will, bin ich nicht willkommen.
(7.9.2001)

September Eleven / 11.9.2001 Der Schreckenstag!
Ich gehe zu einem Vortrag meiner Schwägerin und merke schon unterwegs, dass etwas überhaupt nicht stimmt. Überall laufen Fernseher in den Läden, der Bundespräsident hält eine Rede. Schließlich sitze ich im Vortrag, als mein Bruder kommt und mir zuflüstert: „Das Pentagon brennt."
Voller Panik renne ich auf die Straße, nehme ein Taxi nach Hause und denke nur noch daran, dass ich wenigstens mit Franz zusammen sterben will.

„Was das heißt, was gestern passierte?
Eine Änderung für die ganze Welt, «listen or die!»"

Am Abend im Circus Monti: Kreativität, die jungen Artistinnen und Artisten, ihr Können, ihr Teamwork, das Erschaffen von etwas. Sehr beeindruckend, eine wunderbare Gegenwelt.

13.9.2001
Immer noch CNN-Lähmung-Schock.
Heute auch in der Praxis, es ist wie „die zweite Welle".
Am Abend mit Freunden, das ist gut.

15./16.9.2001
Netzwerken als „Social Activist" via Telefon und E-Mail. Kerzen ans Fenster.
Kerzen auf dem Helvetiaplatz. Am Schluss durchfroren und etwas ratlos.

19.9.2001
Übersetze und verschicke Arnys Nine-Eleven-Text.
Franz fängt die Saison wieder an.

22.9.2001
Einige POP-Diplomierte treffen sich in unserer Praxis zum Arbeiten am Geschehenen.
    Wir machen drei Gruppen:
    1. Meditation (spirituelle Vertiefung)
    2. die Polaritäten (verschiedenen Teile ausspielen, eine Art Gruppenprozess)
    3. Grenzarbeit (an unseren persönlichen und kollektiven Grenzen arbeiten)
Am Schluss treffen sich alle bei der Gruppe „Grenzarbeit": dort können wir am besten diskutieren, was die einzelnen Gruppen gefunden haben, und wie wir weitermachen können, wo wir gefordert sind, über Grenzen zu gehen nach diesem schockierenden Ereignis.

23.9.2001
Schöne Lichterdemo (von Studentinnen spontan organisiert), ca. tausend Leute kommen, darunter ein paar „alte Schlachtrosse" wie mein Bruder Ueli und wir. Franz hält eine schöne Rede, zitiert Ingeborg Bachmann, das Gedicht „Alle Tage".

27.9.2001
Ich muss wieder einmal das Yoga schwänzen, um Dinge zu erledigen, die sich nicht aufschieben lassen.
    Über Mittag „ein neuer Hammer": Amok im Kantonsrat in Zug mit 14 Todesopfern und vielen Verletzten - der Schrecken geht weiter!

1.10.2001
Ich habe den Termin für eine Supervision vergessen, die ich in der Psychiatrie hätte geben sollen - alle waren da, nur ich nicht - das ist mir noch nie passiert!

2.10.2001
Katastrophentag bei Swissair! SCHOCK! Der ganze Flughafen voll Gestrandete.
    Ich kann's nicht glauben!

18.10.2001
Franz reist nach Kanada. Ich gehe nach Kloten mit und muss weinen beim Passkontrollen-Abschied.
    Ich nutze seine Abwesenheit, um angesichts der vielen Katastrophen der letzten Zeit über eine persönliche Grenze zu gehen und nehme an einer „Velada" teil.
    Mit einer indianischen Heilerin erleben wir ein Ritual mit vielen Gebeten, Singen und Segnungen. Dann werden sehr sorgsam Pilze und Kaffeebohnen zum Kauen verteilt.

Es folgen Gebete zur Mutter Maria, Madre de la tierra, Madre de los hombres, Madre de los pueblos indigenos, Madre de los povres, Beten und Singen im Dunkeln. Durch den veränderten Bewusstseinszustand erlebe ich stark meinen Bauch als Ort des Mütterlich-Sicheren, im Gegensatz zur Brust als Ort der Angst und weitere körperliche und visuelle traumartige Zustände, spüre die Wellen, die kommen und gehen, spüre, wie mich die Heilerin berührt, mir noch einmal etwas gibt und mich ziemlich heftig massiert.

Irgendwann schlafen wir dann alle ein.

Am Morgen gibt es noch etwas zu essen und zu trinken, dann räumen wir auf und gehen nach Hause.

In diesem Herbst fange ich auch mit Stepptanzen an und gehe wieder in die Trommelgruppe mit meinem sehr inspirierenden Lehrer.

Franz kommt gut aus Kanada zurück und ist froh, wieder daheim zu sein.

An Allerheiligen höre ich, dass meine Gotte im Spital ist, was meine Mutter schon länger gewusst, mir aber nicht gesagt hat. Ich kann wenigstens am Telefon mit ihr sprechen und Blumen schicken, sie ist sehr schwach und zerbrechlich, aber ihre Stimme ist immer noch da, und wir haben ein schönes Gespräch.

Als Teilnehmerin bin ich im Seminar von zwei griechischen Kolleginnen in Zürich.

Ich arbeite an einer Rolle, die ich ablegen will: „Überverantwortung" und an der Rolle, die mich ärgert: es ist diejenige Person, die es sich einfach leistet, nicht zu kommen.

Als ich diese Rolle übernehme, bin ich als „unbezogener Teenager" total happy, verlasse das Seminar, gehe spazieren und etwas trinken und telefoniere mit Franz.

Zur Überverantwortungsbewussten sage ich: „Entwickle dich!"

Später wird mir aber auch klar, dass die „unbezogene Teenager-Rolle" etwas Suizidales haben kann, und ich merke, dass es auf beiden Seiten gefährlich wird, wenn die beiden Teile keinen Kontakt haben (unsere „Täterinnen"-Girls vom „Mittendrin"-Film im letzten Dezember kommen mir in den Sinn!).
(17./18.11.2001)

Mein Onkel Hannes ist gestorben, ich gehe mit meiner Mutter an die Abdankung.
(29.11.2001)

Schon Silvester!

Nach Fondue und Kino gehen wir durchs Limmatquai auf den Lindenhof, später auf die Waid. Feuerwerke steigen auf, „wie wenn Zauberer durch die Luft pissen würden" (Franz).

Der schöne Moment, wenn die Glocken aufhören zu läuten und es ganz ruhig wird, bevor es zwölf Uhr schlägt.

2002

„Projekt-Supervision" mit POP-Studentinnen / Präsentation der FG POP am Jung-Institut / Worldwork in Griechenland / Offenes Forum in Oerlikon / Saas Fee: „European Graduate School" I / Reise durch die Mongolei / In der Wüste Gobi die Nachricht, meine Mutter sei am Sterben / Wieder zurück in Zürich / Am 16.9.2002 stirbt meine Mutter / Immer wieder: das Erlebnis Engadin

Träume
Vom Verstümmeln junger Tiere und Pflänzchen / Umzug in ein großes Gebäude mit Menschen aus allen Nationen / Es brennt im Hotel / Eine Schildkröte ohne Panzer wird eine Frau! / Geburtstagsfest oder Geburtsfest? / Träume in Saas Fee / Der Tisch im Hotel ist für ein großes Fest gedeckt / Aus dem Gefängnis ausbrechen / Hochwasser

---

Schlafarme Nacht.

Viel nachgedacht und aufgeschrieben, gegen Morgen tief eingeschlafen.

> *Etwas mit Franz zusammen machen zu müssen, ziemlich schwierig, irgendwie Einfluss nehmen, Gefühl gut.*
> *(1.1.2002)*

Pontresina (4.-13.1.2002)

> *Sehr schöner Traum über Unterrichtgeben in einer mies motivierten Haushaltschul-Klasse. Die Atmosphäre ist gut, am Schluss klatschen die Frauen. Es gelingt mir, ihrer Energie zu folgen und sie ihre Sachen machen zu lassen.*
> *(7.1.2002)*

Es freut mich immer wieder, auch in Supervisionen, wenn ich bei der Arbeit mit wenig motivierten Menschen einen Weg finde, ihnen zu vermitteln, dass es um sie geht und nicht um irgendein hehres Ziel oder darum, dass ich einen Erfolg brauche.

> *Traum beim Einschlafen:*
> *Dass ein Freund (zum Teil bin es auch ich) in eine einzige Dimension gehen muss und dort herumkreist, ohne wirklich sterben zu können. (Ich bin richtig froh, beim Weg aufs WC zu merken, dass es noch mehrere Dimensionen im Raum gibt.)*
> *Noch mehr von Sternen und Aufgaben. Gefühl: ruhig und o.k.*
> *(9.2.2002)*

Ein eigenartiger Traum - der erste Teil ist recht beunruhigend, später löst sich der Schreck.

Besondere Freude macht mir meine neu gegründete „Projekt-Supervision", in der eine kleine Gruppe interessierter Studentinnen mit mir gemeinsam an der Realisierung der Projekte der einzelnen Teilnehmerinnen arbeitet. (26.1.2002)

> *Ein ganz schrecklicher Traum: junge Tiere werden zerstümmelt und umgebracht, junge Pflänzchen werden dem sicheren Tod übergeben, indem jemand die Stäbe, an denen sie in die Höhe wachsen könnten (z.B. Tomatenstauden), absichtlich ausreißt. Ein Grauen ergreift mich.*
> *(9.4.2002)*

Die Zeit ist furchtbar, besonders die Konflikte zwischen Israel und Palästina um die besetzten Gebiete. Es kommt mir auch die unglaubliche Bedrohtheit einer Analysandin in den Sinn.

Gestern war die Jung-Intervisionsgruppe da und ich zeigte ein Video meiner Arbeit.
Das ist im Moment in diesem Kreis immer noch ungewöhnlich, es hat für mich ziemlich Mut gebraucht, mich so zu zeigen, aber die Diskussion war gut und interessant.
(20.4.2002)

Nachdenken über meine Schwiegermutter, die jetzt im Alter eine Leichtigkeit und „Lieblichkeit" bekommt: „Ist das nur zu haben, wenn alles nicht mehr so exakt ist?"

> *I*
> *Wir ziehen um. Es ist eigentlich ganz gut machbar. In ein großes Gebäude mit Menschen aus allen Nationen.*
> *Unser Vermieter leitet offenbar eine Tanz - und Musikschule. Mir kommt natürlich sofort Worldwork in den Sinn, dieser Umzug hat in einem gewissen Sinn stattgefunden und findet immer wieder statt.*
> *Die Tanz - und Musikschule gefällt mir und ist wichtig, um Menschen zusammenzubringen.*
> *II*
> *Ein großes internationales Seminar.*
> *Ich umarme den Verwalter und breche in haltlose Tränen aus.*
> *(im April 2002)*

Es sind viele Gefühle da beim Worldwork, auch eine große Dankbarkeit für alle, die diese Veranstaltungen immer wieder möglich machen.

Mein Kollege Reini und ich sprechen am Jung-Institut über die Prozessorientierte Psychologie.

Ich habe auch einige Unterlagen vorbereitet und freue mich auf diese Präsentation.

Leider war mein Team-Kollege dann am „großen Tag" tief vergrippt und ich war völlig überrumpelt und betroffen von gewissen Interventionen und Fragen einer Jungianischen Kollegin, die ich als sehr destruktiv erlebte. Schade.
(3.5.2002)

Vor dem bevorstehenden Worldwork in Griechenland hätte ich gern einen Traum.

Ich kann den Traum nicht fassen, weiß aber, dass sich die Sachen lösen: große Kräfte bewegen sich.
(10.5.2002)

Worldwork in Griechenland (12.-23.5.2002)
12.-15. Mai vorbereitendes Seminar:

Mit Arny, den Diplomierten und den beteiligten Phase-II-Studierenden steigen wir tiefer und tiefer in die Themen „Eldership" und „Community" ein und arbeiten daran, dass wir zusammengehören und aufeinander schauen wollen.

Am Vorabend des großen Seminars spüren dann doch mehr und mehr Anwesende ihren Panik-Teil und würden am liebsten weglaufen.

Am 16.5.2002 fängt das Worldwork-Seminar an.

Die vielen Menschen, die vielen Länder, Rassen, Nationen.

Der Schmerz über alles, was in der Welt passiert.

Erstes Thema in der Großgruppe ist ein Frauenthema: Vergewaltigung.

Frauen werden vergewaltigt, verbrannt und zum Teil schauen Kinder zu.

Wir steigen gerade ein in einen Gruppenprozess, der uns allen nahegeht.

Und es folgen weitere Gruppenprozesse: Vieles, was die Welt bewegt, wird zum Thema.

Wir hören hier jeden Tag von Konflikten, Missbrauch, Ungerechtigkeiten und Schmerz.

In der Großgruppe und in den Untergruppen unterstützen die Teilnehmenden die jeweils Betroffenen, sich auszudrücken und sind auch bereit, diese Prozesse mitzutragen und am Schluss gemeinsam eine menschliche und spirituelle Vertiefung zu suchen.

Ich bin immer wieder beeindruckt, dass es auch ganz junge Menschen gibt, die ein großes Herz haben und eine natürliche Gabe, Menschen zu halten und zu trösten. Am liebsten gebe ich die Einzelstunden für die Teilnehmenden, dort kann ich mit den Betreffenden vertiefen, was sie bewegt, und ihnen etwas mitgeben für ihre persönliche Entwicklung.

I

Es brennt im Hotel - irgendwo am Rand.

II

Ich habe fürchterliche Angst, nicht mehr aus meinem Zimmer herauszukommen: ist die Elektrizität ausgefallen? Es hat etwas mit der Tür und dem blockierten Schloss zu tun.

(18.5.2002)

Viele Junge treffen sich in der Strandbar, andere machen lange Spaziergänge, um sich zu erholen. Auch das „Sitzen" und Meditieren im persönlichen Rückzug ist hilfreich und heilend.

Für mich ist auch der Kontakt mit „zuhause" wichtig, vor allem mit Franz, aber auch ein Telefon mit meiner Mutter (!) hilft mir, durchzuhalten.

Nach dem Worldwork auf dem Flug nachhause

Die Vibration des Flugzeugs stört mich extrem. Irgendetwas „kippt" - darauf war ich nicht vorbereitet, ich sinke und sinke.

Daheim halte ich die Menschen kaum aus, bin sogar froh, wenn Franz nicht da ist. Viele wollen etwas über das Worldwork wissen, ich bin ständig erschöpft, es geht mir nicht gut.

Zum Glück sagt Franz am Sonntag die Teilnahme am „Salzburger Stier" ab, dafür bin ich ihm sehr dankbar. Langsam geht es wieder besser, aber ich rutsche noch in einen blöden Krach mit einem meiner Söhne, aus dem wir erst per E-Mail wieder herausfinden.

Es wird ein heißer Sommer, schön und mit viel Schweiß.

Am 6.7.2002 bieten Lukas und ich am „Nord-Fest Oerlikon" ein Offenes Forum an zum Austausch zwischen den Generationen. Wir haben uns gut vorbereitet und machen es auch gut zusammen.

Für die Teilnehmenden ist es offensichtlich anregend, und wir sammeln Erfahrungen für nächste Projekte.

Wir wollen aufs Älpli gehen, Verwandte von Franz, die das Älpli auch benützen, haben uns als Proviant eine Schildkröte ohne Panzer als Fleischvorrat bereitgemacht.

Mein Entsetzen darüber - dann die Entdeckung, dass sie noch lebt!

Ich überwinde mich und berühre sie, später geben wir ihr Kleider: sie wird eine Frau!

(Während einem Besuch der Expo in Biel)

(8.7.2002)

Wieder einmal eine Schildkröte, allerdings in einem ziemlich grauslichen Kontext. Offensichtlich ist es wichtig, dass ich mich überwinde und die Schildkröte berühre und ihr Kleider gebe. Durch die Dynamik im Traum nehme ich an, dass sie ein hilfloser und „nackter" Teil von mir ist, was wohl mit meiner momentanen Verletzbarkeit und Scheu zu tun hat.

Auf dem Älpli (11.-14.7.2002)
Aufstieg in der Hitze, Regen in der Nacht.

Anderntags bricht ein Stuhl unter mir zusammen, und ich stolpere unterwegs auf dem Weg und falle längelang hin (mein Wanderstock ist zusammengeklappt).

Es ist gut, die Zeit hier oben zu haben, ich muss mich offensichtlich immer noch ganz tief erholen, brauche die Sonne, das Lesen, das Füßebaden im eiskalten Wasser, die Steine.

13.7.2002
„Waschküche": strömender Regen mit kurzem Unterbruch am Morgen, am Nachmittag Sonne.

Ich denke über die Träume und meinen „Zusammenbruch-Prozess" hier oben nach.

> *Traum von H., meinem Seelengeliebten.*
> *Liebe zu Franz.*
> *Mein „Geburtstagsfest": Minestrone, Risotto und Polenta, Gigot, Salat,*
> *Dessertbuffet: mitbringen.*
> *(14.7.2002)*

Wo kommt mein „Geburtstagsfest" her? Vielleicht bin ich wirklich neu geboren worden in den letzten Tagen?

Anschließend besuchen wir die Eltern von Franz in ihren Sommerferien in Pontresina.

EGS Saas Fee (20.7.-10.8.2002)
Dann verreise ich für drei Wochen nach Saas Fee an die European Graduate School (EGS) für den ersten Teil einer zweijährigen Ausbildung in Creative Arts (Leitung Paolo Knill, Herbert Eberhart und Steven Levine).

Ich reise voller Unsicherheit und Zweifel. Die Ausbildung ist streng, wir Studierenden werden sehr gefordert, die Teilnahme am Programm ist absolut obligatorisch, es gibt jeden Tag auch Abendkurse, wir haben fast keine Freizeit.

Am meisten genieße ich die gestalterischen Möglichkeiten, das „Aufwärmen" jeden Tag.

Vieles erweitert meinen Horizont, vor allem, dass die Studierenden aus verschiedenen Ländern und Kulturen kommen und Erfahrungen mitbringen, die mir fremd sind.

Zu meiner Erleichterung merke ich aber auch bald, dass es einen kleinen, hochkarätigen Kreis von Frauen aus der Schweiz gibt, in dem wir uns regelmäßig treffen und gegenseitig unterstützen können.

Ein sehr klarer Mann (er gleicht einem Arzt in unserem Kurs) bringt mich in eine Art Kommune („Spiral Garden"), in der er gelebt hat.
Mir ist völlig klar, dass ich nicht mit ihm schlafen will.
Er ist Arzt oder Heiler und hat viele Verehrerinnen. Als wir herumgehen, gibt er mir einmal einen Klaps auf den Po, um zu signalisieren, dass er mit mir zusammen ist.
Irgendwann ist auch eine befreundete Familie dort (die Eltern sind ebenfalls Ärzte), es gibt junge Mädchen (ihre beiden Töchter?), denen ich helfe, eine Dachstube zu bekommen und auszubauen. Ein „fremdes" Mädchen rennt mir nach und bedankt sich bei mir dafür.
(Traum in Saas Fee)

Der Arzt im Kurs ist ursprünglich Ukrainer und ein sehr eindrücklicher Mensch.

Am nächsten Tag ergibt es sich, dass wir einander gegenseitig coachen sollen, was mich sehr freut. Er ist in seiner Wahlheimat Kanada ähnlich engagiert wie meine Zürcher Ärztefreunde, die ursprünglich ebenfalls Immigranten sind, in der Schweiz.

Ich bin froh, hier von meinen alten Themen Musik, Klingen und Horchen umgeben zu sein.

Ein einmaliges Erlebnis war „Land Art", die kreative Arbeit in kleinen Gruppen in einem abgelegenen, steinigen Tal.

Als Franz mich am Vortag des ersten Augusts und am ersten August besuchen kommt, ist es nicht einfach für mich, weil ich mein Programm nicht umstellen und frei nehmen kann. Wir genießen es aber dennoch.

Am einzigen freien Morgen, den wir hier ein paar Tage später haben, breite ich alles vor mir aus, was ich zusammengetragen habe, kann nachspüren, ordnen, denken. Dieser Morgen ist wunderbar, ich habe das Gefühl, angekommen zu sein.

Zum Glück habe ich mich auch einmal in den Disco-Schuppen mitschleppen lassen, wo einige von uns und alle PalästinenserInnen jeden Abend tanzen: ein starkes Erlebnis! Viel Vitalität und freie Bewegung, gemeinsames Mitsingen („It's raining men") - Lichtertrance - befreiend und voll Energie!

Und es gab immer wieder gute und interessante Begegnungen mit Einzelnen, gerade auch mit den Frauen und Männern der Palästina-Gruppe.

Etwas von Hannes Maeder, dem ich Essen mitgebe für den weiteren Weg.
(8.8.2002)

„Essen für den weiteren Weg mitgeben": Wie schön, dass ich Hannes im Traum noch etwas zurückgeben kann für das Viele, das ich von ihm bekommen habe!

Abschied von Saas Fee (9.8.2002)
Der Abschied von hier wird sehr emotional, einige Kolleginnen weinen, wir denken auch an die Toten, Kerzen werden entzündet.

Am letzten Morgen eine facettenreiche und kluge Verabschiedung durch die einzelnen Lehrerinnen und Lehrer und eine Diskussion mit den Studierenden - lebhaft, gehaltvoll, praktisch - in diesem Moment empfinde ich es stark als Privileg, hier zu sein!

Mongolei (22.8.-12.9.2002)
Diese Reise ist ein ganz großes Erlebnis.

Wir sind vier befreundete Paare und erleben Ulan Bator, die Nomaden und ihre Pferde mit ihrer Lebenswelt und mit ihren Bräuchen, den Hövgöl-See, die alte Hauptstadt Karakorum, verschiedene buddhistische Heiligtümer und schließlich die Wüste Gobi, die Kamelzüchter, ihre Kamele und die Dinosaurierknochen dort.

In der Wüste Gobi erreicht mich per Funk die Nachricht, dass meine Mutter am Sterben ist. Ich bekomme gerade Durchfall. Soll ich versuchen, sofort allein nach Hause zu reisen?

Das wäre sehr aufwendig und kompliziert, ich will warten, was ich träume.

In der folgenden Nacht hatte ich einen unglaublichen „Liebestraum": Der Tisch im Hotel ist für mich und ein großes Fest gedeckt, voller Liebesbeweise von Franz.
(9.9.2002)

Von diesem Traum erwache ich voller Gefühle und festlich gestimmt, es ist ja „für mich und ein großes Fest gedeckt". Ich glaube jetzt, dass ich die Reise mit meiner Gruppe gemeinsam beenden darf. Diese Entscheidung teile ich Lukas mit, der mich kontaktiert hatte.

Schon jetzt spüre ich, wie das Sterben meiner Mutter die Familie zusammenbringt. Meine Freundin erzählt, dass sie beim Tod ihrer Eltern die gleiche Erfahrung gemacht hat.

Wir reisen zurück nach Ulan Bator und fliegen via Berlin nach Zürich.
Traum in Ulan Bator:

Etwas von Garnen, mit denen man ein Netz häkeln kann.
(11.9.2002)

Übernächtigt von den zwei Flügen und der Zeitverschiebung gehe ich in Zürich sofort zu meiner Mutter und bleibe die ganze Nacht in einem Sessel bei ihr. Sie ist unruhig, will etwas sagen und kann es nicht. Ich sage ihr, es sei alles in Ordnung, alles gut. Und dass wir von jetzt an zu jeder Weihnacht eine Kerze für sie anzünden werden. Da wird sie ruhig und weint das erste und einzige Mal.

Schließlich komme ich todmüde mit letzter Kraft nach Hause und schlafe lange und tief.

Am Sonntag, 15. September, treffen wir uns alle im Heim und sehen die Mutter / Großmutter zum letzten Mal.

Am frühen Montagmorgen 16.9.2002 ist sie gestorben - allein, wie sie es sich immer gewünscht hat, als ihre Lieblings-Nachtwache das Zimmer kurz verließ.

Ich bin stolz auf die drei Enkel, welche ihre Großmutter so gut im Sterben begleitet haben, und wir wissen alle, dass sie gehen wollte und es gut gemacht hat. Ich bin natürlich froh und dankbar, dass ich diese eine Nacht noch bei ihr verbringen konnte.

Träume von aus dem Gefängnis ausbrechen. Die Frage, ob ich für Vergessenes noch einmal zurückgehen soll?
(Der Befreiungsaspekt von Mutters Tod kommt mir in den Sinn.)
(12.10.2002)

In Sils Maria
Der Tod meiner Mutter ist immer noch sehr präsent.

Ich habe vor 2-3 Nächten von jungen Labradorhunden geträumt, die aber eher wie Meerschweinchen aussahen.

Es regt sich wieder eine junge Energie, wenn auch noch eher eine kleine.

17.10.2002
„Am Silsersee erwacht der Tag. Auf der Straße dem See entlang bewegen sich Lichter, zeigen an, dass schon Menschen unterwegs sind, irgendwohin, von A nach B, geschäftig.

Eben habe ich im Bett über die Herausforderungen unten im Tal nachgedacht, über die schwierigen Therapien in meiner Praxis, den Schmerz gefühlt über gewisse Muster, meine Begrenzungen. Es wäre schön, manchmal zaubern zu können - und wie klar, dass es nicht geht und dass es so sein muss, menschlich, das Leben mit allen Teilen, allen Kräften, auch den negativen.

Und jetzt wird es über den Gipfeln rot und rosa, alles bekommt eine neue Dimension und Kraft: die Dreidimensionalität des Tages, die Wucht und Schönheit der Erdoberfläche in einem Moment ihrer Geschichte, gerade jetzt, gerade hier."

Silvester 31.12.2002
Nachdem wir gestern in Deutschland den schwerkranken Hanns Dieter Hüsch und
seine Frau Chris im überschwemmten Gebiet des Flusses „Sieg" besucht haben,
träume ich von Flüssen:

Flüsse, laufen quer durcheinander, führen Hochwasser, alles um mich herum. Ich bin irgendwie zuständig, versuche zu ordnen, etwas zu machen, Pläne zu entwickeln.

Vor meinem 60. Geburtstagsfest gibt es noch viel zu tun und ich bin ziemlich aufgeregt: Wird es klappen? Wird es für alle schön sein? Passen die Leute zusammen?

Ich habe mir keine gekauften Geschenke gewünscht, nur Gebrauchtes oder
Selbergemachtes. Die Idee dazu hatte ich auf dem Kamel in der Mongolei.

Trotz allem, was noch zu tun wäre, habe ich mit einer plötzlichen Energie das
Zimmer umgeräumt: jetzt stimmt es viel besser.

2003

Mein Geburtstagsfest im Palmenhaus / Arnys Haus im Avers ist zum Verkauf ausgeschrieben / Eine schlimme Versammlung am Jung-Institut / 60. Geburtstag von Franz / Kurs von Alida Gersie / Es ist wieder Krieg im Irak / Schreibwoche in Schloss Sins in Paspels / EGS in Saas Fee 2. Teil / Das Jung-Institut kommt nicht zur Ruhe / „Öpper het mini Chnöche vertuuschet" bei BoD!

Träume
Unterwegs nach Nepal / Ein gigantischer Affe wälzt sich im Schnee, ein Pferd schaut durch die Scheibe / Ein kleines Wesen will von meinen Brüsten trinken / In Eis und Schnee. Werden wir alle uns je wiederfinden? / Mutter will sich trennen und etwas lernen / „Mächtige Frauen" dringen ein, ohne zu klopfen / Luft raus am Velo, die alten Lederhosen gehen mir wieder / Alte Kulturen, alter Stoff-Osterhase: was bleibt? / Jemand arbeitet bei uns, will von uns lernen / Eine Frau, die ein Löwenbaby herzt und schöppelet / Itschnach und die „Ernte" / Mit einem Professor auf der Trompete: „Die Liebe von Zigeunern stammt"

2.1.2003
Heute werde ich 60 Jahre alt!

Leermond, ich denke an meine Vorfahrinnen, Vor-Frauen, den großen Fluss des Lebens.

I
Unterwegs mit einer Gruppe nach Nepal.
Schon im Zug merke ich, dass ich - im Gegensatz zur Mongoleireise - keine Zwischenverpflegungen mitgenommen habe. Unterwegs gibt es einen Halt mit Umsteigen - da kaufe ich bei einer Händlerin ein paar Sachen: Rosinen u.ä. - Kaugummi verwerfe ich (zu frivol für Nepal).
II
Eintreffen in einem Zentrum auf dem Land (Worldwork? Etwas für „Fortgeschrittene").
Ich überlege mir, dass ich mich nicht zurückhalten werde und mir holen, was ich will. Wer etwas braucht, muss mich halt fragen. Plötzlich verstehe ich gewisse Kollegen besser!
In einer kleinen Gruppe bei Amy. Wir sollten vorbereitende Übungen machen. Eine ist eine Diskussion der Frage: „Was machen Arny und Amy am Abend nach dem Seminar?" Als Antwort liegt „E.T." in der Luft.

Was sind das für Geburtstagsträume?

Zum ersten Teil kommt mir ein Zitat aus Kafkas „Der Aufbruch" in den Sinn:
„Kein Essvorrat kann mich retten. Es ist ja zum Glück eine wahrhaft ungeheure
Reise." Ich bin im Traum nicht ganz so konsequent wie Kafkas Reisender, aber
„Nepal" scheint auch eine „ungeheure" Destination zu sein, für die ich zumindest
auf Kaugummi verzichte.

Im zweiten Teil merke ich, dass ich ruchloser werden will und klarer für mich
selbst schauen.

In der Folge absolviert die kleine Gruppe der „Fortgeschrittenen" ein eigenarti-
ges Programm, das mich überrascht, aber am Schluss doch spirituelle Assoziationen
weckt. Das Ganze hat etwas von einer „Quest", einer gemeinsamen Suche, wenn
auch in einer recht seltsamen Form und passt so doch nicht schlecht zu meinem 60.!

Geburtstagsfest im Palmenhaus (4.1.2003)
Wunderschön und märchenhaft: die Tische sind gedeckt im Palmenhaus.

Im „Orchideenhaus" führt Lisa, die Tochter von Kaspars Partnerin Mona, unsere
erste Wahl-Enkelin, die Gäste mit Begeisterung durch die versteckten Weglein.

An den Tischen kann man essen und trinken, ich stelle die Gäste vor, es gibt
Reden, Lieder, allerhand Darbietungen und am Schluss Tanz.

Die Rede von Franz berührt mich sehr: Ich habe vor Lachen und Rührung Tränen
in den Augen.

Auch mein Bruder Ueli lässt sich nicht lumpen (der „bis zum Tod der Jüngere
bleibt").

Freund Jürg träumt für mich von den Sternen, Schwager Peter und Schwägerin
Christina bringen einen riesigen Mond mit, die Jungen singen für mich das Pippi-
Langstrumpf-Lied: „Hey Pippi Langstrumpf, die macht was ihr gefällt"!

Die Geschenke, die ich bekomme, sind bunt, vielfältig und spannend, alle haben
sich an die Vorgabe (nichts Gekauftes) gehalten.

Pontresina (6.-12.1.2003)
Es ist wunderschön hier oben, herrlich sonnig, und der Schnee ist gut in diesem Jahr.

Beim Erwachen überlege ich mir, dass es Zeit wird, wieder zu meinen Anliegen zurückzukehren und mich auf das Jahr vorzubereiten!

Wieder in Oerlikon
Die Arbeit und das In-einer-festen-Zeitstruktur-Leben fangen wieder an.

Als erstes brauche ich grad ein Bad am Abend. Ich bin daran, mich wieder einzuhausen in meinen Plänen und Sehnsüchten.

17.1.2003
Es ist offenbar ein wichtiger Abend im Jung-Institut in Küsnacht.

Vom Zug kommend finden wir keinen Platz mehr im Festsaal: Einsturzgefahr!

Deshalb wird alles in die Sala Terrena im unteren Stock übertragen.

Es geht um Probleme, vor allem mit den Finanzen.

Dazu gibt es viele Erklärungen, verschiedene Meinungen, Strategie-Entwürfe, Vorschläge und Kritik.

Ein Kollege sagt schließlich das, was meiner Meinung nach gesagt werden muss: Wie ein Analytiker, der keine Analysanden mehr bekommt, sollte auch die Institutsleitung eine Auszeit machen, kreativ werden und in sich gehen, nicht einfach alles mit Aktivismus zudecken!

In einem Bauerndorf wie Männedorf oder Uetikon-Berg, wie alles überbaut ist und verändert!
Dann in einem Haus, draußen Schnee. Es erscheint ein braunhaariges Klumpen-Wesen, das sich im Schnee wälzt: es ist ein riesiger, gigantischer Affe.
Was wird er tun, wenn er uns sieht?
Dann schaut aber einmal ein Pferd durch die Scheibe.
(20.1.2003)

Zwischen den Welten: Wieder etwas von einem riesigen Viech, das aus einer Garage kommt.
(21.1.2003)

Am Jung-Institut passiert Ungeheuerliches, und es werden auch weiterhin ungeheuerliche Dinge passieren, die ich nie für möglich gehalten hätte. Ich glaube, dass diese „Monster“-Träume eine Beziehung zu diesen Ereignissen hatten, von denen ich damals noch lange nicht alles wusste.

Auch die FG POP musste in dieser Zeit über die Bücher und Entscheidungen fällen.

Die Frage, „wie weiter mit POP“, steht ebenfalls im Raum.
Allerdings gehen wir dort anders mit dieser Frage um: Für uns ist es wichtig, dass alles herauskommt: Schmerz, Verzweiflung, Zukunftsangst.

Dann fragen wir uns: Wie müsste eine Ausbildung aussehen, damit wir Menschen dafür anwerben könnten? Was würde uns dazu bringen, einen Wandel vom Herzen her unterstützen zu können?

> *Ein kleines Wesen (Tierlein? Baby?) will von meinen Brüsten trinken. Es sucht und sucht, versucht, durch meine weiße Bluse anzusetzen. Ich überlege, ob ich es zulassen soll.*
> *(27.1.2003)*

Mein ganzes berufliches und berufspolitisches Feld ist im Aufruhr.

Was soll ich nähren? Im Moment habe ich es schwer in den Nächten, bin oft schlaflos, habe Kopfweh.

31.1.2003
Der letzte Januar!

Heute fängt meine monatliche Gruppenprozess-Gruppe an.

Ich bekomme auch schöne Aufträge, das tut mir gut.

Endlich kann ich an der Analytiker-Versammlung im Jung-Institut etwas sagen über meine Meinung von „professionellem" Umgang mit Gruppen und mit dem, was sich da grad im Moment abspielt. Es wird auch gehört. (7.2.2003)

Der Sohn eines Bekannten nimmt sich das Leben, traurig, schlimm. (18.2.2003)

Nachdenken über die Arbeit mit der Video-Kamera: will ich sie? wann will ich sie?

„Das Wochenende vom 60. Geburtstag von Franz war rund, schön, liebevoll und voller Kreativität und Lebendigkeit. Unser Open House am Tag nach seinem Bühnenauftritt war einfach unglaublich (56 Leute in 12 Stunden), nach einer sorgfältigen Vorbereitung gar nicht so streng, entspannt und immer wieder spannend." (3.3.2003)

Lindenbühl (17.-20.3.2003)
Die Teilnahme an Alida Gersies Kurs „Arbeiten mit Geschichten" ist Teil meiner EGS-Ausbildung. Wir sind eine reine Frauengruppe. Ich genieße es, Teilnehmerin zu sein, meine Beobachtungen mit Alida zu diskutieren und von ihr zu hören, wie sie mich erlebt. Sie ermahnt mich, die eigene Kreativität genug zu leben und nicht nur über KursteilnehmerInnen und KlientInnen kreativ zu sein.

Herrlicher Vollmond und Mistgestank überall!

Und leider auch schrecklicher Heuschnupfen.

Es ist wieder Krieg

„Der Traum ist aus
Allein die Nacht noch nicht"
(Grillparzer „Medea")

> *In Eis und Schnee herumirren.*
> *Wo ist Kaspar? Wo ist der Weg?*
> *Werden wir alle uns je wiederfinden?*
> *(3.4.2003)*

Aus dem Traumbuch:
„Die schrecklichen TV-Bilder, der Schmerz, das Grauen, das Töten - im Bett zu liegen und Franz Cello spielen zu hören, erfüllt mich mit beinahe unerträglicher Trauer
und Schmerz. Was für ein irrer Zufall, am Leben zu sein."

> *Traum von meiner Gotte, die „am Gehen" ist.*
> *(6.3.2003)*

> *Etwas von einem Gemeinwesen, in dem Franz und ich sind.*
> *Es wird auf ein Ereignis gewartet wie Vulkanausbruch oder „Chlapf", das dann*
> *auch kommt und gar nicht so schlimm ist. Nur die Hühner machen einen Aufruhr.*
> *(8.4.2003)*

> *Und ein Traum über den Weinberg („Haus zum Weinberg") in Uetikon:*
> *Ich bin dort, alles ist großzügig renoviert: helle Räume, wunderschöne Holzböden,*
> *viele einzelne Teile und doch ein Ganzes.*
> *(April vor Ostern 2003)*

Diese beiden Träume haben etwas Tröstliches und bringen ein Gegengewicht ein.

Ostern (19.-21.4.2003)
Am Samstag ein erschütternder Besuch bei einer krebskranken Freundin.
  Am Sonntag bin ich bei meiner Gotte im Altersheim.
  In der Nacht Feuerwehrsirenen.
  Aber auch: an meinen Gedichten gearbeitet!

Bonassola (22.4.-1.5.2003)

> *Ich komme zu spät dorthin, wo ich sollte (Uni) und treffe Freunde. Auch sie sind zu*
> *spät, sie waren an einer Veranstaltung über Rang, wir schauen zusammen weiter.*
> *(22.4.2003)*

Beim Aufwachen das Gefühl, es habe sich etwas gelöst!
Es geht auch so weiter: ich fange an, mich zu entspannen, schlafe gut, habe viele
Ideen und male und schreibe.

> *Ich bin mit dem Flugzeug unterwegs.*
> *An einem sehr primitiven Flughafen sehe ich Debbie und muss sehr weinen.*
> *Sie hat aber nur fünf Minuten Zeit für mich (irgendwo in den USA: ich will mir*
> *den Namen merken, etwas wie Arkansas oder Tennessee).*
> *(27.4.2003)*

Am Vortag habe ich mich, angeregt von Arnys Buch, das ich gerade lese, gefragt,
was für einen Teil von mir ich im Moment ausgrenze. Der Traum gibt mir eine mög-
liche Antwort: Das Traum-Ich weint sehr, die Traum-Debbie hat nur fünf Minuten
Zeit.
Diesen klaren, strukturierenden Teil grenze ich hier unten gerade jetzt aus, neige
dazu, mich zu entspannen und meine Gefühle laufen zu lassen.
Das Meer an den Felsklippen bei der „Madonnina" ist einfach wunderschön!
Arnys „Open Forum"-Buch berührt mein Herz.

Meine Schwiegermutter in Olten hat ein Bein gebrochen und ist schon operiert.

> *Meine Mutter hat sich entschlossen, sich von meinem Vater zu trennen.*
> *Ich bin entsetzt: was mache ich jetzt allein mit ihr?*
> *Sie meint, das gehe schon, ich könne ja am Sonntag manchmal zu ihr kommen.*
> *Sie lernt etwas (massieren?).*
> *(1.5.2003)*

Da hat offenbar meine Mutter ihr Schicksal selbst in die Hand genommen. Dass sie
sich von meinem Vater trennen und noch etwas lernen will, beeindruckt mich. Sie
entwickelt sich „in der anderen Welt" weiter, wie auch immer das zu verstehen ist.
Dass mich das im ersten Moment erschreckt, ist verständlich, aber unnötig.

> *Eine Gruppen-Wanderung in einem fremden Land.*
> *Fleck ist dabei: ich sollte ihn, glaube ich, dringend wieder einmal füttern.*

Franz und ich sind in einem Hotel, in dem die Angestellten („mächtige" Frauen)
einfach ins Zimmer platzen, ohne anzuklopfen.
(Mehrmals, einmal liegen wir gerade nackt auf dem Bett).
Ich finde, wir sollten uns beschweren.
(4.5.2003)

Franz ist mit einem kleinen Eingriff in der Klinik, die Schwiegermutter immer noch in der Intensiv-Station und ziemlich verwirrt. Das Schicksal „platzt einfach in unser Leben, ohne anzuklopfen" - da nützt auch beschweren nichts!

Im Alltag läuft viel: interessante und herausfordernde Aufträge und liebe BesucherInnen aus dem Ausland. Ich habe beschlossen, am Jung-Institut noch eine Vorlesung über die Arbeit mit Gruppen zu halten.

Schreibwoche Schloss Sins in Paspels (2.-7.6.2003)
Arny will sein Haus im Averstal verkaufen.

„Hier beschäftigt mich die Frage, wie es mit Arnys Haus in Avers weitergeht. Ich fühle so stark die Verbundenheit mit dieser Gegend, mit der Wildheit der Natur hier. Ich hänge an diesem Haus im Vorderbergalga. Es kommt mir vor, wie wenn ich erst jetzt nach sieben Jahren wirklich verstehen würde, wie wichtig die Zeit allein dort oben war. Ich werde Arny auf der Grundlage der Schätzung ein Angebot machen und hoffe, dass er dieses Haus nicht irgendjemandem verkauft, dass der Traum im Hintergrund gelebt werden kann. Ich hoffe es für uns alle."

> *I*
> *Ich habe einen Platten am Velo.*
> *II*
> *Meine alten schwarzen Lederhosen gehen mir wieder.*
> *(18.6.2003)*

Einerseits scheint irgendwo „die Luft draußen" zu sein, andererseits habe ich offenbar wieder Kontakt mit der wilden Energie der alten schwarzen Lederhosen!

> *Beinahe hätte ich mir ein Gesichts-Tattoo machen lassen, eine Schlange. Ich ziehe*
> *mich aber dann zurück, als ich merke, dass es im Gesicht ist, und sage nein.*
> *(29.6.2003)*

Hoppla! Tönt auch ziemlich wild!

> *I*
> *Viel Fernes, Tiefes. Wir sind unterwegs, sehen auch alte Kulturen und*
> *Passlandschaften (Mongolei? Tibet?)*

II

*Einmal sehen wir von weitem eine Art Tümpel, in dem sich, wie ich merke, etwas
bewegt. Ist es eine Schlange? Die anderen scheinen es nicht zu sehen.*
*Beim Näherkommen sehe ich, dass es ein Eisbär ist. Ich weiß, dass er hochgefährlich
ist, gleichzeitig frage ich mich, ob er Hilfe braucht.*
III
*Ein Bild, wie ich mit vielen Gefühlen den Stoff-Osterhasen, den meine
Urgroßmutter genäht hat, mit seinen Mottenlöchern vor mir in den Händen halte
und denke: vielleicht ist das alles, was mir bleibt von der vergangenen Familienwelt.*
(im Juli 2003)

Ein faszinierender Traum von weit her. Von den alten Kulturen über das magische
Leben im Tümpel bis zur vergangenen Familienwelt - diese ist offenbar auch schon
weit weggerutscht!

Saas Fee: EGS, zweiter Teil (19.7.-10.8.2003)
Diesmal ist alles einfacher und vertrauter, wir kennen einander schon fast alle und haben eine gute Zeit miteinander. Es wird mir auch klar, dass ich hier keine Dissertation
schreiben will, ich brauche für die Zukunft jüngere Lehrer und Lehrerinnen.

*Von einer Familie, in der viel freches Betragen ausprobiert wird, aber es ist eine
große Liebe spürbar.*
*Unsere Söhne kommen vor, auch ein jüngeres Kollegenpaar aus Israel. Erziehung
und Lernen spielen ebenfalls eine Rolle, jemand arbeitet nur bei uns, weil er um
uns herum sein und von uns lernen will. Es zeigt sich, dass diese Leute selber gute
Lehrer werden und anderen weitergeben können, was sie von uns lernen.*
(19.8.2003)

Der Traum kommt mir wie ein Echo vor auf meine Entscheidung, in Zukunft nicht
vor allem mit älteren, sondern mit jüngeren LehrerInnen zu lernen. Wir sind jetzt in
einem Alter, in dem wir einerseits selbst immer mehr weitergeben können, andererseits Kontakt und Herausforderung mit Jüngeren brauchen.

Am Zürichsee.
*Unter anderem ist meine erste Yoga-Lehrerin Savitri mit einem schweren
mongolischen Mann da. Er ist, wie wir später hören, ein berühmter mongolischer
Mann (naturhaft „schön" wie Atahualpa Yupanqui, alt mit glatter Haut, „schwer"
und bei sich, auch wie der alte C.G. Jung). Er ist Künstler, Gesangspädagoge.*
*Wir sind im Wald. Irgendeinmal finden wir am Morgen unser Zelt abgebrannt vor.
Es ist abgebrannt, weil wir nicht da waren.*
(22.8.2003)

Und schon sind die „alten Lehrer" wieder da!

Ein schwerer mongolischer Mann, zusammen mit Savitri, die mir als erste die Welt des Yoga nahebrachte. Er ist Künstler und Gesangspädagoge, schon im Traum kommt mir zu ihm der wunderbare Atahualpa Yupanqui in den Sinn und auch der alte Jung, von dem ich gerade wieder einmal mit großer Begeisterung lese, was er im Alter sagte und schrieb.

Was da wohl der Wald und unser abgebranntes Zelt zu suchen haben? Vielleicht: der Wald braucht unsere Zelte genauso wenig wie die „großen Alten" uns, wir müssen da sein, wenn wir von ihnen lernen wollen.

In anderen Lebenswelten und Kulturen (eine Art Wohnwagen-Weekend-Siedlung).
Die Frau, die ein Löwenbaby ganz zärtlich herzt und schöppelet.
Wie es mich ergreift.
(14.9.2003)

Das Baby ist diesmal nicht meins und nicht einmal menschlich, aber die Szene, wie die Frau ein Löwenbaby zärtlich herzt und schöppelet, ergreift mich. Gebären, aufziehen und nähren sind für mich nach wie vor ein Thema.

Das Jung-Institut kommt nicht zur Ruhe. Es gibt bei mir ein Stück Verzweiflung darüber, dass wir als Gruppe nicht mehr sind als ein IndividualistInnen-Club mit einigen Gockeln. Es fehlt ein Gespür für das ganze Feld, eine Bemühung, alle Teile abzuholen und dabeizuhaben.

Von Itschnach. Das Haus ist anders: an einer Naturstraße mit riesigen Kellern „für
die Ernte" (zwei Stockwerke) und mit einem großen, unverputzten Raum gegen den
See.
(18.9.2003)

Der Traum hat mich, schon als ich ihn träumte, sehr gefreut.

Jetzt beim Schreiben denke ich, dass er mir einen Impuls für das Weiterführen dieses Projekts geben könnte: tatsächlich geht es in meiner jetzigen Lebensphase je länger je mehr um die „Ernte", und ich muss mir überlegen, wie ich sie in verschiedenen „Kellern" lagern kann.

Der Raum gegen den See ist auch wichtig, er gehört unbedingt dazu.

Vom Wegsuchen.

Am nächsten Tag habe ich den Film „Whale Rider" gesehen. Er beginnt mit der Geburt eines Kindes, „nur eines Mädchens", das nicht an der Schulung der Knaben über die Traditionen des Stammes teilnehmen darf.

Aber das Mädchen findet seinen Weg gegen alle Schwierigkeiten und Hindernisse und wird schließlich als Häuptling erkannt und akzeptiert. Das hat mich sehr beglückt.

Wales (1.10.-14.10.2003)

Etwas von einem Esel oder Pferd, das ich in ein Fuhrwerk spanne. Dann merke ich, dass nebendran ein großer Drei- oder Vierspänner steht.
(5.10.2003)

Unterschätze ich etwas, was eigentlich schon da ist?

Zürück in Oerlikon

Ein herziges Baby, dem ich die Windeln wechseln muss, weil die Eltern nicht daheim sind.
(16.10.2003)

Wieder ein Babytraum: das Windelnwechseln mache ich gern, aber es ist mir auch recht, wenn die Eltern wiederkommen.

Nachdem ich auf vielen Wegen versucht habe, für mein schweizerdeutsches Gedichtbuch einen Verlag zu finden, habe ich beschlossen, es bei BoD („Books on Demand") selbst herauszubringen: das ist eine große Befreiung! Heute habe ich bereits alles Material gesichtet und das Scannen der Gedichte zum Drucken organisiert. (27.10.03)

Ein Traum, in dem ich in einem akademischen Umfeld mit einem „Professor"
zusammentreffe und mit ihm zusammen auf der Trompete spiele „Die Liebe von
Zigeunern stammt " (aus „Carmen"). Große Befreiung, viel Energie und natürlich
auch Verwunderung, dass ich es kann.
(30.10.2003)

Franz hält im Moment für die Abteilung Germanistik an der Universität Zürich Poetik-Vorlesungen, daher taucht vermutlich dieser Uni-Professor auf.
Der Text aus „Carmen" über die Liebe hat etwas Befreiendes, auch wenn er ziemlich kitschig und politisch unkorrekt ist. Der Traum hat Spaß gemacht und mir ein beflügeltes, freies Glücksgefühl gebracht, als ich ihn mit der Trompete feierte.

Statt mit Franz wandern zu gehen, habe ich am letzten Samstag alles Material für meine Vorlesungen am Jung-Institut ausgelegt und angefangen, Themenschwerpunkte zu formulieren.

Was es immer wieder braucht, bis ich anfange! Aber die Freude kommt dann auch.

Das Schreiben dieser Vorträge für das Jung-Institut fällt zusammen mit dem Stricken einer Plätzlidecke für das erste Kind meiner Nichte.

Ich erlebe immer mehr die Gemeinsamkeit der beiden Unternehmungen: das Sammeln und Verarbeiten der Teile und dann das Zusammenhäkeln zu einem Ganzen!

Die Wollresten gehören zu den Pullis, Jacken, Stulpen und Socken der letzten Jahre, und die Beispiele und Übungen für die Vorträge stammen aus den letzten Jahren meiner Arbeit mit Seminarien und Gruppen.

Ich lege mein Material am Boden aus wie die Teile der Plätzlidecke, setze sie zusammen, suche Themenschwerpunkte und einen Ablauf, welcher Sinn macht. Langsam kommt immer mehr die Freude, und ich kann mich dem kreativen Prozess überlassen.

(Dezember 2003)

2004

Meine Vorlesungen über p.o. Arbeit mit Gruppen am Jung-Institut / Worldwork in Newport / Treffen mit Nisha / Schreibwoche in Paspels / In Berlin mit der Frauen-Schreib-Gruppe / Gründung von ISAP in Zürich / Weihnachten überschattet vom Tsunami in Thailand

Träume
Ich muss packen: eine Riesenfülle / Ich bekomme ein Kind anvertraut, viel Liebe und Glück / Treffen mit einer alten Liebe / „Auf der Bühne" geht das Licht aus, ich muss selber weitermachen / „Abschluss von etwas" / Ein gewaltiges Geschenk

---

Neujahr / Geburtstag

Da ich jetzt einen gewissen Überblick habe, kann ich es wagen, mit zwei mir lieben Jungianischen Kolleginnen auf einem „Geburtstags-Spaziergang" über meine bevorstehenden Vorlesungen zu sprechen und meine Ideen zu diskutieren, was mich sehr unterstützt.

Pontresina (3.-10.1.2004)

Vom Schreibtisch im Hotelzimmer habe ich eine Hälfte für mich besetzen können und habe so genügend Raum fürs Nachdenken und Arbeiten. Es berührt mich, wieder einmal Arny zu lesen.

Am Freitagabend geweint über die Glocken im Dorf. Dann waren wir im Kino, das wir genießen wie immer in den Ferien hier oben.

Wieder in der Stadt

Ich weiß jetzt, wie ich die Vorlesungen einteilen will, bin froh, noch genügend Zeit zu haben.

> *Ich muss packen, eine ganze Gruppe bricht auf. Die Zeit reicht zwar, aber ich finde immer noch Sachen (auch Notizen): eine Riesenfülle. Ich muss viel wegschmeißen und einiges zurücklassen als Geschenk, falls es jemand brauchen kann.*
> *(21.1.2004)*

Das wird sicher je länger je mehr auf mich zukommen: aufräumen, die Fülle ordnen, merken, was weg muss, was vielleicht noch jemand brauchen kann, was ich vorläufig behalten will.

Die bevorstehenden Vorlesungen über die Jungianisch-Prozessorientierte Arbeit mit Gruppen sind für mich geradezu existenziell herausfordernd.

Ich fange an, das definitive Script zu schreiben und merke, dass ich davon so „besetzt" bin, dass ich kaum ansprechbar bin für Anderes. Diese Einengung meiner Lebensenergie auf ein Ziel ist eine Dynamik, die mir nicht guttut, fördert aber inhaltlich und emotional Neues zutage, an das ich sonst nicht herankomme. Ich schreibe auf: „Ich bin fokussiert, aber auch gestresst und nicht frei, außerdem ist im Hintergrund die USA-Reise und das Worldwork."

Am 1. Februar war der erste Vortrag. Er ist gut herausgekommen und hat die Studierenden erreicht und begeistert. Jetzt heißt es so weitermachen!

Vor dem zweiten Abend bin ich gerührt über die Anrufe und die Unterstützung meiner Freunde. Diesmal habe ich straffer geführt mit weniger Gruppenbeteiligung, die Bücher in der Pause wurden eifrig benutzt.

Beim gemeinsamen Essen nachher sind sich meine „Berater" einig, dass ich nächstes Mal die Gruppe wieder mehr zum Zug kommen lassen sollte.

Am 13.2. ist der dritte und letzte Abend. Er läuft sehr gut, und ich bin nachher glücklich, stolz und zufrieden. Lukas und seine Freundin Iris waren auch dabei und gaben mir gutes Feedback, von Lukas kam noch ein SMS: „you rock!"

Es freut mich, dass Arny das englische Abstract für seine Homepage brauchen will.

Worldwork in Newport (29.2.-9.3.2004)

Es ist schön, wieder einmal an der Oregon Coast zu sein, in einer Landschaft, die für mich zu einem Stück Heimat geworden ist.

Die Arbeit im Worldwork-Seminar geht tief.

Am meisten beeindruckt mich diesmal die Gruppe der „Children of mixed race" in unserer Mitte. Wie schwierig es für diese jungen Menschen sein kann, zu keiner Rasse wirklich zu gehören. (Erst einige Jahre später wurde in den USA die Möglichkeit geschaffen, bei der Frage nach der Rasse ein Kreuz bei „mixed" zu machen!)

Einige der jungen Frauen und Männer im Kreis äußern Bitterkeit ihren idealistischen Müttern gegenüber, welche mit ihrer Partnerwahl und durch das Gebären der Kinder aus diesen Verbindungen die Rassengrenzen überwinden wollten. Mit den Folgen dieser Entscheidung müssen ja dann vor allem die Kinder fertig werden.

In der Nacht habe ich unerwartet starke Gefühle für diese Mütter und denke, dass ich am anderen Morgen im Plenum etwas darüber sagen müsste. Da steht schon eine junge Frau am Mikrofon und drückt ihre Liebe und Bewunderung für den Mut ihrer Mutter aus, auch wenn sie als Tochter dadurch in eine Situation geboren wurde, gegen die sie manchmal rebelliert.

Am Schluss des Seminars treffe ich Nisha, die von San Francisco gekommen ist, um mich zu treffen: wir umarmen uns und weinen beide, wir haben einander so vermisst!

Wieder in der Schweiz: Pfingsten auf dem Älpli (28.-31.5.2004)
Das Seminar mit einer Jungianischen Kollegin in Sofia (Bulgarien), über das ich hier oben nachdenke, kam nicht zustande, weil das dafür vorhandene Geld schon aufgebraucht war!

Schreibwoche in Paspels (1.-5.6.2004)
Diesmal arbeite ich an den Unterlagen für eine Unterrichtseinheit in der Supervisionsausbildung EGIS und lese, was ich in Avers vor acht Jahren geschrieben habe. Außerdem bearbeite ich meine Worldwork-Notizen aus Newport.

Wieder in Oerlikon

> *Ich bekomme ein Kind anvertraut. An die Geburt kann ich mich nicht erinnern. Ich fühle so viel Liebe, so viel Glück, noch beim Aufwachen ist es ein unfassbares Geschenk. Offenbar ist es ein Baby, ein Bub, und er kann mit zwei Tagen „irgendwie" schon gehen! (Ich bleibe noch liegen, ganz erfüllt und dankbar, sehr intensiv!)*
> *(6.6.2004)*

> *Ein ganz inniger Traum vom Treffen mit einer alten Liebe. Es gibt aber im Außen keine Beziehung, nur ein Treffen, ein Wissen, dass es ist, und ein kurzes Eintauchen.*
> *(10.6.2004)*

Schöne Träume. Offenbar „sind viele Kanäle offen" und ich bin verbunden mit inneren Ressourcen.

22.6.2004.
Der längste Tag ist schon vorbei, der Sommer kommt noch.

Ich bin heute Nacht wach und ruhelos, habe Schmerzen in der Hüfte, im Rücken.

Wo stehe ich? Worauf kommt es an? Gibt es Entscheidungen zu treffen für meine Gesundheit? Welche?

Auch beschäftigt mich Avers, die Frage, ob es für mich richtig wäre, dieses Haus zu besitzen.

Die Liebe zum Tal und zum Haus, zur Natur dort, zum Sternenhimmel in der Nacht.

Ein junger Igel in unserem Zürcher Garten, herzzerreißend mutig, aber stur: er will immer wieder dorthin zurück, wo er die Mutter zum letzten Mal sah, wir finden ihn nachher tot und zerrissen.

Am 10.7.2004 treffen sich Verwandte, Freundinnen und Freunde zum 20. Todestag unseres Freundes Chlöis. Es ist viel Zeit vergangen seit diesem traurigen Ereignis, die Kinder von damals sind erwachsen geworden, ihre Mutter Regula hat einen eigenen Weg gefunden.

Ein wichtiger und guter Tag.

Im Moment geht es der Wirtschaft nicht gut: der Schreiner, der bei uns umgebaut hat, hat Konkurs gemacht. Entlassungen und Umstrukturierungen, Abbau und Verluste überall, auch im öffentlichen Verkehr.

Avers (17.7.-6.8.2004)

Ich nehme die Urfassung von Tolstois „Krieg und Frieden" mit und lese sie mit Hochgenuss.

Es ist ein schöner Sommer hier, wir haben viel Besuch und auch Kontakte im Tal. In diesem Jahr singen wir viel, machen Wanderungen und besteigen Berge, haben zum ersten Mal hier oben ein Adlernest und eine Schlange gesehen.

Am letzten Ferientag sehen wir in der Zeitung, dass Arny das Haus zum Verkauf ausgeschrieben hat zu einem Preis, der für mich nicht in Frage kommt und nehmen Abschied.

Wieder in Oerlikon

Franz und ich essen Glacé auf dem Balkon, als das Telefon läutet.

Es ist Arny aus USA. Er sagt, nach dem Brief von Lukas könne er das Haus nicht verkaufen und werde es vorderhand behalten. Von diesem Brief habe ich nichts gewusst und muss Lukas erst fragen, ob ich ihn auch lesen darf. Es rührt mich, dass er sich so eingesetzt hat für mich und dafür, dass uns das Haus vorläufig erhalten bleibt.

26.8.2004
Kaspars 30. Geburtstag!

Mit der Schreib-Frauen-Gruppe in Berlin (23.-26.9.2004)

Wir besuchen unsere Kollegin Anita, die hier als Autorin einen Schreib-Aufenthalt machen kann.

Wir Besucherinnen haben zu dritt ein gemeinsames Hotelzimmer. Zu viert bewegen wir uns sehr angenehm und frei mit dem Velo durch die Stadt, in der es ja viel zu sehen gibt.

Hier in Berlin sind wir umgeben von Geschichte: die Mauer zwischen Ost und
West, die nur noch in Teilstücken existiert, die Weidendammer Brücke mit dem
„Preußischen Ikarus", das Jüdische Museum und das Denkmal für die ermordeten
Juden Europas. Es kommt mir vor, wie wenn mich dieser Traum nach dem mächti-
gen kollektiven Input wieder auf meine eigene Befindlichkeit und Verantwortung
als Individuum zurückholen würde.

Wieder in Oerlikon
Die Zeit vergeht schnell, es gibt Konzerte von Freunden, ich kann bei einer Kollegin
eine gute und hilfreiche Sitzung nehmen, schon bald werden wir nach den Rezepten
meiner Mutter Weihnachtsguezli machen.

Die Zeit nach Weihnachten wurde dieses Jahr überschattet vom gewaltigen
Seebeben und Tsunami in Thailand, bei dem viele Menschen ihr Leben, Verwandte
und Freunde und Hab und Gut verlieren. Dass auch einige Schweizer Bekannte unter den Opfern sind, macht uns zusätzlich betroffen.
Im Dachzimmer im Haus der Schwiegereltern träumte ich:

Ich erwachte erfüllt von einer tiefen Zufriedenheit und Freude. Dieses Geschenk lös-
te bei mir ein überwältigendes Glücksgefühl aus, dem ich mich zuerst einmal einfach überlassen musste. Ich konnte dieses Gefühl noch eine Weile kaum fassen und
konnte es mir auch nicht erklären.

Als ich dann diesem gewaltigen Schlangengeschenk nachspürte, dachte ich natürlich sofort an die Synchronizität mit dem Tsunami in Thailand, der mich und uns alle mit seinen bedrohlichen und vernichtenden Kräften erschüttert und schockiert hatte. Auch diese geschnitzte Schlange hatte mit elementaren und großen Kräften zu tun.

Schließlich fing ich an, mit den verschiedenen Teilen der Schlange zu arbeiten.

Am Kopf der Schlange erlebte und gestaltete ich vor allem meine Verstörung und Fassungslosigkeit über das Geschehene in Thailand und die „Wut auf die Welt".

Bei den Innereien der Schlange spürte ich ihren einzelnen Organen und den tiefen Gefühlen in meinem Körper nach, dem Schmerz und der Leidensfähigkeit des Menschenkörpers und der kaltblütigen Kraft und Wandlungsfähigkeit der Schlange.

Beim Schwanz der Schlange musste ich an die Endlichkeit des Lebens denken.

Die Farben rot und schwarz empfand ich als ultimativ: es wären gar keine anderen Farben möglich gewesen, sie hatten eine große Intensität und Emotionalität.

Zum jungen Mann, der mir dieses gewaltige Geschenk machte, kam mir gar nichts in den Sinn, nur dass er in der Gegend des Älpli, also weg von der Zivilisation an einem „wilden" Ort auftauchte, wo ich immer wieder viel Inspiration und Kontakt mit meiner Kraft erlebt habe. Einzig seine Abschlussarbeit trug die „Ladung", die sich einer Formulierung und Beschreibung fast entzieht und mich zuerst einfach überwältigt hatte.

Nach längerem Nachfühlen und Betrachten kam ich zum Schluss, dass der junge Mann einen inneren Teil von mir selbst darstellen könnte, der soeben dadurch, dass er dieses Geschenk für mich schnitzte, seine Ausbildung beendet hat.

So kann ich dieses Traum-Geschenk als ein Zeichen verstehen, dass etwas abgeschlossen ist und von innen heraus eine Form gefunden hat. Das war es wohl, was mich so glücklich machte!

An Silvester sind wir zu einer Party bei jungen Freunden in einer Abbruch-Liegenschaft eingeladen. Wir sind die einzigen „Alten" und kennen fast alle Anwesenden, auch unsere Söhne sind da.

Die Themen Abbruch, Umbruch und Aufbruch liegen in der Luft.

2005

Reise nach Quito und auf die Galapagos-Inseln / Frauen-Schreibwoche in Paspels /
Auf Lesereise mit Franz in Indien

Träume
„Erwachen" als Ausweg ! / Meine Fische kühlen oder sofort essen? / Ein Kind mit einer wun-
derbaren Ausstrahlung. / Muss alles zusammenfallen? / Ich kann etwas aufgeben ohne ne-
gative Folgen. / Treffen mit Nisha in einem großen Seminar in den USA / Verpackung eines
Pulvers: Inschrift und Beschreibung des Inhalts verändern sich. / Ein riesiges Elefantenbein
durch einen Torbogen

Die Träume werden seltener, meine „Traumbücher" sehen oft eher aus wie
Tagebücher.

Brauche ich meine Träume nicht mehr? Ist das ein Zeichen? Wenn ja, was könnte
es bedeuten? Ich werde in diesem Jahr 62 Jahre alt, erreiche das Frauen-Rentenalter
in der Schweiz. Ein guter Grund, hier mit dem Manuskript aufzuhören?

Dafür finde ich genau diese Veränderungen und das Material zu interessant: ich
will wie ursprünglich geplant weitermachen bis zum 70. Geburtstag und beobachten, was dabei herauskommt.

Pontresina (3.-9.1.2005)
In unserer Pontresina-Woche träume ich viel, behalte aber nichts.

Ich lese hier über die Kinder der politisch verfolgten Familien der Hitler-
Attentäter vom 20. Juli 1944, welche in ein Kinderheim verschleppt wurden: wie
sie aufeinander aufgepasst haben und miteinander versuchten, zu verstehen, was
passiert war. Wie sie sich gemeinsam ihre Familiennamen einprägten, um so ihre
Identität zu bewahren. Der Älteste war 15 Jahre alt, das Jüngste noch ein Baby. Ich
bin beeindruckt von diesen Kindern und muss weinen, als ich Franz davon erzähle.

Auch der Tsunami-Tod eines Bekannten beschäftigt mich immer noch: Was,
wenn es mich getroffen hätte? Habe ich genug aufgeräumt? Was hinterlassen wir
unseren Söhnen, wenn wir jetzt gehen?

Wieder in der Stadt
Am 15.1.2005 reist Franz nach Südamerika für eine Tournee, am 2. Februar werde
ich ihn in Quito treffen, von wo wir zu den Galapagos-Inseln aufbrechen wollen.

Endlich schlafe ich wieder einmal in meinem Zimmer, erwache nach einer intensiven Nacht mit dem Wort „bang". Das Dach vis-à-vis ist weiß.
Beim Aufwachen scheint der Vollmond immer noch in mein Zimmer.

Die Abreise ist wie immer: Zweifel, Panik, Vorfreude. Werde ich alles schaffen, was noch wichtig ist? Schließlich kann ich loslassen, das Abenteuer fängt an. Gracias a la vida!

Ecuador und Galapagos (2.-11.2.2005)
Auf dem Flug nach Quito stirbt eine Frau, was ich von meiner Sitznachbarin höre.

Ziemlich durchgeschüttelt komme ich in Quito an und werde von Franz mit Rosen abgeholt (Ecuador ist ein Rosenland, exportiert viele Rosen).

In der Residenz des Botschafters gibt es ein Buffet – mein viertes Essen, seit ich wach bin!

In einer Gesellschaft voller Geschichten und Leben fühle ich mich sofort wohl und kann „ankommen".

Auf den Galapagos-Inseln mit dem Schiff „Darwin Explorer"
Meine Mutter schwärmte ein Leben lang von Galapagos. Sie hat aber nie ernsthaft versucht, dorthin zu reisen. Deshalb will jetzt ich diese Reise machen. Ich habe einen kleinen Gegenstand aus dem Besitz meiner Mutter mitgenommen, den ich für sie ins Meer werfen will. Dann wird ein Gegenstand von ihr im Meer vor ihrem Sehnsuchtsort ruhen.

Auf Galapagos beeindrucken mich die Tiere bei den Exkursionen auf den Inseln und im Meer beim Schnorcheln. Wir besuchen auch meine Lieblinge, die Galapagos-Schildkröten. Und die riesigen Fregattvögel, die auf dem Meer wie aus einer anderen Zeit auftauchen und über den Horizont ziehen, faszinieren mich mächtig.

Dann der Heimflug.
Das Heimkommen nach langen Flügen ist wie immer ekstatisch (es ist alles gut gegangen, ich lebe noch, hurra!) und gleichzeitig bin ich emotional durchgeschüttelt.

Der erste Praxistag ist schön, ruhig, tief, mutig - macht Freude.
(15.2.2005)

24.2.2005
Am Morgen um 6 Uhr erwache ich, und es ist mir ganz tief und unglaublich wohl.

Etwas später bekomme ich ein SMS von Franz aus Deutschland: „Du hast heute Nacht auf Kirchturmspitzen den Handstand gemacht."

Eine liebe Freundin ist am Sterben.

An der Beerdigung der Mutter einer anderen Freundin das wunderbar einfach gesungene Schubertlied „O wie schön ist deine Welt", es erinnert mich an „Eli Eli". (4.3.2005)

Ich bin dabei, unsere Fotos neu zu ordnen und zu kleben. Bei den Thorenberg-Fotos spüre ich wieder die Fassungslosigkeit über den Verrat und Vertrauensbruch unseres Vaters. Franz und ich fragen uns beide, ob wir ihn nicht doch härter hätten konfrontieren sollen.

Die Aufregung meiner Mutter vor ihrem Tod: hat sie ihren Anteil noch einmal gespürt? (13.3.2005)

Ein erschreckender und aufrüttelnder Traum:
Ich bin mit anderen jungen Frauen in deren Elternhaus. Es ist alles geregelt:
übermorgen werde ich einen von der Verwandtschaft für mich ausgesuchten Mann
heiraten.
Plötzlich „erwache" ich! Was läuft da eigentlich? In was gerate ich da? Das ist
ja nicht menschenmöglich. Aber absagen wäre ein Skandal. Doch wenn ich nicht
absage, komme ich da nie mehr heraus und kann nicht mehr frei über meine Zeit
und mein Leben verfügen!
Ich ziehe mich zurück aus der Gruppe, in der ich bin und fange an, Fragen
aufzuschreiben: Warum ist er nicht selber gekommen, um um mich zu werben? Was
geschieht mit meinem Geld? Wo werden wir leben?
Langsam wird mir immer klarer, dass ich auf alle Fälle aussteigen muss.
Während dem Aufschreiben der Fragen erwache ich.
(26.3.2005, Ostersamstag)

Im Traum droht ein unglaublicher Verlust all dessen, was mir am wichtigsten ist: Selbstbestimmung, Freiheit, meine Entwicklung, mein bisheriges Leben wäre weg.

Da hilft nur Aufwachen und das kann ich ja zum Glück!

Ich muss daran denken, dass das Thema Heiraten-Müssen in meiner Familiengeschichte für Frauen lange selbstverständlich war, an das Schicksal meiner Mutter und an die anderen Briefe, die wir beim Aufräumen in Zollikon gefunden haben. Und natürlich auch daran, wie in anderen Zeiten und Kulturen über Frauen verfügt wurde und wird.

Durch den Traum wird mir wieder einmal klar, was für ein Privileg es ist, „aufwachen" und ein selbst bestimmtes Leben führen zu können.

Gestern an der Limmat auf dem Weg zum Kloster Fahr: zwei zufriedene Enten in einem kleinen Teich - direkt neben der Autobahn.

Meine Kollegin Martha Sandbower in den USA hat sich als späte Folge einer Hirnverletzung durch einen Autounfall das Leben genommen.

> *Wir sind irgendwo am Fisch-Essen am Meer. Ich öffne eine Schublade an meinem Platz: sie ist voll wunderbarer großer Fische, ich weiß, dass sie mir gehören, und überlege, ob ich sie kühlen muss - oder grad einen für uns zubereiten lassen.*
> *(24.4.2005)*

Die vielen wunderbaren Fische in meiner Schublade könnten auf etwas hindeuten, was „mir gehört" und nicht mehr allzu lange warten sollte.

Bonassola (25.4.-4.5.2005)

Herrliche Vollmondnächte und am Tag lange Wanderungen im Wald über dem Meer.
Nachricht, dass zwei uns nahe und liebe Menschen gestorben sind.
Schmerzen in den Knochen, den Hüften.

> *Von einem begabten Kind (Sohn). Er ist noch klein, hat aber eine wunderbare Ausstrahlung und wird mit vielen Herausforderungen fertig.*
> *(29.4.2005)*

Mich beeindruckt und beglückt das Motiv des Kindes mit der wunderbaren Ausstrahlung.
Es kommt mir vor wie ein Trost und eine Ermutigung zum Weiterleben, wie eine Öffnung zu etwas Größerem als meinem Hadern mit der Ungerechtigkeit des Schicksals, das die einen sterben und die anderen leben lässt.

Wieder zurück in Oerlikon

> *Schon einige Male in den letzten Wochen: von einer Bedrohung, die dann doch nicht eintrifft (zum Beispiel, dass das Haus zusammenfällt), zeitlich terminiert, zum Beispiel um 5 Uhr. Gefühl von Bedrohung, Gefühle, etwas machen zu müssen, dann passiert nichts.*
> *Immer wieder träume ich von Organisationen und Netzwerken.*
> *(18.5.2005).*

In diesem Traum hat mich die Zahl 5 fasziniert.
Sie gilt einerseits als Zahl der organischen Natur und der Erdmutter (fünf Finger und Zehen des Menschen, Rosenzahl), andererseits als „quinta essentia", als fünftes Element, das die vier Elemente zusammenführt und ihren Geist als Ganzes verkörpert.

Die „Quinta Essentia" ist auch ein schönes symbolisches Bild für das Ziel der Arbeit mit Organisationen und Netzwerken, bei der vor dem Neuen manchmal tatsächlich zuerst das Alte zusammenfallen muss.

Frauenschreibwoche in Paspels (8.-11.6.2005)

> *Ich sollte Schule geben, weiß aber nicht, welche Klasse und wo. Sekretariat*
> *gibt es keines, gedruckte Unterlagen auch nicht. Ich versuche, Leute zu fragen.*
> *Erleichterung, es aufzugeben.*
> *(8.6.2005)*

Ein Traummotiv in letzter Zeit: ich gebe etwas auf, weil es nicht geht, und es hat keine negativen Folgen. Kommt eine Zeit, in der ich mir erlauben kann, weniger zu „müssen", Dinge aufgeben darf, von denen ich merke, dass sie mir nicht mehr wirklich entsprechen?

Wir haben wieder eine Freundin verloren. An ihrem sehr eindrücklichen Begräbnis und danach sind wir nicht die Einzigen, die weinen.

In einem Gespräch mit Franz reagiere ich ziemlich heftig auf etwas, was mich sehr verletzt. Erst dadurch merken wir, dass er bis jetzt gar nicht daran gedacht hat, dass mich das verletzen könnte. Wie wichtig es ist, Verletzungen anzusprechen, immer wieder!

Auf dem Älpli (18.-21. Juli 2005)
In diesem Jahr gibt es eine große Mäuseplage.
Wir sind froh, zwei Handwerker gefunden zu haben, welche unsere Schlaf - und Öfeli-Hütte mit viel Liebe zum alten Handwerk renovieren können. Eine große Erleichterung.

Avers (23.7.-13.8.2005)
Ein Stück Heimat: die Gerüche, das Rauschen des Flusses, die Abendsonne.

> *Ich bin in einem großen Seminar in den USA, treffe Nisha. Wir versuchen, Plätze*
> *nebeneinander in einem der Zelte zu reservieren.*
> *Wo ist mein Koffer? Ich erschrecke, kann mich nicht erinnern, ihn seit meiner*
> *Ankunft bei mir gehabt zu haben. Steht meine Adresse von hier eigentlich drauf? Ich*
> *finde ihn nirgends.*
> *Da sehe ich, dass dauernd noch neue Koffer kommen: er ist vielleicht doch irgendwo*
> *da.*
> *(7.8.2005)*

Ob „mein Koffer" auch mitgekommen ist? Vielleicht ja, vielleicht auch nicht!
Was war das Besondere an diesen Sommerferien? Das „Herumhängen" war so wichtig, die zwei Krankheitstage. Ankommen, Heimat, Kraftort. Immer wieder die Luft, die Gerüche hier oben.

Wieder in Oerlikon

Von einem Pulver oder einem Brei in einer Verpackung in der Küche.
Ich merke, dass sich die Aufschrift und die Beschreibung des Inhalts verändert!
(22.8.2005)

Was für ein herrliches Zauber-Motiv: so kann man das Leben auch anschauen!

Auf Lesereise mit Franz in Indien (10.-30.10.2005)
Eine vielfältige, eindrückliche Reise.

Begegnung mit einer völlig anderen, bisher unbekannten „neuen" Welt.

Unterwegs mit Franz merke ich bald, dass ich auf dieser Reise ganz selbstverständlich die Rolle der Frau an seiner Seite übernehmen muss, auch Kränze bekomme und gefeiert werde, dass ich mich dem gar nicht entziehen kann. Daran muss ich mich zuerst gewöhnen!

Es ist interessant zu erleben, wie die Menschen hier mit einem Schriftsteller umgehen, wie sie einfach ALLES fragen, was nur möglich ist, aber fast nie etwas zu seinen Texten.

Das Land ist so groß, die Menschen so vielfältig und verschieden, was für ein - manchmal auch anstrengendes - Privileg, das alles erleben zu dürfen.

Die Schönheit des Taj Mahal, des Handwerks und der Künste.

Ganesha, der elefantenköpfige Gott, der bei den Menschen aller Schichten überall präsent ist.

Und natürlich auch die Schattenseiten: Armut, Hunger, das Kastensystem, Kinderarbeit, Kinder als Hausdiener. Aus den Zeitungen wissen wir auch vom Schicksal vieler jungen Frauen.

Die Höhlen von Elephanta auf der Insel vor Mumbai, welche wir am Schluss der Reise besuchten, waren ein besonderes Erlebnis. Diese Höhlen und diese Insel, welche dem Shiva gewidmet ist, haben mich auf eine Weise berührt und begeistert, die ich gar nicht ganz ausdrücken und verstehen, nur fühlen kann. Erschütternd auch die Geschichte von den riesigen Elefantenskulpturen, die ursprünglich auf der Insel standen und von den Portugiesen zerstört wurden bis auf eine, die am Hafen stand und jetzt in Mumbai in einem Park aufgestellt ist.

Zurück in der Schweiz

Der folgende Traum hängt wohl noch mit dem Erlebnis von Elephanta zusammen:

Ich erwache tief erschüttert, gerührt und begeistert, weil ich durch einen Torbogen das Bein eines riesigen Elefanten sehe: dass ich das erleben darf!
(8.11.2005)

WOW! Ich kann nicht anders, muss aufstehen und in meinem Zimmer das Bein des riesigen Elefanten zeichnen und malen. Nachher ergänze ich den ganzen Elefanten, es gibt ein sehr großes Bild, das ich bei mir aufhänge!

Ich bin mitten in der Vorbereitung für meine ersten Vorlesungen am ISAP (dem neugegründeten Internationalen Jung-Institut in Zürich). Der Traum trifft mich irgendwie ins Herz: dass ein Kontakt mit solchen Kräften möglich ist!

Das Bild des Elefantenbeins im Torbogen kommt mir vor wie ein Einblick in die unendlich viel größeren Dimensionen und Energien im Feld meiner Forschungen über Gruppen und Großgruppen: das, was wir davon begreifen und beschreiben können, ist nur ein kleiner Teil eines größeren Ganzen in Zeit und Raum, das wir nie kennen und erfassen werden
(17.11.2005)

Die Zeit bis zum Jahresende war noch rundum anstrengend, aber spannend.

Ich konnte außer meinem Seminar noch eine Lesung meiner Gedichte abhalten, beim Vorbereiten und Abnehmen der POP-Prüfungen helfen, ein Supervisions-Ausbildungs-Wochenende leiten und an einer Retraite teilnehmen.

Schließlich gab es einen schönen Jahresabschluss in der Praxis, Festtage in der Familie und Silvester in der Stadt.

2006

Schwerer Unfall meines Cousins Hanspeter / Sarah Halprin ist an Krebs erkrankt / Konzerte mit den Vertonungen meiner Gedichte in Solothurn / Meine Homepage wird aufgeschaltet / Am 6. Juli kaufe ich das Haus in Avers! / Reise mit meinem Cousin Andreas nach Wales zu Hanspeter / Frauenschreibwoche in Paspels / 70. Geburtstag von Wolf Biermann im Berliner Ensemble

Träume
Auf einer Wiese in Oerlikon grast ein großer Elefant / Ich sehe hinter einem Spiegel mein „Ebenbild" / Ungeöffnete Schubladen in meinem Haus / Tierkraft Bär / Frühgeburt und Goldschatz / Nicht nur die Klientin, auch die Welt hat sich verändert! / Ich habe eine „mächtige Mähne" / Ein Storch fliegt zu mir, und ich habe einen neuen Beruf / Die Suppe des Weisen / Ältere Frauen betteln um Essen, ich muss weinen / Dunkelhäutige Menschen wollen auch in den „Thorenberg"

Nach einer Pontresina-Woche folgte, wie ich der Agenda entnehme, ein sehr geschäftiger und arbeitsintensiver Monat.

Leider habe ich für diese Zeit keine Traumtranskripte gefunden, aber Hinweise auf zwei Träume, an die ich mich noch heute genau erinnern kann:

> *I*
> *Ich sehe auf einer Wiese in Oerlikon einen großen, grasenden Elefanten.*
> *II*
> *Ich sehe hinter einem Spiegel, der auch eine Glasscheibe ist, mein „Ebenbild", das einen wunderbaren, einfach perfekten, glücklich machenden, schönen, ebenmäßigen, strahlenden Körper hat.*
> *(Januar 2006)*

Beide Träume waren sehr intensiv und machten mich glücklich.

Beim zweiten habe ich mich allerdings auch gefragt, ob es ein Todestraum sein könnte.

Es freute und ehrte mich, dass ich eingeladen wurde, mit Freunden an einer schamanistischen Rasselgruppe teilzunehmen. Die „Rasselreisen" dort erlebe ich intensiv und bewegend. Ich schreibe mir dazu auf „es ist wichtig, die Tür offen zu halten".

Ein Traum, von dem ich gesättigt und zufrieden erwache:

> *Ich bin in einem großen Haus (offenbar meines, eher historisch).*
> *Es kommen immer mehr Freundinnen und Schulkolleginnen zu Besuch. Ich habe*
> *das gar nicht gewusst, es ist aber kein Problem, sie bringen alles mit.*
> *Ein Teil des Traums spielt unterwegs in der Stadt. Es gibt gleichzeitig ein Festival*
> *und viele Veranstaltungen. Etwas Anregendes, Religiöses.*
> *Zurück im Haus wundere ich mich, wie viele Schubladen im Haus ich noch nicht*
> *geöffnet habe und den Inhalt nicht kenne (Skizze eines schmalen, hohen Schrankes*
> *mit großen Schubladen).*
> *(19.2.2006)*

Die vielen Schubladen im Haus, die ich noch nicht geöffnet habe - was da wohl drin ist?

Meine Stimmung beim Aufwachen weist eher auf etwas Erfreuliches hin.

Am 19.2.2006 sind wir in Olten.

Meine Schwiegermutter ist sehr lieb und sehr schwach.

Die beiden Schwiegereltern zusammen als Paar haben mich noch selten so gerührt!

Das Älterwerden.

> *Traum in einer waldigen Umgebung. Ich bin dort in irgendeiner Funktion und mir*
> *wird die Verantwortung für einen Bären übertragen, der aber im Moment nicht da*
> *ist (er ist mit einer Aufgabe unterwegs). Dann ist er da, und ich merke, dass er ja*
> *Futter braucht. Die Tierkraft Bär ist sehr präsent!*
> *(24.2.2006)*

Beim Frühstück erzähle ich Franz, der Bär sei noch „auf Tournee gewesen", er lacht sehr.

Ich hatte überhaupt nicht an seinen Familienübernamen „Bear" gedacht! Das eröffnet noch einmal eine neue Dimension des Traums, was das für ein Bär sein könnte.

Schwerer Velounfall eines Praxiskollegen.

Mir kommt mein Unfall vor Weihnachten in den Sinn, als ich aufs Tram raste, um pünktlich in der Praxissitzung zu sein, und dann in einem Unfalltram saß. Die Verletzlichkeit des Körpers. (Der Traum vom makellosen Körper im Januar als Gegenbild.)

Wir müssen uns unterwegs durch den hohen Schnee arbeiten, um ins Zürcher Schauspielhaus zu gelangen, wo eine Erinnerungsfeier für den im Dezember verstorbenen Werner Weber stattfindet. Es ist der Abschied von einem eindrücklichen, engagierten und hochkarätig gebildeten Literatur - und Theater-Rezensenten und -Liebhaber, für mich auch eine Erinnerung an meine Zeit als Germanistik-Studentin. (5.3.2006)

Zwei schreckliche Nachrichten im März:

Der älteste Sohn unserer Hausnachbarn ist tot aufgefunden worden.

Mein Cousin Hanspeter in Wales ist durch einen Hufschlag von seinem Lieblingspferd gelähmt.

Trauer und Fassungslosigkeit.

Konzerte in Solothurn (24.-26.3.2006)

Meine schweizerdeutschen Gedichte sind von der Musikerin Barbara Jost vertont worden.

Claudia Carigiet bringt als Regisseurin den Frauenchor Bocc'Aperta (dirigiert von Renata Würsten) mit drei MusikerInnen (Barbara Jost, Werner Aeschbacher und Pius Bessire) und mir als Vorleserin im „Kreuz" in Solothurn auf die Bühne.

Das Zusammenspiel aller Teile auf und hinter der Bühne funktioniert wunderbar, und das Publikum ist großartig. Auch wenn wir am Schluss ziemlich erschöpft sind, können wir doch fast nicht auseinander gehen und freuen uns riesig, als zusätzlich ein Konzert an den Solothurner Literaturtagen im Mai und sogar noch eines im „Rigiblick" in Zürich dazukommen!

Im April erfuhr ich vom Krebs meiner amerikanischen Kollegin und „Jahrgang-Freundin" Sarah.

Ihre Stimme am Telefon erinnerte mich an Debbie. Auch Sarah war schon ziemlich schwach, reagierte aber auf die Diagnose ganz anders als Debbie, mit Botschaften und Aufrufen im Internet, mit einer letzten Reise und mit vielen Plänen bis zuletzt.

Mit ihrem Mann Herb blieb ich auch nach ihrem Tod herzlich verbunden.

Bonassola (18.-28.4.2006)

Vor der Abreise überlege ich, ob „Die Verzweiflung vor dem Kleiderschrank beim Versuch, zu packen" ein guter Titel für dieses Manuskript wäre?

Ich werde hier in Bonassola ein Referat schreiben und freue mich darauf.

Das Wetter ist herrlich, aber meine Hüften und das (scheinbar geheilte) Knie tun weh.

Das kleine Häuschen im großen Garten ist wieder ein wunderbarer Ort für uns. Wie immer genießen wir auch den Weg ins Dorf hinunter, um einzukaufen und nachher wieder hochzusteigen und tüchtig zu schwitzen!

In der letzten Nacht vor der Abreise aus Bonassola regnet es: auch gut, der Garten ist gegossen!

Wieder in Oerlikon

> *Ein großes Familienfest.*
> *Es gibt es ein Frühgeburt-Baby. Alle haben es schon aufgegeben, da merke ich, dass es noch atmet, und überlege, was zu tun wäre.*
> *Außerdem finden wir im Garten einen riesigen Goldschatz in einem großen Tongefäß (wie ein Römertopf). In der Nacht, als alle weg sind, schauen wir dummerweise noch einmal nach: hat man uns jetzt beobachtet?*
> *(6.5.2006)*

Was könnte das Baby, das noch atmet, für mich bedeuten? Muss ich wieder einmal meine kreativen Ideen und Impulse ernster nehmen?

Der Goldschatz gehört wohl nicht in den Garten, sondern ins Leben, dann müssten wir auch keine Angst haben, dass er gestohlen wird!

> *Ich träume von einer Klientin, sie könne jetzt Tram fahren. Es war klar, dass nicht nur sie, sondern auch die Welt sich verändert hat.*
> *(16.5.2006)*

Oft gehören nicht nur die sogenannten „PatientInnen" zu uns in die Praxis, sondern eigentlich auch ihr Umfeld und die Gesellschaft, in der wir leben.

> *Am Morgen beim Blick in den Spiegel erinnere ich mich, dass ich im Traum andere Haare hatte: keine Fransen, sondern die Haare einfach alle zurück. Es war eine mächtige Mähne.*
> *(17.5.2006)*

Manchmal kommen mir meine Fransen so vor, wie wenn ich mich dahinter verstecken würde. Sicher ist es je länger, je mehr Zeit, zu dem zu stehen, was ich bin und nicht bin: mit dem Älterwerden läuft zwar die „Mähnenzeit" langsam ab, aber nicht die Zeit für eine Mähne als Haltung!

25.5.2006 (Auffahrt)
Debbies Todestag: Debbie, du bist schon sieben Jahre tot, ich vermisse dich immer noch.
Auch habe ich meine Homepage entworfen und ausformuliert. Sie wird jetzt von einem internetkundigen Freund aufgeschaltet.

Pfingsten auf dem Älpli, die Entscheidung (2.6.-5.6.2006)

Nach seiner Rückkehr vom Worldwork-Seminar in Australien schreibt mir Lukas, es wäre gut, Arny Mindell noch einmal zu kontaktieren wegen dem Haus in Avers.

Nach der langwierigen Geschichte um diesen Hauskauf beschließe ich, die Sache von meiner Seite aus endgültig zu erledigen und maile Arny, dass ich für das Haus höchstens 10% mehr zahlen könne, als ich bisher geboten habe, und dass ich jetzt ins Tessin fahre und hoffe, bei meiner Rückkehr einen verbindlichen Bescheid vorzufinden.

Als ich zurückkomme ist die Antwort da: Arny verkauft mir das Haus zu diesem Preis. Uff!

Jetzt werde ich über die Grenze gehen müssen und Hausbesitzerin werden, mit den Banken verhandeln und was sonst noch dazugehört. Ein wenig entspannt mich der Gedanke, dass ich einfach diejenige bin, die dem Haus und dem Tal dient, und dass ich das Haus einmal an meine Söhne weitergeben werde.

Freue ich mich? Ja sehr, aber ich erschrecke auch!

Die Tage bis zur Handänderung vergehen schnell: am 6. 7. 2006 ist es so weit.

Der 6.7. ist sowohl der Geburtstag des Dalai Lama als auch derjenige von Präsident Bush Jr.!

Mit einem gemieteten Wagen fahren Franz und ich während eines Gewitters mit Blitz und Donner zuerst ins Haus, um es zu begrüßen und einen ersten Augenschein zu nehmen, und dann zurück zur Gemeindekanzlei Andeer, wo der Kauf mit Ruth Weyermann (die Arny und Amy vertritt) und ihrem Mann Josef abgewickelt wird.

Es ist wirklich wahr, das Haus gehört jetzt mir, uns!

Bis zu den Sommerferien ist die Zeit dicht verplant: in der Praxis, mit Berufspolitik, im ISAP, mit Packen, Vorbereiten und Organisieren für das Haus in Oerlikon. Am Schluss droht Franz, er fahre notfalls am Samstag allein ins Avers, schließlich schaffe ich es doch noch, fertig zu werden.

Avers (15.7.-5.8.2006)

Wir sind am Aufräumen und Putzen im Haus, am Dinge-in-die-Hand-Nehmen und am Entscheiden, was wir behalten, was wir verschenken und was wir wegwerfen wollen.

Wir freuen uns auch über alle Besucher: unsere Söhne mit Anhang, meinen Schwager Peter mit seiner Frau Christina und natürlich Ruth und Josef. Ich bin sehr glücklich, dass Ruth bereit ist, das Haus weiter zu verwalten!

Ich kann mich in diesem Sommer nur an einen Traum erinnern:

Ein Storch fliegt mir zu und ich habe einen neuen Beruf.

Dieser Traum hat etwas Selbstverständliches und scheint mir zu dem vielen Neuen hier zu passen. Ob mit dem neuen Beruf auch die neue Rolle im Tal als Hausbesitzerin gemeint ist, weiß ich noch nicht.

Ich werfe ein I Ging zu meiner neuen Situation als Besitzerin dieses Hauses: Das Zeichen Nr. 42 „Die Mehrung" mit Wandlung zu Nr. 3 „Die Anfangsschwierigkeit".

Ich bin keine richtige I-Ging-Kennerin, diese zwei Zeichen sind für mich aber eine unterstützende Anregung: Zum ersten Zeichen wird von einer günstigen Zeit und Energie gesprochen, die es zu nutzen gilt zum Wohle aller und zur Arbeit an der eigenen Person. Beim zweiten Zeichen spricht mich an, dass es von einer Art Geburt spricht, von Wachstum und Entwicklung, und zu Geduld rät und dazu, fähige Helfer zu finden.

Wieder in Oerlikon

> *Von einem alt-jungen Hirten, der eine Suppe bei sich hat, an der er ein halbes Jahr gekocht hat.*
> *Wir werfen uns große Gegenstände - wie Heuballen - zu, hin und her.*
> *Irgendeinmal denke ich, ich könnte einer tamilischen Frau, die gerade ein Kind geboren hat, von der Suppe geben, frage aber zuerst. Er sagt nein, das dürfe ich nicht. Ich bin froh, dass ich gefragt habe, auch wenn ich nicht ganz verstehe, warum das nicht geht. Offenbar darf nicht jeder von der Suppe bekommen.*
> *Ich überlege mir, der Frau einen Kaffee zu machen.*
> *(26.8.2006)*

Was für ein eigenartiger Traum!

Die „Weisheits-Suppe" ist doch für alle und sollte nicht elitär sein? Es ist aber offenbar wichtig, den Hirten, der die Suppe gekocht hat, um Erlaubnis zu fragen und seine Entscheidung zu respektieren. Das macht mich nachdenklich. Es könnte schon sein, dass ich manchmal zu „locker" großzügig und zu wenig sorgfältig bin, wenn es ums Teilen und Verschenken geht.

26.-28. August besuche ich zusammen mit meinem Cousin Andreas unseren gelähmten Cousin Hans-Peter in der Rehabilitation in Wales. Die Klinik ist seit den beiden Weltkriegen ein Rehabilitationsort - man meint förmlich, all die Kriegsveteranen zu spüren, die schon im Rollstuhl oder mit ihren Krücken unter diesen alten Bäumen saßen.

Hans-Peter zu besuchen ist wichtig für uns zwei und erschütternd für uns alle drei.

Andreas und ich merken immerhin, dass Hans-Peter neben allem Schrecklichen seines Unfalls durch diesen Aufenthalt unter Menschen auch aus einer gewissen Isolation herausgekommen ist und dass ihm das guttut.

Und ich erfahre durch das Zusammensein mit Andreas auf dieser Reise auch Dinge über unsere und seine Familie, von denen ich bis jetzt nichts gewusst habe.

Franz und ich fahren mit Kaspar noch einmal zum „Ausmisten" und Neuesbringen nach Avers. Lukas und sein Freund Philipp kommen dazu und Franz bekocht uns, was wir alle genießen. (11.9.2006)

Schreibwoche in Paspels (18.-23.9.2006)
Wie immer eine intensive und spannende Woche, diesmal arbeite ich vor allem an meinen Praxisunterlagen.

Wieder in Oerlikon

> *Ein Ausflugsgruppenziel-Verpflegungsrestaurant.*
> *Ich bin an einem Tisch mit einem Band, auf dem das Essen und das Geschirr transportiert wird und sehe vis-à-vis ältere Frauen, eher Matronen, die von den Essensresten nehmen und um Essen betteln.*
> *Das erschüttert mich tief, bringt mich zum Weinen.*
> *(25.9.2006)*

Einerseits: der Hunger in der Welt ist ein Skandal, besonders in der reichen Schweiz, wo die Supermärkte überquellen von Lebensmitteln.

Andererseits: was könnte der Traum für mich selbst auch noch bedeuten? Weine ich noch über etwas anderes? Über meine Unfähigkeit, alle meine Teile zu nähren? Über den spirituellen Hunger, das Bedürfnis nach mehr Kontakt mit Freundinnen und Familie, nach mehr freier Zeit - über alles, was ich auf „später" verschiebe?

> *„Franz" teilt mir mit, dass er nach Spanien abreist.*
> *Ich bin tief erschüttert: warum hat er nichts gesagt, und warum haben wir nichts besprochen vorher? (Mit diesen Gefühlen wache ich auf, glaube aber, es geht um mich.)*
> *(31.10.2006)*

„Franz" leistet sich mehr Gefühle, mehr Musik, mehr Freiraum als ich (alles Dinge, die ich zu „Spanien" assoziiere), der Traum geht wohl in die gleiche Richtung wie derjenige von den hungrigen Matronen!

> *Von außen kommen dunkelhäutige Menschen und wollen auch in den Thorenberg. Ich sage nein - meine Umgebung meint eher ja, so könne ich doch nicht sein.*

*Ich bin tief betroffen und verunsichert: was ist richtig? Das ist doch ein Ferienort,
Familie, Lucerna, hat eine Geschichte.*
(6.11.2006)

Der Thorenberg war ja eine Art Denkmal der Geschichte meiner Herkunftsfamilie
mütterlicherseits. Auch ein Ort der Sommerferien, wie für uns das Haus in Avers,
über das ich ja, bevor es mir gehörte, schon einen ganz ähnlichen Traum hatte
(10.9.1994).

Beim Wiederlesen wird mir noch einmal klar, wie beklemmend hier die Situation
unserer Welt, Europas, der Schweiz abgebildet ist.

Es fällt mir auch auf, dass in den letzten drei Träumen das Wort „tief" vorkommt
und dass es in allen drei aus verschiedenen Perspektiven um Themen geht, die mein
Lebensgefühl und meine bisherige Lebensweise erschüttern.

Am 24.11.2006 sind wir zum 70. Geburtstag von Wolf Biermann im Berliner
Ensemble eingeladen, ein großartiges Erlebnis, auch für mich als Germanistin: im
Brecht-Theater!

Eine Arbeit mit meiner Kollegin Kate hilft mir, mich dafür zu entscheiden, nicht
nach London an ein internationales POP-Treffen zu gehen, was mich sehr erleichtert.

Den Jahresabschluss feiern wir diesmal in unserer „alten Heimat" Männedorf bei
einem befreundeten Kollegenpaar.

2007

Drei Jahrestage / Änderungen in der Praxis / Sorge um die Gesundheit der Schwiegereltern / Tod von César Keiser / Konzert von Bocc'aperta im „Rigiblick" / Ostern bei meinem Cousin Hans-Peter in Wales / Avers gehört uns ein Jahr! / Sils Maria mit Franz / Literaturtage Todtnauberg

Träume
Peter Berweger verlässt die Praxis / Der Afrikaner vor dem Plakat / Mein Schwarzer Hund / Der „Corbusier-Lehrer" / Eine positive Mutter / Zwei Baby-Träume

---

Das Jahr habe ich diesmal mit Zeichnen und Schreiben angefangen, alles dargestellt und aufgelistet, was mir wichtig ist. Ich denke auch daran, wie gern ich in einem Land mit Jahreszeiten lebe, wie ich die Jahreszyklen schätze, den Neubeginn, die immer wieder neue Jahrzahl!

Pontresina (3.-10.1.2007)

6. Januar 2007
Heute vor 30 Jahren ist meine erste Schwägerin Karin gestorben.
Heute vor 28 Jahren war der letzte Tag meines ersten Seminars bei Arny.
Heute am Dreikönigstag ist auch unser Hochzeitstag.

Wieder daheim
Ein ganz schlimmer Alptraum:

> *Peter Berweger verlässt die Praxis, geht woanders hin, es sieht anders aus als an der Schaffhauserstraße.*
> *Offenbar weiß ich es schon eine Weile, aber erst jetzt fährt mir ein, was es bedeutet: eine existenzielle Bedrohung! Wie sollen wir das zahlen? Und menschliche Verzweiflung: Wie sollen wir das füllen? Er wird mir schrecklich fehlen, wer sind wir ohne ihn? Wie soll es weitergehen? Fantasien von Renovation, Wände weißeln, neu anfangen und neue Leute suchen - ich kann es aber immer noch nicht fassen!*
> *(15.1.2007)*

Am Tag nach diesem Traum teilt uns Peter Berweger als Psychiater in unserer Praxis mit, dass sich etwas ändern muss. Er kann so nicht weitermachen, die Struktur muss einfacher werden, was bedeutet, dass er wirklich bei allem, was über ärztliche

Delegation abgerechnet läuft, unser Chef sein wird, so wie es uns die Krankenkassen eigentlich aufzwingen.

Er wird uns in einer nächsten Sitzung noch genauer informieren.

Ich bin froh, dass mich der Traum schon gewarnt hat, aber es ist auch so ein Schock!

6.2.2007
Die Änderungen sind da, Peter stellt sie uns vor.

Ein harter Abend, Kollegin R. flippt aus und auch ich muss etwas darüber sagen, was es für mich bedeutet, meine Autonomie für den delegierten Teil meiner Arbeit zu verlieren.

Ich merke, wie Peter ganz weiß wird und sich kaum mehr beherrschen kann.

Fazit: Natürlich geht es nur so, und wir müssen die Herausforderung annehmen.

In der folgenden Nacht wache ich auf, muss erbrechen und habe Durchfall, bin drei Tage krank.

Es sind klärende Tage, in denen ich loslassen kann, was ich loslassen muss.

In Olten ist meine Schwiegermutter im Spital, mein Schwiegervater hat eine Grippe.

25. Februar 2007
Unser Freund César Keiser ist heute Nacht gestorben.

Konzert mit Bocc-Aperta im Theater Rigiblick in Zürich
Das letzte Konzert mit meinen Gedichten, diesmal in einem ganz besonderen Rahmen in Zürich.

Es ist eine große Freude für uns alle, unsere Zusammenarbeit so kräftig und strahlend zu beenden!
(21.3.2007)

Ostern in Wales (10.-17.4.2007)
Zum ersten Mal besuchen Franz und ich meinen Cousin wieder „bei sich zuhause" in Pencader (Wales), wo er vorläufig noch in einer Sozialsiedlung wohnen muss.

Wir machen anschließend auch diesmal wieder eine kleine Rundreise.

Ein Künstlergeburtstag, an der Einladung in einer großen Halle sind mehr als die Hälfte der Geladenen Kinder.
(13.4.2007)

Wie schön!

Wieder zuhause

Gestern Glücksmomente, tiefe Rührung über das Leben und die Natur im Abendsonnenschein (nach einem leichten Regen duftet alles wunderbar!).

Reise nach Basel, wo Franz im „Fauteuil" liest.

> *I*
> *Ein schwarzer Mann, ein Afrikaner, steht lange vor einem Plakat und schaut es immer wieder an, bis ich ihn frage, ob sein Kind darauf abgebildet sei.*
> *Er sagt sehr bewegt, „No, it's me", und zeigt mir, wo er unten drauf ist.*
> *Nachher sagt er mir, wo in der Bahnhofhalle es Waffeln gibt, um sich zu bedanken, als „Gegendienst".*
> *II*
> *Ich räume mein Büchergestell und habe plötzlich viel Platz, um besondere oder alte Bücher und zum Beispiel Bären hineinzustellen.*
> *III*
> *Etwas von einem großen Kurs-Haus im Süden.*
> *(7.6.2007)*

Der Traum vom schwarzen Mann geht mir sehr nahe: ich weiß im Traum nicht genau, was ihn bewegt, aber es ist offenbar wichtig, zu fragen. Dass er sich bei mir bedankt, indem er mir den Tipp gibt, wo es in der Bahnhofhalle Waffeln gibt, freut mich sehr.

Von Platz in meinem Büchergestell kann ich momentan nur träumen, aber es ist eine schöne Vision, einmal mehr davon zu haben und Raum zwischen den Büchern.

Das Kurs-Haus im Süden steht vielleicht in Afrika?

> *Ich muss eine Prüfung über Mathematik und Mathematiker machen, bei der ich von Anfang an gar nichts weiß. Gleichzeitig bin ich aber „mich heute" und versuche, klar und kompetent mit dieser unsinnigen Situation umzugehen.*
> *(9.7.2007)*

Avers (14.7.-11.8.2007)

> *Ich bin im Bett und umarme voller Dankbarkeit „meinen schwarzen Hund" und sage ihm, wie sehr ich ihn liebe. Es wundert mich ein bisschen, dass er im Bett ist, ich frage mich, ob er auch bereit wäre, vor dem Bett zu schlafen?*
> *(16.7.2007)*

In der Nacht gehe ich um 00.30 Uhr im Schlafsack hinaus vor das Haus. Unter diesem unglaublichen Sternenhimmel zu liegen, ist einfach wunderbar.

In einer Schule, wo ich eine Stelle antreten werde.
Ein Treffen beim Rektor, es ist noch ein anderer Kollege da. Der Rektor erinnert
an die Regeln, Vorschriften und die Promotionsordnung. Ich merke, dass ich keine
Ahnung davon habe, und bemühe mich, es nicht zu zeigen. Der neue Kollege
hingegen sagt, er kenne sie alle und habe sie zuhause, aber er finde sie nicht wichtig
und werde sich nicht darum kümmern.
Später höre ich von einem mutigen „Le-Corbusier-Lehrer", der überall eine gute und
fundierte Meinung hat und sie auch vertritt. Ich denke: das war er!
(Ende Juli 2007)

Hier kommt mir wieder einmal das Animus-Konzept von Jung in den Sinn: schön, wenn mein Animus etwas von dieser eindrücklichen Qualität und Souveränität hätte!

Heute Morgen war ich um 5.30 Uhr wach und beschloss aufzustehen und im Tal den frühen Morgen zu genießen. Ich denke über das Segnen nach - die Welt mit allem Unheil, aller Gefährdung, allem Leid segnen zu dürfen.
(8.8.2007)

Nach der POP-Retraite (2./3.10.2007)

„Wie wichtig es für mich ist, loszulassen, POP gehen zu lassen, bei mir zu bleiben,
Zeit für das Eigene zu haben (Herz)".
Träume über Selbstbehauptung, Ordnen, auch über die Praxis, den Kampf um
Seelen: es richtig machen, nichts versäumen.
(9.10.2007)

Sils Maria mit Franz (15.-19.10.2007)

Die unglaubliche Schönheit und Verschontheit hier oben.

Und immer wieder voller Geschichte: das Nietzsche-Haus, um die Ecke im „Waldhaus" Thomas und Katja Mann, Carl und Emma Jung und viele andere.

Ich lese hier einen Artikel über „Steuerabzocker" und denke darüber nach, wie ein Staat sein müsste, damit man gerne Steuern zahlen würde.

Wäre das ein Thema für ein Offenes Forum?

Ich bin irgendwo unter Frauen und lasse mich dazu hinreißen, ein Amt zu
übernehmen. Ich bin fassungslos und geradezu verzweifelt über mich und denke: wie
konnte ich das nur tun? Da kommt eine der Frauen zu mir, massiert mir die Füße
und gibt mir auch stärkende Kräuter. Sie sagt, sie unterstütze mich und werde dafür
sorgen, dass ich gut auf den Füßen und bei meinen Kräften bleibe.
(16.11.2007)

Nach diesem Traum erwache ich ganz entspannt und mit dem wunderbaren Gefühl, eine positive Mutter zu haben! Sie schimpft nicht mit mir, weil ich mich wieder auf etwas eingelassen habe, was ich eigentlich nicht mehr wollte, sondern massiert mir die Füße und sorgt für mich.

In Todtnauberg findet am 1./2. Dezember ein von Hansjörg Schneider organisiertes feines, kleines Literaturfestival statt. Die Lesung von Franz mit den Kindern war sehr berührend: wie sie alle mit ihm auf der Bühne saßen und mitmachten. Herzige Goofen haben sie hier!

> *Ich merke, dass ich für ein Baby verantwortlich bin. Habe ich es genug gestillt?*
> *Darf ich es zwischendurch einfach irgendwo ablegen?*
> *(2.12.2007)*

Hier kommen zwei verschiedene Einstellungen zu Babys vor, welche in meinem Alter je länger, je mehr beide eine Berechtigung haben: ja, ein Baby muss gestillt werden, und ja, ich bin in einem Alter, wo es auch in Ordnung sein kann, ein Baby zwischendurch irgendwo abzulegen.

Noch ein Baby-Traum:

> *Ich bin mit einem Baby zusammen und spiele ganz versunken mit seinen*
> *Fingerchen.*
> *(8.12.2007)*

In letzter Zeit habe ich darüber nachgedacht, dass es richtig wäre, die frei gewordene untere Wohnung in unserem Haus einer jungen Familie mit Kindern zu vermieten.

Nach diesem Traum habe ich meine Freundin Regula Läuchli-Schubiger angerufen und mit ihr und ihrem Baby Hannes einen Spaziergang abgemacht. Es war ein beglückendes Erlebnis, mit dem Kleinen ein wenig zu „spielen" und zu merken, wie einfach und natürlich es für mich war, mit Mutter und Kind in die Babywelt einzutauchen.

Silvester feiern wir diesmal sehr schön bei Nachbarn in Oerlikon.

2008

Diagnose Cox Arthrose / Regula und Matthias Läuchli und ihr Baby Hannes ziehen bei uns ein / Brustkrebs-Diagnose bei Regulas Mutter Regula Schubiger / Worldwork in London / Es geht nicht mehr-oder doch? / 30 Jahre in Oerlikon / Meine Freunde in USA arbeiten für Obamas Wahl / Obamas Wahl am 4.11.2008

Träume
Ein Land in Kriegsvorbereitungen / Das Gepäck ist weg! / Eine „Welle" - kein Ort, wo man hinfliehen könnte / Reste einer jüdischen Inschrift / Wilder Ritt auf einem Pferd / Ein Zimmer voll Menschen / „Sarazenischer Autoraub?"

Neujahr mit einem langen Spaziergang.
Am 2.1.2008 werde ich 65 Jahre alt.

> *Ich fahre durch ein Land, in dem Kriegsvorbereitungen getroffen werden, sehe riesige Mais-, Heu-und Strohlager. Die Menschen schlafen zum Teil draußen, sind unterwegs, ich auch. Eine ganz andere, mir fremde und doch vertraute Stimmung. (17.1.2008)*

Die „mir fremde und doch vertraute Stimmung" kenne ich aus anderen Träumen gut, in den Träumen sind wir ja mit einem anderen Wissen und Wiedererkennen verbunden als im Wachzustand.

> *Franz und ich stehen vor einem Zug, in dem wir unser Gepäck haben, alles, was wir mitnehmen wollen.*
> *Wir reden, da sage ich plötzlich: „Wir sollten wohl in den Zug zurück", da fährt er schon an und ab, ohne uns. Was sollen wir machen?*
> *Ich überlege noch Optionen, zum Beispiel Autostopp? Bringt wohl nichts. (20.1.2008)*

Am Vorabend haben wir „Walk the Line" über Johnny Cash und June Carter geschaut: ein wunderbarer Film über das Leben, so wie es eben nicht immer vorhersehbar ist.

Nach der Diagnose meines Hüftproblems als „schwere Coxarthrose" träume ich:

> *- Von meiner Puppe Rösli.*
> *- Von Nisha und anderen amerikanischen Kolleginnen.*
> *(Sie sind plötzlich in Zürich und bei mir zu Besuch.)*
> *- Von einer Wanderung auf den Uetliberg. Ich sehe rechts am Wegrand drei riesige*
> *Fische, kann meinen Augen fast nicht trauen. Sie sind bräunlich, etwa 1-2 m lang*
> *und eher schmal. Sehr schön. Sind es Versteinerungen oder mumifizierte Fische?*
> *Dass sie nicht leben, ist anzunehmen, sie wirken eher wie fossile Relikte aus der*
> *Urzeit.*
> *(13 2.2008)*

Meine Puppe Rösli bekam ich als Kind von meiner Urgroßmutter mütterlicherseits geschenkt.

Schön, dass meine „amerikanischen Schwestern" aus einem anderen Teil der Welt plötzlich bei mir zu Besuch sind. Die riesigen Fische am Wegrand begeistern mich. Es kommt mir vor, wie wenn meine Coxarthrose in einen größeren, schicksalshaften Zusammenhang gestellt würde.

Im letzten Herbst haben wir uns als Familie in Avers ein Wochenende Zeit genommen, um die verschiedenen Meinungen zur Neubesetzung der unteren Wohnung in unserem Haus an der Gubelstraße zu diskutieren.

Weil wir uns nicht einigen konnten, haben wir uns mit einem Orakel für die Familie Regula und Matthias Läuchli mit ihrem Baby Hannes entschieden.

Sie ziehen im März 2008 bei uns ein: „Eine lustige Züglete und ein schöner Zustand."

Bei unserer Freundin Regula, der Mutter von Regula Läuchli-Schubiger, wird im gleichen Monat Brustkrebs diagnostiziert und sofort operiert, was für uns alle ein großer Schock ist. Wir fiebern mit und hoffen, dass alles gut geht.

> *Etwas wie eine „Welle", aber eher im Sand, in der Wüste.*
> *Die Beschaffenheit der Umgebung war so, dass ich wusste, es gibt keinen Ort, wo*
> *man hinfliehen könnte, es ist alles im Bereich, in dem man betroffen ist.*
> *(16.4.2008)*

Die Operation meiner Freundin Regula ist vorbei, aber sie muss noch einmal ins Spital und dann kommen die Nachbehandlungen, die auch viel Kraft brauchen werden.

Ich denke an ihre Krankheit und an unsere Sterblichkeit und auch an das bevorstehende Worldwork in London, vor dem ich Respekt und auch ein wenig Angst habe.

Worldwork in London (24.-30.4.2008)
Nach dem Heimkommen schreibe ich:
„Es war gut für mich, wieder einmal „allein" hinauszugehen.
Viel Tiefes, viel Schlimmes und Erschütterndes, viel Liebe. Wiedersehen mit KollegInnen, Arny und Amy, der Schweizer Gruppe und natürlich Lukas, der auch da ist.
Mich beschäftigt besonders das Thema Suizidalität, Verzweiflung über die Welt, Weggehen.
Nachher tiefe Erschöpfung, aus der ich erst langsam wieder auftauche."

Ich kann zuhause mit einer Kollegin die Arbeit mit meinem Hüftsymptom, die ich in London angefangen habe, noch vertiefen:
Wenn ich mir den Hüftknochen in seiner Kapsel vorstelle, fühle ich eine große Sehnsucht nach Geborgenheit in dieser Kapsel, die ich schon seit meiner Kindheit kenne.
Meiner Kollegin fällt auf, dass die Bewegung beim Drehen des „Kopfs" in der Hüftpfanne auch an die Drehbewegung beim Geschwungenwerden im Kindheitstraum erinnert, daran habe ich bis jetzt gar nicht gedacht.

Pfingsten auf dem Älpli (9.-12.5.2008)
Als Test für meine Knie und Hüften nehme ich dieses Jahr einen extra schweren Rucksack mit und krache fast zusammen. Unterwegs gibt es einen Moment, in dem ich denke, es gehe nicht mehr - zu schwer! Da merke ich, wie sich meine Fäuste ballen und ich in dieser unwillkürlichen Bewegung plötzlich mehr Kraft spüre. Das ist eindrücklich: ich schaue wie von außen zu und staune.
Es erinnert mich an den Traum vom Energieschub, in dem ich zuerst dachte, ich könne jetzt nur noch „aufrecht sterben" (3.1.97).
Was mir hier oben auch wieder in den Sinn kommt: dass sich die Indios manchmal einfach auf die Erde, ihre Mutter legen, um geheilt zu werden, wenn es nichts anderes mehr gibt.

Wieder in Oerlikon

Ein Großanlass, eine Art Seminar. Debbie und ein Leiter aus Saas Fee kommen vor. Ich träume vom Teil, wo die Leute essen gehen.
Ich gehe los und komme in einen anderen Teil des Geländes, der ziemlich zerfallen ist. Zu meinem Erstaunen sehe ich eine Wand, auf der noch verblasste Schriftreste stehen, von denen man erahnen kann, dass da einmal ein jüdisches Geschäft war.

*Das berührt mich sehr. Als ich es jemandem von der Leitung sage, meint dieser,
da sei er anderer Meinung, er finde überhaupt nicht, dass man sich damit noch
beschäftigen müsse.*
(26.5.2008)

Das Essen ist bei großen Seminarien immer ein Thema, aber der Traum nimmt
eine unerwartete Wendung. Im zweiten Teil komme ich in einen anderen Teil des
Geländes und auch in eine andere Zeit. Es gibt Anzeichen eines ehemaligen jüdischen Geschäfts, die mich sehr erschüttern. Der verantwortliche Leiter des Anlasses
will davon nichts wissen, strebt wohl vor allem einen reibungslosen Ablauf an.
„Debbie" wäre sicher auf der Seite der Gefühle und der Opfer. Es gibt bei mir ja oft
auch diese zwei Seiten, von denen nicht immer die gleiche gewinnt!

Ich bin mit einer Bekannten und noch anderen zusammen.
Wir haben etwas vor, sind schon jetzt in den Ferien irgendwo im Bündnerland
im Hotel. Wir sollten „morgen" für einige Zeit verreisen. Im Hotel gibt es hinter
unserem Zimmer noch ein Zimmer, durch das ich hindurchmuss. Dort wohnt ein
großzügiger „Händler" im alten Stil. Er bietet an, ich könne von seinen Stoffen
nehmen, was ich brauche.
Ich weiß nicht recht, nehme, soviel ich mich erinnere, nichts.
Einmal bin ich unterwegs und klaue an einem Bahnhof frisches, knuspriges Brot.
Dann reite ich auf einem Pferd durch die Landschaft. Jetzt fällt mir ein, dass
ich noch wissen muss, wo ich das Pferd unterbringe in meiner Abwesenheit?
Irgendwann merke ich, dass ich ohne Sattel reite. Das wundert mich, ich kann
es nicht fassen, es ist aber ganz normal. Ich fange an, Experimente und sehr
gewagte Bewegungen und Manöver auf dem Rücken des Pferdes zu machen, diese
Extremsachen sind nicht ungefährlich! Es geht, aber das Pferd wird langsam
unruhig. Es ist eine schwierige Situation: soll ich beim Pferd bleiben und nicht
weggehen? Ich weiß es nicht, bin froh aufzuwachen.
(3.6.08)

An diesem Traum arbeite ich mit meiner Kollegin Eileen. Wir wollen uns rechtzeitig
auf unser gemeinsames Seminar Ende Oktober einstimmen.

Als ich mich mit der Person des großzügigen Händlers beschäftige, spüre ich
ein warmes, freundliches Gefühl, empfinde ihn als eine Helferfigur, die mich auch
stärkt für die ziemlich wilden Szenen des zweiten Teils.

Knuspriges Brot zu klauen, gehört ja nicht unbedingt zu meinen Alltags-
gewohnheiten, aber der folgende Teil macht mir viel Spaß. Als ich ihn nachspiele
und Bewegungen dazu mache, gehe ich locker über einige Grenzen und genieße es!

Am Ende des Traums wache ich auf - eine gute Lösung!

Für das Seminar nehme ich die Freude an der Bewegung und am Wagnis „ohne Sattel zu reiten" mit und das Wissen um die Unterstützung des großzügigen Händlers.

Wir sind 30 Jahre in Oerlikon und feiern deshalb in unserem Garten ein schönes Nachbarschafts-Gubelstrasse-49-Fest mit Bänken und Tischen (6. Juli 2008)

Am 10.9.2008 ist die Welt nicht untergegangen, trotz dem Start des neuen Teilchenbeschleunigers.

Am 11.9. ist der Jahrestag des Attentats auf das World Trade Center.
   Die Welt ist furchterregend.

Gerade habe ich mit einem Freund in den USA gesprochen, der seine Praxis eine Woche geschlossen hat und in dieser Zeit nur für die Wahl Obamas arbeitet. Ein anderer lieber Freund bittet uns, für Obama zu beten.
(20.10.2008)

Meine Eingabe für den Vortrag „Power and Leadership in a globalized World" an einer Tagung über das Thema „Macht" wird angenommen. Der Titel wurde aber ohne Rücksprache mit mir geändert.
   Ich versuche zu erklären, warum gerade dieser Titel wichtig ist und schon zum Referat gehört und bekomme eine ziemlich giftige Antwort: **Das Thema Macht ist schon da!**

> *Ich öffne ein Zimmer, und es ist voll Menschen.*
> *Ich kenne sie nicht, glaube mich zu erinnern, dass das Ganze wie eingefroren ist.*
> *(20.10.2008)*

Später kommt mir die bekannte Foto vom ersten Psychoanalytikerkongress in Wien 1908 in den Sinn, und ich merke beim Betrachten des Bildes, dass es sich im Traum bei den Menschen im Zimmer um diese Gruppe von damals gehandelt hat!
   Da meine Kollegin und ich unser Seminar in den Räumen des alten Jung-Instituts an der Gemeindestrasse in Zürich durchführen werden, nehmen wir beide den Traum als Ermutigung für die Arbeit in diesen Räumen, die dann auch gut gelungen ist.

Obamas Wahl am 4. November 2008 war unglaublich - ein Wunder, ein Erdrutsch, eine Kraft vom anderen Amerika, das es auch noch gibt: „Yes, we can!"

Wir sind als Gruppe in einem Haus.
Ich muss umziehen, das Zimmer wechseln, dasjenige abgeben, in dem ich bis jetzt
war, eher unangenehm, eine Art Opfer, aber auch: es ist so, es geht weiter, hat auch
eine Kraft.
(18.11.2008)

Dass ich das Zimmer wechseln muss, passt zu meinem Alter: ich fange an, mich in
verschiedenen Bereichen zurückzuziehen, Teile meiner bisherigen Tätigkeiten zu re-
duzieren und zu überprüfen, was mir wirklich wichtig ist und mir guttut.
Wie immer ist im Dezember viel los, am 21.12. singt zum ersten Mal eine Amsel im
Garten, was ich mit einem großen gezeichneten Herz im Traumbuch festhalte!

Weit weg, in einer fremden Umgebung mit fremdem Personal.
Wir sind eine Gruppe, in einem Haus. Einmal gibt es Transportprobleme.
Zu meinem Erstaunen nehmen wir einfach irgendein Auto, das uns nicht gehört,
und benutzen es.
(28.12.2008)

Dazu kommt mir der „sarazenische Mundraub" in den Sinn, den unser Mittelalter-
Professor gern erwähnte: „sarazenischer Autoraub" in der Neuzeit!

2009

Reise nach Abu Dhabi, Dubai, Al Alain, Oman / Meine Gotte ist am Gehen / Ein
Mail aus Kanada / Deutschland-Reise nach Sachsen-Anhalt / Vortrag in Sils Maria
/ Seminar über Schöpfungsmythen / Jodok Läuchli geboren / Ein Ehrendoktor für
Franz

Träume
Das Kupferkesselchen / Besuch von Marie Louise von Franz mit ihrem Hund / Ein Job im
Hallen-Stadion / Von Obama / Details fotografieren / Krieg: Angst um meine Söhne / Mein
Schreckenstraum

Meine Kollegin Maria, die ich sehr gern habe, ruft an.
Ich höre eine Frau singen.
(5.1.2009)

Ich weiß, dass Maria auch mich gern hat, erwache in einer guten Stimmung und
freue mich über diesen ersten Traum, an den ich mich im neuen Jahr erinnere!

Gespräch mit meiner Freundin Elisabeth über Verrat und Isolation in der Kindheit
und später im Leben. Zum ersten Mal denke ich an ein Ereignis zurück, als ich etwa
fünf Jahre alt war.

Ich musste auf dem Heimweg vom Kindergarten noch einmal zurückgehen,
weil ich meine Puppe Rösli im Sandkasten vergessen hatte. Meine Begleiterin, eine
Praktikantin aus dem Kindergarten, versprach mir, unterdessen auf mich zu warten. Als sie bei meiner Rückkehr mit Rösli nicht mehr da war, brach für mich eine
Welt zusammen: sie hatte mir doch versprochen zu warten und war nicht mehr da!
(12.1.2009)

Gestern im Kino der Film „The Fight Club".

Beim Schlussbild, als in New York alle Hochhäuser einstürzten, sah ich auf einmal ganz plötzlich und brutal, was der „Fight-Club-Börse" mit der westlichen Welt
gemacht hat, und die Abgründe von Zerstörung, die noch kommen. Das reine
Grauen! (18.1.2009)

Am nächsten Abend ein Gegenentwurf: Kreativität, Spielfreude, Tanz, Musik und
Akrobatik im Theater Schiffbau („öper öpis" von de Perrot / Zimmermann).

Ich habe ein kleines Kupferkesselchen. Als ich es anschaue, kommt mir in den Sinn, dass noch Erde und eine Eidechse darin sind, und ich gieße etwas Wasser hinein. Später denke ich, dass eine Eidechse ja kein Krokodil ist und kein Wasser braucht und die Eidechse wohl tot ist. Ich beschließe, alles in den Garten zu kippen: den Rest Erde und die tote Eidechse.

Als ich es mache, kommen zu meinem Erstaunen außer dem schlammigen Erdrest eine eindrückliche große Kröte und vier kleinere heraus, insgesamt fünf Kröten, und außerdem die Eidechse, die auch noch lebt. Ich bin überwältigt und beeindruckt, es ist ein ganz unerwartetes Geschenk.

(31.1.2009)

Das Eigenartigste an diesem Traum schien mir das Kupferkesselchen zu sein. Als ich mich fragte, was mir dazu in den Sinn kommt, erinnerte ich mich daran, dass ich am Vortag nach langer Zeit wieder einmal ein Gedicht gemacht hatte. Es machte mich ganz glücklich, und ich sagte zu Franz, wenn ich an einem Gedicht arbeite, komme ich mir manchmal vor wie ein Kesselschmied in einem arabischen Bazar, der an einem Kessel hämmert. Durch diese Assoziation verstand ich den Traum: ich muss wieder Gedichte schreiben, das macht mich glücklich, und es wird eine reiche „Ernte" geben.

Lesereise von Franz nach Abu Dhabi, Dubai, Al-Alain und Oman (8.-19.2.2009)
Die Eindrücke dieser Reise sind überwältigend. Die Wüste ist überall und die Neuzeit auch. Die Geschichte, die Gegenwart, die Menschen, die Kamele, die grandiosen Pläne, die statuslosen, schlecht bezahlten Arbeiter aus dem Ausland.

Dann eine eindrückliche Reise durch die Wüste nach Oman und der Aufenthalt dort.

Am Flughafen kaufe ich „zufällig" vor dem Heimflug das Buch „Girls of Riad", ein eindrückliches und auch formal anregendes Buch über die Beziehung der Geschlechter und die Stellung der Frau aus der Sicht junger Frauen der saudi-arabischen Oberschicht.

28.2.2009
Die Gruppenprozesse, die ich im ISAP als Technik für die Arbeit einer Gruppe an sich selbst vorgestellt und eingeführt habe, werden zu einer Routine. Ich denke, dass sie dem ganzen Institut gut tun.

Als späte Folge des Kupferkessel-Traums vom 31.1. habe ich ein „Poesie-Bündnis" mit Ruth Lewinsky geschlossen: wir schicken uns gegenseitig jeden Monat ein neues eigenes Gedicht zu und diskutieren später die Gedichte zusammen.

9.3.2009

Ein schöner Besuch bei meiner Gotte im Altersheim. Sie ist schon sehr schwach, ich halte sie vorsichtig im Arm und erzähle ihr von allen Menschen, die sie liebhaben.

Sie zeigt im Zimmer auf das „große Buch", ihre Traubibel, und ich lese ihr den Trauspruch vor. Dann will sie, dass ich gehe, und sagt zu mir: „Ich gehe jetzt heim – in den Estrich (zeigt nach oben), lass mich."

Ich küsse ihre Hände zum Abschied, und nach einem kurzen Gespräch mit ihrem Lieblingspfleger gehe ich in einer liebevollen und dankbaren Stimmung und auch ein bisschen traurig heim.

> *In einem alten, großen Haus mit Innenhof.*
> *Plötzlich merke ich, dass Marie-Louise von Franz kommt, ich hatte ein bisschen vergessen, dass ich sie erwarte.*
> *Zusammen mit einem großen Mann (Kollege I.) kommt sie die Treppe herauf. Ich muss sie in einem Zimmer lassen, weil noch so viel anderes los ist.*
> *Sie ist neugierig, schaut sofort die Bücher an und hat auch einen jungen Schäferhund dabei. Später hole ich sie im Zimmer ab. Will ich ihr noch zeigen, dass ich ihre Bücher liebe?*
> *Dann sehe ich die Szenerie von oben: Sie ist im Hof, und ihr Hund stürzt sich auf eine Hündin, die dort ist, und bespringt sie sehr intensiv und aggressiv, so dass ich davon recht erschüttert bin.*
> *(13.3.2009)*

Ein eindrücklicher und vielschichtiger Traum.

Als erstes fällt mir auf, dass sich mein Verhältnis zu Marie-Louise von Franz verändert hat: ich hatte offenbar vergessen, dass sie kommt, und sie muss in einem Zimmer warten!

Von oben sehe ich im Traum dann, dass sie einen recht aggressiven Hund hat. Dazu kommt mir spontan Jungs Idee von einem öfters aggressiven und rechthaberischen Animus bei Frauen in den Sinn, ich erinnere mich auch an das ziemlich verstörende Erlebnis meiner Märchen-Prüfung bei ihr.

Dann frage ich mich aber natürlich auch, wo dieser Teil bei mir sein könnte.

Tatsächlich war ich kürzlich erschüttert über meine Ungeduld und „Rechthaberei", als ich die Tonbandaufnahme eines Gesprächs mit einer Kollegin abhörte, in dem ich mein Gegenüber ziemlich bedrängte und sogar mehrmals unterbrach.

> *Ich nehme für meine Forschung und Ausbildung am Jung-Institut einen Job im Hallenstadion an.*
> *Ich weiß, es wird streng sein, aber nötig. (Garderobe? „Crowd Management?")*
> *(18.3.2009)*

Mein Kommentar damals: „Ich glaube, dass der Traum das Thema ‚Masse‘ wieder aufgreift und mir zeigt, wie viel Arbeit und Angst mit diesem Thema verbunden ist."

Es gab zu diesem Thema für mich zwei Grenzen zu überwinden: einerseits das oft mangelnde Interesse an dieser Art Forschung bei vielen JungianerInnen, andererseits meine eigene Ängstlichkeit, mich mit dem Thema in der Jungianischen Community zu „outen".

Das habe ich in der Folge mit meinem Vortrag „Jungian Perspectives on Power and Leadership in a globalized World" im Juni im Rahmen der Tagung „Jungian Odyssey" in Sils Maria getan und im Vortrag auch diesen Traum erwähnt.

Bonassola (30.3.-8.4.2009)

Von Obama (werde ich ihn in einem Jahr sehen?).
Von Michelle Obamas Schule, in der ich sie fast treffe.

Das passt wunderbar zur Arbeit an meinem Referat in Sils Maria, in dem ich Obama als ein Beispiel für einen Leader in einer globalisierten Welt nenne.

Und aus Kanada kommt ein Mail, dass mein Referat über „Marginalization" am Kongress im Sommer 2010 angenommen ist!

Vom 2.-6. Mai 2009 sind wir in Sachsen-Anhalt unterwegs auf einer Deutschlandreise, die von unserem Freund Emanuel La Roche organisiert und geleitet wird.

Wir haben diesen Teil Deutschlands überhaupt nicht gekannt und sind sehr beeindruckt. Vor allem vom „Gartenreich" in Wörlitz und seinem Schöpfer Fürst Leopold III. Friedrich Franz von Anhalt-Dessau. Wieder einmal ein wunderbares Eintauchen in ein Stück Geschichte und die Begegnung mit einem großartigen Formwillen. Und gleichzeitig ein einmaliges Naturerlebnis, wir hörten sogar Nachtigallen.

Anschließend reisten wir nach Dessau, das schon nur mit seiner Bauhaus-Geschichte und-Architektur anregend und einen Besuch wert ist.

Immer wieder entdecke ich bei der Auseinandersetzung mit Jung neue Seiten der „Vaterarbeit".

Dem „Vater" vergeben und das mitnehmen, was Inspiration und Kräftigung bedeutet. Könnte ich das auch bei meinem leiblichen Vater? Wenn es um meinen Vater geht, glaube ich immer noch, dass „dem Größeren übergeben" die bessere Wahl ist. „Vergeben" kann hier nicht meine Sache sein.
(19.5.2009)

Nach der Tagung in Sils Maria versuche ich meinen Vortrag über „Leadership", der auf großes Interesse stieß, in eine Form zu bringen, welche für die Herausgeber

eines Fachbuchs akzeptabel ist. Irgendeinmal merke ich, dass ich aufgeben muss-
schade, aber die vielen formalen Anforderungen für den Druck sind für mich so absurd und sinnlos, dass ich es lieber sein lasse und meine Zeit für anderes brauche.

Avers (11.7.-2.8.2009)
Draußen geschlafen-sehr schön (die Sterne!).

Um 6 Uhr fängt es an zu regnen, am Morgen schneit es.

Überall in der Schweiz Überschwemmungen und Erdrutsche. Wir müssen dringend noch einkaufen und machen am Abend ein Feuerchen und trinken Whisky.
(18.7.2009)

> *I*
> *In einem Vorort von Luzern.*
> *Ich möchte in die Stadt zu einem Treffen unserer Intervisionsgruppe. Ich finde zwar*
> *den Bahnhof, aber er ist so absurd unübersichtlich, dass ich nicht weiterkomme.*
> *Es nützt auch nichts zu fragen, niemand hilft mir. Irgendeinmal fange ich an zu*
> *überlegen, ob das Treffen nicht bei Ruth in Zürich sei? Offensichtlich habe ich mein*
> *Natel (oder auf alle Fälle die Telefonnummer) nicht dabei. Ein Gefühl von großer*
> *Hilflosigkeit und Blockierung.*
> *II*
> *Ich habe ein Baby. Es ist winzig und sehr berührend. Es schläft tief.*
> *Irgendeinmal ist es dann wach, und ich merke, dass es schon sprechen kann, sogar*
> *differenziert, und zum Beispiel sagt, es müsse auf die Toilette.*
> *(22.7.2009)*

Was für ein Unterschied: im ersten Teil hühnert eine erwachsene Akademikerin, die
auch noch das Natel nicht bei sich hat, auf einem absurd unübersichtlichen Bahnhof
herum, und im zweiten Teil gibt es ein winziges, berührendes und äußerst kompe-
tentes Baby.

Wenn ich Glück habe, bin ich beides!

*

Hier fehlt ein Teil im Traumbuch. Es steht nur:
„Finis terrae - hier kommt nichts mehr!"

Dann folgt ein Hinweis, dass ich zu Victoria gehe, um mein Horoskop zu
besprechen.

*

> *Heute Nacht habe ich geträumt, dass wir aus dem Weinberg oder sonst einem*
> *belebten, vielfältigen Haus ausziehen werden. Es hat mich ganz beglückt, als ich*
> *auf die Idee kam, jemanden zu suchen, der noch kleine Details fotografieren könnte:*

Durchblicke, Schönheiten. Vielleicht eine junge Kunstschülerin. Etwas daran ist
ganz wichtig - vielleicht sollte ich es selber tun?
(21.10.2009)

Gegen Morgen entwickelte ich im Halbschlaf meinen Schöpfungsmythos für das
nächste Seminar von Eileen und mir im ISAP.

Eine wunderbare Synchronizität: Heute fängt unser Seminar über Schöpfungsmythen an, und heute wird auch Jodok geboren, das zweite Kind von Regula und
Matthias Läuchli.

Das Seminar geht gut, sogar sehr gut, und wir bekommen auch nach seinem
Abschluss noch begeisterte Rückmeldungen von den Teilnehmenden.

Auch Jodok und seine Mutter sind wohlauf und kommen bald heim.
(30.10.2009)

Am 14.11.2009 wird Franz Ehrendoktor der Universität Fribourg / Freiburg.
Die Zweisprachigkeit des ganzen Morgens dort am Dies academicus hat mich sehr
berührt und gefreut (dazu kam noch Latein als Lingua franca).

Es ist eine schöne Anerkennung für Franz und ein gelungener Tag.

In der folgenden Nacht schlief ich nicht so gut, wieder Schmerzen in der Hüfte.

Ich träumte verschiedene Sachen, von denen ich nur noch weiß, dass es darum
ging, Dinge aufzugreifen, die immer noch als ungelöste Aufgaben da sind.

Dazu kam mir meine Geschichte mit Judit in den Sinn. Nachdem ich den Film
von Miklos Gimes über seine Mutter, Judits „Tante Luzi", gesehen hatte, wurde
mir bewusst, dass ich Judit während Jahren nie wirklich nach ihrem Schicksal und
dem Schicksal ihrer Familie vor und nach der Emigration aus ihrem Heimatland
Ungarn 1956 gefragt hatte. Ich schrieb ihr, wie leid mir das tue und dass ich darüber erschrak.

Nach der Präsentation der Thesen meines Referats in Sils Maria für die KollegInnen
werde ich krank.

In dieser Zeit denke ich auch noch einmal über die häufigsten Erkrankungen in
meiner Kindheit und Jugend nach: Es waren alles Entzündungskrankheiten! Heute
kann ich mir gut vorstellen, dass diese Krankheiten damals die einzig möglichen
heftigen somatischen Reaktionen auf das Leben in meiner Familie waren.

Ein ganz schrecklicher Kriegstraum, in dem ich Angst um meine Söhne habe. Viele
Menschen müssen fliehen, kommen um. (Nach dem „Club" im Fernsehen über die
Minarett-Initiative geträumt.)
(1.12.2009)

Wir sind in einer Art Thorenberg, in einem Wald. Irgendwie steht fest, dass ich verbrannt werden soll.
Wir sind wie in einer Trance, suchen Holz, auch ich und Franz. Wir beiden sind sehr verbunden, lieben einander, aber es ist klar, dass es nur so geht, und wir gehen davon aus, dass es jetzt bald so weit ist.
Irgendeinmal „wache ich auf", fange an, daran zu denken, wie es sein wird zu sterben, und dass es sehr schmerzhaft sein wird. Ich frage Franz, ob ich nicht doch etwas machen soll - einfach abhauen?
Dann erwache ich.
(Vor Weihnachten 2009)

Ein eigenartiger, verstörender Traum.

Es ist eine Befreiung, einfach auf die Idee zu kommen, abzuhauen.

Warum erst im letzten Moment? Warum mache ich mit, warum macht „Franz" mit?

Ich habe den Traum wohl nicht zufällig vor Weihnachten geträumt.

In unseren Herkunftsfamilien haben sich an Weihnachten regelmäßig die Unterschiede zwischen den Männer- und Frauenrollen und den weiblichen und männlichen Realitäten in den verschiedenen Generationen gezeigt: Wer gibt den Ton an? Was ist interessant? Wer diskutiert? Wer kocht? Wer wäscht ab?

Der Traum lässt mich natürlich auch an das Schicksal des Weiblichen und der Frauen in anderen Ländern und Kulturen der Welt denken, welche oft keine Wahl haben.

Aber für mich gibt es eine Wahl, ich kann aufwachen und muss mich fragen: wo übersehe ich etwas, wo wage ich nicht, etwas wahrzunehmen und zu reagieren, bis es fast zu spät ist? Wo ist meine „Trance"?

Um da immer wieder herauszukommen, muss ich wirklich manchmal „abhauen", um aus der Distanz klar sehen zu können!

2010

Ich kann mein Amt bei ISAP weitergeben / Tod von Fritz Widmer / Lesereise von
Franz nach Korea / Tod meiner Gotte / IAAP-Kongress in Montreal und Reise an
den St. Lawrence River / Hüftoperation am 14.9.2010

Träume
Hilfe bekommen, mir helfen lassen / Arny in Zürich an der Limmat! / Der fliegende Velofahrer
/ Licht im oberen Gastzimmer / Franz ein katholischer Priester? / Ein sehr wichtiger Künstler
kommt zu Besuch / Der rote Schal / „Gesundheits-Check" und Zahnarzt-Wechsel / Vorsicht
vor Eisbären! / Im „Dschungel-Camp"

Von Ruth Weyermann und von einem jungen Helfer, den ich bitte, mindestens
zweimal pro Saison die Wiese zu mähen. Er will mir Übungen zeigen (Strecken der
Arme und Beine gegengleich).
(11.1.2010)

Das ist der erste Traum, den ich in diesem Jahr erinnere. Er hat wohl mit dem kommenden Alter zu tun: Ruth verwaltet mein Haus im Avers und ist mir damit eine
große Hilfe, der junge Mann wird für mich die Wiese mähen und zeigt mir Übungen:
es wird Zeit, mir helfen zu lassen und mehr für meinen Körper zu tun.

23.1.2010
Eine Party im POP-Zentrum, um unsere Charta-Mitgliedschaft zu feiern. Es freut und
rührt mich, wie wir „Elders" (wir haben uns sehr für diese wichtige Partnerschaft
eingesetzt) durch eine liebevolle Anerkennung geehrt werden.

29.1.2010
Ausführlich habe ich mich mit meiner Kollegin, die ihre Hüftoperation schon hinter sich hat, über ihre Erfahrungen mit dieser Operation unterhalten. Ich nehme mir
ein Übungs-Programm vor und werde mich im Herbst für die Operation anmelden,
wenn es nötig ist.

Traum über Arny: Ich treffe Arny hier in Zürich an der Limmat in der „Schipfi",
unter dem Lindenhof, im ältesten Teil von Zürich, und wundere mich überhaupt
nicht - es ist einfach normal. Es kommt mir beim Nachspüren eigentlich
selbstverständlich vor: natürlich ist er da!
(3.2.2010)

Das hat mich sehr gefreut. Ich habe ihm das auch geschrieben.

Eine Versammlung von ISAP über die Beziehungen zum Jung-Institut war gut und hilfreich. Wir sind wirklich eine Community, vielleicht auch dank den Gruppenprozessen.

Es gibt viele Voten für ISAP - aber auch für den Jung'schen Geist und die Notwendigkeit, zusammenzuhalten. (6.2.2010)

Eine schöne Zufriedenheit im Haus. Seit Ende Januar hüte ich am Montagmorgen Hannes und Jodok, die Buben von Regula und Matthias im Haus. Das ist recht anspruchsvoll, macht aber auch Spaß!

> *Ich sehe von oben von der Seite her eine Straße am Meer entlang. Darauf fährt ein Velofahrer. Plötzlich, ich kann keinen Grund dafür erinnern, „fliegt" er in hohem Bogen hinaus ins Meer und verschwindet in den Wellen.*
> *Ich denke, man sollte doch versuchen, ihn zu retten, den Körper zu bergen? Aber im Dorf, aus dem er stammt, hat man kein Interesse daran und will es einfach so lassen.*
> *(13.2.2010)*

Der Traum hat wohl damit zu tun, dass ein guter Freund von uns am Sterben ist.

> *Eine Gruppe von Leuten, mit denen wir ein psychologisches Problem diskutieren. Sie sagen, dass sie mit viel Herz und Wärme daran interessiert sind, wie ich es praktisch mache mit diesen Sachen. Ich erwache beeindruckt und erfüllt von dieser Nachfrage.*
> *(15.2.2010)*

Im ISAP habe ich meinen Vorsitz in der Nominierungskommission aufgegeben.

Es ist aber offenbar noch nicht Zeit, mich ganz zurückzuziehen, und ich spüre das auch.

Ich arbeite immer noch gern mit KlientInnen und auch als Supervisorin.

Ich beschließe jedoch, außer hin und wieder an den POP-Forschungstagen und an den bereits geplanten Konferenzen, keine Vorträge mehr zu halten und nicht mehr mit Gruppen zu arbeiten.

> *Von Leuten, mit denen ich kurz und unspektakulär arbeite, zum Beispiel mit Bewegung und Gehen. Nachher entscheide ich mich, ob ich mich genug gesehen und respektiert fühle, um mit ihnen zu arbeiten, sonst bringt es nichts!*
> *(1.3.2010)*

Ich bin dabei, meine Einstellung zur Zeit zu verändern, weil ich merke, dass sie begrenzt ist und dass ich mir genauer überlegen muss, wofür ich sie einsetzen will.

> *Zwei ausländische Mädchen werden von ihren Eltern aus „meiner Klasse"*
> *genommen. Die Töchter eines Ehepaars aus dem Iran, das bei mir in einer Beratung*
> *war, kommen mir in den Sinn. Ich bin sehr betroffen, will hören, was der Grund ist.*
> *(8.3.2010)*

In unserer Praxis hatten wir viele ausländische KlientInnen, für die wir uns auch sehr einsetzen. Die Arbeit mit Menschen aus allen Teilen der Welt ist für mich und meine KollegInnen eine Herzenssache. Es ist schmerzhaft, dass es nicht immer möglich ist, mit allen Ratsuchenden eine gemeinsame Einstellung zum therapeutischen Vorgehen zu finden.

> *Einmal gehe ich mit Franz auf das Haus zu, und wir sehen, dass in einem Zimmer*
> *im obersten Stock Licht ist. Franz sagt: „E lueg - der Chaschper isch do." Das ist*
> *eigentlich unlogisch, Kaspar hat nie in diesem Zimmer gewohnt.*
> *Einmal bekomme ich einen Brief, mit meiner Diagnose sei es wirklich angebracht,*
> *die Hüfte zu operieren.*
> *Einmal höre ich unten die Haustür, wie wenn unser Nachbar am Morgen zur Arbeit*
> *geht. Ich schaue aus dem Fenster und sehe viele junge Männer abreisen. Es ist eine*
> *andere Zeit - sind es Reisläufer?*
> *(29.3.2010)*

Natürlich weiß man beim Aufwachen nicht, wie die Träume in der Nacht aufeinander folgten. In der Reihenfolge, wie ich sie aufgeschrieben habe, gibt es zwei Träume über junge Männer, welche den Traum vom Brief über meine Hüftoperation einrahmen.

Das Zimmer, in dem Kaspar im Traum wohnt, ist heute unser Gästezimmer. Das könnte ein Bild für einen weiteren Schritt unseres Sohnes von uns weg sein. Die Abreise der jungen Männer als Reisläufer in einer anderen Zeit war wohl damals auch so ein Schritt weg von zuhause.

Dazwischen der Brief über meine Hüftoperation: eine neue Lebensphase für mich?

> *Von großen Menschenmengen und Institutionen. Einmal in einer größeren Gruppe*
> *wird klar, dass Franz jetzt ein katholischer Priester ist und nicht mehr mit mir*
> *zusammen sein darf. Ich muss es allein machen, schade.*
> *(30.3.2010)*

Beim Aufwachen war ich sehr erschüttert, fragte mich, was der Teil über Franz für unsere Beziehung heißen könnte?

Dann wurde mir klar, dass ich vor allem den Teil „ich muss es allein machen" ernst nehmen muss. Mein Schicksal hat auch mich in die Welt mit ihren Problemen und „großen Menschenmengen" geführt, und ich bewege mich dort nicht primär als Frau von Franz.

Das Bild vom „katholischen Priester" ist happig, aber wir haben beide einen „zölibatären" Teil im Leben, wo wir allein hinstehen müssen.

> *I*
> *Ein Traum über ein Baby, das ich vergessen habe: ich habe es nicht ernährt, das scheint ihm aber nichts zu machen.*
> *II*
> *Wir haben Besuch von einem sehr wichtigen Künstler (wie Wolf Biermann) in einem extra dafür zur Verfügung stehenden Haus.*
> *(1.5.2010)*

Zum ersten Traum habe ich geschrieben, dass ich ja schon einige Male Ähnliches geträumt habe, aber „diesmal ist es nicht so persönlich, auch nicht so aufrüttelnd", rutscht weiter weg.

Der zweite Traum könnte eine Reaktion auf unseren Besuch bei einem der wichtigsten und reichsten Industriellen der Schweiz und seiner Frau sein, eine Art Selbstbehauptung: es gibt auch „sehr wichtige" Künstler!

> *Ich sehe in einem Riesendurcheinander den roten Schal, den ich an der Beerdigung unseres Freundes anhatte und nicht mehr fand. Der Anblick ist tief beruhigend. Ich weiß sofort: alles ist in Ordnung.*

(Und ich finde den Schal am Morgen auch gleich im Schrank!)
(6.5.2010)

Zwar bin ich schon immer eine Chaotin gewesen, aber jetzt machen mir solche vorübergehende „Verluste" Angst: ist es das Alter? Verliere ich langsam den Überblick? Umso tröstlicher ist dieser Traum!

Auf einer Lesereise von Franz nach Südkorea (27.5.-6.6.10.2010)
Viele Eindrücke! Die KoreanerInnen sind sehr lebendig und kontaktfreudig, gefallen mir.

Dieses Land hat sich auf seine stets wachsende Bevölkerung einstellen müssen und hat es auf sehr eindrückliche Weise (zum Beispiel mit der Architektur) getan. Natürlich hören wir auch vom Druck in den Schulen und den Universitäten. Das

Fach Deutsch wählen an der Uni meistens diejenigen, die an den anderen Fakultäten keinen Platz bekommen haben.

Wir lernen hier wunderbare und großzügige Menschen kennen und sind sehr beeindruckt vom großen buddhistischen „Haeinsa"-Tempel in den Bergen mit seinen einmaligen Schrifttafeln, mitten in einer unglaublich kraftvollen, mächtigen Natur.

Als Abschluss besuchen wir mit einer kundigen Führung die Grenze zu Nordkorea mit ihrer erschütternden Geschichte und Gegenwart, wo eine ganz andere, bedrohliche Stimmung herrscht.

Schreibwoche in La Sagne (8.6.-12.6.2010)
Husten in der Nacht, Korea-Kriegsträume.

Ich kann an verschiedenen Texten arbeiten und sie zum Teil auch mit meinen Kolleginnen besprechen.

Avers (10.7.-2.8.2010)
Es ist schön hier, aber ich musste bei den Wanderungen Schmerzmittel nehmen.

Beim Heimkommen wurden die Hüftschmerzen schlimmer, fast unerträglich.

Ich weiß nicht, ob ich die Reise zum IAAP-Kongress und die geplante Exkursion nach dem Kongress in Montreal überhaupt antreten kann.

Meine Gotte ist am 26. 7. 2010 gestorben.

Ich bin froh, am 6. 8. wieder zuhause zu sein und an die Beerdigung gehen zu können, an der wir noch einmal zusammen mit der Familie und Freundinnen und Freunden in Liebe und Verbundenheit diese Frau mit dem großen Herzen feiern, die auch für mich immer wieder in meinem Leben eine Zuflucht war.

Kanada (20. 8.-3.9.2010)
Mit vielen Packungen Schmerzmittel wage ich mich nach Montreal, und es wird ein beeindruckendes Erlebnis, sowohl der Kongress als auch die anschließende Reise mit einigen KollegInnen nach Québec und an den St. Lawrence River, auf der auch Franz mitkam.

Der Aufenthalt in Québec war großartig. Unterwegs sahen wir viele wunderbare Landschaften, und einmal konnten wir sogar Bären beobachten.

Meistens nahm ich keine Schmerzmittel, weil ich am Abend in dieser lebendigen und lustigen Gruppe Wein trinken wollte!

Auf der Bootsfahrt in der großen Bucht im St. Lawrence River konnten wir Wale und viele andere Tiere von ganz nah sehen, die in dieser Jahreszeit vom Meer bis dort hinaufkommen, weil das Futter gut und das Wasser salzig genug ist.

Hin und wieder dachte ich unterwegs an einen Traum, den ich in Montreal gehabt hatte:

Ich mache in einem Spital einen Gesundheits-Check im Zusammenhang mit der bevorstehenden Operation, die mich sehr beschäftigt. Am Schluss bekomme ich den Bescheid vom zuständigen Arzt. Er sagt mir: „Es ist alles in Ordnung, sie müssen nur Ihren Zahnarzt wechseln!"
(August 2010)

Dieser Traum beeindruckte und beschäftigte mich, aber ich verstand ihn nicht.

Nach meiner Heimkehr begann ich, ihn meinen Freunden zu erzählen, offenbar eine alte jüdische Empfehlung für den Umgang mit unverständlichen Träumen.

Da erinnerte ich mich plötzlich an meinen Traum nach dem Abschluss der Ausbildung am Jung-Institut vor 26 Jahren:

Ein Zahnarzt teilt mir sorgenvoll mit, er werde meinem Vater jetzt sagen müssen, dass die Zahnkorrektur bei mir nichts genützt hat!
(4.1.1984)

DAS war es! Diesen Zahnarzt, der mit meinem Vater gemeinsame Sache machte, musste ich wechseln!

Mein Vater, der mir als Kind vor einer Mandel-Operation sagte, ich müsse mich einfach zusammennehmen wie ein Indianer am Marterpfahl, hatte wieder dafür gesorgt, dass ich sowieso annahm, ich verdiene keine gelingende Operation!

Nun war der Weg frei für eine andere Haltung.

Mit Respekt, aber auch zuversichtlich konnte ich nun am 14.9.2010 für die Operation in die Klinik einrücken und erlebte eine gute, wenn auch strenge Zeit im Spital, während der ich mühsam und nicht ohne Schmerzen alles wieder lernen musste, was ich für eine Rückkehr in den Alltag brauchte. Dabei half mir auch ein wahrer Garten von Blumen meiner Freunde, Kollegen und Verwandten und die Liebe, von der ich mich so umgeben fühlte.

Am 24.9.2010 konnte ich aus dem Spital heimkehren.

Weil ich in diesem Jahr so oft von zuhause weg gewesen war, wollte ich für die Rekonvaleszenz daheim bleiben. Das wurde möglich dank Franz, der sich in eine großartige „Schwester Franziska" verwandelte, und durch die liebevolle Unterstützung meiner Freundin Regula und ihrer Buben.

Ich musste anfangs eine Weile mit den Krücken in die Physiotherapie, gab es aber bald auf, ein Taxi zu nehmen und fuhr mit dem Bus quer durch die Stadt. Das war mit meiner Behinderung ein herausforderndes und lehrreiches Erlebnis!

Wieder zurück im Arbeits-Alltag:

> *Wir müssen eine Diplomerneuerung oder etwas Ähnliches machen. Ich bin unter*
> *vielen KollegInnen, die ich aber nicht kenne. Mit Schrecken erkenne ich, dass ich*
> *nichts von dem dabei habe, was ich vielleicht brauchen würde, kein Schreibzeug,*
> *keine Nachschlagewerke und Wörterbücher. Es gelingt mir noch, einen schönen*
> *Tintenkugelschreiber zu einem angemessenen Preis zu kaufen.*
> *Je länger, je mehr zeigt sich aber, dass die Prüfung nicht stattfindet und dass es eine*
> *Art soziales Event ist, zu dem man sich an verschiedenen Örtlichkeiten bewegt.*
> *(18.11.2010)*

Eine neue und lockerere Variante eines Prüfungstraums!

> *Ich bin unterwegs für eine Art Expedition. Man ermahnt uns zu Vorsicht und*
> *Disziplin: es gehe um Eisbären, sehr gefährliche Tiere!*
> *(6.12.2010)*

In einem Dokumentarfilm hatte ich gesehen, wie ein Eisbär einen Seehund jagt und
am Schluss tötet und verspeist.

> *Ich habe verschiedene sehr schöne „vollkommene" Gegenstände, lege sie vor mich*
> *hin und zeige sie: eine weiße Marmorkugel, wunderbar geschliffenes Holz, auch*
> *etwas Schwarzes. Ein intensives Gefühl dabei.*
> *(20.12.2010)*

Wie jedes Jahr findet am 21. 12. 2010 das Sonnwendefeuer auf dem Rehplätzli im
Zentrum von Zürich statt. Zusammen mit wechselnden HelferInnen bietet Anna
L. dieses stimmungsvolle Ritual als offene Gruppe für alle an, die kommen wollen
oder gerade vorbeigehen.

> *Ich gehe in eine Art Dschungel-Camp, um andere abzulösen. Die Atmosphäre*
> *ist eher feindlich - niemand hat den Überblick, die Mannschaften richten sich*
> *gegeneinander. Ich versuche mich anzupassen und Beziehungen zu machen.*
> *(31.12.2010)*

So wie dieses Dschungelcamp kommt mir im Moment die Jungianische Szene in
Zürich vor.
Nicht nur Eisbären, auch Menschen können gefährlich sein!

2011

Handgelenkbruch in Pontresina / Wo sind die alten Traumbücher? / Tod meiner Schwiegermutter / Das „Wendebuch"-Projekt / 2.5.11 Tötung von Bin Laden / Frauen-Schreibwoche im Jura / Praxiszüglete an die Gubelstraße 61 / Buchpremiere „Wendebuch" in der Buchhandlung Nievergelt in Oerlikon

Träume
Was läuft in der Praxis? / Kinderwagen-Traum / Die dicke bleiche Frau, die auch ein Buch ist / Die Unterkunft bei einer Familie aus Costa Rica / Blick auf eine wunderbare Landschaft / Rache-Schwur bei der Hans Waldmann-Statue / Der kleine nasse dreckige Hund / Ein Philosoph, bei dem man Zettel mit Nummern ziehen muss

---

Neujahrstraum
Ich komme in die Praxis und sehe, dass man sie verlegt hat, ohne mir etwas zu sagen.
Wir sind jetzt an einem Ort, der ein Campingplatz ist und haben ein paar kleine Zimmerchen. Nichts ist organisiert, die Schlüssel gehen zum Teil nicht oder fehlen. Es sind auch verschiedene Kollegen da, ich habe morgen einen vollen Tag und niemand weiß Bescheid. Von meiner chinesischen Studentin weiß ich nicht, wie ich sie erreichen kann.
(1.1.2011)

Offenbar liegt etwas Chaotisches, Unberechenbares in der Luft.

Der Traum bringt sowohl unsere Praxis als auch verschiedene POP-Kollegen und meine chinesische Studentin bei ISAP ins Spiel - überall gibt es im Moment Ungewissheiten über die Zukunft und offene Fragen, wie es genau weitergehen soll.

Pontresina (3.-8.1.2011)
Mein Chirurg hat mich zu Vorsicht und Zurückhaltung beim Sport gemahnt, das nehme ich ernst und passe unterwegs immer gut auf.

Am 5. Januar will ich „unseren Tisch" für den Hochzeitstag bestellen. Im ganzen Dorf sind die Trottoirs mit Kies bestreut. Es gibt aber leider mitten im Dorf eine eisige Stelle, die bei der die Bekiesung des Trottoirs vergessen wurde: dort verliere ich das Gleichgewicht, versuche meine Hüfte zu schützen und falle.

Ich habe sofort heftige Schmerzen und kann mich gerade noch mit letzter Kraft ins nahegelegene Hotel schleppen: Diagnose Handgelenkbruch, Franz muss mit mir nach Samaden ins Spital. Wie sich erst später zeigen wird, ist auch noch ein

Ellenbogen ausgerenkt, was höllisch weh tut, aber trotz meinem Jammern glaubt man mir das erst im Operationssaal.

Das Spital mit seinen vielen Sprachen (Rätoromanisch, Deutsch und Englisch bei den PatientInnen und die Sprachen der Menschen, die dort arbeiten) gefällt mir unerwartet gut, diese ganz selbstverständliche Vielsprachigkeit rührt mich.

Wieder zuhause schreibe ich die Geschichte auf, die ich in Pontresina erlebt habe: „Spital statt Hochzeitstag." Das erinnert mich an an eine Definition von Erfahrung, die ich in Montreal notiert habe: „Experience is what you get, when you don't get what you want" (Martha Tibaldi)!

Nach der Erfahrung mit dem Zahnarzt-Traum in Montreal habe ich mir vorgenommen, meine alten Traumbücher noch einmal durchzuschauen, um die Dynamik in den Träumen im Verlauf der Jahre zu erforschen.

Aber ich finde die Traumbücher nicht mehr – habe ich sie entsorgt?

Der Schrecken ist groß, ich suche verzweifelt überall, wo es noch Schachteln gibt, in denen sie sein könnten - und tatsächlich: Am 12.1.2011. finde ich meine alten Traumbücher auf dem Estrich! HURRA!

Und noch eine gute Nachricht: Frau Baumann vom „Wörterseh"-Verlag interessiert sich für das Gedichtbüchlein von Ruth Lewinsky und mir.

> *Ein Seminar in Luzern.*
> *Zwischendurch treffe ich meine Mutter.*
> *Dann sehe ich Franz mit einem Kinderwagen.*
> *(Positive Stimmung, das Gefühl: „es fließt wieder!")*
> *(13.2.2011)*

Als Assoziation dazu kommt mir die kreative und aufregende Zeit in Luzern in den Sinn, als Emil zusammen mit Franz im dortigen Kleintheater die Kinderwagen-Nummer für sein Programm "Geschichten die das Leben schrieb" entwickelte.

Meine Schwiegermutter in Olten wird immer schwächer und spricht vom „Heimgehen".

In der Nacht zum 20. Februar träume ich von einer dicken, bleichen Frau, die auch ein Buch ist. Beim Aufwachen kommt mir dazu der Tod in den Sinn.

In dieser Nacht ist meine Schwiegermutter am Morgen um 1 Uhr gestorben.

Am 25. Februar ist die Beerdigung, bei der ich auch meine Nichten wieder einmal treffe.

Als ich bei einem Besuch im Museum Rietberg ein wunderschönes goldenes Schlänglein sehe, kaufe ich es für Franz und schenke es ihm als Andenken an diese Zeit und an den Tod seiner Mutter.

EMDR (Traumatherapie mit Augenbewegungen) bei meiner Kollegin Verena zu meinem Sturz auf dem Eis, weil ich merke, dass ich seit dem Unfall körperlich ängstlich geworden bin.

Diese Arbeit beeindruckt mich sehr. Sie zeigt mir eine Linie durch mein Leben bis hin zu meinem Kindheitstraum (Herumgewirbeltwerden vom großen schwarzen Mann), an den mich in dieser Arbeit meine Drehung vor dem Sturz erinnerte. Mein Schlusssatz lautet: **„Ich bin auf meinem Weg, mein Körper ist wieder geordnet, ruhig, in Ordnung."**

21.3.11 (Frühlingsanfang)
Ruth Lewinsky und ich treffen Gabriela Baumann vom „Wörterseh-Verlag". Schon bald unterhalten wir uns zu dritt angeregt über ein mögliches Projekt. Ruth hat die Idee eines „Wendebuchs", das unsere beiden Gedichtbände enthalten würde und in dem wir einander beim Zusammentreffen unserer Teile je einen Brief schreiben könnten.

Die Idee begeistert uns, aber wir zögern noch, weil wir in den Medien nicht als „Ehefrauen von …" vorgestellt werden möchten – was aber kaum Sinn macht, denn natürlich verspricht sich der Verlag genau davon ein größeres Interesse am Buch.

> *Ein großer internationaler Kongress in USA / Kanada.*
> *Es gibt eine lange „Wanderung", auf der man sich verpflegen muss. Ich nehme daran teil, bin aber andererseits auch im Zielraum dafür zuständig, dass alle gut aufgenommen und verpflegt werden. Riesige Massen.*
> *(4. 4.2011)*

Beim Aufwachen bin ich sehr froh, dass es ein Traum ist!

> *Ich studiere wieder, irgendwo in der Nähe der Kirche Fluntern.*
> *Ich suche dringend eine Wohnung oder ein Zimmer, finde aber lange nichts.*
> *Schließlich finde ich eine Unterkunft bei einer Familie aus Costa Rica, bei der in der Küche im Haus ein großes Feuer brennt. Ich bin glücklich.*
> *(16.4.2011)*

Die Unterkunft bei der Familie in Costa Rica, das offene Feuer dort und die schöne Energie des Traums lassen mich am nächsten Morgen an den Computer sitzen und nach San Francisco schreiben. Dort lebt ein Kollege mit seiner Familie, von dem ich gehört habe, dass er sich auch für „Weltarbeit" interessiere und den ich für eine Tagung mit Arny zum Austausch ihrer Ideen zusammenbringen möchte. Er schreibt sofort zurück und sagt spontan zu, was mich riesig freut, aber auch fordern wird.

Zum Feuer in der Küche der Familie aus Costa Rica kommt mir erst später der Titel von Arnys Buch über Worldwork in den Sinn: „Sitting in the Fire".

> *Es sieht so aus, als ob sich etwas Tiefes lösen ließe ohne Rache, aber auch ohne die Sache einfach wegzustecken. Es ist streng, aber wichtig.*
> *(7.5.2011)*

Ein Wunschtraum nach der Tötung von Bin Laden?

Mit einer Kollegin arbeite ich am Traum über die Unterkunft bei der Familie aus Costa Rica und seiner Stimmung: ich brauche Platz, trommle, bewege mich, merke, wie wichtig es ist zu SEIN und einfach das zu machen, was gerade stimmt!

Es kommt mir wie eine Synchronizität vor, dass ich ein paar Tage später vorübergehend meine Agenda verliere: sie ist zu voll!
Dazu passt auch der nächste Traum:

> *Unterwegs mit einer „Karawane", wo es mit strenger Disziplin zugeht.*
> *Der Aspekt „Freude" fehlt - ich frage mich, wie das funktionieren soll.*
> *(24.5.11)*

Die Disziplin müsste offensichtlich anders eingesetzt werden: ich sollte sie dort brauchen, wo es darum geht, mir Freiräume zu schaffen und diese zu schützen.

Heute Morgen ist eine E-Mail aus San Francisco gekommen, in dem die Frau des Kollegen absagt. Es ist eine „harte Landung" für mein Worldwork-Projekt, kommt mir aber auch entgegen, weil es weniger Arbeit und Stress bedeutet. (28.5.2011)

Schreibwoche im Jura (29.5.-4.6.2011)
Ich fange an, meine Träume aus den Original-Traumbüchern zu transkribieren.
Überlege mir, was dieses Projekt bedeutet, was ich sonst mit dieser Zeit anfangen könnte!
Im Ganzen fühle ich mich aber wohl und schaue einfach einmal, was daraus werden wird.

Pfingsten auf dem Älpli (11.-13.6.2011)
Schöne Tage, ich bin froh, dass ich wieder gut zu Fuß bin.
Es beeindruckt mich, wie ich am Boden nach dem Turnen daliege, in die grünen
Blätter über mir blicken und einfach ruhig und zufrieden sein kann.

Heute Nacht ein Blick auf eine wunderbare Landschaft, klar, schön, richtig.
(14.6.2011)

1. Juli 2011
Die neue Praxis, die wir nach langem Suchen gefunden haben, ist an der Gubelstraße,
nur einige Häuser von unserem Haus entfernt. Sie wird für uns renoviert und frisch
gestrichen. Große Freude!

„Nostalgiereise" mit meinem Bruder Ueli (2.-4. Juli 2011)
Wir reisen zusammen den Orten unserer Kindheit und Jugend nach und besu-
chen zuerst den Thorenberg und seine Umgebung, dann die Stadt Luzern und den
Vierwaldstättersee.

Anschließend fahren wir in die Stadt, wo wir im Kindergarten und in der Schule
waren. Schließlich stehen wir vor dem großen Patrizierhaus, in dem wir aufgewachsen sind und können durch ein zufällig offenstehendes Tor in den Innenhof gehen
und sogar einen Blick in die Waschküche werfen. Dort steht eine Schiefertafel, auf
der jemand mit Kreide geschrieben hat: „Es ist nie zu spät, eine glückliche Kindheit
zu haben."

Avers (9.7.-2.8.11)

Im Landesmuseum in Zürich: ich sollte Material für eine Präsentation
zusammenstellen und bin am Anfang mit Franz, der aber später weg muss und mir
nicht helfen kann.
Mit der Zeit habe ich überall Material, aber keine Behälter. Niemand hilft mir, einige
tun hilfreich und verschwinden dann wieder.
Irgendwann ist die Zeit so fortgeschritten, dass ich unbedingt ein Taxi bestellen
sollte, aber auch das ist unmöglich.
Schließlich gebe ich auf und bin im Freien hinter einer riesigen Hans-Waldmann-
Statue, von der ich gar nicht wusste, dass sie jetzt dasteht, und schwöre Rache: ich
werde dafür sorgen, dass niemand mehr je das Landesmuseum unterstützt!
Erwache zum Glück.
(17.7.2011)

Beim Erwachen ärgere ich mich über mich selbst im Traum: schlecht vorbereitet, keine Listen, keine Behälter, kein Vehikel - so geht es eben nicht!

Natürlich muss ich auch an die gerade aktuelle Mani-Matter-Ausstellung denken, welche außerordentlich gut und sorgfältig kuratiert wurde.

Könnte es sich vielleicht auch um einen Angst-Traum über den Stand meines Projekts handeln, welches noch meilenweit von einer solchen Qualität entfernt ist?

Jedenfalls passt mein Racheschwur gut zur Kriegsgurgel Hans Waldmann, dessen Statue im Traum plötzlich beim Landesmuseum steht!

Von einer riesigen Kröte
(18.7.2011)

Dieser Traum freut mich: Kröten sind Fruchtbarkeitstiere und haben mir immer Glück gebracht!

Ich bekomme völlig unerwartet den Zuschlag für ein Projekt. Es hat mit Avers und Oerlikon zu tun und es geht um 90 Jahre und 3 Bewerber.
(23.7.2011)

... hoffentlich beziehen sich die 90 Jahre nicht auf meine Schreibpläne!

Am 25.7.11 ziehen wir (während der Sommerferien) in die neue Praxis ein

Von einem kleinen Hund, der dort ganz nass und dreckig ins Zimmer kommt und Franz und mich begeistert begrüßt. Von Nachbarn bei der „neuen Praxis", die uns nach Vorbewohnern fragen.
(27. 7. 2011)

Der dreckige kleine Hund ist mir sofort sympathisch und gefällt mir.

Die Frage nach den „Geistern" in der Praxis (das Haus ist über 100 Jahre alt) haben wir uns natürlich auch gestellt. Ich bin ja an alte Häuser und deren Geister gewöhnt und komme normalerweise recht gut mit ihnen aus. Bei einem der Räume war ich aber froh, dass ein Kollege bereit war, ihn als Praxisraum zu übernehmen, weil mir die Energie dort nicht gutgetan hätte.

Wieder zurück in Avers werde ich, wie meistens hier, „von Ideen heimgesucht" und bin dabei, zu überlegen, was ich für den Kongress „30 Jahre POP" im nächsten Jahr als Workshop anbieten könnte. Etwas über POP und Jungsche Psychologie?

Wieder zurück in Oerlikon

Ich gehe nach langer Zeit wieder in meine „Praxis" zurück, merke aber, dass ich den Schlüssel nicht mehr habe. Es sind noch zwei andere dort tätig. Ich finde einen Platz vor der Praxis, wo ich mein Velo abstellen kann.
Dann beschließe ich, mit meiner Klientin spazieren zu gehen (habe ich auch mein Material nicht?). Als ich mit ihr zurückkomme, merke ich, dass das Gebäude noch einen anderen Eingang hat und wir dort in einen „öffentlichen" Teil kommen, eine Art Restaurant, der eine gewisse Freundlichkeit und Wärme hat, wo man unter Menschen sitzen und sein kann.
(10.9.2011)

Diesen Traum habe ich an einem ISAP-Gruppenprozess erzählt.

Er zeigt meiner Meinung nach sehr schön, dass eine „Praxis" nicht unbedingt immer gleich aussehen muss: es kann auch einmal richtig sein, mit jemandem spazieren zu gehen oder einen öffentlichen Ort zu besuchen. Manchmal entstehen die besten Stunden daraus, dass man ein wichtiges Material vergessen hat oder einem vorher zurechtgelegten Plan nicht folgen kann.

An unserer Praxissitzung am 26.10. sprechen wir zum ersten Mal ernsthaft von meinem 70. Geburtstag 2013 und von den Veränderungen, die einmal kommen werden.

Am 27.10.2011 waren Franz und ich bei Stéphane Hessel, dem 94-jährigen Résistance - Kämpfer, Mitformulierer der Charta für Menschenrechte und Autor von „Indignez - vous!". Es war ein unglaublich beglückender und stärkender Abend.

28.10.2011
An diesem Abend war die Buchvernissage des „Wendebuches" in der Buchhandlung Nievergelt. Der kleine Saal war übervoll, die Leute mussten noch auf den Simsen sitzen. Auch was ein wenig schwierig und holprig war, gehörte einfach dazu und wurde auch so genommen und gefeiert. Wir vier Frauen (Ruth Lewinsky und ich, Barbara Jost als Musikerin und Gaby Baumann als Verlegerin) haben es prima gemacht!

Bei einem Philosophen muss man Zettel mit Nummern ziehen wie auf der Post und Bank.
(28.12.2011)

Wenn Philosophen so beliebt wären, dass man Zettel ziehen müsste! WOW!

Silvester 31.12.2011

Ein schöner, leicht verregneter Silvester. Nach dem Kino bleiben wir nicht in der Stadt.

In unserem Garten brennt schon ein schönes Feuer, auch hier überall Feuerwerk und zum Teil erschreckende Knälle und Kläpfe. Franz holt am Schluss noch seine Trompete, auf den Dächern stehen Leute und stoßen an, man wünscht sich ein gutes neues Jahr und es ist ein schönes Nachbarschaftsgefühl.

2012

„Rösli" kommt zurück / „Brave Souls" / Konferenz „30 Jahre POP" im Volkshaus / Ein Enkelkind kündigt sich an / Wir lernen Tanias Eltern kennen / Reise nach Palermo / Lesung in der „Raketen-Bar" / Full House für die POP-Konferenz im Volkshaus / Beim Bahnhof Oerlikon wird ein Gebäude verschoben / Schreibwoche im Jura / Plan für meinen 70. Geburtstag / Geburt von Adina Emilia / „Zum Säntis" / Hochzeit von Tania Esposito und Kaspar Hohler

Träume
Von einem großen, herrlichen Apfel / Die Situation am Jung-Institut / Meine Rolle in der „POP-Familie" und der Konferenz / Von der Katzen-Energie / Ein Hunde-Baby / Die Dior-Geige / „Obama-Traum" / Die dunkle Freundin / Das herrliche rosa Kleid / Gefährliche Zirkustiere / Eine riesige Schlange / In der Nacht vor dem afrikanischen Laden: die Tür geht auf / Fremd und doch vertraut / von der psychiatrischen Anstalt meiner Kindheit / Ein Frauentraum

---

1.1.2012
Wie schon länger fällt es mir schwer, die Träume aufzuschreiben.
    Lieber bleibe ich liegen und lasse sie nachher wieder ziehen.

2.1.2012
Geburtstag. Ich bin jetzt 69 Jahre alt! Meine Lieben und einige Freunde kommen vorbei,
    Leider bleibt mir kein Traum. Vieles ist noch zu tun, weil wir morgen abreisen.

Pontresina (3.-8.1.2012)
Eine schöne Zeit hier oben, mit Wanderungen, Kino und Zusammensein mit Lukas und seiner Freundin aus den USA, die weiter oben im Dorf wohnen.

> *Wir sind in einem Haus - es hat drei Ebenen: Parterre, 1. Stock, Keller.*
> *Das Leben hier ist recht einfach, aber auch bewegt: zum Beispiel meldet sich jemand von früher (Ingeborg Bachmann) zum Essen über Mittag an. Eine Kollegin hilft mir, den Boden im Parterre zu fegen. Zum Essen gehen wir in den Keller und schauen, was wir haben.*
> *(5.1.2012)*

Das Ganze hat etwas Ruhiges und Friedliches. Ich bleibe gern noch etwas liegen und freue mich, dass Ingeborg Bachmann im Traum vorkommt.

Wie oft in letzter Zeit sind die Träume fast körperlich da und „erledigen sich von selbst" (werden irgendwie integriert).

Es schneit und schneit seit gestern Nachmittag, eine wunderbare Stille.

Wir gehen zum Teil ganz allein durch den tief verschneiten Wald.

(6.1.2012)

Wieder in der Stadt

I

Irgendwie ergibt es sich, dass ich mit dem Mann einer Bekannten zusammen fliehen muss. Das ist mir höchst unangenehm, und ich kann mir überhaupt nicht vorstellen, wie das gehen soll. Weitere Details davon habe ich aus Abneigung vergessen.

II

In einer Art Jung-Institut.

Viele Menschen sind dort, wir reden auch über verschiedene Teile der Arbeit.

Am Schluss sehen wir vor dem Gebäude eine Reihe Denkmäler. Ich frage jemanden nach einem: die Frau sagt, es sei eine große Tragödie mit einem fallenden Baum gewesen.

Ich frage sie, ob sie direkt betroffen sei, sie sagt ja.

Es liegt viel Schmerz und Bewältigung des Schmerzes in der Luft - irgendein Spruch in der Art von: „Man kann nichts tun gegen das Schicksal - nur die Art, wie man damit umgeht, kann man beeinflussen."

(10.1.2012, erster Praxistag)

Für mich ist klar, dass diese Träume mit der Situation am Jung-Institut zu tun haben.

Die Episode von der gemeinsamen Flucht mit dem Mann einer Bekannten verstehe ich so, dass es hier nicht um persönliche Freundschaften und Feindschaften geht, sondern um Zusammenstehen und Klären der Situation.

Der „fallende Baum" ist vielleicht das Jung-Institut, das es so nicht mehr geben wird?

Die letzten Vorbereitungen für unsere POP-Konferenz werden getroffen.
Es geht noch um Anmeldungen, Zuteilung von Räumen und Quartieren usw.
Es gibt auch einen persönlichen „Familien"-Teil für mich, dem ich nochmal nachspüren muss.
(11.1.2012)

Beim persönlichen Familien-Teil geht es um meine Rolle als eine der „POP-Großmütter", die ich bei der Gründung der FG POP hatte. Vielleicht werden sich auch Diskussionen ergeben über Dinge, die ich im Film gesagt habe, den Thierry Weidmann zu unserem Jubiläum gedreht hat.

> *Von einer Katze, mit der ich als Einzige wunderbar und sehr liebevoll umgehen kann.*
> *Sie wird mir immer wieder entrissen und dann treffen wir uns wieder.*
> *Beim letzten Mal dauert die Trennung sehr lang und ist schmerzlich, aber ich halte durch und am Schluss sind wir wieder zusammen und sehr glücklich.*
> *(14.1.2012)*

Eine Katze hat im Gegensatz zu einem Hund eine Eigenständigkeit und lässt sich zwar gerne streicheln und füttern, aber nicht zähmen. Falls sie die Wohnung verlassen kann, führt sie oft in der Nacht ein vom Menschen nicht beeinflussbares Eigenleben mit anderen Katzen.

Der Traum bringt diese „Katzenkraft" mit ihrer Eigenständigkeit vor der Konferenz ins Spiel. Ich glaube, dass er mich ermutigt, diese Qualität während des kommenden Kongresses so gut wie möglich zu leben und zu unterrichten.

„Zufällig" gehen wir einen Tag später in die Kaspar-Fischer-Ausstellung in Meilen, die mich mit ihrer eindrücklichen Kreativität und Eigenwilligkeit sehr an diese Katzenqualität erinnert!

Ich will meine Sascha-Puppe Rösli unbedingt möglichst fachgerecht renovieren lassen. Dafür darf ich sie jetzt zu einer alten Dame bringen, die in ihrer Jugend noch bei Sascha Morgenthaler gearbeitet hat. (20.1.12)

Heute Morgen habe ich zum ersten Mal seit meiner Kindheit wieder einen Vogel schlafen gesehen – eine reglose Krähe auf einem Ast vor dem Küchenfenster - und beobachtet, wie sie aufwacht!

Das Treffen mit zwei neu gefundenen ISAP-Freundinnen hat mir gut getan.

Als ich um 2.30 Uhr aufwachte, meinte ich, es sei Morgen, blieb lange wach und beschloss, einiges abzusagen und Raum zu schaffen für einen Ausflug nach Avers am Wochenende.

26.1.2012
Konferenztreffen im POP-Zentrum in der Binz: die Vorbereitungen laufen gut. Anschließend tief und gut geschlafen: die Entscheidung, mir mehr Raum zu geben, war richtig. Ich bin wie erlöst und kann alles locker nehmen!

Avers (27.1.-29.1.2012)
Wie schön ist es hier oben! Der Schnee, das Haus, alles!

Die Dohlen auf dem Balkongeländer und am Futterhäuschen, die Fuchsspuren im Schnee, die „Ungeheuer" in der Nacht mit den Scheinwerfern auf der Piste.

Wieder in der Stadt
Im letzten Sommer hat uns Kaspar seine Freundin Tania vorgestellt, jetzt lernen wir Tanias Eltern kennen und verstehen uns sofort gut mit ihnen. Wir haben einen wunderschönen Abend zu sechst. (2.2.2012)

Unsere Konferenz kommt näher. Kollege Michael und ich treffen uns in Zürich, um unseren Workshop „Process-oriented Worldwork and its Jungian Roots" zu diskutieren, Übungen auszuprobieren und alles noch einmal gründlich zu besprechen.

> *Viel Anrührendes von einem jungen Baby / Hundebaby, auf das man sorgfältig aufpassen muss.*
> *Hat meine Freundin Gisela auch eines?*
> *(8.2.2012)*

Wieder einmal ein Baby, aber diesmal eher ein Hundebaby, „auf das man sorgfältig aufpassen muss". Warum „man" und nicht ich? Geht es um etwas Kollektives, um etwas, zu dem wir alle aufgerufen sind? Dann wäre auch die Frage, ob Menschen- oder Tierbaby nicht so wichtig. Das Traum-Gefühl ist sehr intensiv, ich bin noch davon erfüllt beim Aufwachen. Wird mit zunehmendem Alter die Fürsorge für ein „Baby" immer mehr auch zur Sorge um den Schutz des Lebens in unserer Welt überhaupt? Gisela und ihr Mann sind politisch sehr engagierte Menschen.

„Das 11. Gebot:
Du sollst nicht sterben,
bitte."
(Michael Krüger)
Dieses Gedicht hängt in meinem Zimmer an der Wand.

> *Am Meer. Ich habe eine Hütte dort. Große Kraft und Intensität.*
> *(24.2.12)*

2.-6.3.2012
Inspiriert von einer „Sehnsuchts-Karte" von Palermo, die Franz über Schillers Schreibtisch in Weimar gesehen hat, reisen wir nach seinem Geburtstag für fünf Tage nach Palermo.

Es wird eine wunderbare Zeit mit vielen Eindrücken von der Stadt mit ihren Bauten und Gassen, den Menschen, dem Essen, den Gerüchen und immer wieder: dem Meer!

17.3.12
Eine Gruppe junger Freunde von einem meiner Patenkinder hat mich eingeladen, in ihrer „Raketen-Bar", einer Disco, die jedes Mal auf einer anderen Brache stattfindet, aus meinen schweizerdeutschen Gedichten vorzulesen. Ich bin etwas nervös, es geht aber sehr gut und ist eine große Freude!

Frühlingsanfang: die Magnolie vor unserem Praxisfenster fängt an, ihre Knospen zu sprengen!

> *Ich bekomme eine wunderbare Dior-Geige, sehr eindrücklich und unerwartet.*
> *(26.3.2012)*

Wieder einmal Musik! Von einer „Dior-Geige" habe ich allerdings noch nie etwas gehört.

29.3.2012
Eine Einladung von Kaspar und Tania zum Znacht in einer Pizzeria, „um uns etwas mitzuteilen": Sie erwarten ein Kind – was für eine Freude!

Durch das Denken an Debbie wird mir klar, dass wir uns an unserem POP-Jubiläum auch an die „brave souls" unter uns erinnern sollten, an diejenigen, die schon gestorben sind.
Ich schreibe auf unserem E-Mail-String einen Aufruf und frage nach Bildern von verstorbenen KollegInnen, damit wir eine Wand im Raum mit den Erinnerungen an sie gestalten können. Ich bekomme sofort eine sehr positive Antwort. Es erschüttert mich noch einmal, wie viele von uns schon gegangen sind. (Karfreitag 6.4.2012)

Ostern (7.-9.4.2012)

> *In Washington.*
> *Bei Obamas „in der Stube", ziemlich privat.*
> *Er sitzt auf dem Sofa, es sind am Anfang ein, am Schluss zwei weiße Babys da.*
> *Es geht um größere Kinder, die offenbar in die Pfadi gehen. Obama hält für sie eine kleine Ansprache, ziemlich langweilig, fromm und clichéhaft.*
> *Ich bin einerseits etwas enttäuscht, andererseits absolut überrascht und entzückt, dass ich das erleben darf!*

Einmal gibt es Süßigkeiten (eine Art Gummibärchen) – ich bin ein wenig zu hastig vor Aufregung und verschütte ein paar.
Später gibt es nochmal etwas, aber ich bekomme nur wieder so Gummibärchenzeug, die anderen eher Früchte.
Die ganze Zeit bin ich in einer Stimmung, dass ich nicht fassen kann, dass mir das wirklich passiert.
(14.4.20 12)

Ich wundere mich über diesen „Obama-Traum", bin aber doch glücklich darüber.
Franz ist nach Minsk abgeflogen und gut angekommen.
Ich bin weiter mit der Logistik für die Konferenz beschäftigt.

Am Mittwoch 25.4. feiern wir einen sehr schönen Jubiläums-Geburtstag: 30 Jahre POP mit dem Film von Thierry Weidmann, viel Rührung, für mich auch Versöhnung.
Wir haben das Haus voller Freunde, andere sind im Nachbarhaus oder sonst irgendwo in Zürich untergebracht.

Am Freitag 27.4. findet ein Kontrollfallseminar von Arny statt, sehr eindrücklich und anregend.
Am Samstag wird die dreitägige Konferenz eröffnet.
Reini Hauser und unser Sohn Lukas moderieren die Plenums-Veranstaltungen.
Der Workshop von Michael und mir läuft gut.
Die Konferenz wird ein schöner, großer Erfolg.
Ich kann nach einigem hin und her Arny auch privat für eine halbe Stunde treffen, was mich besonders freut.
Es sind „Ausnahmetage", während denen wir die POP-Welt in Zürich zu Gast haben, eine wunderbare Zeit, die wir alle genießen.
Natürlich sind die OrganisatorInnen bis zum Äußersten gefordert und es ist nicht verwunderlich, dass eine unserer Hauptverantwortlichen nicht ans Abschiedsessen kommen kann, weil sie am Schluss weinend zusammengebrochen ist.
Erst jetzt realisieren auch wir anderen: es ist vorbei!
Alle Beteiligten spüren eine RIESENERLEICHTERUNG!

Am 2. Mai habe ich mich noch für einen Workshop für systemische Strukturaufstellung des von mir bewunderten Varga von Kibed eingeschrieben. Am Morgen finde ich mich dort ein, merke aber bald, wie sehr ich die Rolle des Gruppenmitglieds beneide, das machen kann, was es will.
Dieses Gefühl ist so stark, dass ich beschließe, auch zu machen, was ich will.
Ich verabschiede mich vom etwas verdutzten Varga und gehe nach Hause, obschon es mich auch reut und ich den Workshop natürlich bezahlt habe.

Nach dieser Entscheidung bin ich glücklich und genieße den freien Tag!
In der folgenden Nacht träume ich:

*Ich bekomme einen gezähmten Bären, was eine Riesenfreude und ein großes Privileg
ist!*
(3.5.2012)

*Das Gefühl, für einen Gruppenprozess verantwortlich zu sein. Wo? Wie genau? Oh
nein!*
*Endlich die Erlösung: das kann nicht sein, wir haben das Volkshaus ja gar nicht
mehr zur Verfügung!*
(4.5.2012)

Der Traum erinnert mich an gewisse Nächte nach den Jung-Institut-Prüfungen.

„Riviera-Gefühle" an der Aare an den Solothurner Literaturtagen *(18.-20. Mai 2012)*

Oerlikon ist für zwei Tage auf den Bildschirmen der Welt: bei unserem Bahnhof wird
in dieser Zeit ein ganzes Gebäude verschoben! Natürlich gehen auch wir immer
wieder hin und beobachten diese auf den Millimeter präzise technische Leistung.
(23.5.2012)

Heute gesehen: eine singende Frau fährt mit dem Velo vorbei.

Schreibwoche im Jura - „La Chaux d'Abel" - (3.-9.6.2012)
Diese Wochen sind immer auch eine Zeit für Frauengespräche über mehrere Tage, wie
ich sie auf diese Art sonst nicht erlebe. Diesmal sprechen wir über das Älterwerden
als Frau, die Veränderungen durch das Alter bei uns Frauen und unseren Männern.
Auch darüber, wie anders die junge Generation heute aufwächst als wir damals.

Wieder zuhause

*Ich erwache mit dem Bild von einem offenen Schacht („Dolendeckel offen"), sehe
daneben die Überhose eines Arbeiters und denke: Aha, es ist Werktag.*
(11.6.2012)

Von einer dunkelhäutigen Freundin, die mir sehr wichtig ist.
*Wir sind in einem Raum, in dem auch ihr Bruder, der aussieht wie Obama, mit
Freunden sitzt, und sie kommt zum Abschied und setzt sich neben mich, als ich
gerade nachdenke, ob ich das Gleiche tun darf / möchte / soll.*
Ich fühle tief die Bedeutsamkeit dieses Moments und sage es auch.

Sehr tiefe Gefühle - das Wissen, das ist für die Welt wichtig.
(12.6.2012)

Was ist „das"? Die Nähe und Innigkeit zwischen der dunkelhäutigen Frau und mir?
   Im Gegensatz zu meinem Kindheitstraum ist es kein Mann, der mich packt und
herumschwingt, sondern eine ganz andersartige Beziehung zwischen Frauen!

Frauengruppenabend: Ich erzähle meinen Freundinnen von meinem „verrückten"
Plan, meinen 70. Geburtstag in Avers zu feiern. Alle drei unterstützen mich und finden das gut - sie wollen unbedingt kommen und dabei sein. Das rührt mich und gibt
mir den Mut, ernsthaft mit der Planung anzufangen. (18.6.2012)

Avers (10.7.-3.8.2012)

Mir bleibt das Bild von einem großen Vogel am Himmel, von dem ich mir überlege,
ob es ein Storch sei.
(18.7.2012)

Beim ersten Storchen-Traum hier oben hatte ich über neue Rollen im Zusammenhang
mit dem Haus und dem Tal nachgedacht, diesmal denke ich an unser zukünftiges
Enkelkind.

Von einem wunderbaren, absolut herrlichen rosa Kleid, das aber unfassbar teuer ist.
Das Kleid ist einfach unglaublich, wäre aber fast in der Müllabfuhr gelandet.
(29.7.2012)
Damals schrieb ich unter den Traum: „Ich denke an Kaspars Hochzeit."

Heute kommt mir dazu auch in den Sinn, dass ich meine recht kühle Einstellung zur
Farbe Pink bald werde ändern müssen: vielleicht ist das Kleid nicht im Müll gelan-
det, weil kleine Mädchen (auch kleine Enkelinnen) oft eine große Liebe zur Farbe
Pink haben?

Ein „Märchentraum", in dem ich mich abstrample, um eine gewisse Aufgabe zu
erledigen - scheinbar ohne Erfolg - und am Schluss bekomme ich alles so, wie ich es
möchte, von selbst.
(Anfang August 2012)

Das „Abstrampeln" ist oft ein wichtiger Teil des Prozesses, um ein Feld zu konstel-
lieren, in dem das Wunder dann geschehen kann: so ist es am Schluss - im Märchen
und im Leben - nicht gratis, aber eben doch ein Geschenk!

Wieder in Oerlikon

> *Bei einem Zirkus.*
> *Eine gefährliche Situation mit Zirkustieren, die unterwegs sind und nicht dort*
> *durchgehen, wo ich es erwarte, sondern dort, wo ich mit anderen bin und mich fast*
> *zertrampeln! (Viele Tiere: Elefanten? Pferde? Eine Herde?)*
> *(5.8.2012)*

Beim Aufwachen nach diesem Traum bringe ich die gefährlichen und unberechenbaren Zirkustiere, die mich fast zertrampeln, in einen Zusammenhang mit unserer Besprechung für die kommende Hochzeit mit Tania und Kaspar vom Vortag.

Im Verlauf dieses Gesprächs reagierte ich (auch für mich selber unerwartet) plötzlich sehr emotional und heftig. Ich merkte, dass ich dieses Fest zusammen mit dem Brautpaar, ihren Gästen und Tanias Eltern genießen wollte, ohne auf meinen über 90-jährigen Schwiegervater Rücksicht nehmen und aufpassen zu müssen! Die Heftigkeit dieser Gefühle erschütterte mich und war mir auch vor Tania und Kaspar peinlich, aber ich musste dazu stehen.

Zum Glück hatten die beiden die Idee, die Hochzeit zuerst in einem größeren Kreis mit Freunden und dem Großvater zu feiern und dann in einem zweiten Teil nur noch im engsten Kreis.

An Kaspars Geburtstag am 26.8. erwache ich am Morgen von „Meeresrauschen", das mich wunderbar entspannt - erst später höre ich von Franz, dass es Hagel war.

> *Von einer Bootsreise, die gelingt: es gibt genügend Schiffsplätze, auch die Rückreise*
> *ist gut organisiert.*
> *(28.8.2012)*

Am 28.8.2012 wurde die Hochzeit verschoben, weil Tania ins Spital eintreten musste, wo zwei Tage später Adina Emilia geboren wurde.

Am 2. September dürfen wir unsere Enkelin zum ersten Mal eine halbe Stunde besuchen, sie ist noch sehr klein und schon sehr „da".

„Die Zeit mit dem Wissen um die kleine Adina ist sehr anders und sehr schön. Sie wächst und gedeiht, kann bald aus dem Brutkasten heraus ins Wärmebettchen und nach zwei Wochen heim zu ihren Eltern."

Zur selben Zeit findet in Zürich auch eine internationale Jungianische Tagung im Balgrist in Zürich statt, und ich frage mich, ob ich mich „drücken" und einfach nicht hingehen soll, weil ich wieder einmal nicht recht weiß, wo ich eigentlich hingehöre.

*In einer Gruppe in einem ländlichen Haus. Am Schluss muss ich mich rechtfertigen
und mein Portemonnaie zeigen. Eigenartige Stimmung zwischen verschiedenen
Gefühlen.*
(8.9.2012)

Dieser Traum bildet wohl meine Ängste ab: dass ich mich rechtfertigen müsste und
sogar zeigen, wie viel Geld („Jungianische Meriten"?) ich habe.

Als ich dann doch ging, traf ich auf interessante, bekannte und unbekannte
KollegInnen und ein spannendes Programm. Auch das Theater am Abend war großartig, und ich war froh, dass ich hingegangen war.

12./13.9.12
Klassenzusammenkunft zum 50. Jahrestag der Matur meiner Gymnasialklasse in S.

Unter anderem bekamen wir in diesem Rahmen die Gelegenheit, eine
Schulstunde unserer Wahl in unserer ehemaligen „Kanti" zu besuchen. Wir waren
alle beeindruckt von der Qualität des Unterrichts, die im Vergleich zu unseren eigenen Erfahrungen einen wahren Quantensprung darstellte!

Adina ist bereits seit einer Woche zuhause, noch so klein, aber stark.

Vom 15. bis 21. September 2012 wanderte Franz für den Film „Zum Säntis" von
Tobias Wyss zum Säntis und ist wie geplant gut auf dem Säntis angekommen!

Heute habe ich Adina zum ersten Mal „geschöppelet" (die Flasche gegeben).

Wie sie atmet, sich räkelt, streckt und kräht, wenn sie im Körper etwas spürt, das
ihr unangenehm ist oder weh tut.

Wie sie schläft und wächst („trainiert" z.B. Lippen und Kiefer) und die wenige Kraft, die sie außerdem noch hat, dafür braucht, um die Augen zu öffnen und
herumzuschauen.

28.9.12
Unser Apéro in der neuen Praxis an der Gubelstraße ist nach einer längeren
Vorbereitung erfreulich gelungen: viele KollegInnen aus dem Quartier und Leute aus
dem Haus kommen vorbei, die Stimmung ist gut und es gibt anregende Gespräche.

Im Rahmen der von ISAP durchgeführten „Zurich Lectures" bieten meine Kollegin
Penelope Yungblut und ich eine Exkursion zur Schwarzen Madonna nach Einsiedeln
an.

Dabei leite ich für die Teilnehmenden den Selbsterfahrungs-Teil mit Fragen,
Singen und Gestalten, Materialien und Farben. Anschließend hält meine sehr kenntnisreiche Kollegin aus den USA einen wunderbaren Vortrag zum Thema. (8.10.12)

Eine riesige bräunlich gemusterte Schlange taucht aus einem Loch im Boden auf und gleitet nahe an uns vorbei, ohne uns anzugreifen.
(12.10.2012)

Ein unheimlicher Traum! Er beeindruckt mich, und ich bin froh, dass uns die Schlange nicht angreift. Beim Erwachen habe ich das Gefühl: Aha, die Geister der Erde sind noch da!

Erst heute beim Wiederlesen des Traums denke ich auch daran, dass wir in dieser Zeit die traurige Nachricht bekommen haben, dass ein guter Freund von uns an einem Hirntumor erkrankt ist. Wieder einmal denke ich: Warum trifft es die einen und die anderen nicht?

Ich bin an einem Kongress.
Es gibt Gruppentreffen und viele Angebote, Kollege Max ist auch da.
Meine Gruppe bleibt mir ziemlich fremd, ich staune über ihren Eifer.
Einmal kümmere ich mich um Blumen, muss schauen, dass meine Blumen
in ganzen Lawinen von immer neuen Sträußen, die dauernd eintreffen, nicht
untergehen. Sind wir irgendwo in Kanada an einem See?
Dann ziehen wir für den zweiten Teil des Kongresses um an einen neuen Ort.
Unsere Gruppe trifft sich wieder. Eine junge Frau spricht mich an und möchte mit
mir an einem Traum arbeiten. Das interessiert mich, ich merke aber, dass ich sie
weder kenne noch ihren Namen weiß, obwohl sie die ganze Zeit in meiner Gruppe
war, was mir etwas peinlich ist. Ich mache mit ihr eine Zeit ab, dann sitzt die ganze
Gruppe wieder im Kreis. Auch Kollege Max ist dabei und ich erwache.
(17.10.2012)

Mein Unmut, Staunen darüber, warum ich überhaupt dort bin. Eigentlich weiß ich es nicht, es scheint unentrinnbar zu sein und ist einfach so.

Max Schüpbach ist derjenige Kollege, den ich als den international aktivsten von uns POP-Großeltern wahrnehme. Ich habe im Internet einige eindrückliche Videos von seinen Arbeiten mit KlientInnen gesehen, die er an verschiedenen Orten der Welt im Rahmen seines „Deep Democracy Institute" für das jeweilige Fernsehen produziert hat.

Der Traum hat sicher auch mit unserer Verschiedenheit zu tun: Max ist total engagiert und setzt sein Leben für die internationale Arbeit ein, meine Art von Prozessarbeit ist zurückhaltender, und ich kehre immer wieder in die Schweiz zurück, wo mein Heim und meine Familie sind.

Jetzt mit dem Älterwerden bin ich gerade dabei zu merken, dass mich auch einiges nicht mehr so brennend interessiert wie früher und dass ich diesen Umstand ernst nehmen muss.

Sicher haben die „ganzen Lawinen von immer neuen Sträußen" die dauernd eintreffen mit dem weltweiten Einsatz von Max zu tun. Es könnte aber auch ein kräftiges Bild dafür sein, dass ich mich manchmal durch die Verdienste anderer übermäßig beeindrucken lasse.

Mein Geburtstag kommt näher, ich bin am Planen und Überlegen, wen ich Anfang Januar nach Avers einladen will.

Ein Teil von mir möchte möglichst viele liebe Menschen einladen und verzweifelt fast über die Beschränktheit des Platzes im Haus und in den beiden Hotels im Tal und fragt sich, wie wir das überhaupt bewältigen sollen. Das ist auch der Teil, der immer wieder einmal am liebsten alles absagen würde und sich vom eigenen Plan bedrängt und bedroht fühlt.

Am 1.11.12 die wunderschöne Hochzeit von Tania und Kaspar - zuerst im größeren Kreis, dann nur noch im engsten Familienkreis (Adina immer im Wägeli dabei!).

Schon bald werde ich anfangen, Adina regelmäßig zu hüten, und das wird meine Agenda ziemlich verändern!

Am Morgen im Halbschlaf:

> *Ich gehe die „Rämistraße" entlang und komme an einem afrikanischen Laden vorbei. Es ist dunkel, noch Nacht oder sehr früh am Morgen, und ich probiere aus, ob die Tür verschlossen ist: sie geht auf!*
> *(9.11.2012)*

Schon wieder Afrika! Dieser Laden hat mich tatsächlich immer wieder magisch angezogen.

> *Ein Buch wie ein Traumbuch, in dem wichtige Sachen stehen. Es ist von mir angeschrieben, man sieht den Titel.*
> *(14.11.2012)*

In den Träumen der letzten Zeit gibt es Kontakte mit für mich fremden Kulturen, die in mein Leben eindringen oder in die ich selber eindringe. Es fällt mir auf, dass ich mehr im „Zwischenbereich" bin und das Gefühl habe, die Welten werden durchlässiger.

Was ist das für ein Buch, das ich „angeschrieben" habe? Was sieht man für einen Titel? Was steht Wichtiges darin?

> *Von einem großen Haus in einer wilden Umgebung, in dem verschiedene Menschen, unter anderem ich, Ferien machen. Es gibt auch Kinder.*

*Alte Postkarten mit unbekannten Handschriften und Namen liegen herum, an den
Wänden sind Schiefertafeln mit Nachrichten von früher.
Wir sind dort auch zu Fuß unterwegs und machen Ausflüge. Wilde Erde,
Schluchten, Gebirge, zum Teil Bäume.
Es wird auch von weiteren Wanderungen geredet, eine asiatische Frau mit Kind hat
eine riesige Wanderung gemacht, sie sind beide sonnengebräunt.
„Vertraut", aber nicht mir, alte Geschichten überall.
(27.11.2012)*

Neues, Unbekanntes. Die Vergangenheit, nicht nur meine, ist ebenso da wie die
Gegenwart.

*Ein ganz unerwarteter Traum von der alten psychiatrischen „Anstalt", in der ich
aufgewachsen bin, vom Garten dort, von der Familie, als wir Kinder waren.
Päckli, Waren, und alte Gefäße aus Glas, die ich neu fülle.
(5.12.2012)*

Schön, dass ich die alten Gefäße neu füllen kann.

Ich erlebe in diesen Wochen, dass mich meine intensive Beschäftigung mit der
Planung meines 70. Geburtstags mit meinen 70 Jahren Lebenszeit und der Welt, in
der meine Vorfahren gelebt haben, verbindet.

Bei gewissen Gruppen herrschte in diesen Dezembertagen eine ähnliche Stimmung
wie damals vor dem Jahr 2000, weil am 21.12.2012 offenbar ein wichtiger Zyklus
im alten Mayakalender zu Ende ging. An diesem Datum wurde der Weltuntergang
oder doch eine große Katastrophe erwartet.

Meine Notiz damals: „kein Weltuntergang!"

25.12.12
Schöne Weihnachten mit Samira (der kleinen Tochter meines Neffen Jonas und seiner Frau Gabriela) und mit Adina, die nach einer halben Stunde „Stimmtraining"
einschläft.

*Etwas Schönes und Friedliches von Arny.
(26.12.2012)*

*I
Von einem Fest einer Frau, die ich überraschen, beschenken, bestärken und
unterstützen will!*

II
*Irgendwo in der Natur ein sehr bewegendes Treffen mit amerikanischen und
internationalen Kolleginnen.*
Viele weinen, ich weine auch. Viele Gefühle: kennen wir uns? Irgendwie schon.
III
Ein WC-Häuschen, von dem der Sichtschutz weggenommen wird.
*Ich versuche, ihn wiederherzustellen, bin entsetzt. Es zeigt sich dann, dass auch
andere dieser Meinung sind, und der Sichtschutz aus Blättern, Zweigen und
Tüchern wird wieder installiert.*
(28.12.12)

Mein „Projekt" soll, wenn es mir gelingt, ein Geschenk und eine Unterstützung für
Frauen sein.

Die internationale Verbundenheit unter Frauen soll gefeiert werden und ist mit
vielen Gefühlen verbunden.

Und unsere Intimität soll geschützt werden.

Am 30.12. reisen Franz und ich nach Avers.

In der Silvesternacht feiern wir mit alten Freunden und unserem älteren Sohn
Lukas und seiner Freundin Myriam den Auftakt zur Geburtstagswoche.

2013

70. Geburtstag in Avers

Am 2.1.2013, meinem 70. Geburtstag, kommen Kaspar und Tania mit Adina zum Geburtstagszmorge mit der ganzen Familie.

Am Nachmittag gehe ich allein durch den Schnee ins Bergalgatal.
Mit Rührung und Dankbarkeit denke ich daran, dass in diesem Jahr 35 Jahre seit dem Beginn meiner Analyse bei Arny vergangen sind!

Soll ich am heutigen Abend, für den meine Schreibfreundinnen einen Gigot im Ofen haben, etwas sagen, gestalten?

Ich entscheide mich dafür, drei Träume zu erzählen:

1. Von den Karten der alten Hexe, als ich zwischen dem schwarzen und dem goldenen Mann eine schwarze Katze wählte (23.12.1979)

2. Vom Guru, der bei mir keine Aura sah (5.12.1999)

3. Vom Check-up vor der Hüftoperation, bei dem mir der Arzt sagte, es sei alles in Ordnung, ich müsse nur den Zahnarzt wechseln (August 2010).

Und ich werde meinen Sohn Lukas bitten, mit der Gitarre, die hier in Avers immer im großen Raum hängt, für mich „Summer of sixty-nine" zu singen, ein Lied, das für mich mit vielen Erinnerungen verbunden ist.

Der Abend wird wunderschön und die folgenden Abende auch.
Franz übernimmt als „Hauswart" alles, was es zu tun gibt, ich kann mich nur verwöhnen lassen und mit meinen Gästen zusammen sein.
Bis zum 6. Januar feiern wir im Haus, jeden Abend kommt eine neue Gruppe mit neuen Freundinnen und Freunden zusammen, und jemand bringt ein Essen mit.
Jeden Mittag gibt es für alle, die noch oder schon im Tal sind, eine große Suppe.

Es war ein ganz besonderer, unvergesslicher „Rite de Passage" ins nächste Lebensjahrzehnt, mit dem ich meine Aufzeichnungen beende.

Inhalt